알고리즘 기

알고리듬으로 생각하기

국제 프로그래밍 경진대회 문제로 배우는

이정표 옮김　다니엘 진가로 지음

i!i
에이콘

에이콘출판의 기틀을 마련하신 故 정완재 선생님 (1935-2004)

도얄리에게

옮긴이 소개

이정표(lee.jungpyo@gmail.com)

모바일 브라우저 개발부터 클라우드 서비스 기획까지 20년간 다양한 개발 프로젝트에 참여했으며, 현재는 SW와 IT 분야의 기술조사평가 업무를 하고 있다. 옮긴 책으로는 에이콘 출판사에서 펴낸 『난독화, 디지털 프라이버시 생존 전략』(2017), 『젠킨스 마스터』(2018), 『젠킨스 블루오션 시작하기』(2019), 『린 모바일 앱 개발』(2019), 『알고리즘 윤리』(2021), 『배포 자동화와 지속적 인도』(2022) 등이 있다.

지은이 소개

다니엘 진가로 Daniel Zingaro

토론토 대학교의 컴퓨터과학과 조교수이며 대학에서 교육상을 수상했다. 주요 연구 분야
는 컴퓨터과학 교육 연구로써, 컴퓨터과학 교재를 통한 학습 방법을 연구한다.

감수자 소개

래리 유에리 장 Larry Yueli Zhang

토론토 미시소거대학교의 컴퓨터과학과 교수다. 주요 연구 및 교수 분야는 알고리
듬, 데이터 구조, 운영체제, 컴퓨터 네트워크, 소셜 네트워크, 컴퓨터 교육 등이다. ACM
SIGCSE, ACM ITiCSE 및 WCCCE의 프로그램 위원회 소속이며, 토론토 대학교에서 컴퓨
터과학 박사 학위를 받았다.

서문

처음 테니스를 배울 때는 코트로 넘어온 공을 받아치기가 정말 어렵다. 게다가 백핸드 쪽으로 넘어오면 실수하기 일쑤다. 이후 몇 달 동안 꾸준히 연습을 하고 어느 정도 랠리가 될 정도의 기술이 몸에 익으면, 그 재미에 시간 가는 줄 모르고 빠져든다. 상위 기술인 슬라이스 백핸드, 킥 서브, 드롭 발리 등을 배우게 된다. 어느 정도 기술이 갖춰지면 서브와 발리, 칩 앤 차지, 베이스라인 공략처럼 중요하지만 눈에 보이지 않는 전략을 연구한다. 그리고 상대편 선수에 따라 어떤 기술과 전략이 가장 효과가 있는지를 알아내는 직관력을 계속 키운다. 누구에게나 무조건 통하는 만능 기술은 없다.

프로그래밍도 테니스와 마찬가지다. 코딩을 처음 배울 때는 주어진 문제를 컴퓨터에서 실행시키는 것도 상당히 어렵다. 그러나 초보를 벗어나면 진짜로 문제를 푸는 재미를 느끼게 된다. 문제 풀이를 잘 하려면 어떻게 해야 할까? 프로그래밍 분야도 다른 분야와 마찬가지로 모든 문제를 한 번에 해결해주는 만능 기법은 없다. 그러나 해시 테이블, 검색 트리, 반복, 메모이제이션, 동적 프로그래밍, 그래프 검색 등 유용한 고급 기법과 전략을 언제든 활용할 수 있다. 또한 충분한 훈련을 통해 많은 문제와 알고리듬에 딱 맞는 기법이 무엇인지를 알 수 있다. 즉, 반복 검색을 하거나 최소 연산 알고리듬이 필요하다면, 해시 테이블과 최소 힙으로 속도를 높일 수 있다는 것을 알 수 있다. 어떤 문제를 좀 더 작은 하위 문제로 반복 분할해서 해법을 찾으려면 재귀 기법을 사용하면 되고, 하위 문제가 중복될 때는 메모이제이션으로 속도를 높일 수 있다는 점도 알 수 있다.

테니스든 프로그래밍이든 상위 단계로 가려면 반복 연습과 좋은 선생님이라는 두 가지 요소가 필요한데, 바로 이 책이 그 기회를 제공한다. 이 책은 앞에서 말한 개념을 다루기만 하는 단순한 문제집이 아니다. 경진대회 기출 문제에 꼭 맞는 알고리듬을 찾아내고, 그것을 이용해서 문제를 해결하는 연습법도 제시한다. 부디 행복한 문제 풀이 시간이 되길 바란다.

팀 러프가든^{Tim Roughgarden},

2020년 5월 뉴욕에서

감사의 말

노스타치 출판사No Starch Press와 함께 한 꿈같은 경험에 감사한다. 독자의 학습에 도움이 되는 책을 만드는 데 깊은 사명감을 갖고 일하는 모습이 감동이었다. 내게 꼭 맞는 분들이었다. 리즈 채드윅Liz Chadwick은 처음부터 이 책을 지지해줬다. 개발 편집자인 알렉스 프리드Alex Freed와 일한 시간은 선물 같은 경험이었다. 실수를 지적하기보다는 친절하게 인내심을 가지고 글 쓰는 방법을 향상시키려 한 노력을 잊지 못한다. 교열자 데이빗 쿠젠스David Couzens, 편집자 캐시 안드레아디스Kassie Andreadis, 크리에이티브 디렉터 데렉 이Derek Yee, 표지 디자이너 롭 게일Rob Gale 등 책 제작에 참여한 모든 분께 감사드린다.

책을 쓸 수 있도록 시간과 장소를 제공해준 토론토 대학교에도 감사를 드린다. 기술 검수를 맡아 원고를 세심히 검토해 준 래리 장에게도 감사를 전한다. 필자는 래리와 수년 간 여러 과정을 함께 가르쳤고, 협업의 경험이 알고리듬에 대한 생각과 강의에 도움이 됐다. 서문을 써 준 팀 러프가든에게 감사한다. 팀의 책과 영상을 보면서 알고리듬 강의를 할 때 지켜야 하는 명확성을 알게 됐다. 초안을 검토했던 동료 얀 바렌홀드Jan Vahrenhold와 마히카 푸타네Mahika Phutane, 나아즈 시비아Naaz Sibia에게 감사한다.

또한, 문제 제작과 경쟁력 있는 프로그래밍에 기여한 모든 분께 감사드린다. 책 제작을 지원해준 DMOJ 관리자에게도 고마운 마음을 전하고 싶다. 문제를 개선하고 추가하는 데 도움을 준 튜더 브린두스Tudor Brindus와 라두 포고나리우Radu Pogonariu에게는 특별히 더 감사한다.

공부만 할 수 있도록 모든 일을 처리해주신 부모님께 감사드린다. 글을 쓸 수 있는 시간과 돌봄을 아끼지 않은 나의 동반자 도얄리Doyali에게도 사랑을 전한다.

마지막으로 이 책을 읽고 공부하는 모든 독자에게도 마음 깊이 감사를 전한다.

차례

들어가며   23

3장 메모이제이션과 동적 프로그래밍   133

4장 그래프 및 너비 우선 탐색

들어가며

이 책은 C/C++이나 자바, 파이썬 같은 프로그래밍 언어를 배우는 독자를 위해 썼다. 독자 모두가 프로그래밍 문제 풀이가 얼마나 신나는 일인지를 느낄 뿐만 아니라, 프로그래밍 기술을 한 단계 높이는 기회가 되기를 바란다.

기획 단계에서 최신의 멋진 알고리듬을 설명하고 기존의 기법과 비교하는 구성도 고민했다. 설명을 위주로 하고 실제 알고리듬 문제를 접하지 않으면 금방 기억에서 잊힌다는 단점을 떠올릴 수밖에 없었다.

이 책은 알고리듬 기법을 먼저 설명하지 않고, 문제를 먼저 제시하는 방식을 사용한다. 제시되는 문제도 상당히 어려워서 기존의 방법으로는 쉽게 풀 수 없다. 즉, 독자들이 어려운 문제를 접하면서 이미 알고 있는 경험과 문제 해결에 필요한 지식을 연결시키는 방식으로 기술을 습득할 수 있다.

아마도 기존의 교과서에서 봤던 문제는 찾을 수 없을 것이다. 행렬을 곱하거나 피보나치 수열을 계산하는 최적 방법에 대한 내용도 없다. 또한, 하노이 탑 문제를 풀 일도 없을 거라고 장담한다. 다른 많은 훌륭한 교과서가 이런 문제를 다루고 있는 것이 현실이지만, 과연 그런 종류의 문제에 흥미를 느끼는지는 의문이다.

오히려 독자들이 접해 보지 못한 새로운 문제를 활용하려고 한다. 해마다 수천 명의 사람들이 프로그래밍 경진대회에 참가한다. 대회를 준비하는 주최측은 기존 답안을 다시 쓰거나 구글 검색만 이용해서 풀 수 없도록 새로운 문제를 준비한다. 새로운 문제는 기존의 문제를 새로운 상황에 맞도록 변형하며, 참가자들이 새로운 해법을 찾아내도록 도전하고 흥미를 유발한다. 이런 문제를 푸는 데 필요한 프로그래밍과 컴퓨터 지식은 끝이 없다. 제대로 된 문제를 고를 수만 있다면 실컷 배울 수 있다.

가장 기초적인 정의를 떠올려보자. 자료 구조, 즉 데이터 구조란 데이터를 구조화해 연산을 빠르게 하는 방법을 말한다. 알고리듬은 문제 해결 방법을 순서대로 나열한 것이다. 가끔은 정교한 데이터 구조 없이도 빠른 알고리듬을 만들어 낼 수 있다. 그러나 올바른 데이터 구조를 사용한다면 알고리듬의 속도를 획기적으로 향상시킬 수 있다.

이 책을 열심히 공부하면 실력 있는 프로그래머가 될 수는 있지만, 그것이 필자의 목표는 아니다. 프로그래밍 경진대회의 문제 풀이를 통해 데이터 구조와 알고리듬을 재미있게 가르치고 배우는 것을 마음에 두고 썼다. 이 책에서 배울 만한 것이나, 재미난 것을 찾았다면 소감을 이메일로 보내주길 바란다.

온라인 자료

사용한 코드와 추가 연습 문제 등 자료는 다음 링크(https://danielzingaro.com/alg/)에서 다운로드할 수 있다.

대상 독자

난이도 높은 문제를 해결하는 학습법을 배우려는 모든 프로그래머를 위한 책이다. 이 책을 통해 다양한 데이터 구조와 알고리듬, 문제 풀이에 도움이 되는 유형 및 구현 방법을 배울 수 있다.

이 책의 코드는 전부 C언어로 작성됐으나 C언어의 기초는 다루지 않는다. 독자가 C/C++에 익숙하다면 바로 시작하는 데 어려움이 없을 것이다. 그 외에 자바나 파이썬 등 다른 언어로 프로그래밍한 경험이 있다면 대부분의 내용은 읽으면서 대략 이해할 수 있을 것이다. 그래도 1장을 시작하기 전에 C언어의 개요를 복습한다면 좀 더 도움이 될 것이다. 특히, 포인터와 동적 메모리 할당 부분은 기존의 프로그래밍 경험에 관계없이 숙지해 둘 필요가 있다. 독자에게 추천하는 C언어 책은 K. N. 킹의 『C Programming: A Modern Access, 2nd Edition』(W. W. Norton & Company, 2008)으로, C언어에 익숙한 사람에게 도 참고용으로서 유용하다.

프로그래밍 언어

이 책에서는 C언어를 사용한다. C++이나 자바, 파이썬 같이 고급 언어를 선택하지 않은 이유는 다음과 같다.

C언어 사용 이유

C언어를 사용하는 가장 큰 이유는 데이터 구조와 알고리듬을 기초부터 전달하려는 의도에서다. 문제 풀이에서 해시 테이블이 필요하면 직접 구현한다. 딕셔너리나 해시맵처럼 다른 언어에서 기본으로 제공하는 데이터 구조에 의존할 수도 없다. 문자열의 최대 길이를 모른다면, 확장 가능한 배열을 만들고, 직접 메모리 할당도 해야 한다. 메모리 관리도 프로그래밍 언어가 알아서 하지 않고 손수 해야 한다. 독자 여러분이 프로그램의 동작 원리를 명확히 알기를 바라기 때문에 쉬운 방법을 사용하지는 않을 것이다. 그리고 이런 목표에는 C언어가 최적이라 할 수 있다.

C언어로 문제 풀이를 하면 나중에 C++를 사용할 때도 유용하다. C++는 다수의 표준 라이브러리와 빠른 속도 때문에 프로그래밍 대회에서 많이 사용되는 언어 중 하나다. 그러므로 프로그래밍 경진대회 출전을 진지하게 고민하는 독자라면 C언어 기초를 다질 수 있는 좋은 기회다.

static 키워드 사용

보통의 지역 변수는 콜 스택^{call stack}에 저장된다. 함수가 호출될 때마다 콜 스택 메모리에 지역 변수가 저장된다. 함수가 반환되면 나중에 다른 지역 변수가 사용할 수 있도록 메모리가 해제된다. 콜 스택은 크기가 작기 때문에 이 책에서 다루는 대규모 배열에는 적합하지 않다. 이때 static 키워드를 사용할 수 있다. 지역 변수에 static 키워드를 적용하면, 저장 주기가 자동에서 정적으로 변경돼 변수 값이 함수 호출 중에도 유지된다. 즉, 일반적인 지역 변수처럼 함수 종료 시 값이 사라지는 콜 스택 메모리에 저장되는 것이 아니라, 콜 스택과 전혀 다른 별도의 메모리 세그먼트에 저장된다. 다만, static 키워드를 사용하면 변수가 딱 한 번만 초기화된다는 점은 주의해야 한다. 코드 1의 예제를 보자.

코드 1 지역 변수를 정적 변수로 변환

```
int f(void) {
❶ static int x = 5;
  printf("%d\n", x);
  x++;
}

int main(void) {
  f();
  f();
  f();
  return 0;
}
```

지역 변수 x❶에 static을 사용했다. static이 없었다면 숫자 5가 세 번 출력돼야 하지만, static이 들어감으로써 다음과 같은 결과가 나온다.

```
5
6
7
```

include 생략

이 책에서는 지면을 절약하기 위해 C 프로그램을 작성할 때 필수적인 #include 부분을 생략한다. 실제 코딩할 때는 다음 세 줄의 #include를 포함시켜야 한다.

```
#include <stdio.h>
#include <stdlib.h>
#include <string.h>
```

메모리 해제 생략

자바나 파이썬과 달리 C언어에서는 프로그래머가 직접 할당했던 메모리를 해제해야 한다. 기본 방식은 malloc 키워드로 메모리를 할당받아 사용한 후 free 키워드로 사용이 끝난 메모리를 해제하는 식이다.

그러나 이 책에서는 두 가지의 이유로 메모리 해제를 생략했다. 첫째는 free 키워드에 신경쓰지 않고 설명에 집중하려는 목적이고, 둘째는 이 책의 코드 대부분이 테스트용으로 잠깐만 실행되기 때문이다. 또한 프로그램이 종료되면 운영체제가 할당된 메모리를 모두 해제하는 역할을 하기 때문에, 여러 번 실행하고 종료해도 문제가 없다. 물론, 메모리 해제를 하지 않는 것은 무책임한 일이다. 게다가 실행할 때마다 메모리를 점점 더 점유하는 프로그램을 좋아하는 사용자는 없을 것이다. 메모리 해제 코드를 추가하려면 제공된 소스 코드에 직접 free 키워드를 추가해보길 권한다.

주제 선정 근거

데이터 구조와 알고리듬의 분야는 상당히 방대하기 때문에 책 한 권에서 모두 다루기는 어렵다. 그래서 다음 세 가지 기준으로 이 책에 꼭 포함시킬 내용을 골랐다.

첫째, 적용 범위가 넓은 주제를 골랐다. 각 주제들은 책에서 제시한 문제에도 활용되지만 그 외 다른 문제를 해결하는 데도 적용된다. 그리고 각 장은 적어도 2개의 문제가 제공된다. 일반적으로 첫 번째 문제에서는 데이터 구조와 알고리듬을 설명하고, 전형적인 사례를 한 가지 풀어본다. 두 번째 문제에서는 데이터 구조와 알고리듬을 활용하는 다른 사례의 문제를 다룬다. 예를 들어, 5장에서는 다익스트라 알고리듬을 학습하는데, 구글 검색을 해 보면 다익스트라 알고리듬은 주로 최단 경로 찾기에 사용된다는 것을 알 수 있다. 그래서 실제로도 5장의 첫째 문제에서는 최단 경로를 찾는 목적으로 알고리듬을 사용한다. 그러나 그 다음 문제에서는 한 발 더 나가서 최단 경로가 아닌 최단 경로의 개수를 구하는 데 알고리듬을 활용한다. 이런 식으로 각 장을 진행하면서 각 기법의 활용 방법과 제안 조건, 세부사항 등을 배울 수 있을 것이다.

둘째, 설명에 지장을 주지 않을 정도의 적절한 코딩 분량이 나오는 주제를 골랐다. 즉, 소스 코드가 대략 150라인(줄) 정도의 분량인 문제들이다. 여기에는 문제를 해결하는 구현부의 코드뿐만 아니라 입력 값을 읽고, 출력하는 코드도 모두 포함된다. 구현부의 소스 코드가 200~300라인씩 되는 데이터 구조와 알고리듬은 현실적이지 않다고 판단해서 대상에서 제외했다.

셋째, 직관적으로 확실하게 이해할 수 있는 주제를 선택했다. 이는 이 책의 목표가 데이터 구조와 알고리듬을 구체적으로 알려주는 것이기도 하고, 독자 또한 확실한 해법과 자세한 구현 방법을 배우고자 이 책을 선택했다고 생각하기 때문이다.

각 장에서 제공하는 문제의 더 자세한 내용을 알고 싶다면 부록 B를 확인해보자. 1, 3, 4, 7, 8장을 위한 자료를 추가해뒀다.

책을 읽는 중에, 좀 더 많은 자료를 가지고 연습하면서 실력을 키우길 원하는 독자를 위해 각 장의 마지막에 참고 사항을 실었다. 대부분은 예시와 예제 문제다. 그 외에, 주제별로 문제를 분류하고, 해법 전략도 제시하는 온라인 자료실이 많다. 그 중 가장 광범위한 자료를 제공하는 곳은 스티브 하림$^{Steven\ Halim}$과 펠릭스 하림$^{Felix\ Halim}$이 운영하는 'Methods to Solve' 페이지(https://cpbook.net/methodstosolve)다.

판정 시스템

이 책에서 선별한 문제들은 각 프로그래밍 판정 시스템judges 웹 사이트에서 볼 수 있다. 판정 시스템을 제공하는 웹 사이트는 상당히 많고, 각 사이트가 보유한 문제의 수도 수백 개에 달한다. 그래서 이 책에 적합한 주제를 고를 수 있을 만큼 다양한 문제를 보유한 판정 시스템을 몇 개 선정했다. 이들 웹 사이트는 별도의 아이디와 비밀번호가 필요하니 책을 더 읽어나가기 전에 가입을 해 두는 것이 좋다. 이 책에서 사용하는 판정 시스템은 다음과 같다.

판정 시스템	인터넷 주소
Codeforces	codeforces.com
DMOJ	dmoj.ca
Kattis	open.kattis.com
POJ	poj.org
SPOJ	spoj.com
UVa	uva.onlinejudge.org

각 장의 문제 설명은 문제를 가져온 판정 시스템 웹 사이트와 해당 문제에 해당하는 특정 코드를 표시하고 있다. 웹 사이트에 등록된 일부 문제는 개인이 작성한 것도 있지만, 대부분은 유명 경진대회에서 출제된 문제들로 구성된다. 이 책에서 사용한 문제의 출처 중 유명 대회를 소개하면 다음과 같은 것들이 있다.

국제 정보 올림피아드IOI, International Olympiad in Informatics 고등학생을 대상으로 매년 열리는 권위있는 국제대회다. 나라별로 최대 4명이 참가하고, 각 참가자는 개별적으로 경쟁한다. 대회는 이틀 동안 진행되며, 매일 여러 개의 프로그래밍 대회를 치른다.

캐나다 컴퓨팅 경진대회CCC, Canadian Computing Competition**와 캐나다 컴퓨팅 올림피아드**CCO, Canadian Computing Olympiad 고등학생을 대상으로 매년 개최되는 행사로 워털루 대학교가 주관한다. CCC(스테이지 1)는 개별 학교에서 개최되며, 상위 입상자들은 워털루 대학교에서 개최되는 CCO(스테이지 2)에 참가한다. 스테이지 2의 상위 입상자들은 캐나다를 대표해 IOI에 참가한다. 필자도 고등학생으로서 CCC에 참가한 경험이 있다. 그러나 아쉽게도 CCO에 오르지 못했다.

드와이트^{DWITE} 경진대회를 준비하는 학생들이 미리 연습을 할 수 있는 온라인 프로그래밍 대회 사이트다. 안타깝게도 더 이상 운영되지 않지만, 기존의 괜찮은 문제들은 여전히 이용할 수 있다.

ACM 미국 동부/중부/북부지역 프로그래밍 경진대회^{ECNA, East Central North America} 이 대회는 대학생을 대상으로 한다. 상위 입상자들은 매년 개최되는 ACM 국제 대학 프로그래밍 대회^{ICPC, International Collegiate Programming Contest} 세계 본선에 참가한다. 참가자들이 개별적으로 경쟁하는 다른 대회와 달리 ECNA와 세계 본선 대회는 단체전이다.

남아프리카공화국 프로그래밍 올림피아드^{SAPO, South African Programming Olympiad} 1년에 3회 개최된다. 1라운드, 2라운드, 본선 라운드가 개최되며, 난이도가 점점 높아진다. 상위 입상자는 남아프리카공화국을 대표해 IOI에 참가한다.

크로아티아 오픈 정보 경진대회^{COCI, Croatian Open Competition in Informatics} 크로아티아의 온라인 경진 대회로 1년에 수차례 개최된다. 상위 입상자는 크로아티아를 대표해 IOI에 참가한다.

미국 컴퓨팅 올림피아드^{USACO, USA Computing Olympiad} 미국의 온라인 경진 대회로 1년에 수차례 개최되며, 그 중 가장 어려운 대회는 US 오픈 경진대회다. 각 대회마다 동(가장 쉬움), 은, 금, 백금(가장 어려움)의 네 가지 난이도의 문제가 제출된다. 상위 입상자는 미국을 대표해 IOI에 참가한다.

사용된 각 문제의 출처는 부록 C에 수록했다.

참가자가 문제 풀이 코드를 제출하면, 판정 시스템은 코드를 컴파일하고 테스트 케이스를 실행한다. 작성된 코드가 제한 시간에 테스트 케이스를 모두 통과하면 올바른 코드로 인정되며, AC^{ACcepted}, 즉 정답이라고 표시된다. 그러나 코드가 1개 이상의 테스트 케이스를 통과하지 못하면 WA^{Wrong Answer}, 즉 오답이라고 표시된다. 그 외 꽤 자주 발생하는 경우는 코드의 실행이 너무 느릴 때다. 이때는 TLE^{Time-Limit Exceeded}, 즉 제한 시간 초과라고 표시된다. 그러나 TLE라는 표시를 코드는 정상인데, 시간만 초과됐다는 의미로 이해해서는 안 된다. 제한 시간을 초과하면 더 이상의 테스트 케이스를 수행하지 않고 멈추기 때문에 코드에 오류가 있는지 여부를 알 수 없기 때문이다.

제시된 해법은 출간 시점에서는 제한 시간에 모든 테스트 케이스를 통과했다. 이런 수준을 유지하면서, 코드의 가독성과 명확성을 더 높이는 것이 목표다. 즉, 데이터 구조와 알고리듬의 학습이 궁극적인 목표이며, 코드를 쥐어짜서 성능을 높이려는 시도를 하지는 않는다.

문제 구조 분석

문제를 풀려면 먼저 문제가 요구하는 바를 정확히 알아야 한다. 단지 문제 설명을 제대로 읽는 것뿐 아니라 입력 값과 출력 요구사항을 이해하는 것도 포함된다. 각 문제들은 다음과 같이 세 가지 요소로 구성된다.

문제problem   문제를 이해할 수 있는 상황과 요청 사항을 기술한다. 문제를 주의깊게 읽어야만 풀어야 할 핵심을 정확히 파악할 수 있다. 단어 하나를 잘못 이해하거나 해석해서 엉뚱한 해법을 낼 때가 자주 발생한다. 예를 들어, 이 책의 문제 중에는 최소한 몇 개의 사과를 살 것인지를 묻는 문제가 있는데, 여기서 '최솟값' 대신 '정확한 값'을 구할 때는 테스트를 통과할 수가 없다.

입력input   문제 출제자는 테스트 케이스를 제공하며, 코드가 테스트를 모두 통과해야만 맞다고 판정한다. 이때 입력에서 테스트 케이스를 읽어오는 것도 응시자의 역할이며 이를 처리하는 코드를 작성해야 한다. 입력 부분에서는 테스트 케이스 개수를 어떻게 알 수 있는지, 한 라인이 1개의 테스트 케이스인지, 숫자가 포함됐다면 범위는 어떤지, 문자열이 들어있다면 최대 범위는 얼마인지 등의 모든 정보가 제공된다.

출력output   시간 안에 정답을 내는 프로그램을 작성했지만 테스트 케이스가 요구하는 출력 형식과 달라 실패한다면 좌절감을 느끼게 될 것이다. 그래서 출력 부분에서는 출력 시 요구사항을 자세히 기술한다. 예를 들어, 각 테스트 케이스별로 출력할 라인 개수, 각 라인마다 넣을 내용, 테스트 케이스 중간이나 뒤에 빈 라인을 둬야 하는지 여부

등이 적혀 있다. 추가로, 이 책에서는 문제마다 제한 시간도 적어 뒀다. 제출한 프로그램이 제한 시간에 모든 테스트 케이스를 통과하지 못하면, 그 프로그램은 불합격이다.

한편, 일관성을 유지하고자 다양한 출처에서 발췌한 문제의 설명을 이 책의 기준에 맞춰 다시 작성했으며, 각 문제의 공식 설명에 포함된 내용과 같은 정보를 제공한다.

6장의 일부 문제를 제외하고는 모두 표준 입력과 표준 출력을 사용한다. 즉, `scanf`, `getchar`, `printf`와 같은 C언어 함수들을 사용하며, 파일 입출력 기능은 사용하지 않을 것이다.

문제: 배식 줄

간단한 예제를 통해 문제를 미리 경험해보자. 문제에만 집중할 수 있도록 부연 설명을 할 때는 괄호를 사용해서 별도로 표기할 것이다. 문제를 이해할 수 있는 독자에게는 풀이도 그리 어렵지 않을 것이다. 이 책의 다른 문제들과 달리 예제는 프로그래밍 기본 개념만 있다면 쉽게 풀 수 있는 것으로 준비했기 때문이다. 예제를 스스로 해결할 수 있거나, 문제 풀이가 바로 이해된다면 본론으로 넘어갈 준비가 된 것이다. 그러나 문제 풀이조차 잘 이해되지 않는다면, 기초 과정의 다른 시험 문제들을 몇 개 더 풀어보고, 다시 한번 프로그래밍 기초를 수강한 후 시도하는 것을 권한다. 이번 예제는 DMOJ의 `lkp18c2p1`이다(예제가 끝나면 해답을 바로 제출할 수 있도록, 지금 바로 DMOJ 웹 사이트에 접속해서 문제를 찾아두면 좋다).

문제 설명

구내식당에 n개의 배식 줄이 있다. 각 배식 줄마다 기다리는 사람이 있고 몇 명인지도 알고 있다. 새로 식당에 도착한 m명의 사람들은 각자 n개의 배식 줄 중에서 가장 짧은 줄 뒤에 가서 기다린다. 이때 m명의 사람들이 배식 줄로 이동할 때마다, 배식 줄에서 원래 기다리고 있던 사람은 몇 명인가를 알아내는 것이 이 문제의 목표다(혹시 문제 설명이 이해가 잘 안 된다면 천천히 다시 한번 읽어본 후 다음에서 설명하는 예제도 참고해 확실히 이해하자).

예를 들어 3개의 배식 줄이 있고, 1열에 3명, 2열에 2명, 3열에 5명이 있다고 하자. 이때 4명이 새로 도착한다(여기 잠깐 읽기를 멈추고 이들 4명이 어느 줄로 이동할지 생각해보자). 첫 번째 사람은 가장 짧은 배식 줄인 2열로 갈 것이다. 그러면 2열은 3명이 된다. 1열과 2열이 모두 3명이므로, 두 번째 사람은 1열과 2열 중 하나로 갈 수 있는데, 일단 1열로 간다고 해보자. 그러면 1열은 4명이 된다. 세 번째 사람은 3명이 있는 2열로 갈 것이다. 그러면 2열은 4명이 된다. 1열과 2열이 모두 4명이므로, 마지막 네 번째 사람은 1열과 2열 중 하나로 갈 수 있는데, 일단 1열로 간다고 해보자. 그러면 1열은 5명이 될 것이다.

입력

입력으로는 1개의 테스트 케이스를 사용한다. 첫째 줄에는 양의 정수값인 n과 m이 있다. 여기서 n은 배식 줄 개수이고, m은 새로 도착한 사람 수이며, n과 m의 최댓값은 100이다. 둘째 줄에는 n개의 양의 정수가 있으며, 새로운 사람들이 도착하기 전 각 배식줄에 있는 사람 수이며, 최댓값은 100이다.

예제는 다음과 같이 표시할 수 있다(두 줄 전체가 1개의 테스트 케이스에 해당한다. 그러므로 두 줄을 모두 읽어서 입력 값으로 사용해야 한다).

```
3 4
3 2 5
```

출력

m명의 사람이 새로 도착했을 때, 이들이 합류하는 배식 줄의 사람 수를 출력한다.

이에 따라 앞 예제의 출력 값은 다음과 같다.

```
2
3
3
4
```

문제의 풀이 제한 시간은 3초다(각 테스트 케이스별 최대 인원이 100명이라는 것으로 고려하면 3초는 충분한 시간이다. 특별한 데이터 구조나 알고리듬을 사용할 필요는 없을 것이다).

문제 풀이

이 책에서는 입력 부분의 코딩을 나중에 할 것이다. 문제에서 제시한 실제 입력 값 대신 임의의 예제 값으로도 코드를 테스트할 수 있기 때문이다. 이때 풀이 함수 코딩에만 집중하고 입력 부분 코딩을 고민할 필요가 없다는 장점이 있다. 물론, 수작업 입력이 힘든 데이터 구조를 갖는 문제는 예외적으로 입력부 코딩부터 할 것이다.

이번 문제를 풀 때 필요한 핵심 데이터는 각 배식 줄에 서 있는 사람 수다. 여기에 맞는 자료형은 배열이고, 각 배식 줄이 1개의 인덱스를 가지면 된다. 이 배열을 lines라고 하자.

새로 도착한 사람은 가장 짧은 줄로 가야 하므로, 어떤 줄이 가장 짧은 줄인지를 알려주는 헬퍼helper 함수가 필요하다. 이 함수는 코드 2를 참고한다.

코드 2 가장 짧은 줄의 인덱스

```c
int shortest_line_index(int lines[], int n) {
  int j;
  int shortest = 0;
  for (j = 1; j < n; j++)
    if (lines[j] < lines[shortest])
      shortest = j;
  return shortest;
}
```

lines 배열과 n과 m을 입력받으면 문제를 풀 수 있다. 해법solve 함수는 코드 3을 참고한다.

코드 3 해법 함수

```c
void solve(int lines[], int n, int m) {
  int i, shortest;
```

```
  for (i = 0; i < m; i++) {
    shortest = shortest_line_index(lines, n);
    printf("%d\n", lines[shortest]);
❶ lines[shortest]++;
  }
}
```

for 문에서는 매번 헬퍼 함수를 호출해서 가장 짧은 줄의 인덱스를 구한다. 가장 짧은 줄의 길이를 출력한다. 그리고 +1을 해서 새로운 사람 1명을 그 줄에 추가한다. ❶

남은 작업은 입력 값을 읽고, 풀이 함수를 호출하는 것이다. 그 결과는 코드 4를 참고한다.

코드 4 main 함수

```
#define MAX_LINES 100

int main(void) {
  int lines[MAX_LINES];
  int n, m, i;
  scanf("%d%d", &n, &m);
  for (i = 0; i < n; i++)
      scanf("%d", &lines[i]);
  solve(lines, n, m);
  return 0;
}
```

shortest_line_index()와 solve(), main() 함수를 한 곳으로 모으고, 첫 줄에 #include 를 추가하면 판정 시스템에 제출할 수 있는 완성본이 된다. 완성본을 만들 때는 프로그래밍 언어를 제대로 선택했는지 다시 한번 확인하는 것이 좋다. 이 책에서는 GCC와 C99, C11을 사용하며, 판정 시스템에서 지정하는 C 컴파일러를 사용해야 할 수도 있다.

독자가 판정 시스템에 코드를 제출하기 전에 테스트하고 싶다면, 몇 가지 방법이 있다. 우선 앞의 프로그램은 표준 입력을 사용하므로, 일단 프로그램을 실행하고 직접 손으로 테스트 케이스를 입력하는 방법을 쓸 수 있다. 이 방법은 테스트 케이스가 작을 때는 유용하지만, 반복해서 입력하는 것은 번거롭기도 하고, 테스트 케이스가 클 때는 입력하기가 어려울 수도 있다. 좀 더 나은 방법은 입력 값을 파일에 저장한 후, 명령 프롬프트에서 입력 리디렉션을 사용해서 파일에서 읽도록 하는 것이다. 예를 들어 테스트 케이스의 파일명이 food.txt이고, 실행 프로그램명이 food라면 다음과 같이 실행한다.

```
$ food < food.txt
```

테스트 케이스도 쉽게 바꿀 수 있는 방식이다. 즉, food.txt 파일의 내용을 바꿔서 저장한 후 프로그램을 재실행하면 된다.

이렇게 첫째 문제를 풀어봤다. 이 책에서 다루는 모든 문제는 예제 문제와 똑같이 구성됐기 때문에, 다른 문제를 풀 때 낯설지 않을 것이다.

참고사항

배식 줄 문제의 출처는 DMOJ가 주최하는 2018년 LKP 2 대회다.

문의

이 책의 정오표는 에이콘출판사의 도서정보 페이지(http://www.acornpub.co.kr/book/algorithmic-thinking)에서 확인할 수 있다. 기술적인 내용에 관한 의견이나 문의는 에이콘출판사 편집 팀(editor@acornpub.co.kr)이나 옮긴이의 이메일로 연락 주길 바란다.

1

해시 테이블

1장에서 세 문제를 다룬다. 두 문제는 검색의 효율성을 높여야만 풀 수 있다. 1번은 눈송이들의 모양이 같은지를 알아내야 하고, 2번은 복합어를 찾는 문제다. 문제를 푸는 방법은 여러 가지인데, 실행 속도가 너무 느린 방법도 있다. 이를 해결하기 위해 해시 테이블이라는 데이터 구조를 사용해서 실행 속도를 비약적으로 향상시키는 방법을 알아볼 것이다.

세 번째 문제에서는 어떤 단어의 글자를 삭제해서 다른 단어와 같게 만들려고 할 때, 가능한 경우의 수를 구한다. 1장에서 배운 데이터 구조를 무조건 적용하려고 할 때 벌어지는 문제점을 다루는 문제다.

문제 1: 고유한 눈송이

문제의 출처는 DMOJ의 cco07p2다.

문제 설명

제시된 눈송이(가지가 6개인 육각형의 눈 결정체) 집합 중에서 같은 모양의 눈송이를 찾는다.

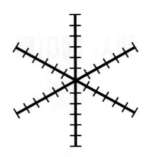

그림 1-1 6개 가지의 길이 모두 6인 눈송이 예제

눈송이에는 6개의 가지가 있으며, 가지의 길이는 정수로 표현한다. 눈송이 1개는 다음과 같이 표현할 수 있다.

3, 9, 15, 2, 1, 10

다음처럼 가지의 길이는 같은 값을 가질 수도 있다.

8, 4, 8, 9, 2, 8

이때, 2개의 눈송이가 같은 모양이라는 것은 어떻게 정의할 수 있을까? 예시로 이를 설명한다.

첫 번째 사례를 살펴본다. 다음 2개의 눈송이를 보자.

첫 번째 눈송이다.

1, 2, 3, 4, 5, 6

다른 눈송이는 다음과 같다.

1, 2, 3, 4, 5, 6

2개의 눈송이의 가지 길이와 위치가 모두 같으므로 눈송이가 같은 모양이라고 할 수 있다.

두 번째 사례를 보자. 첫 번째 눈송이다.

1, 2, 3, 4, 5, 6

두 번째 눈송이다.

4, 5, 6, 1, 2, 3

두 번째 눈송이의 1에서부터 오른쪽으로는 1, 2, 3이고, 다시 맨 앞에서부터 오른쪽으로 4, 5, 6이므로 이 둘을 합치면 1, 2, 3, 4, 5, 6이 돼 첫 번째 눈송이와 순서가 같다. 즉, 눈송이는 원 모양이므로, 출발 위치만 다를 뿐 2개의 눈송이는 같다고 할 수 있다.

이번에는 조금 더 까다로운 사례를 보자.

1, 2, 3, 4, 5, 6

두 번째 눈송이다.

3, 2, 1, 6, 5, 4

지금까지 살펴본 사례를 기준으로 보면, 이번 눈송이는 모양이 다르다. 두 번째 눈송이의 1부터 시작해서 오른쪽으로 이동하면 1, 6, 5, 4이고, 맨 앞으로 가서 오른쪽으로 이동하면 3, 2가 돼 전체는 1, 6, 5, 4, 3, 2가 된다. 이 숫자는 첫 번째 눈송이의 1, 2, 3, 4, 5, 6과는 전혀 다른 배열이다.

그러나 오른쪽이 아닌 왼쪽 방향으로 이동한다면 1, 2, 3, 4, 5, 6이 나와서 같은 배열이 된다. 따라서 왼쪽 방향으로 이동하는 방법을 사용하면 2개의 눈송이가 같다고 할 수 있다.

지금까지 내용을 정리하면, 2개의 눈송이가 같다고 볼 수 있는 경우는 세 가지다. 첫째는 2개의 눈송이가 완전히 같은 경우이고, 둘째는 2개 중 하나의 눈송이를 오른쪽으로 이동하면 같아지는 경우이며, 셋째는 2개 중 하나의 눈송이를 왼쪽으로 이동하면 같아지는 경우다.

입력

입력 값의 첫 줄에는 전체 눈송이의 개수인 정수 n이 있으며, n 값의 범위는 1에서 100,000이다. n의 다음 줄부터는 눈송이 정보가 1개당 한 줄씩 기록된다. 각 줄에는 6개의 정수 값이 있고, 정수 값의 범위는 최소 0부터 최대 10,000,000이다.

출력

결괏값으로는 한 줄의 문장을 출력한다.

- 같은 눈송이가 하나도 없다면, '같은 눈송이가 없다'는 의미로 다음 문장을 출력한다.

  No two snowflakes are alike.

- 같은 눈송이가 적어도 2개 이상이 있다면, '같은 눈송이가 발견됐다'라는 의미로 다음 문장을 출력한다.

  Twin snowflakes found.

문제의 풀이 제한 시간은 2초다.

문제 단순화

경진대회에서 문제를 풀 때는 보통 문제를 단순하게 만들고, 이를 먼저 풀어보는 방법을 사용한다. 복잡한 부분을 없애고 단순하게 만드는 것부터 시작해보자.

우선 눈송이가 다수의 정수 값이 아닌, 단 1개의 정수 값만 갖는다고 가정하자. 그러면 여러 개의 정수 중에서 같은 값이 있는지를 찾는 간단한 문제가 된다. C언어의 == 연산자로 2개의 정수가 같은지를 쉽게 확인할 수 있다. 그러므로 모든 정수 쌍을 비교하고, 같은 값의 정수 쌍이 1개라도 발견되면 프로그램을 중지하고 다음 내용을 출력한다.

Twin integers found.

같은 값의 정수 쌍이 없다면 다음과 같이 출력한다.

No two integers are alike.

2개의 중첩 반복문을 이용해서 정수 쌍을 비교하는 identify_identical 함수를 작성해보자. 이 함수는 코드 1-1을 참고한다.

코드 1-1 같은 정수 값 찾기

```
void identify_identical(int values[], int n) {
  int i, j;
  for (i = 0; i < n; i++)
❶ for (j = i+1; j < n; j++) {
    if (values[i] == values[j]) {
      printf("Twin integers found.\n");
      return;
    }
  }
  }
  printf("No two integers are alike.\n");
}
```

함수에 전달하는 정수 값은 values 배열을 이용한다. 배열의 정수 값 개수는 변수 n을 이용한다.

내부 for 문의 시작 값은 0이 아니라 i+1이다❶. 0으로 시작하면 j와 i가 같은 인덱스 값이 돼, 참이라는 잘못된 값이 나오기 때문이다.

`identify_identical` 함수를 시험하기 위해 다음처럼 간단한 main 함수를 작성한다.

```c
int main(void) {
  int a[5] = {1, 2, 3, 1, 5};
  identify_identical(a, 5);
  return 0;
}
```

코드를 실행하면 배열에 같은 값을 가진 쌍(정수 1)을 제대로 식별하는 것을 알 수 있다. 참고로 이 책에서는 테스트 코드를 많이 제공하지 않으니, 스스로 테스트 코드를 작성하는 습관을 갖기를 권한다.

핵심 부분 풀이

`identify_identical` 함수를 확장해 눈송이 문제를 풀어본다. 이를 위해서는 두 가지를 수정해야 한다.

1. 한 번에 1개의 정수가 아니라, 6개의 정수를 다뤄야 한다. 이때는 2차원 배열이 적합하다. 즉, 각 행은 6개의 열을 갖는 눈송이가 된다.
2. 눈송이가 같다는 판정을 하려면 세 가지 경우를 모두 고려해야 한다. 이때, `==` 연산자만으로는 비교 작업을 끝낼 수 없고, '우측 이동'과 '좌측 이동'도 고려해야 한다. 그런데 C언어의 `==` 연산자는 배열 비교 기능이 없다. 눈송이 배열을 비교하는 별도의 알고리듬이 필요하며, 이를 작성하는 것이 문제 풀이에 가장 중요한 작업이라 할 수 있다.

배열을 비교하는 역할을 하는 2개의 헬퍼 함수부터 작성해보자. 함수 하나는 '우측 이동'을 비교하고, 다른 하나는 '좌측 이동'을 비교하는 함수다. 이들 헬퍼 함수는 3개의 인수를 취하며, 인수는 순서대로 첫 번째와 두 번째의 눈송이 배열, 두 번째 눈송이의 시작 값이다.

우측 이동 비교

identical_right 함수의 선언부는 다음과 같다.

```
int identical_right(int snow1[], int snow2[], int start)
```

눈송이가 '우측 이동'을 하며 동일 여부를 비교할 때는, snow1은 0번 인덱스부터, snow2는 start 인덱스부터 검사를 한다. 두 눈송이의 요소 값이 다르다면 같은 눈송이가 아니라는 의미로 0을, 요소 값이 모두 일치하면 1을 반환한다. 즉, 거짓은 0, 참은 1이라고 정한다.

이에 따라 코드를 작성한 결과는 코드 1-2와 같다.

코드 1-2 우측 이동을 하면서 같은 눈송이를 찾는 코드(버그 포함)

```
int identical_right(int snow1[], int snow2[], int start) {
  int offset;
  for (offset =0; offset < 6; offset++) {
❶  if (snow1[offset] != snow2[start + offset])
      return 0;
  }
  return 1;
}
```

코드 1-2에는 버그가 포함돼 있어서 의도대로 동작하지 않는다. 문제가 되는 부분은 start + offset이다❶. start = 4에서 시작하고, offset = 3이면 start + offset = 7이다. 그러면 snow2[7]이 되는데 인덱스 최댓값은 snow2[5]이기 때문에 에러가 발생한다.

코드 1-2에서는 snow2 배열의 끝을 만나면, 다시 왼쪽 앞으로 돌아가야 한다는 점을 고려하지 않고 있다. 인덱스 값이 6이나 그 이상이 되면, 인덱스에서 6을 빼는 식으로 값을 변경해야 한다. 그래야만 인덱스 6대신 0, 인덱스 7대신 1로 값을 바꿔서 진행할 수 있다. 이를 반영해 다시 작성한 것이 코드 1-3이다.

```
int identical_right(int snow1[], int snow2[], int start) {
  int offset, snow2_index;
  for (offset =0; offset < 6; offset++) {
    snow2_index = start + offset;
    if (snow2_index >= 6)
      snow2_index = snow2_index - 6;
    if (snow1[offset] != snow2[snow2_index])
      return 0;
  }
  return 1;
}
```

코드 1-3은 제대로 동작하지만, 여전히 개선할 점이 있다. 즉, 이런 조건에서는 보통 mod 연산자(%)를 활용한다. % 연산자는 나머지 값을 도출하는 연산자다. 즉, x % y라는 연산은 x를 y로 나누고 남은 나머지(정수)를 반환한다는 의미다. 가령, 6 % 3은 0인데, 6을 3으로 나누면 나머지가 0이기 때문이다. 같은 방식으로 6 % 4는 6을 4로 나누는 것으로, 결과는 나머지 값인 2가 된다.

따라서 왼쪽 앞으로 돌아가는 기능을 구현하기 위해 mod 연산자를 사용할 수 있다. 0 % 6은 0, 1 % 6은 1, ..., 5 % 6은 5가 된다. 이들 숫자는 6보다 작기 때문에 6으로 나눈 값은 자기 자신이다. 인덱스 5는 snow 배열에서 사용 가능한 최대 숫자다. 문제가 될 수 있는 값은 인덱스 6인데, 6 % 6은 0이고, 왼쪽 맨 앞의 시작점을 가리키게 된다.

% 연산자를 사용해 identical_right 함수를 고쳐보자. 결과는 코드 1-4와 같다.

코드 1-4 mod를 사용해 우측 이동을 하면서 같은 눈송이를 찾는 코드

```
int identical_right(int snow1[], int snow2[], int start) {
  int offset;
  for (offset =0; offset < 6; offset++) {
    if (snow1[offset] != snow2[(start + offset) % 6])
      return 0;
  }
  return 1;
}
```

앞에서 다룬 mod 연산자를 사용할지 여부는 사용자에게 달렸다. 이 기법은 코드의 양을 줄일 수 있어서 흔히 사용하는 개발 패턴이다. 다만, 시작점으로 돌아가는 종류의 문제(예: identical_left 함수)에 무조건 적용할 수 있는 기법은 아니다. 다음으로는 좌측 이동 비교 함수를 작성해보자.

좌측 이동 비교

identical_left 함수는 오른쪽 방향이 아니라 왼쪽 방향으로 이동한다는 것만 빼면 identical_right 함수와 다를 바가 없다. 오른쪽으로 이동할 때는 실수로 인덱스가 6이나 그 이상이 되지 않도록 주의해야 했다면, 왼쪽으로 이동할 때는 -1이나 그 이하가 되지 않도록 조심해야 한다. 게다가, 이번에는 mod 연산자를 사용할 수 없다. C언어에서는 -1 / 6의 값은 0이고, 나머지는 -1이다. 즉, -1 % 6은 -1인데, 여기에서 필요한 값은 5다. identical_left 함수를 코드 1-5에서 확인해보자.

코드 1-5 좌측 이동을 하면서 같은 눈송이를 찾는 코드

```
int identical_left(int snow1[], int snow2[], int start) {
  int offset, snow2_index;
  for (offset =0; offset < 6; offset++) {
    snow2_index = start - offset;
    if (snow2_index < 0)
      snow2_index = snow2_index + 6;
    if (snow1[offset] != snow2[snow2_index])
      return 0;
  }
  return 1;
}
```

코드 1-5의 함수는 코드 1-3의 함수와 비슷하다는 점을 알 수 있다. 단, offset을 더하는 것이 아니라 뺐다는 것과 경계 값을 6이 아니라 -1에서 확인한다는 점이 다르다.

전체 코드 통합

identical_right와 identical_left라는 2개의 헬퍼 함수를 이용해서, 2개의 눈송이가 같은지를 알아내는 코드를 작성할 수 있다. 코드 1-6의 are_identical 함수가 바로 이들을 통합하는 코드다. 이제 snow2에서의 시작 위치에 관계없이 우측 이동과 좌측 이동을 시험해 볼 수 있다.

코드 1-6 같은 눈송이를 찾는 코드

```
int are_identical(int snow1[], int snow2[]) {
  int start;
  for (start = 0; start < 6; start++) {
❶ if (identical_right(snow1, snow2, start))
      return 1;
❷ if (identical_left(snow1, snow2, start))
      return 1;
  }
  return 0;
}
```

코드 1-6을 보면 일단 snow2에서 우측 이동을 하면서 snow1과 snow2가 같은지를 비교한다❶. 서로 같으면 앞에서 정의한 대로 참의 의미로 1을 반환한다. 그런 다음에는 같은 방식으로 좌측 이동을 하면서 비교한다❷.

이쯤에서 잠깐 멈춰서 직접 시험해보자. 즉, 임의의 눈송이 쌍을 만들어서 are_identical 함수를 시험해 보는 것이다.

해법 1: 쌍 비교

2개의 눈송이를 비교해야 할 때는 == 대신 are_identical 함수를 사용하면 되기 때문에, 눈송이 비교는 단순 정수 값 비교만큼 간단해졌다.

그러므로 앞에서 작성했던 identify_identical 함수(코드 1-1)를 are_identical 함수(코드 1-6)를 이용해서 수정하자. 즉, 눈송이 쌍 비교를 수행한 후, 쌍이 같은지 여부에 따라 문구를 다르게 출력하는 것이다. 결과는 코드 1-7과 같다.

코드 1-7 같은 눈송이를 찾는 코드

```c
void identify_identical(int snowflakes[][6], int n) {
  int i, j;
  for (i = 0; i < n; i++) {
    for (j = i+1; j < n; j++) {
      if (are_identical(snowflakes[i], snowflakes[j])) {
        printf("Twin snowflakes found.\n");
        return;
      }
    }
  }
  printf("No two snowflakes are alike.\n");
}
```

identify_identical 함수는 앞서 같은 정수 값을 찾아내는 identify_identical 함수 (코드 1-1)와 한 줄만 빼고 거의 동일하다. 차이점은 정수 값을 비교하는 == 연산자가 눈송이 비교 함수인 are_identical로 바뀐 것뿐이다.

입력 받기

판정 시스템에 제출할 수 있는 완벽한 코드가 준비된 것은 아니다. 아직 표준 입력에서 눈송이 값을 읽어오는 코드가 없기 때문이다. 다시 한번 앞으로 돌아가 문제 설명을 확인해 보자. 우선, 눈송이의 개수를 알려주는 정수 n이 있는 줄을 읽은 다음, n줄 만큼 개별 눈송이의 값을 읽어야 한다.

코드 1-8은 입력 값을 받고, 코드 1-7의 identify_identical 함수를 호출하는 main 함수다.

코드 1-8 해법 1의 main 함수

```c
#define SIZE 100000
```

```
int main(void) {
❶ static int snowflakes[SIZE][6];
  int n,i,j;
  scanf("%d", &n);
  for (i = 0; i < n; i++)
    for (j = 0; j < 6; j++)
      scanf("%d", &snowflakes[i][j]);
  identify_identical(snowflakes, n);
  return 0;
}
```

snowflakes 배열을 static으로 선언했다는 사실에 주목하자 ❶. 배열 값이 매우 커서 static 배열을 사용할 수밖에 없다. 그렇지 않으면 필요한 공간 크기가 함수에서 할당할 수 있는 메모리 크기를 초과할 수도 있기 때문이다. static을 사용하면 별도의 메모리 공간을 할당하므로, 메모리를 걱정할 필요가 없다. 그러나 static은 주의 깊게 사용해야 한다. 보통 지역 변수는 함수가 호출될 때마다 초기화되지만, static 변수는 이전 함수가 호출한 값도 모두 유지한다(26쪽의 'static 키워드' 부분 참고).

눈송이 배열의 크기를 100,000으로 설정했다는 점도 눈 여겨 봐야 한다 ❶. 일부 사람들은 입력 값이 몇 개밖에 안 될 수도 있는데, 이렇게 큰 값을 할당하는 것은 메모리 낭비가 아닐까라는 생각이 들 수도 있다. 경진대회에서는 문제에서 요구하는 최대 메모리 양에 맞춰 코딩하는 것이 상식이다. 문제에서 제시된 최대 크기를 기준으로 테스트 코드가 작성됐을 가능성이 높기 때문이다.

그 외 함수 부분은 쉽게 이해할 수 있을 것이다. scanf로 눈송이의 개수를 읽고, for 문을 반복한다. 각 눈송이에 대해 6번씩 반복하며 1개씩 정수 값을 읽는다. 마지막, 최종 결과를 얻기 위해 identify_identical을 호출한다.

이렇게 작성한 main 함수와 헬퍼 함수를 한 프로그램에 모으면 판정 시스템에 제출할 준비가 된 것이다. 실제로 제출해보자. 아마도 '제한 시간 초과Time-Limit Exceeded' 에러가 날 것이다. 아직 해야 할 일이 남았다!

문제점 분석

첫 번째 해법은 너무 느려서 '제한 시간 초과' 에러가 발생한다. 시간 초과의 원인은 2개의 중첩된 for 문이다. 각 눈송이 마다 다른 눈송이 전체를 비교하기 때문에 눈송이 개수 n이 커질수록, 총 비교 횟수도 엄청나게 증가한다.

앞의 프로그램에서 처리하는 눈송이 비교 횟수를 알아보자. 일단 비교 작업은 눈송이 쌍에서만 발생하므로, 눈송이 비교 횟수는 눈송이 쌍의 수와 같다. 예를 들어, 눈송이가 4개 있고, 각각 1, 2, 3, 4번이라고 하자. 그러면 앞의 프로그램에서는 1과 2, 1과 3, 1과 4, 2와 3, 2와 4, 3과 4를 순서대로 비교하며, 총 6번의 비교 작업이 수행된다. 각 쌍의 구성을 보면 우선 n개 눈송이 중에 1개를 선택하고, 나머지 $n-1$개 눈송이 중에 하나를 선택해 비교가 이뤄진다.

첫 번째 눈송이에서는 n개 중 하나를 선택할 수 있고, 두 번째 눈송이에서는 $n-1$개의 선택을 할 수 있다. 그러므로 선택할 수 있는 총 횟수는 $n(n-1)$이다. 그러나 $n(n-1)$에는 1과 2, 2와 1을 비교하는 식의 중복 계산이 포함돼 있다. 그러므로 두 번씩 중복하지 않으려면, 2로 나눠야 한다. 그러면 최종 n개의 눈송이의 비교 횟수는 $n(n-1)/2$이 된다.

이 수식은 그리 느려 보이지 않지만, 실제 값을 넣어보면 그렇지 않다. n이 10이라고 하면, 결과는 10(9)/2 = 45가 된다. 비교문을 45회 수행하는 것은 어떤 컴퓨터로도 몇 밀리초 안에 간단히 끝낼 수 있을 것이다. 그러면 $n=100$이면 어떨까? 계산 결과는 4,950이 되며, 이 역시 수행에 큰 문제가 없다.

문제 설명에 보면 최댓값이 10만 개라고 나와 있으므로 $n=100,000$이라고 해보자. 계산 결과는 4,999,950,000이 된다. 보통 노트북에서 10만 개의 눈송이를 기준으로 테스트 케이스를 실행하면 결과가 나오는 데 대략 4분 정도가 걸린다. 문제에서 주어진 시간은 단 2초뿐이므로 이는 너무 느린 결과라 할 수 있다. 경험적으로 대충 계산하면 보통 컴퓨터는 1초에 3천 만회 정도를 수행할 수 있다. 그러므로 2초 만에 40억 회가 넘는 눈송이 비교를 하는 것은 불가능하다.

여기서 수식 $n(n-1)/2$를 풀어보면, $n^2/2 - n/2$가 되고, 수식에서 가장 큰 지수는 2이다. 알고리듬 분야에서는 이를 $O(n^2)$ 알고리듬 또는 제곱 시간 알고리듬이라 한다.

$O(n^2)$는 'n의 제곱 빅오'라고 하며, 문제의 규모가 커질 때 처리량이 얼마나 늘어나는지를 알려주는 단위다. 빅오Big-O는 부록 A에서 따로 설명했으니 참고하기 바란다.

앞에서 이렇게 많은 비교 작업을 했던 것은 같은 눈송이가 배열의 어디에 위치하고 있는지를 모르기 때문이다. 같은 눈송이를 배열에 모으는 방법을 안다면 어떤 눈송이가 같은 눈송이인지를 빨리 판단할 수 있을 것이다. 그렇다면 같은 눈송이를 모으기 위해 배열을 정렬하는 방법을 시도해보자.

눈송이 정렬

C언어 표준 라이브러리에서는 배열을 쉽게 정렬하는 qsort 함수가 있다. qsort 함수의 핵심 요소인 비교 함수compare의 동작을 정리해보면, 우선 정렬할 2개 요소의 포인터를 취하고, 첫 번째 요소가 두 번째보다 작으면 음의 정수, 같으면 0, 크면 양의 정수를 반환한다. 이때 2개의 눈송이가 같은지를 알아내는 데 are_identical 함수를 사용할 수 있으며, 눈송이가 같을 때 0을 반환하면 된다.

첫 번째 눈송이가 두 번째보다 작거나 크다는 것은 어떻게 처리할까? 이를 위해서는 임의의 규칙을 정해본다. 눈송이가 '작다'는 것은 한 눈송이의 첫 번째 요소 값이 다른 눈송이의 첫 번째 요소 값보다 작은 것이라고 정의하자. 그러면 qsort용 비교 함수는 코드 1-9처럼 될 것이다.

코드 1-9 정렬용 비교 함수

```
int compare(const void *first, const void *second) {
  int i;
  const int *snowflake1 = first;
  const int *snowflake2 = second;
  if (are_identical(snowflake1, snowflake2))
    return 0;
  for (i = 0; i < 6; i++)
    if (snowflake1[i] < snowflake2[i])
      return -1;
  return 1;
}
```

그러나 이런 방식으로 정렬하는 것은 문제 해결에 도움이 되지 않는다. 즉, 다음과 같은 예제에서는 qsort 함수가 제대로 동작하지 않는다는 것을 알 수 있다.

```
4
3 4 5 6 1 2
2 3 4 5 6 7
4 5 6 7 8 9
1 2 3 4 5 6
```

눈송이 1번과 눈송이 4번은 모양이 같다. 그러나 결과는 'No two snowflakes are alike.'다. 뭐가 잘못된 것일까?

다음은 qsort가 실행될 때 알 수 있는 사실이다.

1. 눈송이 4번은 눈송이 2번보다 작다.
2. 눈송이 2번은 눈송이 1번보다 작다.

이를 통해 qsort는 눈송이 4번과 눈송이 1번을 직접 비교하지 않고, 눈송이 4번은 눈송이 1번보다 작다는 결론을 내려 버린다. 이는 a가 b보다 작고, b가 c보다 작다면, 당연히 a는 c보다 작다는 전이 법칙에 따른 것이다. 이는 임의로 정한 '보다 작다'와 '보다 크다'에 따른 결과다.

전이 법칙 문제를 해결하기 위해 눈송이의 '보다 작다'와 '보다 크다'를 어떻게 정의해야 하는지가 명확하지 않다는 문제가 있다. 이때, 정렬을 사용하지 않고도 구현할 수 있는 다른 빠른 해법이 있다.

지금까지 내용을 정리해보면, 정렬을 통해 유사 값을 모으는 방식은 유용한 데이터 처리 기법이고, $O(n^2)$보다 훨씬 빨리 실행되는 뛰어난 정렬 알고리듬도 사용할 수 있지만, 이번 문제는 이런 정렬을 사용할 수 없다는 것이다.

해법 2: 작업량 줄이기

전체 눈송이 쌍을 비교하고 정렬하려면 너무 많은 작업이 필요하다는 사실을 알았다. 최종 해법을 찾기 위해 작업량을 줄이는 시도가 필요하다. 우선, 눈송이들 중에서 모양이 확연히 다른 것들을 제외시켜 보자. 다음과 같은 눈송이 쌍이 있다고 해보자.

1, 2, 3, 4, 5, 6

다음과 같은 쌍도 있다.

82, 100, 3, 1, 2, 999

두 눈송이 쌍은 한눈에도 봐도 다르다는 점을 알 수 있는데, 이런 형태를 비교하는 데 시간을 낭비하지 않도록 해야 한다.

첫 번째와 두 번째 눈송이의 숫자들이 확연히 다르다면, 일일이 비교하기보다는 눈송이의 첫 번째 요소들만 비교해 보면 어떨까? 앞의 예제를 보면, 숫자가 1과 82로 크게 다르기 때문이다. 다음 눈송이 쌍은 어떨까?

3, 1, 2, 999, 82, 100

다음과 같은 쌍도 있다.

82, 100, 3, 1, 2, 999

이 둘은 비록 눈송이 첫 번째 요소들이 3과 82로써 확연히 다르다. 하지만 이 둘은 같은 모양의 눈송이다. 단순히 첫 번째 요소만 비교하는 것은 옳은 방법이 아니다.

2개의 눈송이가 같은지 여부를 빠르게 알아보려 할 때 요소의 합을 이용하는 방법이 있다. 예를 들어, 앞의 눈송이 쌍인 1, 2, 3, 4, 5, 6의 합은 21이고, 82, 100, 3, 1, 2, 999의 합은 1187이다. 이 합계 값을 '코드'라고 부르기로 하자. 그러면 첫 번째 눈송이의 코드는 21이고, 두 번째 눈송이의 코드는 1187이다.

작업 목표는 '코드 21 눈송이'와 '코드 1187 눈송이'를 각기 다른 통에 담는 것이다. 그러면 2개의 눈송이를 직접 비교할 일이 없다. 이런 식으로 눈송이 전체를 다른 통에 나눠 담는 것이다.

물론, 눈송이의 코드가 21로 같지만, 사실 눈송이 모양이 다를 수도 있다. 가령, 1, 2, 3, 4, 5, 6과 16, 1, 1, 1, 1은 다른 눈송이지만, 코드는 21로 같기 때문이다.

다행히, 이렇게 같은 코드가 존재하는 것이 큰 문제가 되지는 않는다. '합'을 이용한 비교 기법은 수많은 눈송이들 중 확연하게 다른 것만 없애도 충분하기 때문이다. 이 방법으로 해법 1의 비효율적인 요소를 일부 제거할 수 있다.

해법 1에서는 첫 번째 눈송이를 인덱스 0에 저장하고, 두 번째 눈송이를 인덱스 1에 저장하는 식으로 모든 눈송이를 연속된 순서로 배열에 저장했다. 그러나 이제는 다른 저장 방식으로써, 합 코드로 배열의 저장 위치를 정하는 방식을 사용해야 한다. 즉, 각 눈송이의 코드를 구하고, 코드를 인덱스로 하는 위치에 눈송이를 저장하는 것이다.

두 가지 문제를 해결해야 한다.

1. 어떤 계산식을 이용해 눈송이의 코드를 얻을 것인가?
2. 여러 개의 눈송이가 같은 코드를 가지면 어떻게 할 것인가?

우선 코드 계산부터 해보자.

합 코드 계산

코드 계산은 언뜻 쉬워 보인다. 다음은 눈송이의 요소를 모두 합하는 함수다.

```
int code(int snowflake[]) {
  return (snowflake[0] + snowflake[1] + snowflake[2]
          + snowflake[3] + snowflake[4] + snowflake[5]);
}
```

이 함수는 1, 2, 3, 4, 5, 6 또는 82, 100, 3, 1, 2, 999 같은 대부분의 눈송이에 대해서는 잘 동작하지만, 다음과 같은 큰 숫자의 눈송이도 있다는 것을 고려해야 한다.

```
1000000, 2000000, 3000000, 4000000, 5000000, 6000000
```

이 배열의 코드는 **21,000,000**이다. 이번 해법에서는 코드를 배열의 인덱스로 사용할 계획인데, 이 값을 사용하려면 21,000,000개의 배열 공간을 선언해야 한다. 그런데 눈송이는 최대 100,000개의 요소까지 가능하다는 것을 생각하면, 이 방식은 엄청난 메모리 낭비라 할 수 있다.

그러므로 100,000개 요소를 갖는 배열만 사용하기로 한다. 이를 위해서는 눈송이 코드가 **0**과 **99,999**사이(배열의 최소 인덱스와 최대 인덱스 사이)에 무조건 들어오도록 해야 한다. 대표적인 방법은 앞에서 사용한 mod 연산자(%)를 다시 사용하는 것이다. 음이 아닌 정수에 mod x 연산을 하면 0과 $x - 1$ 사이에 정수가 나온다. 눈송이 합이 얼마나 크던 간에, 값에 mod 100,000을 적용하면, 배열에 맞는 유효한 인덱스를 얻게 된다.

mod 연산자를 사용하는 방법은 코드만 같고, 개별 요소들은 다른 눈송이의 개수가 늘어난다는 단점이 있다. 1, 1, 1, 1, 1, 1의 합은 6이고, 100001, 1, 1, 1, 1, 1의 합은 **100,006**으로 다르지만, mod 100,000을 적용한 결과는 둘 다 6이 돼 같은 인덱스를 갖는다. 코드가 중복되는 요소의 개수가 너무 많지만 않다면, 이는 감내할 만한 수준의 오차라고 할 수 있다. 지금까지의 과정을 반영해 쌍 비교를 실행해보자.

눈송이의 합으로 코드를 계산하고, mod 연산자를 적용한 결과는 코드 1-10과 같다.

코드 1-10 눈송이 코드 계산

```
#define SIZE 100000

int code(int snowflake[]) {
  return (snowflake[0] + snowflake[1] + snowflake[2]
          + snowflake[3] + snowflake[4] + snowflake[5]) % SIZE;
}
```

눈송이 충돌

해법1에서 snowflakes 배열의 인덱스 i에 눈송이를 저장할 때는 다음처럼 for 문을 사용했다.

```
for (j = 0; j < 6; j++)
  scanf("%d", &snowflakes[i][j]);
```

이 코드는 2차원 배열의 각 행에 정확히 1개의 눈송이를 저장했기 때문에 문제없이 동작했다.

1, 1, 1, 1, 1, 1과 100001, 1, 1, 1, 1, 1뿐만 아니라, 이 배열들과 같은 코드로 끝나는 눈송이들을 모두 저장해야 한다. 그러므로 배열 요소가 1개가 아니라 0 또는 그 이상의 눈송이 집합이 될 수도 있다.

이때, 다수의 요소를 한 곳에 저장하는 방법 중 하나로 한 요소를 다른 요소와 연결하는 데이터 구조인 연결 리스트linked list를 이용할 수 있다. 이때, 눈송이 배열의 각 요소는 연결 리스트의 첫 번째 눈송이를 가리키며, 나머지 눈송이의 위치는 next 포인터로 찾아간다.

일반적인 연결 리스트 방식을 적용해보자. 각 snowflake_node는 현재 눈송이의 요소 값과 다음 눈송이 요소를 가리키는 포인터로 구성된다. 2개의 노드 인자를 표현하는 방식으로는 구조체를 사용하자. 또한 typedef를 이용해서 struct snowflake_node 대신 짧게 snowflake_node만 사용하도록 정의하자.

```
typedef struct snowflake_node {
  int snowflake[6];
  struct snowflake_node *next;
} snowflake_node;
```

지금까지 변경된 내용을 적용하려면 기존 배열을 사용하던 2개의 함수인 main과 identify_identical도 수정해야 한다.

새로운 main 함수

변경된 main 함수는 코드 1-11과 같다.

코드 1-11 해법2의 main 함수

```
int main(void) {
❶ static snowflake_node *snowflakes[SIZE] = {NULL};
❷ snowflake_node *snow;
  int n, i, j, snowflake_code;
  scanf("%d", &n);
  for (i = 0; i < n; i++) {
❸  snow = malloc(sizeof(snowflake_node));
    if (snow == NULL) {
      fprintf(stderr, "malloc error\n");
      exit(1);
    }
    for (j = 0; j < 6; j++)
❹    scanf("%d", &snow->snowflake[j]);
❺  snowflake_code = code(snow->snowflake);
❻  snow->next = snowflakes[snowflake_code];
❼  snowflakes[snowflake_code] = snow;
  }
  identify_identical(snowflakes);
  //필요하다면, dealloc을 호출해 malloc으로 할당한 메모리를 해제하는 코드를 추가한다
  return 0;
}
```

코드 1-11을 분석해보자. 우선, 배열의 형태를 2차원의 숫자 배열에서 1차원의 눈송이 노드 포인터 배열로 바꾼다❶. 또한, 눈송이 노드의 포인터로 snow를 선언한다❷.

malloc을 이용해서 snowflake_node에 메모리를 할당한다❸. 6개의 숫자를 읽어와서 저장하고❹, 코드 1-10에서 구현한 함수로 눈송이 코드를 계산해서 snowflacke_code 변수에 저장한다❺.

마지막으로 눈송이를 snowflakes 배열에 추가해야 하는데, 이는 연결 리스트에 노드를 추가하는 것과 같다. 이를 위해 눈송이를 연결 리스트의 시작부에 추가한다. 즉, 삽입

된 노드의 next 포인터가 리스트의 첫 번째 노드를 가리키도록 지정한 후❻, 리스트의 시작 값은 새로 삽입된 노드를 가리키도록 한다❼. 이때는 순서가 중요하다. 두 줄의 순서를 바꾸면, 이미 연결 리스트에 있는 요소에도 접근 못하는 문제가 생긴다.

정확성 측면에서 주목해야 할 것은 추가할 새 노드가 연결 리스트의 어디에 위치하는 지는 중요치 않다는 것이다. 즉, 맨 앞이나 맨 뒤일 수도 있고, 중간을 선택할 수도 있다. 따라서 가장 빠르게 선택할 수 있는 곳이 좋은데, 아무래도 리스트를 살펴보지 않고도 바로 추가할 수 있는 맨 앞이 가장 빠르다. 반대로 연결 리스트의 맨 끝에 추가해야 한다면 전체 리스트를 순회해야 한다. 100만 개의 요소가 있다고 가정하면 포인터를 100만 번 따라 가야 하므로 꽤 느릴 것이다.

main 함수의 동작을 간단히 살펴보자. 테스트 케이스는 다음과 같다.

```
4
1 2 3 4 5 6
8 3 9 10 15 4
16 1 1 1 1 1
100016 1 1 1 1 1
```

---

snowflakes의 각 요소는 빈 연결 리스트인 NULL로 시작한다. snowflakes를 추가하면, 요소는 눈송이 노드를 가리킬 것이다. 첫 번째 눈송이의 숫자들의 합은 21이므로, 인덱스는 21이다. 두 번째 눈송이의 인덱스는 49다. 세 번째 눈송이의 인덱스도 21이다. 그러면 인덱스 21은 2개의 눈송이의 연결 리스트가 된다.

즉, 16, 1, 1, 1, 1, 1 뒤에 1, 2, 3, 4, 5, 6이 연결된다.

네 번째 눈송이는 어떨까? 네 번째의 인덱스도 21이다. 그러면 3개의 눈송이 연결 리스트가 생성된다. 그러면 그 중 같은 눈송이가 있다는 것을 알 수 있을까? 그렇지는 않다. 다수의 요소를 갖는 연결 리스트만으로 같은 눈송이 여부를 판별하기에는 증거가 부족하다. 정확한 결론을 내리려면 연결 리스트의 각 쌍을 비교해야 한다. 이것이 문제 해결의 마지막 단계다.

새로운 identify_identical 함수

각 연결 리스트에서 눈송이 쌍을 비교하려면 identify_identical 함수가 필요하다. 코드 1-12를 보자.

코드 1-12 연결 리스트에서 같은 눈송이 식별

```
void identify_identical(snowflake_node *snowflakes[]) {
  snowflake_node *node1, *node2;
  int i;
  for (i = 0; i < SIZE; i++) {
❶ node1 = snowflakes[i];
    while (node1 != NULL) {
❷   node2 = node1->next;
      while (node2 != NULL) {
        if (are_identical(node1->snowflake, node2->snowflake)) {
          printf("Twin snowflakes found.\n");
          return;
        }
        node2 = node2->next;
      }
❸   node1 = node1->next;
    }
  }
  printf("No two snowflakes are alike.\n");
}
```

연결 리스트의 첫 번째 노드인 node1에서부터 시작해보자❶. node2를 node1의 오른쪽 노드로 지정하고❷, 이를 연결 리스트의 끝까지 반복한다. 그러면 연결 리스트의 첫 번째 눈송이와 연결 리스트의 다른 모든 눈송이를 비교할 수 있다. 그런 다음, node1을 두 번째 노드로 이동하고❸, 두 번째 눈송이와 연결 리스트 오른쪽의 모든 눈송이와 비교한다. 이 과정을 node1이 연결 리스트에 끝에 올 때까지 반복한다.

코드 1-12는 두 눈송이 간의 모든 쌍 비교를 수행하는 해법 1(코드 1-7)의 identify_identical 함수와 상당히 비슷하다. 이 함수에서는 단일 연결 리스트 안에서만 쌍 비교를 수행하는데, 일부러 테스트 케이스의 모든 숫자가 같은 연결 리스트에 들어가도록 조작

한다면 어떻게 될까? 결과적으로 해법 1에서처럼 성능이 나빠지는 것은 아닐까?

잠시 시간을 내서 해법 2를 판정 시스템에 제출하고, 결과를 확인해보자. 아마도 개선한 코드가 매우 효율적인 해법이라는 사실을 깨닫게 될 것이다. 이 코드는 바로 해시 테이블이라고 하는 데이터 구조를 사용한 것이다. 해시 테이블을 자세히 알아보자.

해시 테이블

해시 테이블은 두 가지로 구성된다.

1. 배열: 배열 안의 위치는 버킷^{bucket}이라고 한다.
2. 해시 함수: 객체를 취하고 코드(배열의 인덱스)를 반환한다.

해시 함수가 반환하는 코드, 즉 해시된 객체의 인덱스 값을 해시 코드^{hashcode}라고 한다.

코드 1-10과 코드 1-11의 코드를 다시 한번 살펴보면 이미 해시 테이블에 필요한 두 가지 작업을 수행했다는 것을 알 수 있다. 즉, 눈송이를 취해서 코드(0과 99,999 사이의 숫자)를 산출하는 함수가 바로 해시 함수고, snowflakes는 연결 리스트를 갖는 버킷의 배열이다.

해시 테이블 설계

해시 테이블을 만들 때 결정해야 할 세 가지 사항이 있다.

첫째, '크기'를 결정해야 한다. '고유한 눈송이'에서는 문제에서 제시한 눈송이의 최댓값이 100,000이므로, 프로그램에서도 이 값을 배열 크기로 사용했다. 그러나 배열 크기를 더 작거나, 크게 할 수도 있다. 배열을 작게 하면 메모리를 아낄 수 있다. 예를 들어, 배열 크기를 50,000으로 하면 메모리가 절반으로 줄어든다. 그러나 배열이 작을수록 더 많은 객체가 같은 버킷에 포함되며, 이를 충돌^{collision}이라고 한다. 충돌이 많을수록 연결 리스트가 길어진다는 문제가 있다. 이상적인 것은 연결 리스트의 모든 요소가 가능한 짧아져서, 순회를 많이 하지 않는 것이다. 충돌 문제는 배열 크기가 클수록 줄어든다.

정리하면, 메모리 사용량과 시간은 상충 관계다. 해시 테이블이 너무 작으면 충돌이 많아진다. 반대로, 테이블이 너무 크면 메모리를 낭비한다.

둘째, '해시 함수'를 결정해야 한다. 앞의 예제의 해시 함수는 눈송이 숫자를 모두 더한 다음, mod 100,000 연산을 했다. 여기서 중요한 것은 2개의 눈송이가 같다면, 2개 모두 같은 버킷에 들어가는 것이 확실하다는 사실이다(물론 같은 눈송이가 아니어도 버킷에 들어 갈 수 있다). 이런 이유로 같은 눈송이를 찾을 때, 눈송이끼리 비교하지 않고, 연결 리스트 에서 검색하는 것이다.

해시 테이블을 사용해 문제를 풀 때는, 두 객체가 같다는 점을 제대로 처리할 수 있는 해시 함수를 사용해야 한다. 두 객체가 동일하면, 같은 버킷으로 들어갈 수 있도록 해시 코드를 생성해야 한다. 2개의 객체가 완벽히 같아야만 '같다'는 판정을 해야 한다면, 객체 와 버킷의 매핑이 고유한 눈송이 코드에서보다 훨씬 더 복잡해진다. 코드 1-13의 oaat 해 시 함수를 살펴보자.

코드 1-13 복잡한 해시 함수

```
#define hashsize(n) ((unsigned long)1 << (n))
#define hashmask(n) (hashsize(n) - 1)

unsigned long oaat(char *key, unsigned long len,
                   unsigned long bits) {
  unsigned long hash, i;
  for (hash = 0, i = 0; i < len; i++) {
    hash += key[i];
    hash += (hash << 10);
    hash ^= (hash >> 6);
  }
  hash += (hash << 3);
  hash ^= (hash >> 11);
  hash += (hash << 15);
  return hash & hashmask(bits);
}

int main(void) { //oaat함수 시험 호출 부분
  long snowflake[] = {1, 2, 3, 4, 5, 6};
```

```
//2^17는 100000을 넘어가는 2의 최소 제곱
unsigned long code = oaat((char *)snowflake,
                         sizeof(snowflake), 17);
printf("%u\n", code);
return 0;
}
```

oaat 함수를 호출할 때 전달할 3개의 인수는 다음과 같다.

key   해시 데이터

len   데이터의 길이

bits   해시 코드 값으로 원하는 비트 수

비트 수를 2의 승수로 하면 해시 코드의 최댓값을 구할 수 있다. 비트 수가 17이라면, 2^{17} = 131,072가 해시 코드의 최댓값이다.

oaat 함수는 어떻게 동작할까? for 문을 보면 키[key]의 현재 바이트 값을 더하는 것으로 시작하며, 이는 코드 1-10에서 눈송이의 숫자 합을 내는 코드와 비슷하다. 또한 키를 섞기 위해 왼쪽 시프트와 XOR(배타적 논리합) 연산자도 배치한 것을 볼 수 있다. 해시 함수는 눈사태 효과(키의 일부 비트를 조금만 변경해도 키의 해시 코드가 크게 바뀌는 현상)를 얻고자 키를 섞는 작업을 수행한다. 사용자가 데이터를 의도적으로 조작하거나, 엄청난 수의 키를 사용하지 않는 한 충돌이 자주 발생할 가능성은 낮다. 여기서 단일 해시 함수를 사용하면, 충돌이 많이 발생하고 결과적으로 항상 성능이 떨어지는 데이터 집합이 존재한다는 점을 알 수 있다. 즉, oaat같은 해시 함수는 이를 예방할 수 없다. 그러나 악의적인 입력값에 대한 걱정을 내려놓으면, 종종 합리적이고 적당한 해시 함수를 사용할 수 있고, 또한 데이터도 골고루 분산될 것이라 가정할 수 있다.

실제로 이것 때문에 고유한 눈송이에 대한 해시 테이블 기법(해법 2)이 성공한 것이다. 즉, 다른 눈송이들을 다른 버킷으로 분산하는 좋은 해시 함수를 사용했다. 비록 외부의 공격으로부터 보호하는 코드를 작성하지는 않았지만, 악의적 사용자의 공격을 걱정할 필요도 없었다.

마지막으로, 버킷으로 사용할 데이터 구조를 결정해야 한다. 고유한 눈송이에서는, 각 버킷에 연결 리스트를 사용했다. 이런 식으로 연결 리스트를 사용하는 것을 체인 방식이라 한다.

이와 다른 방식 중에는 오픈 어드레싱(개방형 주소 지정)이 있다. 각 버킷에는 최대 1개의 요소만 담고, 연결 리스트는 사용하지 않는 것이다. 대신, 충돌이 발생하면, 다른 버킷을 검색해서 빈 버킷을 찾아낸다. 예를 들어, 어떤 객체를 50번 버킷에 넣으려고 하는데, 50번 버킷에 이미 객체가 들어있다고 가정해보자. 그러면 51번부터 52번, 53번 등 빈 버킷이 나올 때까지 반복하는 방식이다. 단순하지만 해시 테이블에 저장된 요소가 많으면 성능이 떨어진다는 한계가 있어, 실전에서는 조금 변형된 검색 방식을 사용한다.

보통은 체인 방식이 오픈 어드레싱보다 구현하기가 쉬워서, 고유한 눈송이 예제에서는 체인 방식을 사용했다. 오픈 어드레싱은 연결 리스트 노드를 사용하지 않아 메모리를 아낄 수 있는 등의 몇 가지 이점이 있다.

해시 테이블 사용 이유

해시 테이블을 사용하면 고유한 눈송이 문제의 풀이 속도가 급속히 빨라진다. 100,000개의 요소가 있는 테스트 케이스를 일반 노트북에서 실행하면 2초 안에 충분히 끝낼 수 있다. 모든 요소를 쌍 비교하거나 정렬하지 않아도 되고, 여러 개의 연결 리스트들만 처리하면 된다. 특이한 데이터만을 모아 놓은 경우가 아니라면 같은 버킷에 담기는 연결 리스트도 그리 많지 않을 것이다. 이처럼 버킷의 모든 쌍을 비교하는 작업은 일정하고 적은 수의 연결 리스트만으로 진행된다. 그러므로 해시 테이블은 선형 시간을 갖는 해법임을 알 수 있다. 즉, 해법1에서는 $n(n-1)/2$ 단계를 거치지만, 해법2에서는 n 단계만 거치는 것이다. 빅오로 표현하면 $O(n)$ 해법인 것이다.

반복해서 어떤 요소를 찾아야 하는 문제를 풀어야 한다면, 해시 테이블을 고려하는 것이 좋다. 해시 테이블은 느린 배열 검색을 상당히 빠른 검색으로 바꿔준다. 고유한 눈송이 외에 다른 문제를 풀 때는 배열 정렬을 먼저 하는 경우가 있다. (6장에서 다룰 예정인) 이진 검색 기법은 정렬된 배열에서 어떤 요소를 빠르게 찾는 데 사용된다. 그러나 배열 정렬 후 이진 검색을 하는 기법도 해시 테이블의 속도를 넘어서지는 못한다.

문제 2: 복합어

둘째 문제를 풀어보자. 이번에도 실행 속도가 빠르지 않은 평범한 해법을 먼저 살펴보고, 해시 테이블을 사용해 속도를 획기적으로 향상시키는 방법을 알아본다. 앞에서 한 번 다룬 내용이므로 좀 더 빠르게 살펴보자.

문제의 출처는 UVa의 **10391**이다.

문제 설명

소문자 문자열로 이뤄진 단어 목록이 있다. 단어 목록에는 crea, create, open, te와 같은 문자열이 있다. 각 문자열은 별로 길지 않다. 제시된 단어 목록에서 2개의 문자열이 합쳐진 형태로 구성된 복합어를 찾아내는 것이 목표다. 즉, crea와 te가 합쳐진 create를 찾는 식이다.

입력

알파벳 순서대로 한 줄 당 1개의 문자열(단어)을 입력 받는다. 문자열의 최대 개수는 120,000개다.

출력

알파벳 순으로 한 줄 당 1개의 복합어를 출력한다.

문제의 풀이 제한 시간은 3초다.

복합어 식별

입력 받은 단어에서 어떻게 복합어를 식별할 수 있을까? create라는 단어가 입력됐다고 가정해보자. create가 복합어라면 다음처럼 다섯 가지 경우가 있을 것이다.

1. 단어 c와 단어 reate 조합
2. 단어 cr과 단어 eate 조합
3. 단어 cre와 단어 ate 조합
4. 단어 crea와 단어 te 조합
5. 단어 creat와 단어 e 조합

첫 번째 반복 단계에서는, 단어 목록에 c와 reate가 있는지 찾는다. 두 단어를 모두 찾으면, 복합어를 발견한 것이다. 두 번째 반복 단계에서는 cr과 eate를 찾는다. 이런 방식으로 create라는 단어에 대해 총 5번 검색을 시도한다. 아마 최대 120,000개의 단어에 이 작업을 해야 할 것이다. 검색 분량이 엄청나 상당한 시간이 필요할 것이다. 그러면 지금부터 해시 테이블을 이용해 검색 속도를 높여보자.

해법

연결 리스트를 갖는 해시 테이블을 다시 사용하는 해법을 사용한다. 또한 해시 함수도 필요하다.

그런데 앞에서 사용한 눈송이 해시 함수를 사용하면 cat과 act같은 단어를 같은 단어로 판단하는 충돌 문제가 생기므로, 여기서는 다른 방식의 해시 함수를 사용한다. 고유한 눈송이 문제와 달리, 글자의 종류 뿐 아니라 글자의 위치도 구별해야 하기 때문이다. 물론 일부 충돌이 생길 수는 있겠지만, 출현 빈도를 최대한 제한할 필요가 있다. 최종적으로 만들어진 oaat 해시 함수는 코드 1-13과 같다.

해법에서는 4개의 헬퍼 함수를 사용한다.

줄 단위 입력 값 읽기

우선 줄 단위로 입력 값을 읽는 헬퍼 함수는 코드 1-14와 같다.

```
/*출처 https://stackoverflow.com/questions/16870485 */

char *read_line(int size) {
  char *str;
  int ch;
  int len = 0;
  str = malloc(size);
  if (str == NULL) {
    fprintf(stderr, "malloc error\n");
    exit(1);
  }
❶ while ((ch = getchar()) != EOF && (ch != '\n')) {
    str[len++] = ch;
    if (len == size) {
      size = size * 2;
    ❷ str = realloc(str, size);
      if (str == NULL) {
        fprintf(stderr, "realloc error\n");
        exit(1);
      }
    }
  }
❸ str[len] = '\0';
  return str;
}
```

아쉽게도, 문제에서는 각 단어(문자열)의 최대 길이는 알려주지 않는다.

입력 값의 최대 길이에 제한이 없으므로, 단어의 최대 길이를 16이나 100처럼 정할 수 없다. 그러므로 read_line 함수의 초깃값으로는 단어의 최대 길이에 충분히 가깝다고 여기는 임의의 값을 취해야 한다. 예제에서는 대부분의 영어 단어를 포함할 수 있는 16을 초깃값으로 해서 함수를 호출할 것이다. read_line 함수를 사용하면 최대 배열 크기까지 문자를 읽을 수 있다❶. 초깃값으로 설정한 배열이 다 찼는데도 단어가 아직 끝까지 않았다면 realloc을 사용해 배열의 크기를 2배로 늘려서❷, 더 많은 문자를 읽을 수 있는 공간을 확보한다. 또한 유효한 문자열이 될 수 있도록 str 마지막에 NULL 문자를 추가한다❸.

마지막 문장을 빠뜨리면 문자열이 제대로 만들어지지 않는다.

해시 테이블 검색

제공된 단어의 해시 테이블을 검색하는 함수를 코드 1-15처럼 작성했다.

코드 1-15 단어 검색

```
#define NUM_BITS 17

typedef struct word_node {
  char **word;
  struct word_node *next;
} word_node;

int in_hash_table(word_node *hash_table[], char *find,
                  unsigned find_len) {
  unsigned word_code;
  word_node *wordptr;
❶ word_code = oaat(find, find_len, NUM_BITS);
❷ wordptr = hash_table[word_code];
  while (wordptr) {
  ❸ if ((strlen(*(wordptr->word)) == find_len) &&
        (strncmp(*(wordptr->word), find, find_len) == 0))
      return 1;
    wordptr = wordptr->next;
  }
  return 0;
}
```

　　in_hash_table 함수는 해시 테이블과 해시 테이블에서 찾아야 할 단어를 인자로 받는다. 단어를 발견하면 1을, 그렇지 않으면 0을 반환한다. 세 번째 인자인 find_len은 단어를 구성하는 find 인자의 글자 수를 의미한다. 세 번째 인자가 있어야 문자열의 시작 부분을 찾을 수 있기 때문이다. 이 값이 없으면 얼마나 많은 문자를 비교해야 하는지를 알 수 없다.

in_hash_table 함수는 단어의 해시 코드를 계산하고❶, 해시 코드를 갖고 검색할 연결 리스트를 찾는다❷. 해시 테이블은 문자열이 아니라 문자열 포인터를 갖고 있으므로 *(wordptr->word)에서처럼 *로 시작한다❸. (코드 1-17의 main 함수에서도 보겠지만, 해시 테이블은 문자열이 아니라 문자열 포인터를 갖고 있으므로, 문자열을 중복해서 저장하지 않는다)

복합어 식별

제공된 단어가 복합어인지 여부를 확인하기 위해 단어를 모두 분할할 준비가 됐다. 작업의 결과는 코드 1-16과 같다.

코드 1-16 복합어 식별

```
void identify_compound_words(char *words[],
                             word_node *hash_table[],
                             int total_words) {
  int i, j;
  unsigned len;
❶ for (i = 0; i < total_words; i++) {
    len = strlen(words[i]);
  ❷ for (j = 1; j < len; j++) {
    ❸ if (in_hash_table(hash_table, words[i], j) &&
          in_hash_table(hash_table, &words[i][j], len - j)) {
        printf("%s\n", words[i]);
      ❹ break;
      }
    }
  }
}
```

identify_compound_words 함수는 고유한 눈송이 문제의 identify_identical과 같은 함수다. 코드 1-12에서 각 단어에 대해❶, 가능한 모든 단어 조각을 생성한 후❷, 접두사 문자열(분할점 앞)과 접미사 문자열(분할점 뒤) 모두에 대해 해시 테이블을 검색한다. 이때 j를 분할점으로 사용한다❸. 첫 번째 검색은 단어 i의 첫 번째 j문자에 대해 수행한다. 두 번째 검색은 인덱스 j에서 시작하는 단어 i(길이는 len - j)에 대해 수행한다. 2번의 검색이 모두 성공하면 해당 단어를 복합어로 판정한다. break를 사용한 것에 주목하자 ❹. 만약 이 문장이 없다면, 유효한 단어가 나올 때마다 수 차례 단어가 출력될 것이다.

코드 1-16에서 특이하게도 해시 테이블과 words 배열을 모두 사용한다. 해시 테이블의 노드는 words의 문자열을 가리키는데, 2개의 데이터 구조를 사용하는 이유는 무엇일까? words 배열 없이, 해시 테이블만 사용하면 안 되는 걸까? 그 이유는 단어를 알파벳 순으로 출력해야 하기 때문이다. 해시 테이블은 요소를 분할하지만, 정렬 작업을 수행하지는 않는다. 후처리 단계에서 정렬 작업을 할 수도 있지만, 그것은 이미 완료된 작업을 반복할 뿐이다. 단어들은 이미 입력 받을 때부터 정렬돼 있다. 그러므로 단어 배열에 나열된 순서대로 작업을 하면, 별도의 추가 정렬 작업이 필요 없다.

main 함수

main 함수는 코드 1-17과 같다.

코드 1-17 main 함수

```
#define WORD_LENGTH 16

int main(void) {
❶ static char *words[1 << NUM_BITS] = {NULL};
❷ static word_node *hash_table[1 << NUM_BITS] = {NULL};
   int total = 0;
   char *word;
   word_node *wordptr;
   unsigned length, word_code;
   word = read_line(WORD_LENGTH);
   while (*word) {
❸   words[total] = word;
     wordptr = malloc(sizeof(word_node));
     if (wordptr == NULL) {
       fprintf(stderr, "malloc error\n");
       exit(1);
     }
     length = strlen(word);
```

```
    word_code = oaat(word, length, NUM_BITS);
    wordptr->word = &words[total];
❹  wordptr->next = hash_table[word_code];
❺  hash_table[word_code] = wordptr;
    word = read_line(WORD_LENGTH);
    total++;
  }
  identify_compound_words(words, hash_table, total);
  return 0;
}
```

해시 테이블과 words 배열의 크기를 결정하기 위해, 1 << NUM_BITS라는 낯선 비트 연산 개념을 적용했다❶❷. 코드 1-15에서는 NUM_BITS를 17로 설정했는데, 1 << 17은 2^{17} 연산을 의미하며, 그 값은 131,072다. 이 값은 문제에서 제시한 읽어야 할 단어의 최댓값인 120,000을 넘어가는 2의 승수 중 가장 작은 수다. oaat 해시 함수는 2의 승수에 해당하는 개수의 해시 테이블을 요구하므로, 이번 해법에서는 해시 테이블과 words 배열의 크기로 2^{17}을 사용한다.

데이터 구조를 만들었으니 헬퍼 함수를 사용해 값을 채워보자. 각 단어들을 words 배열에 저장하고❸, 그 단어에 대한 포인터를 해시 테이블에 저장한다❹❺. 각 포인터를 해시 테이블에 추가하는 방법은 고유한 눈송이 문제와 같다. 각 버킷을 연결 리스트로 구성하고, 연결 리스트의 앞에다 포인터를 추가하는 것이다. 모든 단어를 읽고 나면, identify_compound _words 함수를 호출해서 원하는 결과물을 산출한다.

정리하면, 해시 테이블과 words 배열을 동시에 사용하면 속도를 꽤 향상시킬 수 있다. 즉, 해시 테이블은 빠른 검색 기능을 제공하고, words 배열은 정렬 순서를 유지한다. 해시 테이블이 없는 평범한 해법을 사용하면 훨씬 느릴 것이다. 처리해야 할 단어의 개수를 n이라 가정하고, 코드 1-16을 다시 한번 살펴보자. 해시 테이블을 사용할 때는 검색할 때마다 일정하게 적은 횟수의 작업만 수행할 것이다❸. 그러나 해시 테이블이 없다면 검색을 시도할 때마다 words 배열을 다 검색해야 하고, 따라서 최대 n개의 단계를 거칠 것이다. 그러므로 고유한 눈송이 문제와 마찬가지로 해시 테이블을 사용하면 $O(n^2)$에서 $O(n)$로 속도가 향상된다.

문제 3: 철자 검사

특정 해법을 활용하면 쉽게 풀릴 것처럼 보이는 문제들이 있다. 이번 문제가 바로 그런 경우다. 처음에는 해시 테이블이 적당한 것처럼 보이지만 좀 더 살펴보면 해시 테이블은 문제에 비해 과다하게 복잡한 해법이라는 것을 알 수 있다.

문제의 출처는 Codeforces의 39J(Spelling Check)이다(구글에서 'Codeforces 39J'를 입력하면 쉽게 찾을 수 있다).

문제 설명

문제에서는 2개의 문자열을 입력 받는데, 첫째 문자열이 둘째 문자열보다 딱 한 글자가 많다. 목표는 첫째 문자열에서 한 글자만 제거해서, 둘째 문자열과 같게 만들 수 있는 방법의 수를 구하는 것이다. 가령, favour와 favor가 있을 때, 첫째 문자열에서 u를 없애면 둘째 문자열과 같아질 것이다. 다른 예로, abcdxxxef와 abcdxxef의 경우에는 세 가지 방법이 있는데, 첫째 문자열에 있는 3개의 x 중에서 맨 앞의 x를 제거하는 방법, 가운데 x를 제거하는 방법, 맨 뒤에 x를 제거하는 방법이다.

이번 문제는 철자 검사에서 자주 사용된다. 예를 들어, 첫째 문자열은 bizzarre라는 틀린 단어이고, 둘째 문자열은 맞는 단어인 bizarre라고 가정해보자. 이때 철자 오류를 고치는 방법은 두 가지인데, 첫째 문자열에 있는 2개의 z 중 하나를 삭제하는 것이다.

입력

입력 값은 두 줄이다. 첫째 줄에는 첫째 문자열이, 둘째 줄에는 둘째 문자열이 있다. 각 문자열은 최대 1,000,000개의 글자로 구성된다.

출력

첫째 문자열에서 글자 하나를 제거해서 둘째 문자열을 만들어 낼 수 없다면, 0을 출력한다. 그 외의 경우에는 다음과 같이 두 줄을 출력한다.

- 첫 번째 줄: 첫째 문자열에서 글자를 삭제해서 둘째 문자열을 만들어 낼 수 있는 방법의 수를 출력한다.
- 두 번째 줄: 첫째 문자열에서 삭제할 글자의 인덱스를 출력한다. 인덱스가 여러 개라면 공백으로 구분해 모두 출력한다. 인덱스는 0이 아니라, 1부터 시작된다는 것을 주의한다.

입력이 다음과 같다면,

---

abcdxxxef
abcdxxef

출력은 다음과 같다.

3
5 6 7

---

5 6 7은 첫째 문자열의 3개의 x 문자의 인덱스이며, 첫 번째 글자로부터 5번째, 6번째, 7번째 문자를 의미한다.

문제의 풀이 제한 시간은 2초다.

해시 테이블 방식의 적합성 판단

필자는 1장에서 사례로 사용하기에 알맞은 문제를 찾느라 예상보다 훨씬 오랜 시간을 소모했다. 문제의 특징에 따라 독자에게 전하려는 데이터 구조와 알고리듬이 결정되기 때문이다. 필자가 원했던 것은 알고리듬 측면에서는 해법이 다소 복잡하더라도, 쉽게 이해할 수 있으며 설명하기에도 적합한 문제였다. 필자가 3번 문제를 발견했을 때, 예제로 사용하기에 적합한 해시 테이블 문제라고 생각했다. 그래서 바로 문제 풀이를 시작했다.

2번 문제인 복합어에서는 입력 값으로 단어 목록을 사용했다. 그래서 간단하게 단어 목록의 각 단어로 해시 테이블을 만들고, 각 단어의 접두사와 접미사를 검색했다. 반면 3

번 문제에는 단어 목록이 없다. 그래도 당황하지 않고 우선 해시 테이블을 만든 다음, (더 짧은) 둘째 문자열의 접두사와 접미사를 각각 해시 테이블에 삽입했다. 예를 들어, abc라는 단어의 경우 접두사인 a, ab, abc와 접미사인 c, bc, abc를 삽입하는 식이다. 이렇게 해시 테이블을 준비한 다음, 첫째 문자열에서 문자를 하나씩 확인하기 시작했다. 각 문자를 제거한다는 것은 문자열을 접두사와 접미사의 조합으로 분리하는 것과 같다. 복합어 문제를 풀 때를 생각해 보면, 해시 테이블을 사용해 접두사와 접미사가 모두 해시 테이블에 있는지를 확인할 수 있다. 둘 다 접두사와 접미사가 있다면 해당 문자를 제거함으로써 첫째 문자열을 둘째 문자열처럼 만들 수 있다.

이 방식은 한번 시도해볼만한 흥미로운 방법이라고 생각했다. 게다가 복합어 문제 해법에서 사용한 코드를 일부 재사용할 수도 있기 때문이다.

이때, 각 문자열의 길이가 최대 1,000,000자까지 가능하다는 점을 고려하지 못했다. 결과적으로 모든 접두사와 접미사를 해시 테이블에 저장하는 것은 메모리를 너무 많이 차지하므로 할 수 없었다. 대신, 해시 테이블에 포인터를 사용해 접두사와 접미사의 시작과 끝을 가리키는 방법을 실험해봤다. 메모리를 너무 많이 사용하는 문제는 해결할 수는 있었지만 해시 테이블로 검색할 때마다 매우 긴 문자열을 비교해야 하는 번거로움이 컸다. 앞의 고유한 눈송이 문제는 해시 테이블 요소가 단 6개였고, 복합어 문제는 길어야 16자 내외로 작았다. 그러나 이번 문제에서는 완전히 다른 상황이었다. 무려 1,000,000자의 문자열이 있을 수도 있으며, 이렇게 긴 문자열을 비교하는 것은 매우 많은 시간이 걸리기 때문이다.

문자열의 접두사와 접미사의 해시 코드를 계산하는 것도 시간 낭비 요소다. 예를 들어 길이가 900,000자인 문자열에서 oaat를 호출한 다음, 거기에 한 문자가 추가된 문자열에서 다시 oaat를 호출할 수 있게 되는 것이다. 그러면 첫 번째 oaat 함수에서 실행한 모든 작업이 중복된다. 즉 문자 하나 추가하는 것뿐인데도 모든 작업이 중복되는 것이다.

그래도 해시 테이블로 이 문제를 해결할 수 있다고 생각했기 때문에 계속 시도했다. 돌이켜보면 이 시점에서 아마도 문제를 새롭게 바라보고, 대안을 찾아야 했지만, 그러지 못했다. 대신 이전에 해시된 요소와 매우 유사한 요소에 대한 해시 코드를 생성할 때는 상당히 빠르게 처리할 수 있는 증분 해시 함수를 알게 됐다. 예를 들어 abcde에 대한 해시 코드가 이미 있다면, 증분 해시 함수로 abcdef에 대한 해시 코드를 계산하면 처음부터 시작할 때보다 훨씬 빠르게 처리할 수 있는 것이다.

또한 문자열이 너무 커서 비교하는 시간도 상당하다면, 아예 비교하지 않는 것이 낫다는 사실을 깨달았다. 다만, 해시 함수가 충분히 좋고, 테스트 케이스 운까지 좋아서 충돌이 발생하지 않기를 바래야 한다. 또한, 해시 테이블에서 일치했다고 찾은 값이, 진짜 정답이 되는 행운도 따라야 한다. 결과적으로 앞에서 사용한 해시 테이블 배열을 적용하기에는 문제가 많다는 점을 인정한 후에야 좀 더 단순한 구조를 찾게 됐다.

즉, 배열 prefix1에서 각 인덱스 i는 첫째 문자열에서 길이 i의 접두사에 대한 해시 코드를 제공하고, 배열 prefix2에서 각 인덱스 i는 둘째 문자열에서 길이 i의 접두사에 대한 해시 코드를 제공하는 것이다. 또한, 첫째 문자열의 접미사와 둘째 문자열의 접미사에 대해서도 이와 같은 식으로 비슷한 작업을 수행하는 것이다.

다음 코드는 배열 prefix1을 만드는 방법이다.

```
//long long은 C99 표준에서 제공하는 매우 큰 정수형이다.
unsigned long long prefix1[1000001];
prefix1[0] = 0;
for (i = 1; i <= strlen(first_string); i++)
  prefix1[i] = prefix1[i-1] * 39 + first_string[i];
```

다른 배열도 이와 비슷하게 만들 수 있다.

이때는 반드시 부호 없는 정수를 사용해야 한다. C언어에서 오버플로는 부호 없는 unsigned 정수에 대해서는 잘 정의돼 있지만, 부호 있는 singed 정수는 그렇지 않기 때문이다. 단어가 너무 길어 오버플로가 발생할 때의 오류 상황을 예방하려면 부호 없는 정수를 사용해야 한다.

prefix1 배열을 사용해 접두사나 접미사가 일치하는지 확인할 수 있다. 예를 들어, 첫째 문자열의 첫째 i 문자가 둘째 문자열의 첫째 i 문자와 같은지 확인하려면 prefix1[i]와 prefix2[i]가 같은지 확인하기만 하면 된다.

그리고 prefix1[i-1]의 해시 코드가 주어졌을 때, prefix1[i]의 해시 코드를 계산하려면 곱셈과 새 문자만 추가하면 된다. 그런데, 앞의 코드에서는 왜 39를 곱한 후에 글자를 추가한 것일까? 왜 다른 해시 함수를 사용하지 않았을까? 값 39를 선택한 이유는 코드포스^{Codeforces} 테스트 케이스에서 아무런 충돌을 일으키지 않는 값이었기 때문이다. 당황스럽겠지만, 더 좋은 방법이 있으니 걱정하지 말자. 무작정 해시 테이블 해법에만 달려들지 말고, 문제를 좀 더 살펴보자.

임시 해법

앞의 예제를 좀 더 주의 깊게 살펴보자.

```
abcdxxxef
abcdxxef
```

첫째 문자열에서 f(인덱스 9, 즉 앞에서 아홉 번째)를 제거해보자. 그 결과 첫째 문자열은 둘째 문자열과 같아질까? 그렇지 않다. 9는 정답이 아니고, 출력할 필요도 없다. 예제에서 사용한 문자열에서 일치하는 접두사는 abcdxx로써, 길이가 6이다. 그 다음 글자부터 달라져서 첫째 문자열에서는 x가, 둘째 문자열에서는 e가 등장한다. 차이를 해결하지 않으면 두 문장이 같아질 가능성이 없다. 즉, 한 문자를 삭제해서 두 문장이 같아지기에 f는 너무 오른쪽에 있는 것이다.

다음과 같이 첫 번째 추론을 할 수 있다. 최장 공통 접두사의 길이(예: abcdxx의 길이인 6)가 p라면, 삭제해야 할 글자는 $p+1$이하인($\leq p+1$) 인덱스라는 점이다. 예제에서는 a, b, c, d, 첫째 x, 둘째 x, 셋째 x가 이에 해당된다. $p+1$보다 오른쪽에 있는 글자를 삭제하는 것은 $p+1$ 위치에서 달라지는 글자에 영향을 주지 못하기 때문에, 두 문장을 같게 할 수 없다.

삭제해야 할 글자 중에 일부만 정답이 될 수 있다는 점도 유의해야 한다. 예를 들어, 첫째 문자열에서 a, b, c, d는 삭제해도 둘째 문자열과 같아지지 않는다. 오로지 세 번째 x를 지워야만 둘째 문자열과 같아지는 것이다. 그러므로, $p+1$을 인덱스의 상한 값으로 정했듯이 하한 값도 정해야 한다.

하한 값을 정하기 위해, 일단 첫째 문자열에서 a를 삭제해보자. 그러면 두 문장이 같아질까? 그렇지 않다. 그 이유는 앞에서 설명한 것과 비슷하다. 즉, a를 삭제하더라도 a의 오른쪽 글자가 달라지는 것을 해결하지 못한다. 첫째 문자열의 길이가 n이고, 최장 공통 접미사의 길이(앞의 예에서는 xxef의 길이 4)가 s라면, 이때 고려해야 할 글자는 $n-s$ 이상인($\geq n-s$) 인덱스만 해당하는 것이다. 예제에서 보면 5이상인 (≥ 5) 인덱스가 여기에 해당한다. 그리고, 앞의 추론에서는 7이하인(≤ 7) 인덱스만 해당한다고 했다. 그러므로 2개의 추론을 종합하면 첫째 문자열에서 한 글자를 삭제하면 둘째 문자열과 같아질 때의 인덱스 값은 5, 6, 7이다.

정리해본다. 여기서 알아야 할 인덱스는 $n-s$에서 $p+1$까지다. 이 범위의 인덱스에 대해 $p+1$의 앞부분과, $n-s$의 뒷부분은 두 문장이 같다. 그러므로 인덱스를 제거하면 두 문자열은 같다. 해당 범위가 비어 있다면, 첫째 문자열에서 삭제하면 둘째 문자열과 같아지는 글자가 없다는 것이므로, 0이 출력된다. 그 외에는 for 문을 사용해서 인덱스를 반복하면서 printf 함수를 써서 공백으로 구분된 목록을 출력한다. 실제 코드를 살펴보자.

최장 공통 접두사

코드 1-18은 두 문자열 간의 최장 공통 접두사를 계산하는 헬퍼 함수다.

코드 1-18 최장 공통 접두사 계산

```
int prefix_length(char s1[], char s2[]) {
  int i = 1;
  while (s1[i] == s2[i])
    i++;
  return i - 1;
}
```

s1은 첫째 문자열이고, s2는 둘째 문자열이다. 1을 문자열의 인덱스 시작값으로 한다. 인덱스 1에서부터 시작해서 해당 글자가 같을 때까지 반복한다. (예: abcde와 abcd의 경우, e와 abcd의 마지막 NULL 종료값을 비교한 값이 달라 반복이 중단되며, i값은 5가 된다). 반복이 중단되면 인덱스 i는 처음으로 불일치가 발생한 글자의 인덱스 값이 된다. 따라서 최장 공통 접두사의 길이는 i-1이다.

최장 공통 접미사

코드 1-19에서는 최장 공통 접미사를 계산해보자.

코드 1-19 최장 공통 접미사 계산

```
int suffix_length(char s1[], char s2[], int len) {
  int i = len;
  while (i >= 2 && s1[i] == s2[i-1])
    i--;
  return len - i;
}
```

코드 1-19는 코드 1-18과 상당히 비슷하다. 그러나 이번에는 왼쪽에서 오른쪽으로가 아니라, 오른쪽에서 왼쪽으로 비교한다. 따라서 첫째 문자열의 길이를 알려주는 len 매개변수가 필요하다. 비교가 가능한 마지막 값은 i == 2까지다. i == 1이면, s2[0]이 되는데 이는 유효한 문자열 요소가 아니다.

main 함수

마지막으로 코드 1-20의 main 함수를 보자.

코드 1-20 main 함수

```
#define SIZE 1000000

int main(void) {
❶ static char s1[SIZE + 2], s2[SIZE + 2];
  int len, prefix, suffix, total;
❷ gets(&s1[1]);
❸ gets(&s2[1]);

  len = strlen(&s1[1]);
  prefix = prefix_length(s1, s2);
  suffix = suffix_length(s1, s2, len);
❹ total = (prefix + 1) - (len - suffix) + 1;
```

```
❺ if (total < 0)
  ❻ total = 0;

❼ printf("%d\n", total);
❽ for (int i = 0; i < total; i++) {
     printf("%d", i + len - suffix);
     if (i < total - 1)
       printf(" ");
     else
       printf("\n");
   }
   return 0;
}
```

2개의 문자형 배열의 크기는 SIZE+2다 ❶. 원래 읽어야 할 최대 글자수는 1,000,000이지만, NULL 종료 처리를 위한 공간이 필요하기 때문이다. 그리고, 문자열의 시작 인덱스가 0이 아니라 1이기 때문에, 1개 요소가 추가로 더 필요하다.

그런 다음, 첫째 문자열 ❶과 둘째 문자열 ❷을 읽는다. 각 문자열의 인덱스 1의 포인터를 넘겨야 한다는 것을 주의해 gets 함수가 인덱스 0이 아니라 인덱스 1부터 글자를 저장하도록 코드를 작성했다. 헬퍼 함수를 호출한 후 s2와 같게 되도록 s1에서 삭제해야 할 인덱스 개수를 계산한다 ❹. 삭제할 인덱스 개수가 음수면 ❺, 0으로 설정한다 ❻. 그래야만 문제없이 printf 함수를 호출할 수 있다 ❼. 인덱스 값을 출력할 때는 for 문을 사용한다 ❽. 출력은 len - suffix부터 할 것이므로 len - suffix를 각 정수 i에 추가한다.

마무리가 됐다. 복잡한 코드도 없고 해시 테이블도 사용하지 않는 선형 시간 해법을 찾은 것이다. 해시 테이블을 고려하기 전에 이를 사용하는 데 문제가 될 만한 요인이 없는지 확인해야 한다. 즉, 정말 검색이 필요한지 또는 애초에 이런 검색을 쓸 수 없도록 하는 기능이 있는지를 점검해야 한다.

요약

해시 테이블은 데이터 구조의 하나로써 특정 연산을 빠르게 할 수 있도록 데이터를 구성하는 방식이다. 해시 테이블은 일부 지정 요소에 대한 검색 속도를 높인다. 그러므로 다른 연산의 속도를 높이려면, 다른 데이터 구조가 필요하다. 예를 들어, 7장에서는 힙이라는 데이터 구조를 배울 텐데, 이는 배열의 최대 요소나 최소 요소를 빠르게 식별해야 할 때 사용할 수 있다.

데이터 구조는 데이터를 저장하고 사용하는 일반적인 접근법이다. 1장의 문제를 통해 해시 테이블을 언제 사용하면 좋은지에 대한 느낌을 가졌길 바란다. 해시 테이블은 여기서 다룬 문제 외에도 느린 반복 검색의 효율성을 높여야 하는 다양한 다른 문제에도 많이 적용되기 때문이다.

참고사항

[문제 출처]
- 고유한 눈송이 문제: 2007년 캐나다 컴퓨팅 올림피아드
- 복합어 문제: 1996년 9월 워털루 지역 경진대회
- 철자 검사 문제: 코드포스에서 주관한 2010년 스쿨팀 경진대회#1
- 접두사-접미사 해법: https://codeforces.com/blog/entry/786
- oaat$^{\text{one-at-a-time}}$ 해시 함수: 밥 젠킨스가 작성(http://burtleburtle.net/bob/hash/doobs.html 참고)

[추가 정보]
해시 테이블 응용 프로그램과 구현 관련 추가 정보는 다음 책을 참고하자.
- 『Algorithms Illuminated(Part 2): Graph Algorithms and Data Structures』 (Soundlikeyourself Publishing. 2018)

2

트리와 재귀

 2장에서는 계층 데이터를 처리하고 구현해야 하는 문제 두 가지를 다룬다. 첫째는 마을에서 사탕을 모으는 문제다. 둘째는 가계도에 대한 쿼리 문제다. 일단 데이터를 수집하는 일반적인 방법인 반복문으로 문제를 풀어볼 것이다. 그러나 이런 문제는 반복문으로는 쉽게 풀리지 않기 때문에, 달리 해결하는 방식을 생각해 봐야할 것이다. 2장에서는 문제를 더 작은 문제로 분해해서 해결하는 기법인 재귀를 배울 수 있다.

문제 1: 할로윈 하울

문제의 출처는 DMOJ의 `dwite12c1p4`다.

문제 설명

괴기스러운 분장을 하고 이웃에게 사탕을 받으러 다니는 할로윈 축제를 떠올려보자. 이번 문제에서는 어떤 마을에서 가능한 한 효율적으로 모든 사탕을 모으는 방법을 찾아볼 것이다. 마을의 모양의 그림 2-1과 같으며, 모양이 좀 이상해도 꽤 규칙성이 있다.

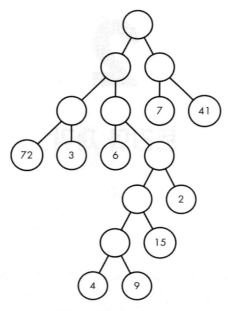

그림 2-1 마을 예제 다이어그램

숫자가 있는 원은 집을 나타낸다. 각 숫자는 그 집을 방문해 얻을 수 있는 사탕의 양이다. 사탕 값은 최대 두 자리다. 맨 위에 있는 원이 시작 위치다. 숫자가 없는 원은 길 사이의 교차로이며, 여기서 다음에 갈 길을 선택한다. 원을 연결하는 선은 길을 나타낸다. 한 원에서 다른 원으로 이동하면 길 하나를 따라간 것이다.

마을을 어떻게 이동할 수 있는지 생각해보자. 맨 위의 원에서 시작한다. 오른쪽 길을 따라 내려가면 교차로가 나온다. 교차로에서 오른쪽으로 길을 따라 가면, 집에 도착해 사탕 41개를 얻을 수 있다. 그런 다음 지나온 길 2개를 다시 타고 돌아가면 시작 위치로 다시 돌아갈 수 있다. 이렇게 하면 총 4개의 길을 지났고 41개의 사탕을 모은 것이다.

목표는 최소한의 길을 지나 모든 사탕을 모으는 것이다. 사탕을 다 모으면 바로 끝이 나며, 맨 위의 시작 위치로 돌아갈 필요도 없다.

입력

입력은 다섯 줄로 구성되며, 각 줄은 마을의 배치를 알려주는 최대 255자의 문자열이다.

이때 문자열로 어떻게 마을의 모양을 나타낼 수 있을까? 1장의 고유한 눈송이 문제에서는 각 눈송이가 6개의 정수만으로 구성됐던 반면, 이번에는 원과 길, 그리고 일부 원에는 사탕 값도 표현해야 한다.

고유한 눈송이 문제와 마찬가지로 처음에는 복잡한 전체 문제의 일부를 무시하고 단순하게 시작할 것이다. 그래서 일단 입력 값은 뒷부분에서 다룰 것이다. 다만, 마을 모양의 다이어그램을 문자열로 표현하는 간결하면서도 영리한 방법이 있다는 것만 미리 언급하고 넘어가자.

출력

출력은 다섯 줄의 텍스트이며, 각 줄은 5개의 입력 줄에 대응하는 값이다. 각 줄에는 사탕을 모두 얻기 위해 지나간 길의 최소 개수와 얻은 사탕의 총 개수를 정수로 표현하며, 2개의 정수는 공백으로 구분한다.

문제의 풀이 제한 시간은 2초다.

이진 트리

설명을 위해 그림 2-1에서 집이 아닌 원에 알파벳을 추가했으며, 그 결과가 그림 2-2이다. 알파벳은 문제와 관련이 없고, 소스 코드에도 표시되지 않는다. 단지 각 원을 설명할 때 참조하기 위한 용도다.

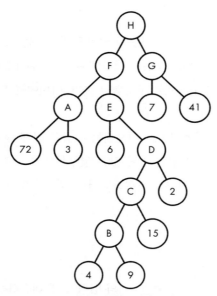

그림 2-2 알파벳을 추가한 마을 예제 다이어그램

할로윈 하울 문제에서 제시한 마을 모양을 보통 이진 트리^{binary tree}라고 부른다. 여기서 '이진'과 '트리'는 모두 중요한 단어다. 우선, 트리부터 먼저 알아보자.

정의: 트리

트리^{tree}는 노드^{node, 원}와 에지^{edge, 노드 사이의 선}으로 이뤄진 구조다. 맨 위에 있는 노드(원 H)을 루트^{root}라고 한다. '노드^{node}'와 동의어로 '정점^{vertext}'이라는 용어도 사용하는데, 이 책에서는 '노드'를 사용한다.

노드들은 부모-자식 관계가 있다. 예를 들어, H와 에지로 연결된 F와 G를 H의 자식이라고 하며, H를 F와 G의 부모라고 한다. 좀 더 구체적으로 설명하면, F는 H의 왼쪽 자식, G는 H의 오른쪽 자식이다. 이때, 자식이 하나도 없는 노드는 리프^{leaf}라고 한다. 문제에서는 사탕이 있는 집(노드)들이 리프가 된다.

컴퓨터 학자들이 트리 구조를 만들 때 사용한 용어의 대부분은 가족 관계에서 가져왔다. 예를 들어 F와 G는 부모가 같기 때문에 형제라고 한다. E는 H의 자식의 자식이므로,

H의 후손이라고 한다.

트리의 높이는 루트에서 리프까지 아래쪽으로 이동할 수 있는 에지의 최대 개수에 의해 결정된다. 그렇다면 앞 예제의 트리 높이는 얼마일까? 일단, H에서 G를 건너 7까지 이동하는 길이 하나 있다. 이 경로에는 2개의 에지(H- G, G- 7)가 있으므로, 최소 2의 높이를 갖는다. 그러나 왼쪽 편에는 훨씬 더 긴 다른 길이 있다. H에서 F, E, D, C, B, 4로 가는 길이 그것이다. 이 경로에는 6개의 에지가 있으므로 트리의 높이는 6이다. 트리에서 더 이상 내려가는 길은 없다.

트리는 매우 규칙적이고 반복 가능한 구조로 구성돼 계산이 쉽다. 가령, H-F 에지와, H-G 에지를 제거하고, 루트 H를 제거하면, 다음처럼 2개의 서브 트리가 생성된다(그림 2-3).

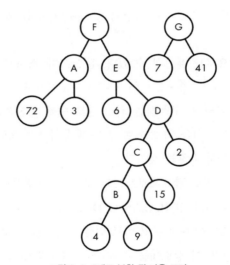

그림 2-3 2개로 분할 된 마을 트리

두 서브 트리도 각자의 루트와 노드, 에지로 구성된 완벽한 트리 구조다. 이 트리들은 더 작은 조각들로 또 나눌 수 있고, 그 조각들 또한 각각의 트리가 될 것이다. 하나의 트리는 더 작은 트리로 구성된 구조라고 말할 수 있다.

정의: 이진

트리의 구조에서 각 노드가 최대 2개의 자식 노드만 갖는 구조를 특별히 이진binary 트리라고 한다. 즉, 이진 트리의 노드는 자식이 없거나, 1개 또는 2개의 자식 노드만 갖고, 더 이상은 노드를 가질 수 없다. 문제에서 사용하는 이진 트리는 이런 정의보다 좀 더 제한적이다. 즉, 각 노드에 연결된 자식 노드가 0개이거나 2개뿐이며, 자식 노드가 1개인 경우는 없다. 이렇게 리프가 아닌 모든 노드에 정확히 2개의 자식이 있는 구조를 완전 이진 트리 full binary tree라고 한다.

예제 문제 해결

제시된 트리를 이용해 할로윈 하울 문제를 풀어보자. 제출해야 하는 답변은 사탕을 모두 얻기 위해 거쳐야 하는 최소 경로 수와 사탕의 총 개수다. 우선, 계산하기 더 쉬운 사탕 개수를 계산해보자.

사탕의 총 개수는 손으로도 계산할 수 있다. 집 노드에 표시된 사탕 값을 모두 더하면 된다. 그러면 7 + 41 + 72 + 3 + 6 + 2 + 15 + 4 + 9 = 159가 된다.

사탕을 모두 모으기 위해 거쳐야 하는 최소 경로 수를 계산해보자. 어떻게 트리를 탐색하는지가 중요할까? 모든 집을 최소한 한 번은 방문해야 하므로, 가장 빠른 탐색 방법은 같은 집을 여러 번 방문하지 않는 것이다.

먼저, 왼쪽 방향으로 트리를 탐색해보자. 그러면 노드를 방문하는 순서는 H, F, A, 72, A, 3, A, F, E, 6, E, D, C, B, 4, B, 9, B, C, 15, C, D, 2, D, E, F, H, G, 7, G, 41이 된다. 사탕을 다 모으면 시작 위치로 돌아가지 않고 바로 멈출 수 있으므로 최종 도착지는 H가 아닌 41개의 사탕이 있는 집이다. 이 경로에는 총 30개의 에지가 있다(경로에 총 31개의 노드가 있으며, 경로의 에지 수는 항상 노드 수에서 1을 뺀 값이다). 이렇게 30개의 에지를 지나는 경로가 최선일까?

사실, 더 좋은 경로가 있다. 가장 효율적인 경로는 26개의 에지를 지나는 것이다. 잠깐 읽기를 멈추고 더 효율적인 경로를 직접 찾아보자. 30개의 에지를 지나는 경로에서와 마찬가지로 집이 아닌 노드는 여러 번 방문하고 각 집은 정확히 한 번만 방문하는 방법도 있지만, 어느 집을 마지막으로 방문할지 고민하면 4개의 경로를 더 줄일 수 있다.

이진 트리 표현

해법을 코드로 작성하려면 C언어로 트리를 표현할 수 있어야 한다. 그러려면 입력으로 주어지는 트리 표현 문자열을 바로 노드 간의 관계를 나타내는 명시적 트리 구조로 변환하는 것이 편리할 것이다. 따라서 여기서는 이런 방식의 트리 구조를 사용할 것이다. 아직 문자열을 읽고 트리로 변환할 수는 없지만, 트리를 하드 코딩하면 된다. 이는 문제 해결을 시작하는 데 필요한 발판이 된다.

노드 정의

1장에서 고유한 눈송이 문제를 풀 때는 연결 리스트를 사용해 눈송이들을 저장했다. 눈송이 노드에는 눈송이 정보도 담겨 있고, 연결된 다음 눈송이를 가리키는 포인터도 포함돼 있었다.

```
typedef struct snowflake_node {
  int snowflake[6];
  struct snowflake_node *next;
} snowflake_node;
```

이진 트리를 표현할 때도 이와 유사한 구조체를 사용할 수 있다. 마을을 나타내는 트리에는 집 노드에만 사탕 값이 있고, 다른 노드에는 없다. 그러므로 노드의 종류는 2개라고 할 수 있지만, 예제에서는 1개의 노드 구조를 사용해도 된다. 단지 집 노드가 올바른 사탕 값을 갖고 있는지만 확인할 것이다. 집이 아닌 노드라면 어차피 사용하지 않기 때문에 candy 값도 초기화하지 않는다.

구현하면 다음과 같다.

```
typedef struct node {
  int candy;
```

```
  // ... 또 추가해야 할 것은?
} node;
```

연결 리스트에서 각 노드는 체인으로 연결된 다음 노드를 가리킨다(다음 노드가 없으면 NULL을 가리킨다). 그리고 한 노드에서 다른 한 노드로 이동할 수도 있다. 반면, 트리에서는 리프가 아닌 노드라면, 왼쪽 자식과 오른쪽 자식이라는 2개의 노드가 있어서 노드 당 하나의 next 포인터로는 부족하다. 그러므로 코드 2-1에서처럼 노드 당 2개의 포인터가 필요하다.

코드 2-1 node 구조체

```
typedef struct node {
  int candy;
  struct node *left, *right;
} node;
```

node 구조체에는 아직 parent를 명시적으로 포함시키지 않았다. 부모 노드로 이동하기 위한 *parent도 필요할까? 어떤 문제들에서는 도움이 되겠지만, 이번 할로윈 하울 문제에서는 필요하지 않다. 물론 트리에서 위로(자식에서 부모로) 이동하는 방법이 필요하긴 하지만 부모 포인터없이 암시적으로 할 수 있는 방법이 있다. 이에 대한 자세한 내용은 나중에 설명한다.

트리 만들기

node 구조체를 사용하면 마을 예제 트리를 만들 수 있다. 작업은 아래부터 위로 서브 트리를 결합해 맨 위의 루트까지 가는 상향식으로, 예제 트리에 적용해보자.

예제 트리의 맨 아래에 있는 노드 4와 노드 9부터 시작한다. 그런 다음 새로운 부모 노드 아래 노드 4와 노드 9를 결합하면 루트가 B인 서브 트리를 만들 수 있다.

다음은 노드 4의 코드다.

```
node *four = malloc(sizeof(node));
four->candy = 4;
four->left = NULL;
four->right = NULL;
```

이것은 집 노드이므로 사탕 값이 있어야 한다. 왼쪽 및 오른쪽 자식을 NULL로 설정하는 것도 중요하다. 그렇지 않으면 초기화되지 않은 상태로 남아, 값을 읽으려 할 때 오류가 발생한다.

노드 9의 코드를 보자. 이것은 다른 집이지만, 코드 구조는 같다.

```
node *nine = malloc(sizeof(node));
nine->candy = 9;
nine->left = NULL;
nine->right = NULL;
```

노드 4와 노드 9라는 2개의 노드를 만들었다. 그러나 두 노드는 아직 트리의 일부가 아니며 각각 존재한다. 다음과 같이 공통의 부모 아래에서 두 노드를 통합할 수 있다.

```
node *B = malloc(sizeof(node));
B->left = four;
B->right = nine;
```

노드 B의 left 포인터는 노드 4를, right 포인터는 노드 9를 가리킨다. candy 멤버 변수가 초기화되지 않았지만, 집이 아닌 노드는 사탕 값이 없으므로 문제가 되지 않는다. 지금까지의 코드를 정리하면 그림 2-4와 같다.

그림 2-4 하드코딩으로 생성한 3개의 노드 트리

노드 C의 서브 트리를 만들기 전에, 잠시 정리를 해보자. 집 노드를 만드는 데는 노드 생성, 사탕 값 지정, 왼쪽 자식 노드에 NULL 지정, 오른쪽 자식 노드에 NULL 지정의 네 가지 작업이 있다. 마찬가지로, 집이 아닌 노드를 만들 때 노드 생성, 왼쪽 자식 노드에 NULL 지정, 오른쪽 자식 노드에 NULL 지정의 세 가지 작업이 있다. 앞으로는 매번 이런 작업을 반복하지 말고, 코드 2-2의 헬퍼 함수를 활용하기로 하자.

코드 2-2 노드를 만드는 헬퍼 함수

```
node *new_house(int candy) {
  node *house = malloc(sizeof(node));
  if (house == NULL) {
    fprintf(stderr, "malloc error\n");
    exit(1);
  }
  house->candy = candy;
  house->left = NULL;
  house->right = NULL;
  return house;
}

node *new_nonhouse(node *left, node *right) {
  node *nonhouse = malloc(sizeof(node));
  if (nonhouse == NULL) {
    fprintf(stderr, "malloc error\n");
    exit(1);
  }
  nonhouse->left = left;
  nonhouse->right = right;
  return nonhouse;
}
```

앞에서 만든 노드 4와 노드 9, 노드 B의 코드를 헬퍼 함수를 사용해 바꾸고, 노드 15와 노드 C를 추가해보자.

```
node *four = new_house(4);
```

```
node *nine = new_house(9);
node *B = new_nonhouse(four, nine);
node *fifteen = new_house(15);
node *C = new_nonhouse(B, fifteen);
```

그림 2-5는 5개의 노드가 있는 트리를 나타낸다.

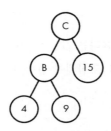

그림 2-5 하드코딩으로 생성한 5개의 노드 트리

노드 C의 왼쪽 자식은 집이 아닌 노드(B)이고, 오른쪽 자식은 집 노드(fifteen)다. 결국 둘 다 노드의 한 종류이기 때문에, new_nonhouse 함수는 이런 비대칭성(집이 아닌 자식 하나와 집 자식 하나)이 문제가 되진 않는다. 집이 아닌 노드와 집 노드를 마음대로 섞거나 연결할 수 있다.

현재 노드 C를 루트로 하는 노드가 5개인 서브 트리가 있다. 이제는 C를 통해서 트리에 저장된 사탕 값에 접근할 수 있어야 한다(지금은 트리를 하나씩 연결해 생성했기 때문에 B, four, nine, fifteen의 포인터를 통해서도 트리에 접근할 수 있다. 최종적으로는, 입력된 문자열을 트리로 변환하는 함수를 이용할 예정이며, 그때는 트리의 루트로만 접근 가능하므로 여기에서 루트 외의 변수로 접근하려는 시도는 무의미하다).

다음은 간단한 연습이다. 다음 코드는 무엇을 출력할까?

```
printf("%d\n", C->right->candy);
```

15라고 했다면 정답이다. 다음 코드는 노드 C의 오른쪽 자식인 fifteen 노드에 접근해서, 사탕 값을 출력하는 코드다. 그러면 다음 코드는 무엇을 출력할까?

```
printf("%d\n", C->left->right->candy);
```

여기서는 9가 출력된다. 노드 C에서 왼쪽으로 한 번, 오른쪽으로 한 번 이동하면 노드 nine으로 이동한다. 마지막으로, 이건 어떨까?

```
printf("%d\n", C->left->left);
```

필자의 노트북에서는 **10,752,944**라는 값을 얻었다. 왜 그럴까? 사탕 값이 아닌 포인터 값을 출력했기 때문이다. 이런 점을 조심해야 한다. 마지막으로 다음 코드는 무엇을 출력할지 예상해보자.

```
printf("%d\n", C->candy);
```

위 코드는 의미 없는 숫자를 출력한다. 여기서는 집이 아닌 노드에 대한 사탕 값을 출력하고 있지만, 사탕 값은 집 노드에서만 의미가 있다.

문제를 해결할 준비가 됐다. 예제 트리를 만들 코드를 완성하고 문제를 해결해보자.

모든 사탕 모으기

문제를 해결하려면 두 가지가 필요하다. 첫째는 사탕을 모두 모으는 데 필요한 최소 경로 수 계산이고, 둘째는 모든 사탕의 개수를 계산하는 것이다. 둘 중에 좀 더 쉬운 사탕 계산부터 함수를 만들어보자. 함수의 선언부는 다음과 같다.

```
int tree_candy(node *tree)
```

이 함수는 트리의 루트 노드에 대한 포인터를 가져와 트리의 모든 사탕의 개수를 정수 값으로 반환한다.

연결 리스트를 다룰 때는 고유한 눈송이 문제를 풀 때와 마찬가지로 반복문을 사용할 수 있다. 반복문에서 현재 노드를 처리한 다음, 노드의 next 변수를 이용해 다음 노드로 이동한다. 각 단계에서 이동할 수 있는 곳은 연결 리스트를 따라 내려가는 경로 하나뿐이다. 그러나 이진 트리의 구조는 이보다 좀 더 복잡하다. 리프가 아닌 각 노드에는 왼쪽 및 오른쪽 서브 트리가 있으므로, 서브 트리도 각각 탐색해야 한다. 그렇지 않으면 트리의 일부분을 놓치게 된다.

실제 트리 탐색의 동작을 알아보기 위해 예제 트리(그림 2-2)로 돌아가자. 노드 H에서 시작해 어디로 먼저 가야할까? 우선 노드 G로 이동하고, 다시 노드 41로 이동하면 사탕 41개를 모을 수 있다. 그리고 그 다음은? 막다른 골목에 도착했기 때문에, 더 많은 사탕을 모으러 돌아가야 한다. 그러나 리프가 아닌 노드들은 왼쪽과 오른쪽의 자식 포인터만 저장하며, 부모의 포인터는 저장하지 않는다. 이는 41에서 G로 돌아갈 방법이 없다는 뜻이다.

다시 시작해보자. H에서 G로 이동하기 전에 나중에 F의 서브 트리를 처리할 것을 기록해야 한다. F의 서브 트리로 돌아갈 방법이 없기 때문이다.

노드 G에 도착해서도 마찬가지다. 41로 이동하기 전에 나중에 7의 서브 트리를 처리할 것을 기록한다. 41에 도착하면 이제 더 처리할 서브 트리가 없으므로 앞에서 기록한 2개의 서브 트리(F와 7)를 처리한다.

그러면, 7의 서브 트리를 처리해보자. 그러면 전체 사탕 개수는 41 + 7 = 48이 된다. 그 후 F의 서브 트리를 처리한다. 노드 F에서도 어디를 먼저 처리할지 결정한 뒤에 다른 쪽 서브 트리의 경로를 기록해 둔다.

즉, 반복문을 사용할 때는 리프가 아닌 각 노드에 두 가지 작업을 수행해야 한다. 먼저 처리할 서브 트리 중 하나를 선택하고, 다른 서브 트리가 처리 대기 중임을 기록한다. 서브 트리 중 하나를 선택한다는 것은 왼쪽 또는 오른쪽 포인터 중 하나를 선택한다는 뜻이며, 여기에는 아무런 문제가 없다. 그러나 나중에 다른 서브 트리를 방문할 수 있도록 보관하는 것은 좀 더 까다롭다. 새로운 도구가 필요인 시점인 것이다.

보관 중인 서브 트리의 스택 저장

나중에 언제든지 사용할 수 있도록 여러 개의 서브 트리를 보관하는 방법이 있다. 즉, 해당 컬렉션에 다른 서브 트리를 추가해 보관하고, 이를 처리할 준비가 되면 서브 트리를 제거하고 반환하는 식이다.

이 컬렉션 관리에는 배열을 사용한다. 보관 중인 서브 트리에 대한 참조를 필요한 만큼 저장할 수 있도록 큰 배열을 정의한다. 그리고 보관 중인 서브 트리의 수를 알기 위해 배열에서 가장 높은 인덱스를 추적하는 highest_used 변수를 둔다. 가령, highest_used가 2이면 인덱스 0, 1 및 2가 서브 트리의 참조값을 보관하고 있고, 그 외 나머지 배열은 비어 있다는 것을 뜻한다. highest_used가 0이면 인덱스 0만 사용 중인 것이다. 아무런 배열도 사용하지 않을 때는 highest_used를 -1로 설정한다.

인덱스 값이 highest_used+1인 배열 위치에 새로운 요소를 추가한다. 다른 위치에 요소를 추가할 수도 있지만, 그러려면 먼저 기존 요소들을 전부 오른쪽으로 이동해야 한다. 그렇지 않으면 기존 요소 중 하나를 덮어써 버리기 때문이다. 한편, 배열에서 제거하기 가장 쉬운 요소는 highest_used에 해당하는 배열이다. 다른 인덱스들은 제거된 요소로 인해 생긴 빈자리를 채우기 위해 전부 왼쪽으로 이동해야 한다.

이 방식을 사용해 먼저 서브 트리 F에 대한 참조를 추가한 다음, 서브 트리 7에 대한 참조를 추가한다고 해보자. 이렇게 하면 서브 트리 F가 인덱스 0에, 서브 트리 7이 인덱스 1에 배치된다. 그리고, highest_used 값은 1이 된다. 이 배열에서 요소를 제거한다면, 서브 트리 F와 서브 트리 7 중에서 어떤 서브 트리가 제거될지 생각해보자.

정답은 서브 트리 7이다. 일반적으로 가장 최근에 추가된 요소가 먼저 제거되기 때문이다.

컴퓨터 과학자들은 이를 LIFO[Last In First Out], 즉 후입선출이라고 한다. 그리고 LIFO 특징이 있는 데이터 구조를 스택[stack]이라고 한다. 스택에 요소를 추가하는 것을 푸시[push], 스택에서 요소를 제거하는 것을 팝[pop]이라고 한다. 스택의 맨 위는 스택에서 다음에 팝 되는 요소를 의미한다. 즉, 스택의 맨 위는 가장 최근에 푸시된 항목이다.

현실에도 여러 가지 스택이 있다. 방금 닦은 접시 몇 개를 싱크대 선반에 쌓았다고 가정해보자. 선반에 마지막으로 추가(푸시)한 접시는 선반에 맨 위에 놓이고, 접시를 가져올 때 가장 먼저 제거(팝)된다. 이런 구조가 바로 LIFO다.

스택은 워드 프로세서의 실행 취소(되돌리기) 기능에서도 사용된다. 한 단어를 입력하고, 추가로 둘째, 셋째 단어를 입력했다고 가정하자. 여기서 실행 취소를 한다면, 마지막으로 입력한 셋째 단어가 사라질 것이다.

스택 구현

스택을 구현해보자. 먼저, 배열과 `highest_used`를 모두 구조체로 묶는다. 이렇게 하면 스택 변수가 유지되므로, 스택을 얼마든지 만들 수 있다. 비록 할로윈 하울 문제에서는 스택이 하나만 필요하지만 여러 스택이 필요한 다른 문제에서 이 코드를 사용할 수 있다.

구조체 정의는 다음과 같다.

```
#define SIZE 255

typedef struct stack {
  node * values[SIZE];
  int highest_used;
} stack;
```

각 입력 줄에 최댓값은 255자였다. 각 문자는 최대 하나의 노드를 나타낸다. 따라서 여기서 만드는 트리는 최대 255개의 노드를 가지며, 이것이 `values` 배열에 255개의 요소를 위한 공간이 있는 이유다. 또한 각 요소의 값은 노드에 대한 포인터인 `node*` 형태다. 노드에 대한 포인터가 아니라 노드를 직접 저장할 수도 있지만, 이때 트리의 노드가 스택에 추가될 때마다 복제해야 하기 때문에 메모리 효율이 떨어진다.

스택의 각 작업에 대한 함수를 만들어보자. 먼저 새 스택을 생성하는 `new_stack` 함수가 필요하다. 다음으로, 스택에서 값을 추가하고 제거할 역할을 하는 `push_stack` 및 `pop_stack` 함수가 필요하다. 마지막으로 스택이 비어 있는지 여부를 알려주는 `is_empty_stack` 함수가 필요하다. `new_stack` 함수는 코드 2-3과 같다.

```
stack *new_stack(void) {
❶ stack *s = malloc(sizeof(stack));
  if(s==NULL) {
    fprintf(stderr, "malloc error\n");
    exit(1);
  }
❷ s->highest_used = -1;
  return s;
}
```

먼저 스택에 메모리를 할당한다❶. 그 다음 highest_used를 -1로 설정한다❷. 여기서
-1은 빈 스택을 의미한다. 어차피 여기서는 s->values의 요소를 초기화하기 위해 어떤 작
업도 하지 않는다.

푸시 코드와 팝 코드를 대칭적으로 파악할 수 있도록, stack_push와 stack_pop을 코드
2-4에 함께 표시했다.

코드 2-4 스택의 푸시 및 팝

```
void push_stack(stack *s, node *value) {
❶ s->highest_used++;
❷ s->values[s->highest_used] = value;
}

node * pop_stack(stack *s) {
❸ node * ret = s->values[s->highest_used];
❹ s->highest_used--;
❺ return ret;
}
```

push_stack에서는 먼저 새 요소를 위한 공간을 확보한 다음❶, 해당 빈 공간에 value
를 할당한다❷.

pop_stack 함수는 highest_used 인덱스에서 요소를 제거하는 역할을 한다. 그러나 인
덱스에서만 제거하고, 어떤 요소를 제거했는지 알려주지 않는다면 이 함수는 별로 유용하

지 않다. 즉, 요소를 제거하고, 제거한 요소를 반환하는 역할까지 해야 한다. 이를 위해서는 제거하려는 스택의 요소를 ret에 저장한다❸. 그런 다음 highest_used에서 1을 빼서 스택에서 제거한다❹. 마지막으로는 제거한 요소를 반환한다❺.

현재 push_stack과 pop_stack에서 오류 검사 과정은 포함하지 않았다. 최대 요소 수보다 더 많이 푸시하려고 하면 push_stack이 실패할 것이다. 하지만 지금은 주어진 입력만큼 큰 스택을 만들었기 때문에 안전하다. 마찬가지로, 비어 있는 스택에서 팝을 시도하면 pop_stack이 실패하기 때문에, 팝을 시도하기 전에 스택이 비어 있지 않은지 먼저 확인해야 한다. 물론, 이 문제에서만 사용하는 것이 아니라 범용적으로 사용할 스택이라면 좀더 견고히 만들어야 할 것이다.

스택이 비어 있는지를 확인하는 함수는 is_empty_stack이며(코드 2-5), == 연산자를 사용해 highest_used의 값이 -1인지를 확인한다.

코드 2-5 스택이 비어 있는지 확인

```
int is_empty_stack(stack *s) {
  return s->highest_used == -1;
}
```

트리에 있는 사탕의 총량을 계산하기 전에 코드 2-6처럼 같은 작은 독립 실행형 예제를 사용해 스택 코드를 연습해보자. 잠시 시간을 내서 예제가 어떤 식으로 출력될지 직접 계산해보자. 그런 다음 코드를 실행하고, 출력 결과가 예상한 것과 일치하는지 확인한다.

코드 2-6 스택 사용 예제

```
int main(void) {
  stack *s;
  s = new_stack();
  node *n, *n1, *n2, *n3;
  n1 = new_house(20);
  n2 = new_house(30);
  n3 = new_house(10);
  push_stack(s, n1);
  push_stack(s, n2);
```

```
    push_stack(s, n3);
    while (!is_empty_stack(s)) {
      n = pop_stack(s);
      printf("%d\n", n->candy);
    }
    return 0;
}
```

예제가 무슨 일을 하는지 좀 더 상세하게 알아보자. 먼저 s라는 새 스택을 만든다. 이어서 3개의 집 노드를 만든다. n1에는 사탕 20개, n2에는 사탕 30개, n3에는 사탕 10개가 있다.

이런 단일 노드 서브 트리를 스택에 푸시한다. 먼저 n1을 푸시하고, n2, n3을 차례로 푸시한다. 마지막으로는 스택이 빌 때까지 계속에서 스택에서 요소를 꺼내 사탕 값을 출력한다. 요소들이 나오는 순서는 푸시 순서와 반대이므로, printf 호출의 결과는 10, 30, 20이 된다.

스택 해법

이렇게 해서 서브 트리를 보관하고 관리할 수 있게 됐다. 즉, 처리하려고 선택한 서브 트리 외에는 모두 보관하면 된다. 사탕의 총량을 계산할 때 중요한 점은 스택이 서브 트리를 추가$^{push, 서브 트리를 보관}$하고, 제거$^{pop, 서브 트리를 처리}$하는 방법을 제공한다는 것이다.

또한 데이터 구조인 큐^{queue}를 사용해 FIFO$^{first-in-first-out, 선입 선출}$ 순서로 요소를 제공할 수도 있는데, 이 방법은 서브 트리를 방문하는 순서와 사탕을 얻는 순서가 바뀐다는 것을 제외하면 스택과 최종 결과는 같기 때문이다. 다만, 예제에서 스택을 선택한 이유는 큐보다 구현이 쉽기 때문이다.

스택으로 tree_candy를 구현할 준비가 끝났다. 여기서는 두 가지 경우를 처리해야 한다. 첫째는 집이 아닌 노드에서 수행하는 작업이고, 둘째는 집 노드에서 수행하는 작업이다.

현재 노드가 집인지, 노드인지 확인하려면 left와 right 포인터를 봐야 한다. 집이 아니라면 둘 다 서브 트리를 가리키기 때문에 null이 아니다. 현재 노드가 집이 아닌 노드라는 것을 확인했다면 스택의 왼쪽 서브 트리에 대한 포인터를 저장하고 오른쪽 서브 트리의 처리를 시작한다. 집 노드가 아닐 때의 코드는 다음과 같다.

```
if (tree->left && tree->right) {
  push_stack(s, tree->left);
  tree = tree->right;
}
```

반대로 left와 right가 null이면 집 노드라는 뜻이다. 집 노드에는 사탕이 있으므로, 가장 먼저 해야 할 일은 그 집의 사탕 값을 총 사탕 값에 더하는 것이다.

```
total = total + tree->candy;
```

집이니까 트리 아래로 더 이상 갈 수 없다. 스택이 비어 있다면 보관 중인 트리가 더 이상 없으므로 종료된다. 스택이 비어 있지 않으면 스택에서 서브 트리를 제거[pop]하고 해당 서브 트리를 처리한다. 집을 처리하기 위한 코드는 다음과 같다.

```
total = total + tree->candy;
if (is_empty_stack(s))
  tree = NULL;
else
  tree = pop_stack(s);
```

스택을 사용하는 tree_candy 함수는 코드 2-7과 같다.

코드 2-7 스택을 사용해 사탕의 총량 계산

```
int tree_candy(node *tree) {
  int total = 0;
  stack *s = new_stack();
  while (tree != NULL) {
    if (tree->left && tree->right) {
```

```
      push_stack(s, tree->left);
      tree = tree->right;
    } else {
      total = total + tree->candy;
      if (is_empty_stack(s))
        tree = NULL;
      else
        tree = pop_stack(s);
    }
  }
  return total;
}
```

n을 트리의 노드 수라고 하자. while 문을 한 번 돌 때마다 다른 노드의 트리를 처리한다. 즉, 각 노드를 한 번씩만 방문한다. 각 노드는 최대 한 번 스택에 추가[push]되거나, 스택에서 제거[pop]된다. 전체적으로 각 노드는 특정 처리 단계에 포함되므로 선형 시간 또는 $O(n)$ 알고리듬이라고 할 수 있다.

완전히 다른 해법

tree_candy 함수는 동작은 하지만, 가장 단순한 해결책이라 할 수는 없다. 스택을 직접 구현하고, 보관할 트리를 저장하고, 막다른 골목에 도달할 때마다 보관 중인 트리로 되돌아가야 한다. 이런 방식으로 스택을 사용하는 것은 트리 함수를 구현하는 데 이상적이지 않으며, 이유는 다음과 같다.

1. 한 방향으로 갔다가 나중에 다시 돌아와서 다른 방향으로 가야 할 때마다 이런 스택 코드를 사용할 수밖에 없다. 트리에는 이런 방식의 패턴이 상당히 많다.

2. 스택 기반의 코드 복잡성은 문제가 복잡해질 수록 점점 더 증가된다. 트리에 있는 사탕을 모두 더하는 정도는 그리 어렵지 않지만, 2장의 뒷부분에서 해결하는 다른 문제들은 더 어렵다. 그런 문제는 보관 중인 트리 스택만이 아니라, 각 트리에서 수행할 처리 사항을 확인하는 흐름 정보까지 제어해야 한다.

따라서 스택에 대한 아이디어와 코드를 완전히 제거하고, 고수준의 추상화에서 동작하는 코드를 작성해보자.

재귀적 정의

스택 기반 tree_candy 함수는 문제를 해결하는 데 필요한 단계(스택 추가, 트리 이동, 스택 제거)를 트리 전체에 대해 반복하도록 해법을 구성한 것이다. 그러나 이번에는 문제의 구조에 초점을 맞춘 다른 해법을 알아볼 것이다. 이 해법은 큰 문제를 풀기 위해 좀 더 작은 하위 문제를 해결하는 것으로써, 해법에는 두 가지 규칙이 있다.

규칙 1 트리의 루트가 집 노드라면 트리의 사탕 총량은 그 집에 있는 사탕의 양이다.
규칙 2 트리의 루트가 집이 아닌 노드라면 트리의 사탕 총량은 왼쪽 서브 트리의 총 사탕 양에 오른쪽 서브 트리의 총 사탕 양을 더한 것이다.

이를 재귀적 정의라고 한다. 재귀란 하위 문제의 결괏값을 이용해 전체 문제의 해법을 도출하는 방법이다. 실제로 규칙 2에서 재귀적 정의를 사용한다. 트리의 사탕 총량을 계산하는 원래 문제를 해결해보자. 규칙 2에 따라 2개의 하위 문제(왼쪽 서브 트리의 총 사탕 양과 오른쪽 서브 트리의 총 사탕 양)에 대한 해법을 더하면 답을 얻을 수 있다.

보통 여기까지 들으면 머릿속이 복잡해진다. 방금 전 설명한 이 내용으로 어떤 문제를 해결할 수 있을까? 어떻게 코드로 작성해야 할까? 비록 재귀적 정의가 사실이라 하더라도, 다른 책이나 설명을 들으면 더 어렵고 이해가 안 될 때가 많다. 그러나 재귀는 특별한 노력을 해야 이해할 수 있는 기술은 아니다.

재귀적 정의가 이번 문제에 적당한 이유를 파악하기 위해 간단한 예제를 살펴보자.

사탕 4개가 있는 집 하나로 구성된 트리를 생각해보자.

규칙 1에 따라 이 트리에 대한 답은 4인 것을 바로 알 수 있다. 나중에 이 트리를 보면 답이 4라는 것을 기억하자. 자, 이제 사탕이 9개 있는 집 하나로 구성된 다음의 트리도 생각해보자.

다시 규칙 1에 따라 답은 9다. 이제 더 큰 트리의 문제를 해결해보겠다.

이번에는 규칙 1이 적용되지 않는다. 트리의 루트는 집 노드가 아니라 집이 아닌 노드다. 그러므로, 여기에는 규칙 2를 적용한다. 현재 사탕의 총량은 왼쪽에 있는 사탕의 총량에 오른쪽에 있는 사탕의 총량을 더한 것이다. 왼쪽에 있는 사탕은 방금 전에 본 트리이기 때문에, 총량이 4라는 것을 알고 있다. 마찬가지로 오른쪽에 있는 트리도 전에 본 트리이기 때문에 사탕의 총량이 9라는 것을 알고 있다. 따라서 규칙 2에 따르면 전체 트리에는 4 + 9 = 13개의 사탕이 있다.

조금 더 살펴보자. 여기에 또 다른 집 하나로 구성된 트리가 있으며, 트리에는 사탕 15개가 있다.

규칙 1로 인해 이 트리에는 총 15개의 사탕이 있다는 것을 알 수 있다.

이제 노드가 5개 있는 트리를 보자.

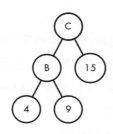

루트가 집이 아닌 노드이기 때문에 여기에 규칙 2가 적용된다. 왼쪽에 있는 사탕의 총량 및 오른쪽에 있는 사탕의 총량이 필요하다. 왼쪽에 있는 사탕의 총량은 이전의 정답인 13을 통해 이미 알고 있으므로, 왼쪽 서브 트리에 들어가서 다시 계산할 필요가 없다. 또한 오른쪽에 있는 사탕의 총량도 15개라고 이미 알고 있다. 그러면 규칙 2에 따라 트리에 총 13 + 15 = 28개 사탕이 있다고 할 수 있다.

이 논리를 계속 적용해 더 큰 트리에서 사탕의 총량을 찾을 수 있다. 예제에서 했던 것처럼 큰 서브 트리보다 작은 서브 트리를 먼저 해결한다. 이렇게 하면 규칙 1이나 규칙 2가 항상 적용되고, 필요하면 더 작은 서브 트리에 대한 답을 알 수 있다.

규칙 1과 규칙 2를 C함수로 구현할 것이다. 코드 2-8을 보자.

코드 2-8 재귀를 사용한 사탕의 총량 계산

```
int tree_candy(node *tree) {
❶ if (!tree->left && !tree->right)
     return tree->candy;
❷ return tree_candy(tree->left) + tree_candy(tree->right);
}
```

규칙 1과 규칙 2가 어떻게 코드로 표현되는지 확인해보자. 우선 왼쪽과 오른쪽의 서브 트리가 모두 NULL이면 참이 되는 if-조건문이 있다❶. 서브 트리가 없다는 것은 트리가 집 노드라는 것이므로, 규칙 1을 적용해야 한다. 그러므로 집 노드 트리의 사탕 총량을 반환한다. 규칙 1이 아니라면, 집이 아닌 트리로써 규칙 2를 적용한다. 즉, 왼쪽 서브 트리의 사탕 총량과 오른쪽 서브 트리의 사탕 총량을 더한 결과를 반환한다❷.

여기서 잠깐 멈춰서 생각해보자.

규칙 2는 어떻게 동작할까? 왼쪽 서브 트리의 사탕의 총량은 왼쪽 서브 트리에서 tree_candy를 호출해 구한다. 이것은 오른쪽 서브 트리도 마찬가지다. 오른쪽 서브 트리에서 사탕의 총량을 구하려면 오른쪽 서브 트리에서 tree_candy를 호출해야 한다. 그런데 이미 tree_candy 함수에 들어와 있다.

이와 같이 함수 내부에서 같은 함수를 다시 호출하는 것을 재귀 호출이라고 하며, 재귀 호출을 하는 함수를 재귀 함수라고 한다. 이 책에서는 컴퓨터가 재귀 호출을 어떻게 처리하는지를 깊은 수준의 자세한 내용까지 다루지는 않는다(다만, 재귀 호출을 처리하는 데 스택을 사용한다고만 알고 있어도 충분하다. 앞에서 스택을 사용해 tree_candy를 해결하는 방법과 매우 유사하며, 재귀 코드도 스택처럼 O(n) 해법이다).

재귀 호출을 일일이 수작업으로 추적하다가 복잡한 수렁에서 빠져나오지 못하는 경우가 종종 있다. 따라서 두세 번씩 생각하지 않고, 그냥 반복문이나 함수 호출을 하듯이 실행할 수 있도록 해야 한다.

재귀 코드를 개념화하는 방법은 다음과 같다.

- 트리의 루트가 집이라면 사탕의 양을 반환한다.
- 그렇지 않으면 트리의 루트는 집이 아니다. 왼쪽 서브 트리와 오른쪽 서브 트리의 사탕 총량을 반환한다.

재귀 코드를 작성할 때는 실수하기 쉽다. 일반적인 실수 중 하나는 실제로 반환돼야 하는 정보를 버리는 것이다. 다음은 그런 오류가 포함된 코드다.

```
int tree_candy(node *tree) { //버그 있음!
  if (!tree->left && !tree->right)
    return tree->candy;
❶ tree_candy(tree->left) + tree_candy(tree->right);
}
```

❶번 항목은 return이 빠져서, 아무 값도 반환되지 않는 버그가 있다. 사탕 총량을 버리지 말고, 반환해야 한다.

저지르기 쉬운 실수 하나가 또 있다. 현재 문제의 작은 하위 문제가 아닌 항목에 대해 재귀 호출을 하는 것이다. 예를 들면 다음과 같다.

```c
int tree_candy(node *tree) { //버그 있음!
  if (!tree->left && !tree->right)
    return tree->candy;
❶ return tree_candy(tree);
}
```

다시 한번 ❶번의 return 문을 보자. 트리의 사탕 총량을 계산하는 데 같은 함수를 호출하고 있다. 물론 이것이 재귀 함수의 구현 규칙이긴 하나, 이 함수는 루트가 잎 노드가 아닌 트리에서는 적용되지 않는다. 결국, 프로그램 충돌 문제가 발생할 때까지 함수 호출을 하면서 메모리를 계속 사용하는 문제가 생긴다.

재귀: 추가 연습

할로윈 하울 문제를 해결하기 위해 tree_candy와 유사한 개념의 함수를 2개 더 작성하면서, 재귀 코드를 연습하자.

첫째, 완전 이진 트리에서 루트 노드의 포인터가 주어졌을 때, 트리의 노드 개수를 반환해보자. 노드가 리프라면, 트리에는 노드가 하나만 있으므로 반환값은 1이다. 그러나 리프가 아니라면, 트리의 노드 수는 1개(현재 노드)와 왼쪽 서브 트리의 노드 수와 오른쪽 서브 트리의 노드 수를 더한 값이다. 이를 규칙으로 나타내면 다음과 같다.

규칙 1 트리의 루트가 리프 노드이면 트리의 노드 수는 1이다.

규칙 2 트리의 루트가 리프가 아닌 노드이면, 트리의 노드 수는 1과 왼쪽 서브 트리의 노드 수, 오른쪽 서브 트리의 노드 수를 더한 값이다.

규칙 1의 사례와 같은 규칙은 재귀를 사용하지 않고도 즉시 답을 구할 수 있기 때문에 종료 조건(또는 기저 조건)이라고 한다. 규칙 2의 사례와 같은 규칙은 더 작은 하위 문제를 재귀적으로 해결해야 하기 때문에 재귀 호출이라고 한다. 모든 재귀 함수에는 최소한 하나의 종료 조건과 최소한 하나의 재귀 호출이 필요하다. 종료 조건은 문제가 쉬울 때 할 일을 알려주고, 재귀 호출은 문제가 쉽지 않을 때 할 일을 알려준다.

이들 규칙을 코드로 변환하면 코드 2-9와 같다.

코드 2-9 노드 수 계산

```c
int tree_nodes(node *tree) {
  if (!tree->left && !tree->right)
    return 1;
  return 1 + tree_nodes(tree->left) + tree_nodes(tree->right);
}
```

둘째, 트리의 리프 수를 반환하는 함수를 작성해보자. 노드가 리프면 1을 반환한다. 노드가 리프가 아니면, 왼쪽 서브 트리의 리프 노드 수와 오른쪽 서브 트리의 리프 노드 수의 합을 계산한다. 이 함수는 코드 2-10과 같다.

코드 2-10 리프의 노드 수 계산

```c
int tree_leaves(node *tree) {
  if (!tree->left && !tree->right)
    return 1;
  return tree_leaves(tree->left) + tree_leaves(tree->right);
}
```

코드 2-10과 코드 2-9의 유일한 차이점은 마지막 줄에 + 1이 없다는 점이다. 재귀 함수는 매우 유사하지만, 완전히 다른 것을 계산하는 경우가 종종 있다.

최소 경로 이동

지금까지 꽤 오랫동안 설명했으니, 이쯤에서 다시 한번 문제 설명을 떠올려보자. 문제에서 요구한 출력은 2개로써, 둘 중 사탕 총량을 구하는 방법을 찾았으니, 이제 나머지 하나인 최소 경로 수를 구해보자. 이것도 재귀를 사용할 거라고 생각한다면, 아마 사탕을 얻기가 힘들 것이다.

경로 수 계산

앞서 그림 2-2의 트리에서는 거리가 30인 경로를 찾았다. 그리고 거리가 26인 더 최적 경로도 찾아봤다. 최적 경로는 마지막 사탕을 얻는 즉시 탐색을 끝낼 수 있다는 문제의 조건을 이용해 4개의 경로를 절약할 수 있다. 문제 설명을 보면 트리의 루트로 돌아가야 한다는 요구사항은 없다.

트리의 루트로 돌아가도록 경로를 구하면 어떻게 될까? 당연히 필요한 최소 경로보다 더 많은 거리를 지나게 되기 때문에 오답이 될 것이다. 하지만 루트로 돌아가는 경로를 구하는 것은 문제를 간단하게 만드는 데 큰 도움이 된다. 즉, 결국엔 루트로 돌아가기 때문에, 마지막 집까지의 경로 수를 최소화하기 위해 경로 순회를 하는 방법에 관한 까다로운 고민을 할 필요가 없다. 그러면, 루트로 되돌아가는 경로를 구하되, 최솟값을 초과한 추가 경로의 수만 빼는 방법은 어떨까? 이를 시도해보자.

tree_candy를 만들 때와 똑같이 종료 조건과 재귀 호출을 정의해보자.

트리의 루트가 집일 때는 어떻게 해야 할까? 집에서 시작해 다시 집으로 돌아가는 거리는 얼마인가? 거리가 필요하지 않으므로 당연히 정답은 0이다.

루트가 집이 아닐 때는 어떻게 해야 할까? 트리를 둘로 분할한 그림 2-3을 다시 보자. 서브 트리 F로 가는 데 필요한 경로 수와 서브 트리 G로 가는 데 필요한 경로 수를 알고 있다면 둘을 재귀적으로 계산할 수 있다. 이제 H와 두 에지까지 확장해본다. 그러면 몇 개의 경로를 더 추가해야 할까? H에서 F까지 한 번 이동해야 하고, 서브 트리 F를 마친 후 F에서 H로 다시 한 번 이동해야 한다. G에 대해서도 비슷하다. H에서 G로 이동하다가 서브 트리 G를 마친 후 G에서 H로 돌아간다. 총 경로는 재귀로 얻은 거리에다 4개의 경로를 추가한 것이다.

이를 규칙으로 나타내면 다음과 같다.

규칙 1 트리의 루트가 집 노드라면 이동한 거리는 0이다.

규칙 2 트리의 루트가 집이 아닌 노드라면, 이동한 거리는 왼쪽 서브 트리의 경로 수에 오른쪽 서브 트리의 경로 수에 4를 더한 값이다.

이쯤되면 규칙들을 코드로 만드는 데 익숙해졌을 것이다. 코드 2-11을 보자.

코드 2-11 루트로 돌아가는 경로 수 계산

```
int tree_streets(node *tree) {
  if (!tree->left && !tree->right)
    return 0;
  return tree_streets(tree->left) + tree_streets(tree->right) + 4;
}
```

그림 2-2의 H에서 시작해 사탕을 모두 모으고 H에서 종료하면 32번의 이동을 하게 된다. 트리를 어떻게 이동하든 상관없이 각 집을 한 번씩 방문하고 불필요한 이동을 하지 않는 한 32번 이동한다. 루트로 돌아가지 않고 얻을 수 있는 최소 경로 수는 26이다. 32 - 26=6이기 때문에 루트에서 끝내면 정답을 6만큼 초과한다.

굳이 루트로 돌아갈 필요가 없기 때문에 마지막으로 방문하는 집이 루트에서 최대한 멀게 경로를 짜는 것이 합리적이다. 예를 들어 사탕 7개가 있는 집에서 끝내는 것은 H에서 두 거리 밖에 안 되기 때문에 좋지 않다. 그러나 맨 아래쪽에 있는 4와 9의 집을 보자. 이들 중 한 집에서 탐색을 끝내면 좋다. 9에서 탐색을 끝낸다면, 9- B, B-C, C-D, D- E, E- F, F- H의 총 6개의 경로를 줄일 수 있다.

목표는 루트에서 최대한 멀리 떨어져 있는 집에서 탐색을 끝내는 것이다. 집이 루트에서 6만큼 떨어져 있다면 루트에서 리프까지 6개의 에지가 있는 경로가 있다는 의미다. 이것이 바로 트리 높이^{height}의 정의다. 트리 높이를 재귀적으로 계산할 수 있다면, tree_streets에서 구한 최종 경로 수에서 트리 높이를 뺄 수 있을 것이다. 즉, 루트에서 가장 멀리 떨어진 집에서 출발할 때의 거리를 알아내고, 최대 경로 수에서 이 값을 빼는 것이다.

참고로, 이제 어떤 집이 가장 멀리 있는지를 찾거나, 그 집을 마지막으로 하는 경로를 찾을 필요가 없다. 트리 높이를 활용하면 가장 멀리 있는 집을 마지막으로 하는 경로를 찾을 수 있다. 그림 2-2를 기준으로 살펴보면 다음과 같다. H에서 시작해 서브 트리 F 및 G의 높이를 비교하고, 높이가 더 작은 쪽(지금 경우에는 G)을 모두 순회한다. 그런 다음 F의 서브 트리에서 이 프로세스를 반복한다. 서브 트리 A와 E의 높이를 비교하고, E보다 높이가 작은 서브 트리 A를 모두 순회한다. 이렇게, 모든 서브 트리를 탐색할 때까지 이 작업을 반복한다. 그러면 자연스럽게 마지막으로 방문하는 집은 H에서 가장 먼 집이 된다.

트리 높이 계산

tree_height와 규칙 1-규칙 2 재귀 접근법의 다른 표현을 알아보자.

집이 1개뿐인 트리는 이동할 에지가 없기 때문에 높이가 0이다.

루트가 집이 아닌 트리라면 그림 2-3을 다시 참조하자. 서브 트리 F의 높이는 5, 서브 트리 G의 높이는 1이다. 이런 하위 문제들은 재귀로 해결할 수 있다. 원래 트리는 H로 부터 출발하기 때문에, 최댓값인 5와 1보다 하나씩 더 크다. 이를 규칙으로 나타내면 다음과 같다.

규칙 1 트리의 루트가 집 노드일 때 트리의 높이는 0이다.

규칙 2 트리의 루트가 집이 아닌 노드일 때, 트리의 높이는 왼쪽 서브 트리의 높이와 오른쪽 서브 트리의 높이의 최댓값보다 하나가 더 크다.

이를 코드로 옮기면 코드 2-12와 같다. 참고로, 두 숫자 중 큰 값을 반환하는 max 헬퍼 함수도 추가했다.

코드 2-12 트리 높이 계산

```
int max(int v1, int v2) {
  if (v1 > v2)
    return v1;
  else
    return v2;
}

int tree_height(node *tree) {
  if (!tree->left && !tree->right)
    return 0;
  return 1 + max(tree_height(tree->left), tree_height(tree->right));
}
```

사탕의 총량을 계산하는 **tree_candy**와 최소 경로 수를 계산하는 **tree_streets** 및 **tree_height**가 있다. 세 가지를 합치면 트리가 주어진 문제를 해결하는 함수를 얻을 수 있다. 코드 2-13을 참조하자.

코드 2-13 트리 문제 해법

```
void tree_solve(node *tree) {
  int candy = tree_candy(tree);
  int height = tree_height(tree);
  int num_streets = tree_streets(tree) - height;
  printf("%d %d\n", num_streets, candy);
}
```

86페이지의 '트리 만들기' 절에서 만든 트리에서 이 함수를 호출해보자.

입력 받기

거의 문제를 해결했지만, 아직 완전하지 않다. 트리의 해법은 찾았지만 문제에서 제공되는 입력 값은 트리 형태가 아니라 텍스트 문자열이기 때문이다. 그러므로 tree_solve 함수를 실행하기 전에 입력 텍스트 문자열을 트리 형태로 변환해야 한다. 지금부터는 트리를 텍스트 문자열로 표현하는 방식을 알아보자.

트리의 문자열 표현

예제를 통해 트리와 텍스트 문자열의 관계를 알아보자.

첫째, 집이 1개뿐인 노드^{single house node}의 트리는 사탕 값만으로 간단히 표현한다. 예를 들어 다음 트리(노드의 사 탕값이 4)는 다음과 같이 표현한다.

4

루트가 집이 아닌 노드^{nonhouse node}인 트리는 여는 괄호, 첫째 서브 트리, 공백, 둘째 서브 트리, 닫는 괄호 순서로 표현한다. 첫째 서브 트리는 왼쪽이고, 둘째 서브 트리는 오른쪽이다. 예를 들어 다음처럼 노드가 3개인 트리는

다음과 같이 표현한다.

(4 9)

마찬가지로 다음처럼 노드가 5개인 트리는 다음과 같이 표현한다.

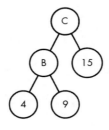

((4 9) 15)

여기에서 왼쪽 서브 트리는 (4 9)이고, 오른쪽 서브 트리는 15다. 이를 규칙으로 나타내면 다음과 같다.

- **규칙 1** 텍스트가 정수 c라는 숫자일 때, 트리는 사탕 수가 c개이며, 집이 1개뿐인 노드다.
- **규칙 2** 여는 괄호로 시작하는 텍스트일 때, 트리의 루트는 집이 아닌 노드다. 여

는 괄호 텍스트 뒤에는 트리의 왼쪽 서브 트리, 공백, 트리의 오른쪽 서브 트리 및 닫는 괄호가 있다.

집이 아닌 노드 입력

목표는 다음 read_tree 함수를 작성하는 것이다.

```
node *read_tree(char *line)
```

read_tree 함수는 문자열을 전달받아, 트리를 반환한다. 규칙 1에서는 문자를 정수로 변환하는 등의 작업도 필요하므로, 일단 규칙 2부터 구현해보자. 규칙 2는 재귀 규칙이므로, read_tree를 두 번 호출해야 한다. 하나는 왼쪽 서브 트리를 입력 받고 다른 하나는 오른쪽 서브 트리를 입력 받는다. 이를 일단 코드로 작성하면 다음과 같다.

```
node *tree;
tree = malloc(sizeof(node));
if (line[0] == '(') {
❶ tree->left = read_tree(&line[1]);
❷ tree->right = read_tree(???);
   return tree;
}
```

트리의 루트에 메모리를 할당한 후 왼쪽 서브 트리를 읽는 재귀 호출을 한다❶. 이 때, 여는 괄호를 빼기 위해 line의 인덱스 1을 포인터로 전달한다. 그러나 다음 줄에서 문제가 발생한다❷. 오른쪽 서브 트리는 어떻게 전달해야 할까? 바꿔 말해, 왼쪽 서브 트리에 해당하는 문자는 몇 개일까? 지금 당장은 알 수가 없다. 대신, 왼쪽 서브 트리가 끝나는 위치를 파악하기 위해 별도의 함수를 만들 수 있을 것이다. 예를 들어, 괄호의 수가 같아질 때까지 여는 괄호와 닫는 괄호의 수를 계산하는 방법이 있을 텐데, 그리 좋은 방법은 아니다. read_tree가 왼쪽 서브 트리를 성공적으로 입력 받은 뒤에, 재귀 호출이 해당 서브 트리가 끝나는 위치를 알 수 있다면 어떨까? 이 정보를 원래의 read_tree 호출로 다시 전달하는 방법만 있다면 이를 사용해 두 번째 재귀 호출에 전달할 문자열 부분을 결정할 수 있을 것이다.

재귀 함수에서 매개변수를 사용하는 방법은 이런 문제를 해결할 때 일반적으로 사용된다. 재귀 호출의 반환 값으로 전달되지 않은 정보가 필요할 때마다 매개변수를 추가하는 것이 좋다. 해당 매개변수가 포인터라면 추가 정보를 재귀 호출에 전달하거나, 정보를 다시 받는 데 모두 사용할 수 있다.

이때 구현을 끝내려면, 문자열이 시작되는 위치를 재귀 호출에 전달해야 한다. 또한 재귀 호출이 완료됐을 때 문자열 처리를 계속해야 하는 위치도 알려줘야 한다. 이를 위해 정수 포인터 매개변수 pos를 추가해보자. 그러나 read_tree 호출자는 추가 매개변수를 알지 못하고 관심도 없기 때문에, 매개변수를 read_tree에 추가하지 않는다. read_tree의 호출자는 구현 내부에 있는 pos 매개변수를 신경 쓰지 않고 문자열만 전달할 수 있어야 한다.

이전처럼 read_tree를 유지하면서, line 매개변수만 사용한다. read_tree는 read_tree_helper를 호출한다. read_tree_helper가 pos 매개변수를 갖고 재귀를 유도하게 된다.

코드 2-14에서 read_tree 코드를 볼 수 있다. 인덱스 0(문자열의 시작)이 처리를 시작하려는 위치이기 때문에 0에 대한 포인터를 read_tree_helper로 전달한다.

코드 2-14 int에 대한 포인터로 헬퍼 함수 호출

```
node *read_tree(char *line) {
  int pos = 0;
  return read_tree_helper(line, &pos);
}
```

규칙 2를 구현해서 다시 시도해보자.

```
node *tree;
tree = malloc(sizeof(node));
```

```
  if (line[*pos] == '(') {
❶ (*pos)++;
    tree->left = read_tree_helper(line, pos);
❷ (*pos)++;
    tree->right = read_tree_helper(line, pos);
❸ (*pos)++;
    return tree;
  }
```

이 함수는 트리의 첫 번째 문자를 가리키는 pos로 호출되므로 먼저 pos를 한 글자 전진시켜 여는 괄호를 건너 뛴다❶. pos는 왼쪽 서브 트리의 시작 부분에 위치한다. 그런 다음 재귀 호출을 수행해 왼쪽 서브 트리를 읽는다. 이 재귀 호출은 왼쪽 서브 트리 다음에 있는 문자의 인덱스로 pos를 업데이트한다. 왼쪽 서브 트리 뒤에 공백이 있으므로 해당 공백을 건너 뛴다❷. 이제 오른쪽 서브 트리의 시작 위치에 있게 된다. 오른쪽 서브 트리를 재귀 호출을 수행해 처리하고, 처음에 건너 뛴 여는 괄호❶에 대응하는 닫는 괄호❸을 건너 뛴다. 닫는 괄호 건너 뛰기가 중요한 이유는 이 함수가 닫는 괄호를 포함해 전체 서브 트리를 처리하기 때문이다. 만약, 마지막 부분의 닫는 괄호 건너 뛰기가 누락되면, 함수 호출자가 공백을 기대했는데, 닫는 괄호가 나타날 수 있다. 마지막 부분의 닫는 괄호 건너 뛰기가 끝난 후에 트리를 반환한다.

잎 노드 입력

규칙 2를 해결했으니 이제 규칙 1을 다뤄보자. 본격적으로 들어가기에 앞서, 문자열의 일부를 정수로 변환하는 간단한 프로그램을 만들어보자. 이 프로그램은 잎 노드를 나타내는 텍스트 문자열에서 사탕 값을 출력한다.

주의를 기울여서 코드를 작성하지 않으면, 당황스러운 결과를 얻게 된다. 코드 2-15는 부주의하게 작성한 코드 예제다.

코드 2-15 사탕 값 읽기(버그 있음!)

```
#define SIZE 255
```

```
int main(void) { //버그 있음!
  char line[SIZE + 1];
  int candy;
  gets(line);
  candy = line[0];
  printf("%d\n", candy);
  return 0;
}
```

이 프로그램을 실행하고 숫자 4를 입력하면, 52가 출력된다. 다시 실행하고 숫자 9를 입력한다. 그러면 57이 출력된다. 0을 입력하면 48이 출력된다. 마지막으로 0에서 9까지의 각 값을 넣어서 실행한다. 그러면 각 출력이 0의 출력 값부터 연속해서 출력되는 것을 볼 수 있다. 즉, 0이 48을 출력하면, 1은 49를, 2는 50을, 3은 51을 출력하는 식이다.

여기서 출력된 것은 각 숫자의 문자 코드 값이다. 이때 문자 코드 값이 연속적이라는 점이 중요하다. 각 숫자의 문자 코드 값에서 0의 문자 코드 값을 빼면, 정수 값을 얻을 수 있다. 수정한 결과가 바로 코드 2-16이다. 직접 실행해보자.

코드 2-16 사탕 값 읽기

```
#define SIZE 255

int main(void) {
  char line[SIZE + 1];
  int candy;
  gets(line);
  candy = line[0] - '0';
  printf("%d\n", candy);
  return 0;
}
```

이 간단한 프로그램은 한 자리 정수에서만 동작한다. 그러나 할로윈 하울 문제에서는 두 자리 정수도 수용할 수 있어야 한다. 숫자 2를 읽고 숫자 8을 읽었다고 가정해보자. 그러면 이 숫자들을 결합해서 정수 28가 돼야 한다. 가장 쉽게 할 수 있는 방법은, 첫째 숫자에 **10**을 곱하고(그러면, 20이 된다), 둘째 숫자인 **8**을 더하는 것이다(총 28이 된다). 코드 2-17은 이 과정을 제대로 했는지 확인하는 간단한 테스트 프로그램이다. 여기서는 두 자릿수의 문자열이 입력된다고 가정한다.

코드 2-17 두 자리 정수의 사탕 값 읽기

```
#define SIZE 255

  int main(void) {
  char line[SIZE + 1];
  int digit1, digit2, candy;
  gets(line);
  digit1 = line[0] - '0';
  digit2 = line[1] - '0';
  candy = 10 * digit1 + digit2;
  printf("%d\n", candy);
  return 0;
}
```

이것이 규칙 1에 필요한 전부이며, 코드는 다음과 같다.

```
--생략--
tree->left = NULL;
tree->right = NULL;
❶ tree->candy = line[*pos] - '0';
❷ (*pos)++;
if (line[*pos] != ')' && line[*pos] != ' ' &&
  line[*pos] != '\0') {
❸ tree->candy = tree->candy * 10 + line[*pos] - '0';
❹ (*pos)++;
}
return tree;
```

왼쪽 및 오른쪽 서브 트리를 NULL로 설정한 상태로 시작한다(이는 결국 잎 노드를 만드는 것과 같다). 그런 다음 문자를 가져와서, 숫자로 변환한 다음❶, 해당 숫자를 건너 뛴다❷.

사탕 값이 한 자리 정수라면 여기까지만 해도 된다. 두 자리 정수이면 첫째 자리에 10을 곱하고, 둘째 자리를 더해야 한다. 따라서 사탕 값이 한 자리인지 두 자리인지를 확인한다. 닫는 괄호, 공백 또는 문자열 끝이 NULL이 아니라면 둘째 숫자를 봐야 한다. 둘째 숫자가 있으면 이를 사탕 값에 더하고 ❸, 숫자를 건너뛴다 ❹.

코드 2-18은 규칙 1과 규칙 2가 모두 반영된 결과다.

코드 2-18 문자열을 트리로 변환

```
node *read_tree_helper(char *line, int *pos) {
  node *tree;
  tree = malloc(sizeof(node));
  if (tree == NULL) {
    fprintf(stderr, "malloc error\n");
    exit(1);
  }
  if (line[*pos] == '(') {
    (*pos)++;
    tree->left = read_tree_helper(line, pos);
    (*pos)++;
    tree->right = read_tree_helper(line, pos);
    (*pos)++;
    return tree;
  } else {
    tree->left = NULL;
    tree->right = NULL;
    tree->candy = line[*pos] - '0';
    (*pos)++;
    if (line[*pos] != ')' && line[*pos] != ' ' &&
        line[*pos] != '\0') {
      tree->candy = tree->candy * 10 + line[*pos] - '0';
      (*pos)++;
    }
    return tree;
  }
}
```

각 테스트 케이스를 읽고 해결하는 깔끔한 main 함수를 구성하는 일만 남았다. 코드 2-19만 작성하면 완성이다.

코드 2-19 main 함수

```
#define SIZE 255
#define TEST_CASES 5

int main(void) {
  int i;
  char line[SIZE + 1];
  node *tree;
  for (i = 0; i < TEST_CASES; i++) {
    gets(line);
    tree = read_tree(line);
    tree_solve(tree);
  }
  return 0;
}
```

재귀 사용 이유

문제를 해결하는 데 재귀가 딱맞는 해법인지를 알아내기가 어렵다. 그나마 힌트라면 작은 하위 문제의 해법을 결합해서 원래 문제를 해결할 수 있을 때는 재귀를 시도하라는 것이다. 앞에서 다룬 모든 재귀 코드에서는 큰 문제를 해결하기 위해 정확히 2개의 작은 하위 문제를 풀었다. 일반적으로 2개의 하위 문제를 이용하는 문제들이 많지만, 가끔 3개 또는 4개의 하위 문제를 이용해야 할 때도 있다.

문제를 하위 문제로 나누면 원래 문제를 해결하는 데 도움이 될지를 어떻게 알 수 있으며, 애초에 이런 하위 문제가 무엇인지를 어떻게 알 수 있을까? 이 질문은 3장 메모이제이션과 동적 프로그래밍을 공부할 때, 여기서 배운 내용을 바탕으로 다시 살펴볼 것이다. 3장을 공부하기 전까지는, 하위 문제의 값을 알 수 있다면 주어진 문제를 쉽게 풀 수 있는지 여부로 판단할 수 있다. 예를 들어, 앞에서 다룬 트리의 사탕 총량을 계산하는 문제는 사실 쉬운 문제가 아니다. 그런데 누군가 왼쪽 서브 트리의 사탕 총량과 오른쪽 서브 트리의 사탕 총량을 알려준다면 문제가 쉬워질 것이다. 하위 문제의 해법을 알면 원래 문제를 풀기 쉬워진다는 사실은 재귀를 적용할만하다는 강력한 단서다.

재귀를 사용하면 유용한 다른 문제를 살펴보자. 문제 설명을 읽으면서 어디서, 왜 재귀를 사용해야 하는지 파악해보자.

문제 2: 후손 거리

자식 노드가 2개뿐인 이진 트리가 아니라, 그 이상의 자식 노드로 구성된 일반 트리를 알아본다.

문제의 출처는 DMOJ의 ecna05b다.

문제 설명

이 문제에서는 가계도와 지정된 거리 d가 제공된다. 각 노드가 얻는 점수는 거리가 d인 후손 노드의 개수로 정해진다. 높은 점수를 가진 노드를 출력하는 것이 목표다. 정확히 몇 개의 노드인지는 출력 항목에서 설명한다.

그림 2-6을 보면서 지정된 거리의 후손이 의미하는 바를 알아보자.

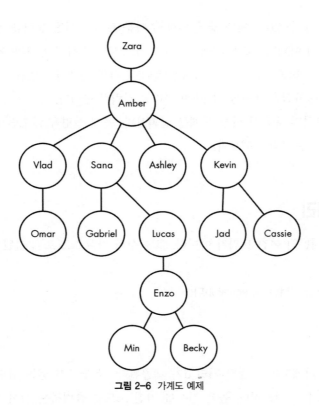

그림 2-6 가계도 예제

가계도 예제에서 Amber 노드를 보자. Amber는 4명의 자식을 두고 있으므로, 1만큼 거리에 4명의 자식이 있다. 또한 Amber에게는 2만큼 거리에 5개의 노드(손자)가 있다. 이를 일반화하면, 어떤 노드에 대해 거리 d에 있는 후손의 수는, 해당 노드에서 트리 아래로 정확히 d 에지만큼 떨어져 있는 노드들의 개수라고 할 수 있다.

입력

입력의 첫째 줄은 테스트 케이스의 수를 의미한다. 각 테스트 케이스는 다음처럼 두 부분으로 구성된다.

- 테스트 케이스의 첫째 줄에는 2개의 정수 n과 d가 제공된다. n은 테스트 케이스에

얼마나 많은 추가 줄이 있는지를 나타낸다. d는 구하려는 후손 거리를 나타낸다.

- 이어서 트리를 만드는 데 필요한 n개의 줄이 제공된다. 각 줄은 노드 이름, 정수 m 및 m개의 자식 노드 이름으로 구성된다. 이름 길이는 최대 10자다. 줄은 순서에 관계없이 올 수 있으며, 부모 노드가 자식 노드보다 먼저 나오지 않을 수도 있다.

테스트 케이스의 최대 노드 수는 1,000개다.

다음 입력 값은 그림 2-6의 트리를 생성하는 예제로, 거리 2에서 가장 많은 후손을 갖는 노드를 요청한다.

```
1
7 2
Lucas 1 Enzo
Zara 1 Amber
Sana 2 Gabriel Lucas
Enzo 2 Min Becky
Kevin 2 Jad Cassie
Amber 4 Vlad Sana Ashley Kevin
Vlad 1 Omar
```

출력

각 테스트 케이스의 출력은 두 부분으로 구성된다.

첫째로, 다음과 같은 줄을 출력한다.

```
Tree i:
```

---

i는 첫 번째 테스트 케이스일 때 1이고, 두 번째 테스트 케이스이면 2다.

둘째로, 최고 점수(노드의 점수는 거리 d만큼 떨어진 레벨에 있는 후손 노드의 수다)의 노드부터 내림차순으로 이름과 점수를 출력한다. 동점일 때는 이름의 알파벳 순서로 출력한다.

다음 규칙에 따라 출력할 이름 개수를 정한다.

- d 거리에 있는 후손의 이름이 3개 이하인 경우, 모두 출력한다.
- d 거리에 있는 후손의 이름이 3개보다 많으면, 상위 3개부터 출력한다. 상위 3개의 이름을 큰 것부터 순서대로 n_1, n_2, n_3이라고 한다. 그런 다음, 점수가 n_3과 같은 이름이 있다면 출력한다. 예를 들어 d 거리에 eight, eight, five, five, five, two, two이라는 이름의 후손이 있다고 해보자. 그러면 eight, eight, five, five, five처럼 5개의 정보를 출력해야 한다.

각 테스트 케이스 사이에는 구분을 위해 빈 줄을 추가한다.

위의 예제 입력에 대한 출력은 다음과 같다.

```
Tree 1:
Amber 5
Zara 4
Lucas 2
```

문제의 풀이 제한 시간은 1초다.

입력 받기

이 문제와 할로윈 하울 문제의 재밌는 차이점이 있다면, 더 이상 이진 트리를 다루지 않는다는 것이다. 이번 문제에서는 노드가 여러 명의 자식을 가질 수 있다. left과 right로 구분한 포인터는 더 이상 의미가 없으므로, 노드 구조를 변경할 필요가 있다. 이번에는 children 배열과 정수 num_children을 사용해 배열에 저장된 자식 수를 기록한다. 또한 노드의 이름 (Zara, Amber 등)을 저장할 name 멤버 변수와 후손의 수를 계산할 때 사용할 score 멤버 변수가 추가된다. 완성된 노드 구조체는 코드 2-20과 같다.

코드 2-20 node 구조체

```
typedef struct node {
```

```
    char *name;
    int num_children;
    struct node **children;
    int score;
} node;
```

할로윈 하울 문제에서의 트리 구조는 재귀를 사용해 왼쪽과 오른쪽 서브 트리를 읽을
수 있었다. 그러나 이번 문제는 그렇지 않으며, 노드의 순서가 무작위로 제공된다. 예를
들어, 다음과 같은 테스트 케이스를 보자.

```
Zara 1 Amber
Amber 4 Vlad Sana Ashley Kevin
```

Zara의 자식이 Amber라는 것을 인식한 다음, Amber의 자식 노드가 제공된다. 이는
다음과 같이 표현할 수도 있다.

```
Amber 4 Vlad Sana Ashley Kevin
Zara 1 Amber
```

여기서는 Zara의 자식 정보를 알기 전에 Amber의 자식 노드를 먼저 입력 받는다.

파일에서 입력 받은 노드 및 부모-자식 관계는 탐색이 완료된 후에는, 단일 트리가
된다는 것을 알고 있다. 그러나 입력 받는 값을 처리하는 중간에는 단일 트리가 된다는 보
장을 할 수 없다. 다음과 같은 테스트 케이스를 살펴보자.

```
Lucas 1 Enzo
Zara 1 Amber
```

Enzo는 Lucas의 자식이고 Amber는 Zara의 자식이다. 이 트리는 연결이 끊어진 2개
의 서브 트리이므로, 이 둘을 연결하려면 추가로 입력을 받아야 한다.

이런 이유로 입력을 받으면서 1개로 연결된 트리를 유지하는 것은 문제가 있다. 대신

노드의 포인터 배열을 사용하려고 한다. 배열에 없는 이름이 입력되면, 새 노드를 생성하고 해당 노드에 대한 포인터를 배열에 추가하는 식이다. 따라서 배열을 검색하고 이름이 등록돼 있는지를 알려주는 함수가 있어야 할 것이다.

노드 찾기

코드 2-21은 find_node 함수를 구현한다. nodes 매개변수는 노드의 포인터 배열이고, num_nodes는 배열의 포인터 개수를 제공하며, name은 검색할 이름이다.

코드 2-21 노드 찾기

```
node *find_node(node *nodes[], int num_nodes, char *name) {
  int i;
  for (i = 0; i < num_nodes; i++)
    if (strcmp(nodes[i]->name, name) == 0)
      return nodes[i];
  return NULL;
}
```

함수 안에서는 배열의 요소를 하나씩 검색하는 선형 탐색linear search을 사용해 노드를 찾는다. 이 단계는 앞의 1장에서 만들었던 해시 테이블을 사용할 수 있다. 지금은 노드가 최대 1천 개 밖에 안 되고, 설명에 집중하기 위해 (느리지만) 선형 탐색으로 진행해본다.

각 배열의 노드 이름과 원하는 이름을 문자열 비교한다. strcmp가 0이라는 것은 2개의 문자열이 같다는 것이므로, 해당 노드에 대한 포인터를 반환한다. 이름을 찾지 못하고, 배열의 끝에 도달하면 NULL을 반환한다.

노드 생성

배열에서 이름을 찾을 수 없을 때는 해당 이름으로 노드를 만들어야 한다. 이때 malloc 함수를 이용해야 하는데, malloc은 프로그램의 다른 곳에서도 필요하다. 그러므로 필요할 때마다 호출할 수 있는 malloc_safe라는 함수를 작성한다. 이 함수는 오류 검사를 추가한

malloc 함수로써, 코드 2-22와 같다.

코드 2-22 malloc_safe 함수

```
void *malloc_safe(int size) {
  char *mem = malloc(size);
  if (mem == NULL) {
    fprintf(stderr, "malloc error\n");
    exit(1);
  }
  return mem;
}
```

코드 2-23의 new_node 헬퍼 함수는 malloc_safe를 사용해 새 노드를 만든다.

코드 2-23 노드 생성

```
node *new_node(char *name) {
  node *n = malloc_safe(sizeof(node));
  n->name = name;
  n->num_children = 0;
  return n;
}
```

새 노드를 할당하고 노드의 name 멤버를 설정한다. 그런 다음 노드의 자식 수를 0으로 초기화한다. 여기서 0을 사용하는 이유는 노드에 자식이 얼마나 있는지 알 수 없기 때문이다. 트리에 대한 입력의 첫째 줄이 다음과 같은 예를 살펴본다.

Lucas 1 Enzo

Lucas에게는 한 명의 자식이 있다는 것은 알 수 있지만, Enzo에게는 몇 명의 자식이 있는지 알 수 없다. new_node의 호출자는 자식 수에 대한 정보를 얻게 될 때, 변수를 새 값으로 설정한다. 그러므로 이번 예제에서 Lucas는 바로 설정되지만, Enzo는 그렇지 않다.

가계도 만들기

입력 값을 받아서, 트리를 만들 준비가 됐다. 이 함수는 코드 2-24와 같다. 여기서 nodes 는 노드의 포인터 배열로 호출자에 의해 공간이 할당된다. num_lines는 읽어야 할 입력 값 의 줄 수를 나타낸다.

코드 2-24 입력 줄을 트리로 변환

```
#define MAX_NAME 10

int read_tree(node *nodes[], int num_lines) {
  node *parent_node, *child_node;
  char *parent_name, *child_name;
  int i, j, num_children;
  int num_nodes = 0;
❶ for (i = 0; i < num_lines; i++) {
    parent_name = malloc_safe(MAX_NAME + 1);
    scanf("%s", parent_name);
    scanf("%d", &num_children);
❷  parent_node = find_node(nodes, num_nodes, parent_name);
    if (parent_node == NULL) {
      parent_node = new_node(parent_name);
      nodes[num_nodes] = parent_node;
      num_nodes++;
    }
    else
❸    free(parent_name);

❹  parent_node->children = malloc_safe(sizeof(node) * num_children);
❺  parent_node->num_children = num_children;
    for (j = 0; j < num_children; j++) {
      child_name = malloc_safe(MAX_NAME + 1);
      scanf("%s", child_name);
      child_node = find_node(nodes, num_nodes, child_name);
      if (child_node == NULL) {
        child_node = new_node(child_name);
        nodes[num_nodes] = child_node;
        num_nodes++;
```

```
      }
      else
         free(child_name);
  ❻ parent_node->children[j] = child_node;
      }
  }
  return num_nodes;
}
```

외부 for 문 ❶은 입력 값인 num_lines 줄만큼 반복된다. 각 줄에는 1개의 부모 이름과 1개 이상의 자식 이름이 있으며, 부모를 먼저 처리할 것이다. 필요한 메모리를 할당하고, 부모의 이름을 읽고, 자식 수를 읽는다. find_node 헬퍼 함수를 사용해 이 부모 노드를 찾는다 ❷. 찾지 못하면 new_node 헬퍼 함수로 새 노드를 만들고, 새 노드의 포인터를 nodes 배열에 저장한 후, 노드 수를 증가시킨다. 반면, 노드를 찾으면 노드가 이미 nodes 배열에 있에 있으므로, 앞에서 할당한 부모 이름의 메모리를 해제한다 ❸.

다음으로는 자식 포인터의 메모리를 할당하고 ❹, 자식 수 ❺를 저장한다. 자식 노드도 부모 노드와 비슷하게 처리한다. 자식 수만큼 반복하면서 기존에 등록된 노드가 아니라면 노드를 추가하고, 등록된 노드라면, 부모의 children 배열에 이 노드의 포인터를 저장한다 ❻.

마지막으로 트리의 노드 수를 반환하며 끝난다. 이 값은 각 노드를 처리할 때 필요하다.

한 노드의 후손의 수

후손의 수가 가장 많은 노드를 찾기 위해서는 각 노드의 거리 d에 있는 후손의 수를 계산해야 한다. 이를 위해 우선 좀 더 단순한 목표인 단일 노드로부터 거리가 d인 후손의 수를 계산해볼 것이다. 다음 함수 선언을 보자.

```
int score_one(node *n, int d)
```

여기서 n은 계산해야 하는 거리 d에 있는 후손의 수를 나타낸다.

d가 1일 때의 n의 자식 수를 아는 방법은 간단하다. 각 노드에 num_children 멤버 값을 반환하면 된다.

```
if(d == 1)
  return n->num_children;
```

d가 1보다 크면 어떨까? 좀 더 익숙한 이진 트리를 이용해서 이를 알아보자. 그림 2-2 는 다음은 앞에서 참고했던 할로윈 하울의 이진 트리다.

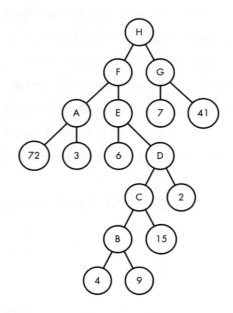

이진 트리 노드가 있고, 어느 거리에 있는 후손의 수를 알고 싶다고 가정해보자. 거리에 있는 왼쪽 서브 트리와 오른쪽 서브 트리에 있는 후손의 수를 알면 도움이 될까?

그렇지 않다. 예를 들어, 거리가 2인 H의 후손의 수를 구해보자. 이를 위해 거리가 2인 F와 G의 후손의 수를 계산한다. 그러나 이들 노드는 H로부터 거리가 3이기 때문에 전혀 도움이 되지 않는다. 즉, 거리가 3인 노드에 대해서는 신경쓸 필요가 없다.

이 문제는 거리가 1인 F와 G의 후손의 수를 계산하면 된다. 각 노드는 H에서 거리 2만큼 떨어져 있기 때문이다.

임의의 거리 d만큼 떨어진 노드 수를 계산하기 위해 왼쪽 서브 트리에서 거리 $d-1$만큼 떨어진 노드 수와 오른쪽 서브 트리에서 거리 $d-1$만큼 떨어진 노드 수를 계산한다.

그러므로 노드가 2개 이상의 자식을 가질 수 있는 가계도에 맞춰 일반화할 수 있다. 즉, 거리 d만큼 떨어진 노드 수는 각 서브 트리의 거리 $d-1$만큼 떨어진 노드 수의 합계다.

몇 가지 규칙이 더 있다. 노드 n이 주어질 때,

규칙 1 d가 1이면, 거리 d에 있는 후손의 수는 n의 자식 수와 같다.

규칙 2 d가 1보다 크면, 거리 d에 있는 후손의 수는 n의 각 서브 트리에서 거리 d-1에 있는 노드의 합과 같다.

score_one 함수의 전체 코드는 다음과 같다.

코드 2-25 한 노드의 후손의 수

```
int score_one(node *n, int d) {
  int total, i;
  if (d == 1)
    return n->num_children;
  total = 0;
  for (i = 0; i < n->num_children; i++)
    total = total + score_one(n->children[i], d - 1);
  return total;
}
```

모든 노드의 후손의 수

모든 노드에 대해 거리 d에 있는 후손의 수를 계산하려면 코드 2-26처럼 score_one 함수를 반복문에 넣으면 된다.

```
void score_all(node **nodes, int num_nodes, int d) {
  int i;
  for (i = 0; i < num_nodes; i++)
    nodes[i]->score = score_one(nodes[i], d);
}
```

코드 2-26을 보면 각 node 구조체 내의 score 변수를 사용하는 것을 알 수 있다. 이 함수를 실행하면 score는 각 노드에 대한 후손의 수를 갖게 된다. 그러면 이제 남은 작업은 어떤 노드의 점수가 가장 높은지를 파악하는 것이다.

노드 정렬

1장의 '문제점 분석' 절에서는 눈송이를 정렬하는 과정에서 C언어의 qsort 함수를 사용했는데, 노드 정렬에도 qsort를 사용할 수 있다. 정렬은 거리 d에 있는 후손의 수를 기준으로 내림차순으로 한다. 후손의 수가 같으면 알파벳순으로 정렬한다.

qsort를 사용하려면 두 요소의 포인터를 가져와 첫째 요소가 둘째 요소보다 작으면 음의 정수를, 같으면 0을, 첫째 요소가 둘째 요소보다 크면 양의 정수를 반환하는 비교 함수를 작성해야 한다. 비교 함수는 코드 2-27과 같다.

코드 2-27 정렬에 사용할 비교 함수

```
int compare(const void *v1, const void *v2) {
  const node *n1 = *(const node **)v1;
  const node *n2 = *(const node **)v2;
  if (n1->score > n2->score)
    return -1;
  if (n1->score < n2->score)
    return 1;
  return strcmp(n1->name, n2->name);
}
```

비교 함수처럼 qsort의 비교 함수들은 2개의 void 포인터를 취하는 식의 같은 시그니처를 갖는다. 그리고 이들 포인터는 변경을 막기 위해 const로 선언됐다.

비교 작업을 하거나 기본 요소에 접근하려면 먼저 void 포인터를 캐스팅해야 한다. qsort가 compare를 호출할 때는 2개의 배열 요소의 포인터를 매개변수로 한다. 그런데 현재는 배열이 포인터로 구성됐으므로, compare에 전달되는 값은 이중 포인터다. 따라서 먼저 void 포인터를 const node ** 유형으로 캐스팅한 다음, *를 적용해 const node * 유형인 n1 및 n2에 대한 값을 받는다. 그러면, n1과 n2를 노드의 포인터로 사용할 수 있다.

각 노드에 저장된 점수를 비교하는 것으로 시작한다. 이 점수는 거리 d에 있는 후손의 수로 이미 계산된 값이다. n1에 n2보다 더 많은 하위 항목이 있으면 -1을 반환해 n1이 n2보다 먼저 정렬되도록 한다. 마찬가지로 n1에 n2보다 거리 d에 있는 후손의 수가 적으면 1을 반환해 n1이 n2 이후에 정렬되도록 한다.

마지막 줄까지 가는 유일한 방법은 n1과 n2가 거리 d에서 후손의 수가 같은 경우다. 이 때는 노드 이름으로 정렬한다. 첫째 문자열이 알파벳순으로 둘째 문자열보다 작으면 음수, 같으면 0, 크면 양수를 반환하는 strcmp를 사용한다.

정보 출력

노드 정렬을 마친 다음, 출력할 이름은 node 배열의 시작 부분에 있는 이름이다. 코드 2-28은 이를 출력하는 함수다.

코드 2-28 노드 출력

```
void output_info(node *nodes[], int num_nodes) {
  int  i = 0;
❶ while (i < 3 && i < num_nodes && nodes[i]->score > 0) {
    printf("%s %d\n", nodes[i]->name, nodes[i]->score);
    i++;
  ❷ while (i < num_nodes &&
              nodes[i]->score == nodes[i-1]->score) {
    printf("%s %d\n", nodes[i]->name, nodes[i]->score);
    i++;
```

```
      }
    }
}
```

변수 i는 출력한 노드의 수를 계산한다. 외부 while 문❶에는 세 가지 조건이 있으며, 이에 따라 노드를 더 출력할 수 있는지가 결정된다. 세 조건이 모두 참이면 더 많은 출력이 필요하므로 while 문 안으로 들어간다. 그런 다음 현재 노드의 정보를 출력하고 다음 노드를 볼 수 있도록 i를 증가시킨다. 이제 새 노드가 이전 노드와 연결된 동안은 계속 '최대 3개의 노드'규칙에 따르지 않고 노드를 계속 출력한다. 내부 while 문❷에서는 노드가 남아 있고, 현재 노드의 점수가 이전 노드와 연결된 동안, 해당 노드에 대한 정보를 계속 출력한다.

main 함수

함수를 모두 모아서 테스트 케이스를 처리하는 로직을 추가하는 것만 남았다. 코드 2-29에서 이를 수행한다.

코드 2-29 main 함수

```
#define MAX_NODES 1000

int main(void) {
  int num_cases, case_num;
  int n, d, num_nodes;
❶ node **nodes = malloc_safe(sizeof(node) * MAX_NODES);
  scanf("%d", &num_cases);
  for (case_num = 1; case_num <= num_cases; case_num++) {
❷   printf("Tree %d:\n", case_num);
    scanf("%d %d", &n, &d);
    num_nodes = read_tree(nodes, n);
    score_all(nodes, num_nodes, d);
    qsort(nodes, num_nodes, sizeof(node*), compare);
    output_info(nodes, num_nodes);
❸   if (case_num < num_cases)
```

```
        printf("\n");
    }
    return 0;
}
```

먼저 테스트 케이스를 구성할 수 있는 최대 노드 수에 대한 포인터를 할당하며 시작한다❶. 그런 다음 테스트 케이스 수를 입력 받고 각 테스트 케이스를 한 번씩 반복한다. 각 케이스에는 테스트 케이스 번호와 관련 노드에 대한 정보, 총 두 가지 출력이 필요하다. 첫째는 printf를 한 번 호출해서 처리한다❷. 둘째는 트리를 입력 받고, 각 노드에 대한 문제를 해결하며, 노드를 정렬하고, 필요한 정보를 출력하는 함수를 호출해 처리한다.

코드 하단에서 이번 반복이 마지막 테스트 케이스인지를 확인하고, 마지막이 아니면 테스트 사이에 빈 줄을 출력한다❸.

요약

재귀 해법은 선순환적이고 단순하다. 또한 깔끔하고 구성이 쉽고 이해하기 좋으며, 정확함을 증명하기도 쉽다.

이는 적어도 재귀에 대해 충분히 알고, 재귀 해법을 좋아하는 개발자들과 만나보면 그렇다는 것이다. 그러나 전문가들의 확실한 생각과는 달리 필자가 만나본 학생들은 재귀를 학습하는 데 상당한 어려움을 겪는 것이 사실이다. 전문가의 관점을 이해하려면 시간과 연습이 필요하다. 재귀 해법을 신뢰하거나 고안하는 것이 어렵다고 생각되더라도 걱정할 필요는 없다. 계속 연습해보자. 재귀를 적용하기 위한 나름의 접근 방식과 예제를 갖고 있는 이들이 많다. 이 책에서 다루는 내용 외에도 재귀에 대한 추가 자료를 찾아보기를 권한다.

3장에서도 재귀를 계속 사용해 다른 종류의 문제에 맞게 최적화해 볼 것이다.

참고사항

[출처]

- 할로윈 하울 문제: 2012 DWITE 프로그래밍 경연 대회 1라운드
- 후손 거리 문제: 2005 ACM 동부 중앙 북미 지역 프로그래밍 경연 대회

[참고]

더 많은 재귀 처리를 공부하려면 『Thinking Recursively with Java』(Wiley, 2005)를 참조하자.

3

메모이제이션과 동적 프로그래밍

3장에서는 재귀를 사용해 해결할 수 있는 네 가지 문제를 알아본다. 이론적으로는 재귀를 사용할 수 있을 것 같아도 실제로는 작업량이 너무 많아 문제를 해결하기 힘든 사례들이 있다. 하지만 걱정할 필요는 없다. 메모이제이션과 동적 프로그래밍이라는 두 가지 강력한 기법을 배우면 실행 시간을 몇 시간 또는 며칠에서 몇 초로 단축하는 성능 향상을 이끌어 낼 수 있다. 이 기법은 3장에서 소개하는 네 가지 문제에만 해당되는 것은 아니며, 수백 개의 다른 프로그래밍 문제도 해결할 수 있다. 이 책에서 딱 한 부분만 읽고 싶다면, 3장을 추천한다.

문제 1: 버거 마니아

문제의 출처는 UVa의 **10465**다.

문제 설명

호머 심슨이라는 남자는 먹고 마시는 것을 좋아한다. 그는 버거를 먹고 맥주를 마시는 데 t분을 사용할 수 있다. 버거는 두 종류가 있다. 하나를 먹는 데는 m분, 다른 하나를 먹는 데는 n분이 걸린다.

호머는 맥주보다 버거를 더 좋아하기 때문에 t분 내내 버거를 먹고 싶다. 그러나 항상 그렇게 할 수는 없다. 예를 들어 $m = 4$, $n = 9$, $t = 15$인 경우 4분짜리 버거와 9분짜리 버거를 어떻게 조합해도 정확히 15분이 되지 않는다. 이때 그는 가능한 한 오랫동안 버거를 먹고, 남은 시간에는 맥주를 마신다. 목표는 호머가 먹을 수 있는 버거의 최대 개수를 구하는 것이다.

입력

더 이상 입력이 없을 때까지 테스트 케이스를 읽는다. 테스트 케이스는 3개의 정수로 구성된다. m은 첫째 버거를 먹는 데 걸리는 시간(분)이고, n은 둘째 버거를 먹는 데 걸리는 시간(분)이다. 그리고 t는 호머가 버거를 먹고 맥주를 마시는 데 사용할 총 시간(분)이다. 모든 시간의 단위는 분이다. m, n, t 값은 10,000보다 작다.

출력

각 테스트 케이스에 대해 다음과 같이 출력한다.

- 호머가 t분 동안 버거만 먹을 수 있다면, 그가 먹을 수 있는 최대 버거 수를 출력한다.
- 그 외의 경우라면, 호머가 버거 먹는 시간을 최대화하면서, 먹을 수 있는 최대 버거의 수와 (맥주를 마시는) 남은 시간을 출력한다.

문제의 풀이 제한 시간은 3초다.

계획 세우기

몇 가지 테스트 케이스 사례를 살펴보며 시작해보자. 첫째는 다음과 같다.

---

4 9 22

여기서는 첫째 버거를 먹는 데 4분($m=4$), 둘째 버거를 먹는 데 9분($n=9$), 총 시간은 22분($t=22$)을 사용할 수 있다. 이 케이스는 호머가 총 시간동안 버거만 먹을 수 있는 예제다. 이때 호머가 먹을 수 있는 최대 버거 수는 3개며, 테스트 케이스의 올바른 출력은 3이다.

호머가 먹어야 할 버거는 총 3개로, 4분짜리 버거 1개와 9분짜리 버거 2개다. 총 1 × 4 + 2 × 9 = 22분이 걸린다. 그가 먹어야 할 버거의 종류별로 개수를 출력하라는 말은 없었기 때문에 버거의 총 개수만 출력하면 된다. 아래에서는 설명을 위해 각 종류의 버거 개수를 나열하고 있는데, 이는 출력 값을 어떻게 구성했는지를 설명하기 위한 목적일 뿐이다. 이어서 다른 테스트 케이스를 보자.

---

4 9 54

여기서 올바른 출력은 11이며, 4분짜리 버거 9개와 9분짜리 버거 2개를 먹을 수 있다. 4 9 22 테스트 케이스와 달리 여기에서는 호머가 버거를 먹는 데 54분을 사용하는 다양한 방법이 있다. 예를 들어, 9분짜리 버거 6개를 먹어서 54분을 채울 수도 있지만, t분 전체를 채운다는 조건에서 최대 버거 수를 출력하는 것이 목표다.

문제 설명에서 언급했듯이 호머가 버거만 먹어서 t분을 완전히 채울 수 있는 것은 아니다. 다음 테스트 케이스를 살펴보자.

---

4 9 15

호머는 여기서 몇 개의 버거를 먹어야 할까? 4분짜리 버거 3개를 먹으면 최대 3개의 버거를 먹을 수 있다. 그렇게 하면 호머는 버거를 먹는 데 12분을 사용하고 남은 15-12=3분 동안 맥주를 마셔야 한다. 그래서 그가 버거 3개를 먹고 3분 동안 맥주를 마신다. 이것으로 문제를 해결할 수 있을까?

아니, 아직이다. 문제 설명을 주의 깊게 다시 읽어보자. 다음과 같은 문장이 있다.

"호머가 버거 먹는 시간을 최대화하면서, 먹을 수 있는 최대 버거의 수를 출력한다"

즉, 호머가 버거를 먹으면서 총 시간을 다 채울 수 없다면, 버거를 최대한 오래 먹는 동시에, 최대한 많은 버거를 먹어야 하는 것이다. 따라서 4 9 15의 올바른 출력은 2 2이다. 첫 번째 2는 버거 2개(총 13분 동안 4분짜리 버거 1개와 9분짜리 버거 1개)를 먹는 것을, 두 번째 2는 2분(15-13)동안 맥주를 마신다는 의미다.

앞의 4 9 22 및 4 9 54 테스트 케이스에서 각각 22분과 54분 동안 문제를 해결해야 했다. 이 경우들은 버거를 먹는 데 전체 시간을 사용할 수 있는 방법이 있었기 때문에 정답을 쉽게 출력했다. 그러나 4 9 15 케이스에서는 버거만 먹어서 15분을 완전히 채울 수 있는 방법이 없다. 이런 경우는 어떻게 해야 할까?

4분짜리와 9분짜리 버거로 정확히 14분을 채울 수 있는지 시도해 보는 방법이 있다. 정확히 채울 수 있다면, 남은 1분을 맥주를 마시는 데 사용하면 된다. 그러나 4분짜리와 9분짜리 버거로 정확히 14분을 채울 수 있을까? 불가능하다! 15분 케이스와 마찬가지로 14분의 경우도 마찬가지다.

계속해서 13분에 대해서 시도해 보면 4분짜리 버거 하나와 9분짜리 버거 하나 총 2개의 버거를 먹어서 정확히 13분을 채울 수 있다. 그리고 호머가 맥주를 마실 시간으로 2분이 남는다. 따라서 2 2가 올바른 출력이다.

요약하면 호머가 t분 동안 버거를 먹을 수 있는지 여부를 먼저 확인해야 한다. 가능하다면 먹을 수 있는 최대 버거 수를 출력하고 종료한다. 불가능하다면 호머가 $t-1$분 동안 버거를 먹을 수 있는지를 확인한다. 가능하다면 먹을 수 있는 최대 버거 수와 맥주를 마시는 데 소요된 시간을 출력한다. 불가능하다면 $t-2$분, $t-3$분 등으로 시간을 줄여가며 총 시간을 버거 먹는 데 다 쓸 때까지 진행한다.

최적해의 특성

4 9 22 테스트 케이스를 생각해보자. 어떤 버거와 맥주의 조합으로 정답을 구해봐도 정확히 22분을 채울 수 있고, 실제로 4분짜리과 9분짜리 버거를 사용할 때 가장 좋은 결과가 나온다. 이처럼 문제의 규칙을 따르는 해법을 타당한 해법이라고 한다. 반면, 규칙을 따르지 않는 해법 시도를 타당하지 않은 해법이라고 한다. 예를 들어, 호머가 4분 동안 버거를 먹고 18분 동안 맥주를 마시는 방법은 가능하다. 그러나 호머가 8분 동안 버거를 먹고 18분 동안 맥주를 마시는 방법은 불가능하다. 8+18은 22가 아니기 때문이다. 호머가 5분 동

안 버거를 먹고 17분 동안 맥주를 마시는 방법도 불가능하다. 4분짜리와 9분짜리 버거를 갖고 5분을 만들 수 있는 방법이 없기 때문이다.

버거 마니아는 최적화 문제다. 최적화 문제에는 가능한 모든 해법 중에서 최적(최고)의 해법을 선택하는 과정이 들어 있다. 다양한 품질의 타당한 해법이 많이 있을 수 있으며, 22분 동안 맥주를 마시는 것처럼 정말 별로인 해법이 있을 수도 있다. 어떤 해법은 최적해일 테고, 어떤 것은 최적에 가깝지만 한두 개 차이가 날 수도 있다. 여기서 목표는 복잡하게 얽힌 요소들을 잘라내고 최적해를 찾는 것이다.

첫째 버거는 먹는 데 m분이 걸리고, 둘째 버거는 먹는 데 n분이 걸리며, 정확히 t분을 써야하는 경우를 해결해야 한다고 가정하자.

$t=0$이면 버거를 0개 먹어서 0분 전체를 채울 수 있기 때문에 올바른 출력은 0이다. 따라서 t가 0보다 클 때 무엇을 해야 하는지에 초점을 맞춰 계속 진행해보자.

t분에 대한 최적해가 어떤 모습이어야 하는지 생각해보자. 물론 '호머가 4분짜리 버거를 먹고, 9분짜리 버거를 먹고, 또 9분짜리 버거를 먹고...'처럼 어떤 구체적인 내용은 알 수 없다. 지금은 문제 해결을 위해 아무것도 한 것이 없으니, 이렇게 자세한 정보는 알 수 없다. 그러나 문장을 자세히 살펴보면 엄청나게 강력한 최적화 문제에 대한 해법 전략이 숨어 있다.

호머가 버거만 먹어서 정확히 t분을 채울 수 있다고 가정해보자. 그가 마지막으로 먹는 버거, 즉, t분을 채우는 버거는 m분짜리 버거 또는 n분짜리 버거일 것이다.

마지막 버거가 될 수 있는 다른 버거가 또 있을까? 호머는 m분짜리 또는 n분짜리 버거만 먹을 수 있으므로 마지막 버거의 선택지는 두 가지밖에 없고, 최적해가 끝나는 경우의 수도 두 가지뿐이다.

최적해에서 호머가 먹는 마지막 버거가 m분짜리 버거라는 것을 알고 있다면, 그가 사용할 수 있는 시간이 $t-m$분 남았다는 사실 또한 알 수 있다. 이때, 앞서 호머가 버거만 먹어서 전체 시간을 보낼 수 있다고 가정했기 때문에 맥주를 마시지 않고도 그 시간을 버거로 채울 수 있어야 한다. 즉, $t-m$분에 대한 최적해를 구하면, 원래 문제인 t분에 대한 최적해도 구할 수 있다. 즉, 호머가 $t-m$분에 먹을 수 있는 버거 수를 계산한 뒤에, 나머지 m분을 채우기 위해 m분짜리 버거 1개를 추가하면 된다.

최적해일 때 호머가 먹는 마지막 버거가 n분짜리 버거라면 어떨까? 그러면 호머가 사용할 수 있는 시간은 $t-n$분이 남는다. $t-n$분을 최적으로 사용할 수 있다면 원래 문제인 t분에 대한 최적해를 얻을 수 있다. 즉, 호머가 $t-n$분 안에 먹을 수 있는 버거 수를 계산한 뒤, 나머지 n분을 채우기 위해 n분짜리 버거 1개를 추가하면 된다.

앞의 가정에는 마지막 버거가 무엇인지 알고 있다고 전제했다. 그러나 지금은 마지막 버거가 m분짜리 버거 또는 n분짜리 버거라는 것은 알고 있지만, 그게 정확히 무엇인지 알 수 있는 방법은 없다.

놀라운 사실은 어느 버거가 마지막인지 여부를 알 필요는 없다는 것이다. 마지막 버거가 m분짜리 버거라고 가정하고, 그 선택에 따라 문제를 최적으로 해결할 수 있다. 그런 다음 마지막 버거가 n분짜리 버거라는 다른 선택지를 갖고 그 선택에 따라 문제를 최적으로 해결한다. 첫째 경우에는 최적으로 풀어야 하는 하위 문제 $t-m$분이 있다. 둘째 경우에는 최적으로 풀어야 하는 하위 문제 $t-n$분이 있다. 이처럼 원래 문제의 해법을 풀기 위해 하위 문제의 해법을 풀어야 할 때가 있다면, 2장에서 다뤘던 재귀 방식을 시도하는 것이 좋다.

해법 1: 재귀

우선, 재귀 방식을 시도해보자. 정확히 t분에 맞춰 문제를 해결하는 헬퍼 함수를 작성하며 시작한다. 이 작업을 끝내면 t분, $t-1$분, $t-2$분에 맞춰 문제를 해결하는 함수가 완성된다.

헬퍼 함수: 분 단위 해결

각 문제 및 하위 문제는 m, n과 t의 세 가지 매개변수를 갖는 특징이 있다. 따라서 함수의 선언부는 다음과 같다.

```
int solve_t(int m, int n, int t)
```

호머가 버거를 먹는 데 정확히 t분을 사용할 수 있다면, 먹을 수 있는 최대 버거 수를 반환한다. 버거를 먹는 데 정확히 t분을 사용할 수 없다면(즉, 맥주를 마시는 데 1분 이상 쓴다면) -1을 반환한다. 반환 값이 0이상이면 버거만 사용해 문제를 해결했음을 의미한다. 반환 값 -1은 버거만으로는 문제를 해결할 수 없다는 것을 의미한다.

solve_t(4, 9, 22)를 호출하면 반환 값은 3이다. 3은 호머가 딱 22분 동안 먹을 수 있는 최대 버거 수다. solve_t(4, 9, 15)를 호출하면 반환 값은 -1이다. 4분짜리와 9분짜리 버거 조합으로는 딱 15분을 맞출 수 없다.

앞에서 설명했듯이 $t=0$는 총 시간이 0분이라는 의미이므로, 호머가 버거를 0개 먹는다고 하면 해결된다.

```
if (t == 0)
  return 0;
```

이것이 이 재귀의 종료 조건이다. 이 함수의 나머지 부분을 구현하려면 앞 절에서 설명한 마지막 부분을 분석해야 한다. 즉, t분이 주어진 문제를 풀기 위해 호머가 먹은 마지막 버거를 떠올려보자. 그 버거는 m분짜리일까? 그 가능성을 확인하려면 $t-m$분에 대한 하위 문제를 해결해야 한다. 물론 마지막 버거가 m분짜리 버거가 되려면 시간이 m분 이상 남았을 때만 가능하다. 이 논리는 다음과 같이 코딩할 수 있다.

```
int first;
if ( t >= m )
  first = solve_t(m, n, t - m);
else
  first = -1;
```

first 변수를 t-m분 하위 문제에 대한 최적해를 저장하는 데 사용할 것이다. -1은 '해법이 없음'을 나타낸다. t>=m이면 m분짜리 버거가 마지막 버거가 될 가능성이 있으므로 재귀 호출로 호머가 t-m분 안에 먹을 수 있는 최적의 버거 수를 계산한다. 이 재귀 호출을 정확하게 풀 수 있으면 -1보다 큰 숫자를 반환하고, 풀 수 없으면 -1을 반환한다. t<m이면 재귀 호출을 할 필요가 없고, m분짜리 버거가 마지막 버거가 아니며 t분에 대한 최적해를 제

공할 수 없음을 나타내는 의미로 first = -1을 설정한다.

그러면 n분짜리 버거가 마지막 버거일 때는 어떨까? 이때의 코드는 m분짜리 버거의 종료 조건과 유사하며, 이번에는 first 대신 second 변수를 사용한다.

```
int second;
if (t >= n)
  second = solve_t(m, n, t - n);
else
  second = -1;
```

그러면 현재 진행 상황을 정리해보자.

- first 변수는 t-m 하위 문제에 대한 해법이다. 이 값이 -1이면 버거로만 t-m분을 채울 수 없다. -1이 아니라면 호머가 정확히 t-m분 안에 먹을 수 있는 최적의 버거 수를 반환한다.
- second 변수는 t-n 하위 문제에 대한 해법이다. 이 값이 -1이면 버거로만 t-n분을 채울 수 없다. -1이 아니라면 호머가 정확히 t-n분 안에 먹을 수 있는 최적의 버거 수를 반환한다.

first와 second 값이 모두 -1일 가능성도 있다. first 값이 -1이면 m분짜리 버거가 마지막 버거가 될 수 없음을 의미한다. second 값이 -1이면 n분짜리 버거가 마지막 버거가 될 수 없음을 의미한다. m분짜리 버거도 n분짜리 버거도 마지막 버거가 될 수 없다면, 선택의 여지가 없으므로, t분 동안 문제를 해결할 방법이 없다는 결론을 내려야 한다.

```
if (first == -1 && second == -1)
  return -1;
```

그렇지 않고 first나 second 혹은 둘 다 -1보다 크면 t분 동안 하나 이상의 해법이 있다는 것이다. 이때, 더 나은 하위 문제 해법을 선택하기 위해 first와 second 중 최댓값을 사용한다. 최댓값에 1을 더해 마지막 버거까지 포함시키면 원래 문제인 t분에 대한 최댓값을 얻을 수 있다.

```
return max(first, second) + 1;
```

전체 함수는 코드 3-1과 같다.

코드 3-1 t분에 대한 문제 풀기

```
int max(int v1, int v2) {
  if (v1 > v2)
    return v1;
  else
    return v2;
}

int solve_t(int m, int n, int t) {
  int first, second;
  if (t == 0)
    return 0;
  if (t >= m)
❶ first = solve_t(m, n, t - m);
  else
    first = -1;
  if (t >= n)
❷ second = solve_t(m, n, t - n);
  else
    second = -1;
  if (first == -1 && second == -1)
❸ return -1;
  else
❹ return max(first, second) + 1;
}
```

코드 3-1의 실제 동작 내용을 순서대로 살펴보자.

테스트 케이스 solve_t(4, 9, 22)부터 시작해보자. first는 총 시간이 18분(22-4)인 하위 문제에 대한 재귀 호출이다❶. 재귀 호출은 2를 반환하는데, 호머가 18분 동안 먹을 수 있는 버거의 최대 수가 2이기 때문이다. second는 총 시간이 13분(22-9)인 하위 문제에 대한 재귀 호출이다❷. 호머가 13분 동안 먹을 수 있는 최대 버거 수가 2이기 때문에 이 재귀 호출도 2를 반환한다. 따라서 테스트 케이스에서 first와 second는 모두 2이고, 마지막 버거를 4분짜리 또는 9분짜리 버거 중에 결정하면 원래 문제인 22분에 대해 3이라는 해법을 얻을 수 있다❹.

테스트 케이스 solve_t(4, 9, 20)를 해결해보자. first에 대한 재귀 호출❶은 총 시간이 16분(20-4)인 하위 문제를 해결하고, 결과적으로 4를 반환하지만 second에 대한 재귀 호출❷은 어떨까? 이 문제는 총 시간이 11분(20-9)인 하위 문제를 해결해야 하는데, 4분짜리 또는 9분짜리 버거를 먹어서는 정확히 11분을 쓸 방법이 없다. 그러므로 second 재귀 호출은 -1을 반환한다. 따라서 first와 second의 최대 값은 (first 값인) 4이고, 반환값은 5가 된다❹.

지금까지 2개의 재귀 호출이 모두 같은 버거 수를 반환하는 하위 문제를 가진 예제와, 하나의 재귀 호출만 하위 문제의 답을 반환하는 예제를 살펴봤다. 각 재귀 호출이 하위 문제의 답을 반환하지만, 그 중 하나가 다른 쪽보다 더 나은 답인 경우를 살펴보자. 테스트 케이스 solve_t(4, 9, 36)을 해결해보자. first에 대한 재귀 호출❶은 호머가 32분(36-4) 동안 먹을 수 있는 최대 버거 수인 8개를 반환한다. second에 대한 재귀 호출❷은 호머가 27분(36-9) 동안 먹을 수 있는 최대 버거 수인 3을 반환한다. 8과 3 중의 최댓값은 8이므로 전체 답으로는 9가 반환된다❹.

마지막으로 테스트 케이스 solve_t (4, 9, 15)를 해결해보자. first에 대한 재귀 호출❶은 총 시간이 11분(15-4)인 하위 문제를 해결해야 하는데, 제공된 버거로는 해결이 불가능하므로 -1을 반환한다. second에 대한 재귀 호출❷의 답도 마찬가지다. 총 시간이 6분(15-9)인 하위 문제는 해결이 불가능하므로 -1이 반환된다. 따라서 총 시간이 15분이 문제를 해결할 방법은 없으므로 -1을 반환한다❸.

해법 및 main 함수

앞의 '계획 세우기' 절에서는 버거만으로 정확히 t분을 채울 수 있다면 최대 버거 수를 출력한다고 했다. 그렇지 않으면 호머는 적어도 1분은 맥주를 마셔야 한다. 그가 맥주를 마셔야 하는 시간(분)을 알기 위해 버거만 먹어서 채울 수 있는 시간을 찾을 때까지 $t-1$분, $t-2$분 등에 시간(분)에 대해서 시도한다. 다행히 solve_t 함수를 사용하면 t 매개변수를 원하는 대로 설정할 수 있다. 주어진 t값에서 시작해 t-1, t-2 등을 호출할 수 있다. 이 계획을 코드 3-2에서 구현했다.

코드 3-2 해법 1

```
void solve(int m, int n, int t) {
  int result, i;
❶ result = solve_t(m, n, t);
  if (result >= 0)
    ❷ printf("%d\n", result);
  else {
    i = t - 1;
❸ result = solve_t(m, n, i);
    while (result == -1) {
      i--;
    ❹ result = solve_t(m, n, i);
    }
  ❺ printf("%d %d\n", result, t - i);
  }
}
```

먼저 t분에 대해 문제를 해결한다❶. 결과가 0 이상이면 최대 버거 수를 출력❷한 후 끝낸다.

호머가 전체 t분 동안 버거를 먹을 수 없다면, 차선책으로 i를 t-1로 설정한다. 그리고 새로 설정한 i에 대해 문제를 해결한다❸. -1 값이 아니면 성공한 것이므로, while 문은 건너 뛴다. 성공하지 못하면 하위 문제를 성공적으로 해결할 때까지 while 문을 실행한다. while 문 안에서는 i의 값을 줄여가면서 더 작은 하위 문제를 푼다❹. while 문에서 벗어나면 버거로 채울 수 있는 가장 많은 시간인 i를 찾는다. 이때 result에는 최대 버거 수가 들어 있고, t-i는 남은 시간(분)이므로 두 값을 모두 출력한다❺.

이것이 전부다. solve_t는 재귀를 사용해 정확히 문제를 해결한다. 필자가 다양한 종류의 테스트 케이스에서 solve_t를 테스트해 보니 모든 경우에 잘 동작했다. 마지막으로, 입력 값을 읽고 solve 함수를 호출하는 main 함수가 필요하다. 코드 3-3이 그것이다.

코드 3-3 main 함수

```c
int main(void) {
  int m, n, t;
  while (scanf("%d%d%d", &m, &n, &t) != -1)
    solve(m, n, t);
  return 0;
}
```

판정 시스템에 해법 1을 제출하고 결과를 확인해보자.

해법 2: 메모이제이션

아마도 해법 1은 실패했을 것이다. 실패의 원인은 코드에 오류가 있어서가 아니라, 너무 느리기 때문이다. 판정 시스템에 해법 1을 제출하면 '제한 시간 초과' 오류가 발생한다. 이 오류는 고유한 눈송이 문제의 해법 1에서 발생한 '제한 시간 초과' 오류가 연상된다. 다만, 그 문제에서 비효율의 원인은 불필요한 일을 많이 했기 때문이었다. 이번 문제는 불필요한 일이 아니라, 필요한 일을 너무 많이 반복한 것이 비효율의 원인이다.

문제 설명에 따르면 t는 10,000분 이하의 어떤 수라고 했다. 그렇다면 다음과 같은 테스트 케이스는 전혀 문제가 되지 않아야 한다.

4 2 88

m과 n값인 4와 2는 매우 작다. 10,000에 비하면 t값인 88도 매우 작다. 이 테스트 케이스의 해법이 문제의 제한 시간인 3초 안에 실행되지 않을 수 있다는 사실에 놀라거나 실망할 수도 있다. 필자의 노트북에서는 10초 정도 걸린다. t값이 88로 상당히 짧은 테스트 케이스임에도 10초가 걸린다. 약간 더 큰 테스트 케이스를 시도해보자.

t값을 88에서 90으로 늘렸을 뿐인데, 결과적으로 실행 시간에 상당한 영향을 미친다. 필자의 노트북에서 이 테스트 케이스는 약 18초가 걸린다. t가 88인 테스트 케이스의 거의 두 배다. t값을 92로 테스트하면 실행 시간은 다시 두 배로 늘어난다. 컴퓨터가 아무리 빨라도 t값이 100에도 도달하지 못할 것이다. 이를 통해 추론해본다면, t가 수천 분에 해당하는 테스트 케이스에서는 얼마나 많은 시간이 걸릴지 가늠이 되지 않는다. 문제 크기가 일정하게 늘어나는데, 실행 시간이 두 배로 늘어나는 알고리듬을 지수 시간 알고리듬이라고 한다.

코드가 느리다는 사실을 확인했는데 이유가 무엇일까? 어느 부분이 그렇게 비효율적인 것일까?

주어진 m, n, t 테스트 케이스를 생각해보자. solve_t 함수에는 3개의 매개변수가 있지만 세 번째 매개변수 t만 변경되는 값이다. 따라서 solve_t를 호출할 수 있는 방법은 t+1가지 밖에 없다. 테스트 케이스의 t가 4일 때, solve_t를 호출할 수 있는 방법은 t값이 4, 3, 2, 1, 0인 경우뿐이다. 그러므로 t값이 2일 때, solve_t를 호출해서 답을 얻었다면, 이후에는 다시 이 값에 대해 재귀 호출을 할 이유가 없을 것이다.

함수 호출 횟수 계산

해법 1에서 solve_t가 호출된 횟수를 계산하는 코드를 추가해보자. 이렇게 수정한 새로운 solve 및 solve_t 함수는 코드 3-4와 같다. 코드에 추가한 전역 변수 total_calls는 solve가 실행될 때 0으로 초기화되고, 이후 solve_t가 호출될 때마다 1씩 늘어난다. 이 변수는 long long 유형이다. 이는 long이나 int 유형은 함수 호출 횟수의 폭발적인 증가를 감당할 만큼 충분히 크지 않기 때문이다.

코드 3-4 횟수 계산 코드를 사용한 해법 1

```
unsigned long long total_calls;
```

```
int solve_t(int m, int n, int t) {
  int first, second;
❶ total_calls++;
  if (t == 0)
    return 0;
  if (t >= m)
    first = solve_t(m, n, t - m);
  else
    first = -1;
  if (t >= n)
    second = solve_t(m, n, t - n);
  else
    second = -1;
  if (first == -1 && second == -1)
    return -1;
  else
    return max(first, second) + 1;
}

void solve(int m, int n, int t) {
  int result, i;
❷ total_calls = 0;
  result = solve_t(m, n, t);
  if (result >= 0)
    printf("%d\n", result);
  else {
    i = t - 1;
    result = solve_t(m, n, i);
    while (result == -1) {
      i--;
      result = solve_t(m, n, i);
    }
    printf("%d %d\n", result, t - i);
  }
❸ printf("Total calls to solve_t: %llu\n", total_calls);
}
```

---

solve_t가 시작될 때 total_calls를 1만큼 증가시켜 이 함수 호출 횟수를 계산한다 ❶.

solve에서는 각 테스트 케이스를 처리하기 전에 호출 횟수를 초기화하기 위해 total_calls를 0으로 설정한다 ❷. 각 테스트 케이스가 끝나면 solve_t의 호출 횟수를 출력한다 ❸.

다음 입력 값으로 시험해보자.

```
4 2 88
4 2 90
```

출력은 다음과 같다.

```
44
Total calls to solve_t: 2971215072
45
Total calls to solve_t: 4807526975
```

88이나 90처럼 작은 숫자에서조차 수십억 건의 쓸모없는 호출이 발생하는 것을 알 수 있다. 즉, 동일한 하위 문제를 해결하는 데 엄청나게 많이 반복을 하고 있다는 결론을 낼 수 있다.

해답 기억

엄청난 수의 호출에 대한 직관적인 방법을 알아보자. solve_t (4, 2, 88)를 호출한다고 가정해보자. 그러면 이 호출은 solve_t (4, 2, 86)과 solve_t (4, 2, 84)라는 2개의 재귀 호출을 수행한다. 지금까지는 문제가 없다. solve_t (4, 2, 86) 호출에 대해 어떤 일이 일어날지 생각해보자. 이 호출도 다시 2개의 재귀 호출을 수행하는데, 그 중 첫째 호출은 solve_t (4, 2, 84)이다. 그런데 이것은 solve_t(4, 2, 88)에서 호출한 재귀 함수 중 하나다. 따라서 solve_t (4, 2, 84) 작업은 두 번 수행되는데, 이는 불필요한 작업일 것이다.

그러나 이건 무분별한 반복의 시작에 불과하다. 두 번의 solve_t (4, 2, 84)는 다시 두 번의 solve_t (4, 2, 80) 호출을 함으로써 총 네 번을 호출한다. 이것 역시 불필요한 반복으로써 원래는 한 번만 호출하면 충분한 작업이다.

즉, 처음 호출했을 때의 답을 기억하고 있었다면, 이런 반복 문제가 없었을 것이다. 다시 말하면, solve_t 호출에 대한 답을 기억하면 나중에 다시 그 답이 필요할 때 찾아볼 수 있을 것이다.

"다시 계산하지 말고, 기억해 두자"라는 것이 바로 메모이제이션memoization 기법이다. 메모이제이션은 메모에 기록한다는 의미의 단어 'memoize'에서 유래됐다.

메모이제이션을 사용하려면 다음 두 단계가 필요하다.

1. 가능한 모든 하위 문제에 대한 해법을 저장할 수 있을 만큼 큰 배열을 선언한다. 버거 마니아 문제에서 t는 10,000보다 작으므로 10,000개 요소의 배열로 충분하다. 이 배열에는 memo라는 이름을 붙이는 것이 일반적이다. 메모 배열은 '알 수 없는 값'을 의미하는 예약값으로 초기화한다.

2. 재귀 함수의 시작 부분에 하위 문제가 이미 해결됐는지 확인하는 코드를 추가한다. 여기에는 memo 배열의 인덱스를 확인하는 작업이 필요하다. 배열 요소가 '알 수 없는 값'이라면 하위 문제를 수행한다. 그렇지 않으면, 정답이 이미 memo 배열에 저장돼 있다는 의미이므로, 재귀를 더 수행하지 않고 그냥 그 값을 반환한다. 새로운 하위 문제를 해결할 때마다 해결된 값을 memo 배열에 저장한다.

메모이제이션으로 해법 1을 보강해보자.

메모이제이션 구현

memo 배열의 선언과 초기화에 적절한 위치는 solve 함수 안이다. solve 함수에서 solve_t 함수를 처음 호출하기 때문이다. 그리고 '알 수 없는 값'에 해당하는 예약 값으로는 -2를 사용할 것이다. -1은 '해답이 없음'이라는 의미로 이미 예약했고, 양수 값은 버거의 수와 혼동될 수 있기 때문이다. 이렇게 업데이트된 solve 함수는 코드 3-5와 같다.

코드 3-5 메모이제이션을 사용한 해법 2

```
#define SIZE 10000
```

```
void solve(int m, int n, int t) {
  int result, i;
❶ int memo[SIZE];
  for (i = 0; i <= t; i++)
    memo[i] = -2;
  result = solve_t(m, n, t, memo);
  if (result >= 0)
    printf("%d\n", result);
  else {
    i = t - 1;
    result = solve_t(m, n, i, memo);
    while (result == -1) {
      i--;
      result = solve_t(m, n, i, memo);
    }
    printf("%d %d\n", result, t - i);
  }
}
```

모든 테스트 케이스를 고려해 가능한 최대 크기로 memo 배열을 선언한다❶. 그리고 0
에서 t까지 반복하면서 각 요소를 -2로 초기화한다.

solve_t를 호출하는 부분에도 작지만 중요한 변화가 있다. solve_t에 전달할 매개변
수로 memo를 추가했다. solve_t는 memo를 확인해 현재 하위 문제가 이미 해결됐는지 확인
하고 해결되지 않았으면 memo를 업데이트한다. 업데이트된 solve_t 함수는 코드 3-6과
같다.

코드 3-6 메모이제이션을 사용한 t분의 해법

```
int solve_t(int m, int n, int t, int memo[]) {
  int first, second;
❶ if (memo[t] != -2)
    return memo[t];
  if (t == 0) {
    memo[t] = 0;
    return memo[t];
  }
```

```
  if (t >= m)
    first = solve_t(m, n, t - m, memo);
  else
    first = -1;
  if (t >= n)
    second = solve_t(m, n, t - n, memo);
  else
    second = -1;
  if (first == -1 && second == -1) {
    memo[t] = -1;
    return memo[t];
  } else {
    memo[t] = max(first, second) + 1;
    return memo[t];
  }
}
```

구현 방식은 코드 3-1의 해법1과 같다. t가 0이면 종료 조건에 맞춰 처리한다. 그렇지 않으면 t-m분 및 t-n분을 해결한 뒤 더 나은 값을 사용한다.

이 구조에 메모이제이션을 적용한다. t에 대한 해가 이미 memo 배열에 있는지 확인하고❶, 저장된 결과가 있을 때, 그 값을 반환하면 시간이 크게 단축된다. 마지막 버거가 m분이 걸리든 n분이 걸리든 신경 쓸 필요가 없다. 그리고 재귀도 없다. 함수의 결괏값만 빨리 반환하면 된다.

memo에서 해를 찾지 못하면 할 일이 있다. 작업은 이전과 같다. 단, 해법이 반환될 때마다 먼저 memo에 저장한다. 각 return 문을 실행하기 전에 반환 값을 memo에 저장해 프로그램이 값을 기억하도록 한다.

메모이제이션 테스트

앞에서 해법 1은 짧은 테스트 케이스를 실행하는데도 너무 오래 걸리고, 지나치게 많은 함수 호출로 인해 속도가 느려진다는 두 가지 문제때문에 실패한다는 것을 알았다. 그러면 해법 2에서는 이런 두 가지 문제가 얼마나 해결됐을까? 해법 1에서 문제가 됐던 입력값을 해법 2에서 똑같이 시도해보자.

```
4 2 88
4 2 90
```

필자의 노트북에서는 실행 시간을 느끼지 못할 만큼 빨리 끝나버렸다. 그러면 얼마나 많은 함수 호출이 이뤄질까? 해법 1(코드 3-4)에서 사용했던 방식으로 해법 2도 측정해보자. 그러면 다음과 같이 출력된다.

```
44
Total calls to solve_t: 88
45
Total calls to solve_t: 90
```

t가 88일 때 88번 호출, t가 90일 때는 90번 호출한다. 해법 2와 해법 1는 시간적으로 비유하면 하룻밤과 수십억 일의 차이라 할 수 있다. 즉, 지수 시간 알고리듬에서 선형 시간 알고리듬으로 바뀐 것이다. 빅오 표기법으로는 $O(t)$ 알고리듬이 됐는데, t는 테스트 케이스에서 주어진 시간이다.

해법 2를 판정 시스템에 제출하면 모든 테스트 케이스를 통과하는 것을 확인할 수 있다. 확실히 획기적이라 할 수 있는 기법이다. 그러나 이것이 호머와 버거에 대한 마지막 풀이법은 아니다.

해법 3: 동적 프로그래밍

해법 2에서 작성한 재귀 코드를 분석한 후 메모이제이션 기법에서 동적 프로그래밍으로 넘어가보자. 우선 코드 3-6과 같은 코드 3-7의 solve_t 함수에서 두 곳의 재귀 호출 부분을 집중해서 살펴본다.

코드 3-7 재귀 호출에 초점을 맞춘 t분의 해법

```c
int solve_t(int m, int n, int t, int memo[]) {
  int first, second;
  if (memo[t] != -2)
```

```
    return memo[t];
  if (t == 0) {
    memo[t] = 0;
    return memo[t];
  }
  if (t >= m)
❶ first = solve_t(m, n, t - m, memo);
  else
    first = -1;
  if (t >= n)
❷ second = solve_t(m, n, t - n, memo);
  else
    second = -1;
  if (first == -1 && second == -1) {
    memo[t] = -1;
    return memo[t];
  } else {
    memo[t] = max(first, second) + 1;
    return memo[t];
  }
}
```

first 변수의 재귀 호출 ❶에서는 두 가지 경우가 발생한다. 첫째는 재귀 호출이 메모에서 하위 문제 해답을 찾아 즉시 반환하는 경우다. 둘째는 재귀 호출이 메모에서 하위 문제 해답을 찾지 못하는 경우다. 이때 다시 재귀 호출을 수행한다. 이 과정은 second 변수의 재귀 호출 ❷에도 해당된다.

재귀 호출을 했는데, 메모에서 하위 문제의 해답을 찾아 반환한다면, 도대체 왜 재귀 호출을 한 것인지 의문이 들 것이다. 재귀 호출이 한 일이라는 것은 메모를 확인하고 반환하는 것뿐이므로, 그냥 호출없이 메모만 확인했을 수도 있기 때문이다. 그러나 하위 문제의 해법이 메모에 없다면 어떨까? 이때는 재귀가 필요할 수밖에 없다.

다음 하위 문제의 해답을 항상 memo 배열이 갖고 있도록 조정할 수 있다고 가정해보자. t가 5일 때 해답을 알고 싶다. 그 값은 이미 memo 배열에 있다. t가 18이면 어떨까? 그것도 이미 memo에 있다. memo 배열에 항상 하위 문제의 해답이 있기 때문에 재귀 호출이 더 필요하지 않고, 바로 해답을 얻을 수 있다.

여기에 메모이제이션과 동적 프로그래밍의 차이점이 있다. 메모이제이션을 사용하는 함수는 하위 문제를 해결하기 위해 재귀 호출을 한다. 하위 문제가 이미 해결됐을 수도, 그렇지 않을 수도 있다. 어쨌든 재귀 호출이 반환될 때는 해답을 얻게 된다. 동적 프로그래밍을 사용하는 함수는 작업을 미리 정리해 하위 문제가 해답을 요구하기 전에 이미 해결한다.

그러면 이제 재귀를 사용할 이유가 없다. 그냥 해답을 검색하면 된다. 메모이제이션은 재귀를 사용해 하위 문제를 해결하지만, 동적 프로그래밍에서는 재귀를 사용하지 않고 문제를 해결한다.

동적 프로그래밍 해법은 solve_t 함수를 사용하지 않고, solve 함수 내에서 모든 t값에 대한 해답을 얻는다. 이 함수는 코드 3-8과 같다.

코드 3-8 동적 프로그래밍을 사용한 해법 3

```
void solve(int m, int n, int t) {
  int result, i, first, second;
  int dp[SIZE];
❶ dp[0] = 0;
  for (i = 1; i <= t; i++) {
❷  if (i >= m)
❸    first = dp[i - m];
    else
      first = -1;
❹  if (i >= n)
      second = dp[i - n];
    else
      second = -1;
    if (first == -1 && second == -1)
❺    dp[i] = -1;
    else
❻    dp[i] = max(first, second) + 1;
  }

❼ result = dp[t];
  if (result >= 0)
    printf("%d\n", result);
```

```
else {
  i = t - 1;
  result = dp[i];
  while (result == -1) {
    i--;
❽ result = dp[i];
  }
  printf("%d %d\n", result, t - i);
  }
}
```

동적 프로그래밍 배열의 표준 이름은 dp다. 메모 테이블과 같은 용도로 사용되기 때문에 memo라고 할 수도 있지만 관례에 따라 dp로 사용한다. 배열을 선언한 후에는 종료 조건을 설정하기 위해 0분 값의 해답으로 버거 개수 0을 저장한다❶. 바로 뒤에는 하위 문제를 풀기 위한 반복문이 있다. 여기서 최소 시간(1분)에서부터 최대 시간(t분)까지의 하위 문제를 해결한다. 변수 i는 풀고 있는 하위 문제의 인덱스다. 반복문 내부에는 m분짜리 버거가 마지막 버거로 적절한지를 확인하는 익숙한 코드가 있다❷. 결과가 참이면, dp 배열에서 i-m하위 문제에 대한 해답을 찾는다❸.

재귀를 사용하지 않고 배열에서 값만 조회한 것을 주목하자❸. i-m이 i보다 작다는 사실을 통해 이미 하위 문제 i-m을 풀었음을 알기 때문이다. 이것이 바로 가장 작은 것부터 가장 큰 것 순으로 하위 문제를 푸는 이유다. 큰 하위 문제는 작은 하위 문제의 해답이 필요하므로, 작은 하위 문제가 이미 풀렸는지 확인해야 한다.

다음 if 문❹는 앞의 if 문❷와 유사하며, 마지막 버거가 n분짜리 버거일 때를 처리한다. 이전과 마찬가지로 dp 배열을 사용해 하위 문제에 대한 해답을 찾는다. i-n 반복이 i 반복 전에 발생했기 때문에 i-n 하위 문제가 이미 풀렸음을 알 수 있다.

두 가지 필수 하위 문제에 대한 해답을 모두 얻었다. i에 대한 최적해를 dp[i]에 저장하는 과정이 남았다❺❻.

dp 배열을 구축하고 하위 문제를 0부터 t까지 풀면 원하는 대로 하위 문제 해답을 찾을 수 있다. 따라서 단순히 하위 문제 t에 대한 해답을 찾고❼, 해답이 있으면 출력하고, 없으면 점진적으로 더 작은 하위 문제에 대한 해답을 찾는다❽.

계속 진행하기 전에 다음처럼 한 가지 예제 dp 배열을 살펴보자.

---

4 9 15

---

dp 배열의 최종 내용은 다음과 같다.

인덱스	0	1	2	3	4	5	6	7	8	9	10	11	12	13	14	15
값	0	-1	-1	-1	1	-1	-1	-1	2	1	-1	-1	3	2	-1	-1

코드 3-8의 코드를 추적하면 각 하위 문제 해법을 확인할 수 있다. 호머가 0분 안에 먹을 수 있는 버거의 최대 개수인 dp[0]은 0이다❶. dp[1]은 두 테스트가 모두 실패하므로 -1이다❷❹. 즉, -1을 저장한다❺.

dp[12]가 3의 값을 얻는 방법을 거꾸로 분석해보자. 12는 4보다 크므로 첫 번째 테스트를 통과한다❷. 그 다음에 first에 dp[8]의 값인 2를 설정한다❸. 마찬가지로 12는 9보다 크므로 두 번째 테스트는 ❹를 통과하고, second에 dp[3]의 값인 -1을 설정한다. first와 second의 최댓값은 모두 2다. 그러므로 dp[12]를 최댓값보다 1이 더 큰 3으로 설정한다❻.

메모이제이션과 동적 프로그래밍

이상으로 버거 마니아 문제를 4단계에 걸쳐 해결했다. 첫째, 최적해가 어떤 모습일지를 특성화했다. 둘째, 재귀 해법을 작성했다. 셋째, 메모이제이션을 추가했다. 넷째, 최소에서 최댓값까지의 하위 문제를 해결하는 식으로 재귀를 제거했다. 이런 4단계는 다른 많은 최적화 문제를 해결할 때도 일반적으로 사용할 수 있다.

1단계: 최적해 구조

1단계는 문제에 대한 최적해를 더 작은 하위 문제에 대한 최적해로 분해하는 방법을 보여주는 것이다. 버거 마니아 문제의 사례에서는 호머가 먹는 마지막 버거를 추론해 봤다. 마지막 버거가 m분짜리라면, $t-m$분에 대한 하위 문제가 만들어진다. 그러고, n분짜리라면 $t-n$분에 대한 문제가 만들어진다. 물론 둘 중에 어느 쪽에 해답이 있는지는 모르지만, 두 가지 하위 문제를 풀면 간단히 알아낼 수 있다.

문제에 대한 최적해는 하위 문제에 대한 최적해이기도 해야 한다는 점이 이런 문제에서 요구되는 암시적인 내용이다. 여기서 이 점을 명확히 알아보자.

앞에서 다룬 버거 문제에서는 최적해의 마지막 버거가 m분짜리 버거라면, $t-m$ 하위 문제에 대한 해법은 전체 t에 대한 문제에 대한 해법의 일부라고 설명했다. 또한 t에 대한 최적해는 반드시 $t-m$에 대한 최적해를 포함해야 한다. 그렇지 않다면, $t-m$에 대한 더 나은 해법이 있기 때문에, t에 대한 해법은 결국 최적이 아니기 때문이다. 마찬가지로 최적해의 마지막 버거가 n분짜리 버거라면, 나머지 $t-n$분은 $t-n$에 대한 최적해로 채워져야 한다고 말할 수 있다.

예제를 통해 알아보자. $m=4$, $n=9$, $t=54$라고 가정한다. 이때의 최적해의 값은 11이다. 마지막이 9분짜리 버거인 최적해 S가 있을 때, 필자가 말하고 싶은 것은 S는 9분짜리 버거를 포함한 45분에 대한 최적해여야 한다는 것이다. 45분에 대한 최적해는 버거 10개다. S가 처음 45분 동안 차선책을 사용했다면 S는 11개의 버거를 먹는 최적해를 만들 수 없다. 예를 들어 S가 처음 45분 동안 5개의 버거를 먹는 차선책을 사용했다면, 최종적으로는 6개의 버거만 사용하는 것이다.

한 문제에 대한 최적해가 하위 문제에 대한 최적해로 구성된 경우, 일반적으로 최적 하위 구조를 갖는 문제라고 한다. 최적 하위 구조가 갖는 문제라면, 3장에서 다룬 기법이 적용될 수 있다.

일부 사람들은 메모이제이션 및 동적 프로그래밍을 이용한 최적화 문제 해법은 공식화됐기 때문에, 관련 문제를 한 번만 풀어보면 이후에는 새로운 문제가 공식만 적용하는 식으로 풀 수 있다고 주장한다. 그러나 필자의 생각은 다르다. 주장에 따르면 최적해 구조의 특성을 파악하고, 애초부터 이 해법이 유용할 것인지를 파악하는 과정에서 어려움을 겪을 것이기 때문이다. 추가 문제를 풀어보면서 이런 관점이 갖는 어려움을 알아본다. 이 접근 방식을 사용해 해결할 수 있는 문제는 매우 광범위해서 가능하면 많은 문제를 풀어보며 연습할 수밖에 없다는 점도 알게 될 것이다.

2단계: 재귀 해법

1단계에서는 메모이제이션 및 동적 프로그래밍으로 해법을 찾을 수 있다고 설명하면서, 문제를 푸는 데 있어서는 재귀적 접근도 필요하다고 언급했다. 원래 문제를 풀기 위해 재귀적 방법으로 하위 문제를 최적으로 풀면서, 동시에 최적해의 다양한 가능성도 시도해보자. 버거 문제에서 t분에 대한 최적해는 m분짜리 버거와 $t-m$분에 대한 최적해 또는 n분짜리 버거와 $t-n$분에 대한 최적해로 구성된다고 말했다. 따라서 $t-m$ 및 $t-n$ 하위 문제를 풀어야 하는데, 하위 문제는 t보다 작은 하위 문제이므로 재귀를 사용해 해결했다. 일반적으로 재귀 호출 횟수는 최적해가 되기 위해 경쟁하는 후보의 수에 따라 달라진다.

3단계: 메모이제이션

2단계까지 성공하면 문제에 맞는 해법을 찾은 것이다. 버거 문제에서 봤듯이 해법을 실행하는 데는 상당히 비합리적인 시간이 소모된다. 원인은 하위 문제의 중복 현상이며, 이미 구했던 해를 계속 반복해서 구하는 문제가 발생하기 때문이다. 사실 하위 문제의 중복 현상만 아니라면, 재귀 자체는 나쁘지 않은 해결책이므로 여기서 멈출 수 있다. 2장에서 해결했던 2개의 문제를 다시 생각해보자. 그때는 재귀만으로도 문제를 성공적으로 해결했고, 이는 각 하위 문제가 한 번씩만 계산됐기 때문에 가능했다. 예를 들어, 할로윈 하울에서는 트리의 사탕 총량을 계산했다. 여기서 2개의 하위 문제는 왼쪽 및 오른쪽 서브 트리에서 사탕 총량을 찾는 것이었다. 이 문제들은 독립적이다. 왼쪽 서브 트리에 대한 하위 문제를 풀기 위해 오른쪽 서브 트리에 대한 정보가 필요하지 않으며, 그 반대도 마찬가지다.

하위 문제가 중복되지 않는다면, 재귀를 사용한다. 그러나 하위 문제가 중복되면, 메모이제이션을 사용한다. 버거 문제에서 봤듯이 메모이제이션은 하위 문제를 처음 해결할 때의 해답을 저장하는 기법이다. 나중에 같은 하위 문제의 해답이 필요할 때마다 다시 계산하지 않고 간단히 해답을 얻을 수 있다. 즉, 하위 문제가 중복돼도 2장에서처럼 한 번만 계산한다는 것이다.

4단계: 동적 프로그래밍

사실 3단계에서의 해법도 충분히 빠르다. 비록 재귀를 그대로 사용하지만, 계산이 중복되지는 않기 때문이다. 그러나 재귀를 제거하고 싶을 때도 있으며, 이때는 동적 프로그래밍을 사용한다. 동적 프로그래밍에서는 재귀 대신 반복문을 사용하며, 하위 문제 전체에 대해 가장 작은 문제부터 가장 큰 문제까지의 해답을 구해 둔다.

메모이제이션과 동적 프로그래밍 중 어떤 것이 더 나을까? 많은 문제에서 두 가지는 비슷하기 때문에, 개인적으로 더 편한 방법을 사용하면 된다. 참고로 필자는 메모이제이션을 선호한다. 앞으로 memo 및 dp가 다차원 테이블을 갖는 예제(3번 문제)를 다룰 것이다. 이런 문제에서는 종종 dp 테이블의 종료 조건과 경계를 제대로 구현하는 것이 쉽지 않다.

메모이제이션에서는 필요한 경우에만 하위 문제를 해결한다. 가령, 먹는 데 2분이 걸리는 버거와 4분이 걸리는 버거, 90분의 시간이 주어진 버거 문제를 생각해보자. 메모이제이션을 사용하는 해법에서는 89나 87, 85와 같은 홀수 시간에 대한 하위 문제는 해결하지 않는다. 하위 문제는 90에서 2와 4의 배수를 빼서는 절대 생길 수 없기 때문이다. 반면, 동적 프로그래밍은 0분부터 90분까지의 모든 하위 문제를 해결한다. 이런 차이점 때문에 메모이제이션 해법이 좀 더 유리해 보이며, 실제로도 대용량의 하위 문제를 사용하지 않으면 메모이제이션이 동적 프로그래밍보다 빠르다. 다만, 재귀 코드에 내재된 오버헤드(함수 호출과 반환 작업)가 잘 관리돼야 한다. 원한다면 문제에 대한 두 가지 해법을 모두 코딩하고 어느 것이 더 빠른지 확인해보는 것도 좋다.

일반적으로, 메모이제이션 해법을 하향식top-down 해법, 동적 프로그래밍 해법을 상향식bottom-up 해법이라고 한다. '하향식'이라고 하는 이유는 큰 하위 문제부터 작은 하위 문제로 반복하며 풀기 때문이다. 반대로, '상향식'에서는 가장 작은 하위 문제부터 시작해 위로 올라간다.

메모이제이션과 동적 프로그래밍은 매력적인 기법이다. 이 기법으로 수많은 유형의 문제를 해결할 수 있으므로, 이만큼 유용한 알고리듬 설계 기법은 드물다. 1장의 해시 테이블이나 이 책에서 배우는 많은 기법을 사용하면 속도를 크게 높일 수 있는 것이 사실이다. 그러나 이런 기법이 없더라도 많은 문제를 해결할 수 있다. 즉, 비록 판정 시스템의 엄격한 시간 제한은 맞추지 못하지만, 실제로는 빠른 시간 안에 해결될 수 있다는 의미다.

메모이제이션과 동적 프로그래밍은 다르다. 두 기법은 재귀라는 개념에 활기를 넣어 매우 느린 알고리듬을 놀라울 정도로 빠른 알고리듬으로 바꾼다. 3장의 나머지를 문제를 통해 이 기법의 매력을 느끼길 진심으로 바란다.

문제 2: 구두쇠

버거 마니아에서는 2개의 하위 문제만 고려해서 문제를 해결했다. 문제 2에서는 각 하위 문제에 더 많은 작업이 필요한 경우를 알아본다.

문제의 출처는 UVa의 **10980**이다.

문제 설명

마트에서 사과를 사려고 한다. 마트의 가격표에는 사과 1개의 판매 가격(예: $1.75)이 표시돼 있다. 마트에는 m개의 가격 구성이 있으며, 각 가격 구성은 구매 개수 n과 가격 p로 구성된다. 예를 들어, 사과 3개를 $4.00에 살 수도 있고, 사과 2개를 $2.50에 살 수도 있다. 적어도 k개의 사과를 가능한 저렴하게 구매하는 것이 목표다.

입력

더 이상 입력이 없을 때까지 테스트 케이스를 읽는다. 테스트 케이스는 다음과 같이 구성된다.

- 첫째 줄에 사과 1개를 구입하는 가격과 테스트 케이스에 대한 가격 구성의 개수 m이 제공된다. m은 최대 20이다.
- 둘째 줄부터 m개의 줄에 걸쳐 n개의 사과를 구입하는 총 가격 p가 제공된다. n은 1에서 100 사이의 값이다.
- 마지막 줄에는 구매하고 싶은 사과 개수를 여러 개의 정수로 표시한다. 각 정수 k는 0에서 100 사이의 값이다.

입력으로 주어지는 가격은 소수점 이하 두 자리의 부동 소수점 숫자다.

이번 문제에서는 사과 1개의 가격을 $1.75로 정했다. 또한 사과 3개를 $4.00에, 사과 2개를 $2.50에 정한 두 가지 가격 구성이 있다. 사과 1개 이상 및 사과 4개 이상을 구매하기 위한 최소 가격을 결정한다고 가정해보자. 테스트 케이스에 대한 입력은 다음과 같다.

```
1.75 2
3 4.00
2 2.50
1 4
```

출력

각 테스트 케이스에 대해 다음을 출력한다.

- Case c를 출력하는 줄로, 여기서 c는 1부터 시작하는 테스트 케이스의 번호다.
- 각 정수 k에 대해, Buy k for $d를 출력하는 줄로 여기서 d는 최소 k개의 사과를 살 수 있는 가장 저렴한 가격이다.

예제의 입력에 대한 출력은 다음과 같다.

```
Case 1:
Buy 1 for $1.75
Buy 4 for $5.00
```

문제의 풀이 제한 시간은 3초다.

최적해의 특성

문제 설명을 보면 적어도 k개의 사과를 가능한 저렴하게 구매하는 것이 목표라고 했다. 이는 정확히 k개의 사과를 사야하는 건 아니라는 의미다. 더 저렴하다면 k개 이상을 살 수도 있다. 버거 마니아에서 정확히 t분에 대한 문제를 먼저 풀면서 시작했듯이, 이 문제도 정확히 k개의 사과에 대한 문제를 풀면서 시작해본다. 버거 마니아에서는 t분부터 시작해 시간을 줄이면서 방법을 찾았다. 문제에서도 비슷하게 사과 개수 k부터 k, k+1, k+2 등에서 가장 저렴한 비용을 찾는 식으로 진행해보자.

메모이제이션 및 동적 프로그래밍을 적용하는 방법을 무작정 찾아보기 전에 우선 이들 기법이 실제로 필요한지를 생각해보자.

사과 3개를 총 $4.00(구성 1)에 사는 것과 사과 2개를 총 $2.50(구성 2)에 사는 것 중 어느 쪽이 더 이득일까? 이는 가격 구성에 대한 사과 1개당 비용을 계산하면 알 수 있다. 구성 1에서는 사과당 $4.00/3 = $1.33이고, 구성 2에서는 사과당 $2.50/2 = $1.25이다. 구성 2가 구성 1보다 저렴하다. 또한 $1.75에 사과 하나를 살 수도 있다. 따라서 사과 1개당 가장 싼 것부터 가장 비싼 것 순으로 나열하면 $1.25, $1.33, $1.75다.

정확히 k개의 사과를 사고 싶다고 가정하고, 알고리듬을 생각해보자. k개의 사과를 구매할 때까지 각 단계에서 사과 1개당 가장 저렴한 비용을 선택하는 알고리듬은 어떨까?

가령, 4개의 사과를 사고 싶다고 할 때, 먼저 사과 1개당 가장 좋은 가격으로 사과를 구입할 수 있는 구성 2를 적용해보자. 구성 2를 사용하면 처음 사과 2개를 구매하는 데 $2.50이 들어가고, 사과 2개가 남는다. 그후 구성 2를 다시 사용해 $2.50에 사과 2개를 더 구매(총 4개)할 수 있다. 이렇게 사과 4개에 $5.00을 사용했고, 더 좋은 방법은 없다.

어떤 알고리듬이 1개의 테스트 케이스에서 완벽하게 동작하거나, 직관적으로 이해가 된다고 해서 보편적으로 적용할 수 있는 알고리듬이 되는 것은 아니라는 점을 유의해야 한다. 사과 1개당 최저의 가격을 사용하는 이 알고리듬에는 결함이 존재하는데, 다음의 테스트 케이스에서 확인할 수 있다.

즉, 이번에는 사과를 4개 사는 것이 아니라, 정확히 3개를 산다고 가정한다. 이번에도 구성 2를 적용해서 총 $2.50에 사과 2개를 구매한다. 그러면 구매할 사과 1개가 남는다. 이제, 선택지는 사과 1개에 $1.75를 지불하는 방법뿐이어서, 총 비용은 사과 3개에 $4.25가 된다. 그러나 이보다 더 좋은 방법이 있다. 그냥 구성 1을 선택해서 $4.00를 내는 방법이다. 구성 1은 사과 1개당 비용은 구성 2보다 높지만, 사과 1개당 비용이 가장 높은 사과 1개짜리를 구매할 필요가 없으므로 총 가격은 더 낮다.

문제를 해결하기 위해 알고리듬에 추가 규칙을 만드는 방법도 있을 것이다. 예를 들어, '정확히 필요한 만큼의 사과 개수에 대한 가격 구성이 있다면 그 구성을 사용한다'와 같은 규칙을 만드는 것이다. 그러나 3개의 사과만 남은 상황에서, 마트에서 파는 사과 3개의 가격 구성이 $100.00라면 이런 규칙도 금세 무의미해진다.

메모이제이션 및 동적 프로그래밍에서는 사용 가능한 모든 옵션을 시도한 다음 가장 적합한 옵션을 최적해로 선택한다. 즉, 버거 마니아 사례에서 호머는 m분짜리 버거로 끝내야 하는지, 아니면 n분짜리 버거로 끝내야 하는지 모르기 때문에 둘 다 시도한 것이다. 이와 반대로 탐욕 알고리듬greedy algorithm에서는 여러 옵션을 시도하지 않고 하나만 시도한다. 앞의 예제를 보면 각 단계별로 다른 옵션을 고려하지 않고, 무조건 사과 1개당 최저 가격이 낮은 구성을 적용하는데 이것이 바로 탐욕 알고리듬이다. 탐욕 알고리듬은 동적 프로그래밍보다 구현하기 쉽고, 속도가 빠르기 때문에 더 나은 선택인 경우도 있다. 그러나 이 문제는 탐욕 알고리듬만으로는 충분히 해결하기 힘들다.

버거 마니아 문제에서는 버거를 먹는 데 t분을 소비할 수 있다면, 최적해의 마지막 버거는 m분짜리 버거 또는 n분짜리 버거여야 한다고 가정했다. 이를 현재 문제에 비슷하게 적용한다면 k개의 사과를 사는 최적해의 마지막 구성은 제안된 구성 중 하나로 끝나야 한다고 할 수 있다. 즉, 사용할 수 있는 가격 구성이 구성 1, 구성 2, ..., 구성 m이라면, 마지막 구성은 m개의 가격 구성 중 하나를 사용하는 것이다. 이외에 할 수 있는 다른 방법이 있을까?

안타깝게도 이번에는 이런 접근법이 맞지 않다. 이번 문제에서는 마지막에 사과 1개를 살 수 있는 기회가 항상 있기 때문이다. 버거 마니아에서처럼 두 가지 하위 문제를 해결한다기 보다는, m+1개(m개의 가격 구성 + 사과 1개 구매)의 하위 문제를 푼다고 봐야 한다.

k개의 사과를 구매하는 최적해가 n개의 사과에 대해 p를 내는 것이라고 가정해보자. 그 다음에는 k-n개의 사과를 사고, 그 비용을 p에 더해야 한다. 중요한 점은 여기서 k개의 사과에 대한 전체 최적해 안에 k-n개의 사과에 대한 최적해가 포함된다는 것을 입증하는 것이다. 이것이 메모이제이션과 동적 프로그래밍의 최적 하부 구조 요건이다. 그래야만 버거 마니아에서처럼 최적의 하부 구조가 유지된다. k에 대한 해답이 k-n에 대한 최적해를 사용하지 않는다면 k에 대한 해답은 최적이 될 수 없다.

최적해를 구하려면 해법의 마지막 단계에서 무엇을 해야 하는지는 물론 알 수 없다. 구성 1과 구성 2, 구성 3중 어느 하나를 사용해야 할지? 아니면 사과 1개만 구매해야 할지? 알 수가 없다. 그러므로 다른 메모이제이션 또는 동적 프로그래밍 알고리듬처럼 모든 경우를 시도해본 후, 가장 좋은 것을 선택해야 한다.

재귀 해법을 살펴보기 전에 어떤 숫자 k에 대해서도 항상 정확히 k개의 사과를 사는 방법을 찾을 수 있다는 점을 기억하자. 사과가 1개든, 2개든, 5개든 그 수만큼을 살 수 있다. 항상 사과를 1개씩 살 수 있는 옵션이 있고, 원하는 만큼 여러 번 구입할 수도 있기 때문이다. 반면, 버거 마니아에서의 t값은 제공된 버거로 채울 수 없는 경우가 있었다. 이런 차이 때문에 여기서는 더 작은 하위 문제에 대한 재귀 호출이 해결책을 찾지 못하는 경우를 고려할 필요가 없다.

해법 1: 재귀

버거 마니아에서와 마찬가지로 가장 먼저 헬퍼 함수를 작성해야 한다.

헬퍼 함수: 사과 개수 해법

버거 마니아의 solve_t 함수와 유사한 작업을 수행하는 함수 solve_k를 작성해보자. 함수의 선언부는 다음과 같다.

```
double solve_k(int num[], double price[], int num_schemes,
               double unit_price, int num_items)
```

각 매개변수의 용도는 다음과 같다.

- num 사과 개수의 배열로, 가격 구성당 하나의 요소다. 예를 들어, 사과 3개의 가격 구성과 사과 2개의 가격 구성이 있으면 이 배열은 [3, 2]가 된다.
- price 가격 배열로, 가격 구성당 하나의 요소다. 예를 들어, 2개의 가격 구성이 있고, 첫 번째 비용이 4.00, 두 번째 비용이 2.50이면 이 배열은 [4.00, 2.50]이 된다.

num과 price를 함께 사용하면 가격 구성의 모든 정보를 알 수 있다.

- num_schemes　가격 구성의 개수. 테스트 케이스의 m값이다.
- unit_price　사과 1개의 가격
- num_items　구매하려는 사과 개수

solve_k 함수는 정확히 num_items개의 사과를 구매하는 데 드는 최소 비용을 반환한다.

solve_k 함수는 코드 3-9와 같다. 코드를 살펴보기 전에 버거 마니아 문제의 solve_t(코드 3-1)와 비교해보자. 차이점은 무엇일까? 이런 차이가 생긴 이유는 무엇일까? 메모이제이션 및 동적 프로그래밍 해법은 공통된 코드 구조를 갖는다. 코드 구조를 파악할 수 있다면 각 문제마다 특별히 다르게 봐야하는 부분에 집중할 수 있다.

코드 3-9 num_items 아이템의 해법

```
❶ double min(double v1, double v2) {
    if (v1 < v2)
      return v1;
    else
      return v2;
  }

  double solve_k(int num[], double price[], int num_schemes,
                 double unit_price, int num_items) {
    double best, result;
    int i;
❷ if (num_items == 0)
  ❸ return 0;
    else {
  ❹ result = solve_k(num, price, num_schemes, unit_price,
                      num_items - 1);
  ❺ best = result + unit_price;
      for (i = 0; i < num_schemes; i++)
    ❻ if (num_items - num[i] >= 0) {
      ❼ result = solve_k(num, price, num_schemes, unit_price,
                         num_items - num[i]);
```

```
    ❽ best = min(best, result + price[i]);
    }
        return best;
    }
}
```

먼저 min 함수부터 시작한다 ❶. min 함수는 더 작은 해답을 선택하는 데 필요하다. 버거 마니아에서는 최대 버거 수를 원했기 때문에 max 함수를 사용했지만, 지금은 최소 비용을 선택해야 한다. 최적화 문제 중에도 최대화 문제(버거 마니아)도 있고, 최소화 문제(구두쇠)도 있으므로, 문제 설명을 주의 깊게 읽고 최적화 방향을 제대로 정해야 한다.

사과 0개에 대한 요청 ❷은 비용이 들지 않는다는 의미로 0을 반환한다 ❸. 이것이 문제의 종료 조건이다. 일반적으로 재귀와 마찬가지로 최적화 문제에는 하나 이상의 종료 조건이 필요하다.

종료 조건에 해당하지 않을 때는 num_items는 양의 정수가 되며, 정확히 그만큼의 사과를 구매할 최적의 방법을 찾아야 한다. 변수 best는 지금까지 찾은 최적(최소 비용)의 옵션을 저장하는 데 사용한다.

한 가지 옵션은 num_items-1의 사과에 대한 최적해를 찾은 다음 ❹, 최종 사과의 비용을 더하는 것이다 ❺.

드디어 이번 문제와 버거 마니아 사이의 가장 큰 구조적 차이가 생기는 지점인 재귀 함수 내의 반복문이 등장한다. 버거 마니아에서는 해결할 하위 문제가 2개뿐이었기 때문에 반복문이 필요하지 않았다. 그냥 첫째 문제를 시도하고, 이어서 둘째 문제를 시도하면 충분했다. 그러나 지금은 가격 구성당 하나씩의 하위 문제가 있으며, 모든 하위 문제를 거쳐야 한다. 따라서 현재 가격 구성을 사용할 수 있는지를 확인한다 ❻. 사과 개수가 필요한 사과 개수보다 적다면 현재 가격 구성을 사용해 볼 수 있다. 현재 가격 구성만큼의 사과 개수를 뺀 하위 문제를 해결하는 재귀 호출을 한다 ❼. (이것은 1개 사과에 대해서 1을 뺐던 이전의 재귀 호출과 유사하다 ❹). 마지막으로 하위 문제 해답에 현재 가격 구성을 더한 만큼이 지금까지의 최선의 선택이라면 best를 업데이트한다 ❽.

solve 함수

정확히 k개의 사과에 대해 최적해를 구했지만, 문제 설명에서 아직 다루지 않은 세부 사항으로 '최소한 k개의 사과를 가능하면 싸게 구매하고 싶다'가 있다. 여기서 k개의 사과와 최소 k개의 사과 사이의 차이가 중요한 이유는 무엇일까? 사과를 k개 이상 사는 것이 딱 k개 이상 사는 것보다 저렴한 테스트 케이스가 있을까?

예제를 살펴보자. 사과 1개의 가격이 $1.75라고 하자. 두 가지 가격 구성이 있다. 구성 1은 사과 4개를 $3.00에, 구성 2는 사과 2개를 $2.00에 살 수 있다. 최소 3개의 사과를 사는 경우를 생각해보자. 테스트 케이스를 문제 입력 형태로 하면 다음과 같다.

```
1.75 2
4 3.00
2 2.00
3
```

정확히 3개의 사과를 구매하는 가장 싼 방법은 사과 1개를 $1.75에, 사과 2개는 $2.00의 구성 2를 구매해 총 $3.75를 사용하는 것이다. 그런데 3개가 아닌 4개의 사과를 사면 더 적은 돈을 쓸 수 있다. 사과 4개를 구입하는 가장 싼 방법은 구성 1을 한 번 사용하는 것이며 비용은 $3.00이다. 테스트 케이스의 올바른 출력은 다음과 같다.

```
Case 1:
Buy 3 for $3.00
```

실제로는 3개가 아닌 4개의 사과를 구매하고 있기 때문에 약간 혼란스러울 수 있지만 여기서는 Buy 3을 출력하는 것이 옳다. 돈을 절약하기 위해 더 많이 구매하든 그렇지 않든 항상 구매하라는 만큼의 사과 개수를 출력한다.

문제를 해결하려면 버거 마니아의 코드 3-2와 같은 solve 함수가 필요하다. solve 함수에서는 해법을 찾을 때까지 점점 더 작은 값을 시도했으나, 지금은 점점 더 큰 값을 시도하며 최솟값을 찾아나가야 한다. 다음은 첫 번째로 작성해본 solve 함수다.

```
double solve(int num[], double price[], int num_schemes,
             double unit_price, int num_items) {
  double best;
  int i;
❶ best = solve_k(num, price, num_schemes,
                 unit_price, num_items);
❷ for (i = num_items + 1; i < ???; i++)
    best = min(best, solve_k(num, price, num_schemes,
                             unit_price, i));
  return best;
}
```

정확히 num_items개의 사과를 구매하는 최적해로 best 변수를 초기화한다❶. 그런 다음 for 반복문를 사용해 점점 더 많은 수의 사과를 시도한다❷. 그런데 for 반복문은 언제 종료돼야 하는 것일까? 예를 들어, 3개의 사과를 사려면, 가장 싼 가격을 찾기 위해 4개, 5개, 10개 아니면 무려 20개를 시도해야 할 수도 있다. 버거 마니아에서는 0을 향해 값을 줄이는 방향으로 진행했기 때문에 이런 문제가 없었다.

이때 활용할 수 있는 제약 조건은 한 가격 구성당 최대 사과 개수는 100개라는 것이다. 이 조건에서 어떤 도움을 받을 수 있을까? 사과를 최소 50개 구매하라는 요청을 받았다고 가정해보자. 정확히 60개의 사과를 사는 것이 최적일 가능성이 있을까? 물론이다. 사과 60개에 대한 최적해의 마지막 가격 구성이 사과 20개였다면, 20개의 사과와 40개의 사과에 대한 최적해를 합쳐서 총 60개의 사과를 얻을 수 있을 것이다.

반면, 사과 50개를 산다고 가정할 때, 정확히 180개의 사과를 사는 것은 어떨까? 180개의 사과를 사는 최적해를 생각해보자. 문제에서 사용할 수 있는 마지막 가격 구성은 최대 100개의 사과다. 그러면 마지막 가격 구성을 사용하기 전에는 최소 80개의 사과를 샀다는 것이고, 180개의 사과를 샀을 때보다 더 저렴하게 샀을 것이다. 게다가 결정적으로, 80개는 최소 50개 이상이라는 조건을 만족한다. 따라서 사과 80개를 사는 것은 사과 180개를 사는 것보다 싸다. 즉, 최소 50개 이상의 사과를 사려고 할 때, 사과 180개를 사는 방법은 최적이 될 수 없다.

실제로는, 사과 50개를 사야할 때 고려할 수 있는 최대 사과 개수는 149개다. 사과

150개나 그 이상을 구매할 때는 앞에 설명에 따라 최적해가 될 수 없다. 문제에서 설정한 입력 값은 가격 구성 당 사과 개수를 100개로 제한할 뿐만 아니라, 구매할 사과 개수도 100개로 제한한다. 따라서 사과 100개를 사야 한다면 최대로 살 수 있는 사과 개수는 100+99=199개가 된다. 지금까지의 추론을 정리하면 최종 solve 함수는 코드 3-10과 같다.

코드 3-10 해법 1

```
#define SIZE 200

double solve(int num[], double price[], int num_schemes,
             double unit_price, int num_items) {
  double best;
  int i;
  best = solve_k(num, price, num_schemes, unit_price, num_items);
  for (i = num_items + 1; i < SIZE; i++)
    best = min(best, solve_k(num, price, num_schemes,
                             unit_price, i));
  return best;
}
```

main 함수만 작성하면, 판정 시스템에 제출할 코드를 완성할 수 있다.

main 함수

main 함수를 작성해보자. 코드 3-11을 보면 아직 다루지 않은 헬퍼 함수인 get_number도 사용하는 것을 볼 수 있다.

예제 3-11 main 함수

```
#define MAX_SCHEMES 20

int main(void) {
  int test_case, num_schemes, num_items, more, i;
  double unit_price, result;
```

```
   int num[MAX_SCHEMES];
   double price[MAX_SCHEMES];
   test_case = 0;
❶ while (scanf("%lf%d", &unit_price, &num_schemes) != -1) {
     test_case++;
     for (i = 0; i < num_schemes; i++)
   ❷ scanf("%d%lf", &num[i], &price[i]);
   ❸ scanf(" ");
     printf("Case %d:\n", test_case);
     more = get_number(&num_items);
     while (more) {
       result = solve(num, price, num_schemes, unit_price,
                      num_items);
       printf("Buy %d for $%.2f\n", num_items, result);
       more = get_number(&num_items);
     }
   ❹ result = solve(num, price, num_schemes, unit_price,
                    num_items);
   ❺ printf("Buy %d for $%.2f\n", num_items, result);
   }
   return 0;
}
```

main 함수에서는 우선 scanf를 호출해, 입력 값의 첫째 줄을 읽는다❶. 다음 번 scanf
는 중첩 반복문 안에서 호출되며, 각 가격 구성에 대한 사과 개수와 가격을 읽는다❷. 세
번째 scanf는 가격 구성 정보의 마지막 줄 끝에 있는 개행 문자를 읽는다❸. 개행 문자를
읽으면 구매 요청을 받은 아이템 개수가 있는 줄의 시작 부분으로 이동한다. 그리고 이 줄
에서 멈춰야 하기 때문에 scanf를 계속 호출할 수는 없다. 따라서 다음에서 자세히 설명하
는 get_number 헬퍼 함수로 문제를 해결한다. get_number 함수는 읽을 숫자가 더 있으면 1
을, 마지막 숫자면 0을 반환한다. 줄의 마지막 숫자를 입력 받으면, 반복문은 종료되며, 최
종 테스트 케이스를 해결하고, 출력한다❹ ❺.
　　get_number 함수는 코드 3-12와 같다.

```
int get_number(int *num) {
  int ch;
  int ret = 0;
  ch = getchar();
❶ while (ch != ' ' && ch != '\n') {
    ret = ret * 10 + ch - '0';
    ch = getchar();
  }
❷ *num = ret;
❸ return ch == ' ';
}
```

get_number 함수는 코드 2-17과 유사한 방식으로 정수 값을 읽는다. 반복문은 공백이나 개행 문자를 만나지 않는 한 계속된다❶. 반복문이 종료되면, 읽은 내용을 이 함수 호출에 전달된 포인터 매개변수에 저장한다❷. 값을 반환하는 대신 포인터 매개변수를 사용하는 이유는 줄의 마지막 숫자인지 여부를 나타내는 다른 용도로 반환 값을 사용하기 때문이다❸. 즉, get_number가 1을 반환하면(읽은 숫자 뒤에 공백이 있으므로) 이 줄에 숫자가 더 있다는 의미고, 0을 반환하면 이 줄의 마지막 정수라는 의미다.

이제 완전한 해법을 갖게 됐다. 그러나 성능은 매우 느리다. 아무리 작아 보이는 테스트 케이스도 최대 299개의 사과까지 계산해야 하기 때문이다. 그러면 이 값을 다 메모해 두는 방법을 알아본다.

해법 2: 메모이제이션

버거 마니아 문제에서는 메모이제이션을 사용하기 위해 solve 함수에 memo 배열을 도입했었다(코드 3-5). 이는 solve 함수를 호출하는 것이 독립적인 테스트 케이스를 대상으로 했기 때문이다. 그러나 구두쇠 문제에서는 각 줄마다 구매할 수 있는 사과 개수를 지정한 정수 값이 있으며, 이를 하나씩 해결해야 한다. 그러므로 테스트 케이스를 모두 끝내기 전에 memo 배열을 버리면 안 된다.

따라서 main 함수에서 memo를 선언하고 초기화할 것이다. 업데이트한 함수는 코드 3-13과 같다.

코드 3-13 메모이제이션을 사용한 main 함수

```
int main(void) {
  int test_case, num_schemes, num_items, more, i;
  double unit_price, result;
  int num[MAX_SCHEMES];
  double price[MAX_SCHEMES];
❶ double memo[SIZE];
  test_case = 0;
  while (scanf("%lf%d", &unit_price, &num_schemes) != -1) {
    test_case++;
    for (i = 0; i < num_schemes; i++)
      scanf("%d%lf", &num[i], &price[i]);
    scanf(" ");
    printf("Case %d:\n", test_case);
❷  for (i = 0; i < SIZE; i++)
❸    memo[i] = -1;
    more = get_number(&num_items);
    while (more) {
      result = solve(num, price, num_schemes, unit_price
                     num_items, memo);
      printf("Buy %d for $%.2f\n", num_items, result);
      more = get_number(&num_items);
    }
    result = solve(num, price, num_schemes, unit_price,
                   num_items, memo);
    printf("Buy %d for $%.2f\n", num_items, result);
  }
  return 0;
}
```

memo 배열을 선언하고❶, memo의 각 요소를 -1(알 수 없는 값)로 설정한다❷❸. memo 초기화는 테스트 케이스당 한 번만 발생한다는 점을 숙지하자. 유일하게 변경된 부분은 solve 함수 호출에 memo를 매개변수로 새롭게 추가한 것이다.

새로운 solve 함수는 코드 3-14와 같다.

코드 3-14 메모이제이션을 사용한 해법 2

```
double solve(int num[], double price[], int num_schemes,
              double unit_price, int num_items, double memo[]) {
  double best;
  int i;
  best = solve_k(num, price, num_schemes, unit_price
               num_items, memo);
  for (i = num_items + 1; i < SIZE; i++)
    best = min(best, solve_k(num, price, num_schemes,
                           unit_price, i, memo));
  return best;
}
```

매개변수 목록 끝에 새로운 매개변수로 memo를 추가하는 것 외에 solve_k 호출에도 memo를 전달한다. 이게 전부다.

마지막으로 solve_k에 메모이제이션을 추가하는 데 필요한 변경 사항을 살펴본다. 여기서는 정확히 num_items개의 사과를 구매하는 데 드는 최소 비용을 memo[num_items]에 저장한다. 코드 3-15를 참조하자.

코드 3-15 메모이제이션을 사용한 num_items 아이템의 해법

```
double solve_k(int num[], double price[], int num_schemes,
               double unit_price, int num_items, double memo[]) {
  double best, result;
  int i;
❶ if (memo[num_items] != -1)
    return memo[num_items];
  if (num_items == 0) {
    memo[num_items] = 0;
    return memo[num_items];
  } else {
    result = solve_k(num, price, num_schemes, unit_price,
                     num_items - 1, memo);
```

```
    best = result + unit_price;
    for (i = 0; i < num_schemes; i++)
      if (num_items - num[i] >= 0) {
        result = solve_k(num, price, num_schemes, unit_price,
                         num_items - num[i], memo);
        best = min(best, result + price[i]);
      }
      memo[num_items] = best;
      return memo[num_items];
  }
}
```

메모이제이션으로 풀 때는 이미 해답이 있는지 여부를 가장 먼저 확인해야 한다 ❶. num_items 하위 문제에 -1 이외의 값이 저장돼 있으면 이를 반환하고 끝낸다. 그렇지 않으면 일반적인 메모이제이션 함수처럼 새로운 하위 문제 해법을 memo에 저장한 뒤 반환한다.

문제 풀이를 끝낼 시간이다. 메모이제이션 해법을 판정 시스템에 제출하면, 모든 테스트 케이스를 통과할 것이다. 그러나 동적 프로그래밍을 더 많이 연습하고 싶다면 지금이 기회다. 문제 3을 풀어보면서 메모이제이션을 동적 프로그래밍으로 변환해보자. 원하지 않는다면, 3장은 여기서 끝내도 된다.

문제 3: 하키 라이벌

앞의 두 문제에서는 1차원 memo나 dp 배열을 사용했다. 이번에는 2차원 배열을 사용해 해결해야 하는 문제를 살펴본다. 캐나다에서 가장 인기있는 스포츠는 바로 하키다. 축구처럼 하키도 골을 많이 넣는 팀이 이기는 스포츠이며, 문제 3번은 바로 하키에 대한 것이다.

문제의 출처는 DMOJ의 cco18p1이다.

문제 설명

기스팀^{Geese}은 n번의 경기를 했고 각 경기마다 기스팀의 승리(W) 또는 기스팀의 패배(L) 두 가지 결과가 있다. 무승부인 경기는 없다. 각 경기에 대해 기스팀이 이겼는지 졌는지와 득점한 골의 수를 알고 있다. 예를 들어 첫 경기가 승리(W) 였고 그 경기에서 4골을 넣었다는 정보를 알고 있다(따라서 상대는 4골 미만이어야 한다). 호크스팀^{Hawks} 또한 n번의 경기를 했고, 기스팀과 마찬가지로 매 경기마다 승패가 갈렸다. 다시 말하지만, 각 경기의 승패와 득점한 골의 수를 알고 있다.

이 팀들이 치른 경기 중 일부는 서로 맞붙은 경기지만, 일부는 그 외 다른 팀들과 치른 것이다.

누가 누구를 상대했는지에 대한 정보는 없다. 기스팀이 특정 경기에서 이겼고, 그 경기에서 4골을 넣었다는 사실을 알고 있지만 상대가 누구인지는 모른다. 상대가 호크스팀일 수도 있고, 다른 팀일 수도 있다.

라이벌전은 기스팀과 호크스팀이 치른 경기를 말한다. 라이벌전에서 득점할 수 있는 최대 골의 수를 알아내는 것이 목표다.

입력

입력은 다음과 같이 5줄로 구성된 1개의 테스트 케이스다.

- 1번 줄에는 각 팀이 치른 경기 수인 n이 있다. n은 1에서 1,000 사이다.
- 2번 줄에는 길이가 n인 문자열이 있다. 각 문자는 W(승리) 또는 L(패배)이다. 이 줄은 기스팀이 치른 경기의 결과를 알려준다. 예를 들어, WLL은 첫 번째 경기에서 이기고, 두 번째와 세 번째 경기에서는 졌음을 의미한다.
- 3번 줄에는 기스팀이 각 경기에서 득점한 골의 수를 나타내는 n개의 정수가 있다. 4 1 2는 기스팀이 첫 번째 경기에서 4골, 두 번째 경기에서 1골, 세 번째 경기에서 2골을 넣었음을 의미한다.
- 4번 줄에는 2번 줄처럼 호크스팀의 경기 결과가 있다.
- 5번 줄에는 3번 줄처럼 호크스팀이 각 경기에서 득점한 골의 수가 있다.

출력

출력은 가능한 라이벌전에서 득점한 최대 골 수를 단일 정수로 표시한다.

 문제의 풀이 제한 시간은 1초다.

라이벌 정보

최적해 구조를 알아보기 전에 몇 가지 테스트 케이스를 통해 문제에서 요구한 내용을 정확히 이해했는지 확인하자. 다음 테스트 케이스로 시작한다.

```
3
WWW
2 5 1
WWW
7 8 5
```

 여기에는 라이벌전이 하나도 없다. 다른 경기로 그렇겠지만, 라이벌전도 한 팀이 이기면 다른 팀은 지게 된다. 하지만 기스팀과 호크스팀이 둘다 모든 경기에서 이겼기 때문에 기스팀과 호크스팀은 서로 경기를 할 수가 없다. 라이벌전이 불가능해서 라이벌전에서 득점한 골도 없다. 따라서 출력 값은 0이다. 그러면, 이제 호크스팀이 모든 경기를 지는 경우를 살펴보자.

```
3
WWW
2 5 1
LLL
7 8 5
```

 여기에는 라이벌전이 있을까? 정답은 이번에도 '아니오'다. 기스팀은 2골을 넣어 첫 경기에서 이겼다. 이 경기가 라이벌전이 되려면 호크스팀이 2골 미만을 넣고 진 경기여야 한다. 하지만 호크스팀의 가장 적은 득점은 5골이기 때문에 어떤 경기도 기스팀의 첫 번

째 경기의 라이벌전이 될 수 없다. 마찬가지로 기스팀은 5골을 넣어 두 번째 경기에서 승리했지만 호크스팀이 진 경기 중 4골 이하는 없다. 즉, 기스팀의 두 번째 경기는 라이벌전이 될 수 없다. 같은 분석에 따라 기스팀의 세 번째 경기도 라이벌전이 될 수 없다. 따라서 이 문제의 출력 값도 0이다.

이번에는 라이벌전이 있는 경우를 보자. 테스트 케이스는 다음과 같다.

```
3
WWW
2 5 1
LLL
7 8 4
```

앞에 호크스팀 경기 결과에서 5골이 아니라 4골을 넣은 것으로 변경했다. 이렇게 하면 라이벌전을 만들 수 있다. 즉, 기스팀이 5골을 넣고 이긴 두 번째 경기는 호크스팀이 4골을 넣고 진 세 번째 경기와 라이벌전이 될 수 있다. 이 게임은 9골을 기록했으므로 이 테스트 케이스의 올바른 결과는 9가 된다. 그러면 다음과 같은 테스트 케이스도 살펴보자.

```
2
WW
6 2
LL
8 1
```

각 팀이 플레이한 최종 경기를 보면 기스팀은 2골을 넣어 이겼고, 호크스팀은 1골을 넣고 졌다. 이는 총 3골을 기록한 라이벌전이라 할 수 있다. 각 팀의 첫 번째 경기는 라이벌전이 될 수 없으므로 (기스팀은 6골로 이겼는데 호크스팀이 같은 경기에서 8골로 질 수는 없으므로) 더 이상 골을 추가할 수 없다. 최종적으로 3이 출력하면 될까? 그렇지 않다. 기스팀의 첫 번째 경기와 호크스팀의 두 번째 게임을 매치할 수 있기 때문이다. 이 경기도 라이벌전의 조건을 만족하고, 총 골 수는 7이다. 그러므로 이번 테스트 케이스의 올바른 출력은 7이다.

한 가지 예를 더 살펴보자. 이번에는 정답을 읽기에 앞서 답을 생각해보자.

```
4
WLWW
3 4 1 8
WLLL
5 1 2 3
```

출력 값 정답은 **20**이며, 라이벌전은 2개가 있다. 첫째는 기스팀의 두 번째 경기와 호크스팀의 첫 번째 경기(9골)이고, 둘째는 기스팀의 네 번째 경기와 호크스팀의 네 번째 경기다(11골).

최적해의 특성

문제의 최적해, 즉 라이벌전에서 득점한 골의 수를 최대화하는 해법을 생각해보자. 최적해는 어떤 모습일까? 각 팀의 경기 번호를 1에서 n까지라고 가정하자.

옵션 1 첫째 옵션은 기스팀의 최종 경기 n과 호크스팀의 최종 경기 n을 라이벌전으로 사용하는 것이다. 그 게임에는 특정 수의 골이 기록돼 있으며, 이것을 g라고 하자. 그런 다음 이 두 경기를 모두 제거하고 기스팀의 첫 번째 $n-1$ 경기와 호크스팀의 첫 번째 $n-1$경기로 이루어진 더 작은 하위 문제를 최적으로 해결한다. 하위 문제 해법에 g를 더한 결과가 전체에 대한 최적해다. 그러나 이 옵션은 2개의 n 경기가 실제로 라이벌전이 될 수 있는 경우에만 사용할 수 있다는 점을 주의한다. 예를 들어, 두 팀 모두 해당 경기가 W라면 라이벌전이 될 수 없으므로, 옵션 1이 적용되지 않는다. 바로 앞의 테스트 케이스를 다시 살펴보자.

```
4
WLWW
3 4 1 8
WLLL
5 1 2 3
```

이것이 옵션 1의 예시다. 가장 오른쪽에 위치한 2개의 점수인 8과 3을 맞추고, 나머지 경기의 하위 문제를 최적으로 해결한다.

옵션 2 둘째 옵션은 최적해가 이런 최종 경기와 전혀 관련이 없는 경우다. 이때, 기스팀이 치른 경기 n과 호크스팀이 치른 경기 n을 제거하고 기스팀의 첫 번째 $n-1$ 경기와 호크스팀의 첫 번째 $n-1$ 경기로 이뤄진 하위 문제를 최적으로 해결한다. 앞 절의 첫째 테스트 케이스가 바로 옵션 2의 예다.

```
3
WWW
2 5 1
WWW
7 8 5
```

오른쪽의 1과 5는 최적해의 일부가 아니다. 다른 경기에 대한 최적해가 전체적으로는 최적해다.

지금까지 경기 n의 점수를 사용할 때와 사용하지 않을 때를 둘 다 살펴봤다. 이게 끝일까? 다른 사례도 알아보기 위해 앞에서 다룬 테스트 케이스를 다시 살펴보자.

```
2
WW
6 2
LL
8 1
```

옵션 1은 2와 1을 매칭하므로 라이벌전에서 최대 3골을 얻는다. 옵션 2는 2와 1을 모두 버리므로 라이벌전에서 최대 0골을 얻는다. 그러나 이 테스트 케이스의 최댓값은 7이다. 따라서 옵션 1과 옵션 2만 사용해서는 모든 최적해를 구할 수 없다.

그러면 이번에는 호크스팀이 아니라 기스팀의 경기를 제거해보자. 구체적으로, 기스팀의 두 번째 경기를 제거하고, 기스팀의 첫 번째 경기와 호크스팀의 2개의 경기로 구성된 하위 문제를 해결하는 것이다. 대칭 구성을 위해 호크스팀의 두 번째 경기를 제거하고,

호크스팀의 첫 번째 경기와 기스팀의 첫 번째 경기로 구성된 하위 문제를 해결해야 한다. 두 가지 추가 옵션을 살펴보자.

옵션 3 셋째 옵션은 최적해가 기스팀의 게임 n과 관련이 없는 경우다. 이때 기스팀이 치른 경기 n을 제거하고, 기스팀의 첫 번째 $n-1$ 경기와 호크스팀의 첫 번째 n 경기로 이루어진 하위 문제를 최적으로 해결한다.

옵션 4 넷째이자 마지막 옵션은 최적해가 호크스팀의 경기 n과 관련이 없을 때다. 이때 호크스팀이 치른 경기 n을 제거하고, 기스팀의 첫 번째 n 경기와 호크스팀의 첫 번째 $n-1$ 경기의 하위 문제를 최적으로 해결한다.

옵션 3과 옵션 4는 재귀, 메모이제이션이나 동적 프로그래밍을 사용하는지 여부와 관계없이 문제에 대한 해법 구조의 변화가 필요함을 알려준다. 앞에서 다룬 2개의 문제 중 버거 마니아 문제에서는 t, 구두쇠 문제는 k라는 단일 매개변수를 사용했다. 하키 라이벌 문제에서도 옵션 3과 옵션 4가 없었다면 단일 매개변수 n을 사용했을 것이다. 그러나 옵션 3과 4가 추가되면, n값도 분리된다. 즉, 한 값은 변경되고, 다른 한 값은 변경되지 않을 수 있다. 예를 들어, 기스팀이 치른 처음 5개의 경기와 관련된 하위 문제를 해결할 때 호크스팀이 치른 처음 5개의 경기만 고려할 필요는 없다는 것이다. 마찬가지로, 호크스팀이 치른 처음 5개의 경기와 관련된 하위 문제는 기스팀이 치른 경기 수와 관련이 없다.

따라서 하위 문제에는 두 가지 매개변수가 필요하다. i는 기스팀이 치른 경기의 수, j는 호크스팀이 치른 경기의 수다.

주어진 최적화 문제에 대한 하위 문제 매개변수의 수는 1, 2, 3 또는 그 이상일 수 있다. 새로운 문제를 만날 때 하나의 하위 문제 매개변수로 시작하는 것이 좋다. 그런 다음 최적해를 위해 가능한 옵션을 생각해보자. 매개변수가 하나인 하위 문제를 해결해 각 옵션을 풀 수 있으면, 이때는 추가 매개변수가 필요하지 않다. 그러나 가끔 하나의 매개변수로 분명하게 정의할 수 없는 옵션들의 하위 문제에 대한 해법이 필요할 수 있다. 이때, 두 번째 매개변수가 도움이 된다.

하위 문제의 매개변수를 추가하면 최적해를 수용할 수 있는 하위 문제의 공간이 더 커진다는 이점이 있다. 다만, 더 많은 하위 문제를 해결해야 한다는 단점이 있다. 최적화 문제에 대한 빠른 해법을 설계하려면 매개변수를 1, 2, 3개 정도로 개수를 적게 유지해야 한다.

해법 1: 재귀

재귀 해법을 사용할 차례다. 이번에 작성할 solve 함수는 다음과 같다.

```
int solve(char outcome1[], char outcome2[], int goals1[],
          int goals2[], int i, int j)
```

항상 그렇듯이 매개변수에는 테스트 케이스의 정보와 현재 하위 문제에 대한 정보라는 두 가지 유형이 있다. 다음은 매개변수에 대한 간략한 설명이다.

- outcome1 기스팀의 W와 L 문자(char) 배열
- outcome2 호크스팀의 W와 L 문자(char) 배열
- goals1 기스팀이 득점한 골의 배열
- goals2 호크스팀이 득점한 골의 배열
- i 현재 하위 문제에서 해결하려는 기스팀의 경기 수
- j 현재 하위 문제에서 해결하려는 호크스팀의 경기 수

마지막 2개의 매개변수는 현재 하위 문제에 해당하는 매개변수며, 재귀 호출 시 변경되는 유일한 매개변수이기도 하다.

C언어에서는 배열의 시작 인덱스가 0부터 시작하기 때문에, 배열을 그대로 사용한다면 경기 k에 대한 정보는 인덱스 k가 아니라 인덱스 k-1에 위치한다. 예를 들어, 경기 4에 대한 정보는 인덱스 3인 배열에 있는 것이다. 따라서 실수를 막기 위해서 인덱스 1부터 경기 정보를 저장할 것이다. 그러면 경기 4에 대한 정보는 인덱스 4에 저장된다.

재귀 해법 함수는 코드 3-16과 같다.

```
❶ int max(int v1, int v2) {
    if (v1 > v2)
      return v1;
    else
      return v2;
  }

  int solve(char outcome1[], char outcome2[], int goals1[],
            int goals2[], int i, int j) {
❷ int first, second, third, fourth;
❸ if (i == 0 || j == 0)
      return 0;
❹ if ((outcome1[i] == 'W' && outcome2[j] == 'L' &&
        goals1[i] > goals2[j]) ||
       (outcome1[i] == 'L' && outcome2[j] == 'W' &&
        goals1[i] < goals2[j]))
❺ first = solve(outcome1, outcome2, goals1, goals2, i - 1, j - 1) +
               goals1[i] + goals2[j];
    else
      first = 0;
❻ second = solve(outcome1, outcome2, goals1, goals2, i - 1, j - 1);
❼ third = solve(outcome1, outcome2, goals1, goals2, i - 1, j);
❽ fourth = solve(outcome1, outcome2, goals1, goals2, i, j - 1);
❾ return max(first, max(second, max(third, fourth)));
  }
```

라이벌전에서 득점할 수 있는 골의 최댓값을 구하는 최대화 문제다. 그러므로 입력 값 중 큰 값을 선택하는 함수로 max 함수를 사용한다❶. 그런 다음 4개의 옵션별로 하나씩 총 4개의 정수 변수를 선언한다❷.

종료 조건을 판단하는 것부터 시작한다. i와 j가 모두 0일 때, 반환 값은 무엇일까? 이 조건은 기스팀의 경기가 0이면서, 호크스팀의 경기도 0일 때에 대한 하위 문제다. 경기가 없으니 당연히 라이벌전도 없고, 라이벌전에서 득점한 골도 없을 것이다. 따라서 결괏값으로 0을 반환한다.

그러나 이것이 유일한 종료 조건은 아니다. 예를 들어, 기스팀이 0개의 경기(i=0)를 하고, 호크스팀이 3개의 경기(j=3)을 할 때를 생각해보자. 앞에서와 마찬가지로 이때도 라이벌전은 없는데, 기스팀이 치를 경기가 없기 때문이다. 이는 호크스팀이 0개의 경기를 할 때도 마찬가지다.

종료 조건을 모두 정리하면 다음과 같다. i의 값이 0이거나, 또는 j의 값이 0이면 라이벌전에서 득점한 골은 0이다❸.

종료 조건을 완성했으니, 최적해를 만들기 위해 가능한 네 가지 옵션을 시도하고 가장 적합한 옵션을 선택해야 한다.

옵션 1 기스팀의 최종 경기와 호크스팀의 최종 경기가 라이벌전일 때만 유효하다. 이 경기가 라이벌전이 되려면 두 가지 방법이 있다.

1. 기스팀의 승리, 호크스팀의 패배, 기스팀의 득점이 호크스팀보다 많은 경우
2. 기스팀의 패배, 호크스팀의 승리, 기스팀의 득점이 호크스팀보다 적은 경우

두 가지 조건을 코드로 작성한다❹. 조건에 따라 라이벌전인 경우, 이에 대한 최적해를 계산한다❺. 이 해법은 기스팀의 첫 번째 i-1 경기와 호크스팀의 j-1 경기의 최적해와 라이벌전에서 얻은 총 골의 합으로 구성된다.

옵션 2 기스팀의 첫 번째 i-1 경기와 호크스팀의 j-1 경기의 하위 문제를 해결한다❻.

옵션 3 기스팀의 첫 번째 i-1 경기와 호크스팀의 j 경기의 하위 문제를 해결한다❼. i 는 바뀌지만 j는 바뀌지 않는다. 이것이 바로 문제에서 하나가 아닌 2개의 하위 문제 매개변수가 필요한 이유다.

옵션 4 기스팀의 첫 번째 i 경기와 호크스팀의 j-1 경기의 하위 문제를 해결한다❽. 다시 말하지만, 하위 문제 매개변수 1개는 변경되지만 다른 하나는 변경되지 않으므로, 같은 값을 유지할 필요가 없다.

이렇게 해서 최적해가 될 수 있는 네 가지 옵션의 결괏값 first, second, third, fourth 를 전부 구했다. 그 중 최댓값을 찾아 반환한다❾. 가장 안쪽의 max 호출은 third와 fourth 중 최댓값을 계산하고, 그 중 큰 값과 second 중 최댓값을 계산한다. 다시 그 중 큰 값과

first 중 최댓값을 계산한다.

거의 마무리 단계다. 마지막으로 필요한 것은 다섯 줄의 입력을 읽고, solve를 호출하는 main 함수다. 함수는 코드 3-17과 같다. 구두쇠 문제의 main 함수에 비교하면 그리 나쁘지 않다.

코드 3-17 main 함수

```
#define SIZE 1000

int main(void) {
  int i, n, result;
❶ char outcome1[SIZE + 1], outcome2[SIZE + 1];
❷ int goals1[SIZE + 1], goals2[SIZE + 1];
❸ scanf("%d ", &n);
  for (i = 1; i <= n; i++)
    scanf("%c", &outcome1[i]);
  for (i = 1; i <= n; i++)
    scanf("%d ", &goals1[i]);
  for (i = 1; i <= n; i++)
    scanf("%c", &outcome2[i]);
  for (i = 1; i <= n; i++)
    scanf("%d ", &goals2[i]);
  result = solve(outcome1, outcome2, goals1, goals2, n, n);
  printf("%d\n", result);
  return 0;
}
```

함수의 첫 부분에서는 경기 결과(W와 L) 배열 ❶과 득점 배열 ❷를 선언한다. 그리고 인덱스를 1부터 시작하려고 배열 크기에 +1을 추가했다. SIZE 값만 사용하면 유효한 인덱스는 0에서 999까지 뿐이다. 인덱스 1,000을 포함해야 하므로 +1을 추가했다.

다음으로는 첫째 줄의 정수를 읽어서 ❸ 기스팀과 호크스팀이 치른 경기의 수를 저장한다. %d 바로 뒤에는 공백 한 칸이 있다. 이 공백은 scanf가 정수 뒤에 있는 공백을 읽도록 한다. 결정적으로, 이 공백은 줄 끝의 개행 문자를 읽는다. 공백이 없다면, 다음에 scanf를 사용해 개별 문자를 읽을 때 포함될 수도 있다.

기스팀의 W와 L정보를 읽은 다음, 골 득점 정보를 읽는다. 호크스팀에 대해서도 같은 작업을 수행한다. 마지막으로 solve를 호출한다. *n*개의 모든 기스팀 경기와 *n*개의 모든 호크스팀 경기에 대한 문제를 해결해야 한다. 이것이 마지막 두 인수가 n인 이유다.

해법을 판정 시스템에 제출해보자. 익숙한 '시간 초과[Time Limit Exceeded]' 오류가 나올 것이다.

해법 2: 메모이제이션

버거 마니아와 구두쇠 문제에서는 1차원 배열의 memo를 사용했다. 하위 문제의 매개변수가 시간(분) 또는 아이템 개수 1개만 있었기 때문이다. 이와 다르게, 하키 라이벌 문제에서는 하위 문제의 매개변수가 2개다. 따라서 1차원이 아닌 2차원의 memo 배열이 필요하다. memo[i][j]의 요소에는 기스팀의 첫 i 경기와 호크스팀의 첫 j경기의 하위 문제의 해답이 저장된다. memo를 1차원에서 2차원으로 전환한다는 점 외에는 이전과 같다. 저장돼 있으면 해법을 반환하고, 그렇지 않은 경우 계산해 저장한다.

수정한 main 함수는 코드 3-18과 같다.

코드 3-18 메모이제이션을 사용한 main 함수

```
int main(void) {
  int i, j, n, result;
  char outcome1[SIZE + 1], outcome2[SIZE + 1];
  int goals1[SIZE + 1], goals2[SIZE + 1];
  static int memo[SIZE + 1][SIZE + 1];
  scanf("%d ", &n);
  for (i = 1; i <= n; i++)
    scanf("%c", &outcome1[i]);
  for (i = 1; i <= n; i++)
    scanf("%d ", &goals1[i]);
  for (i = 1; i <= n; i++)
    scanf("%c", &outcome2[i]);
  for (i = 1; i <= n; i++)
    scanf("%d ", &goals2[i]);
  for (i = 0; i <= SIZE; i++)
```

```
    for (j = 0; j <= SIZE; j++)
      memo[i][j] = -1;
  result = solve(outcome1, outcome2, goals1, goals2, n, n, memo);
  printf("%d\n", result);
  return 0;
}
```

memo 배열이 100만 개가 넘는 거대한 크기이므로 코드 1-8에서처럼 배열을 정적으로 만든다.

메모이제이션이 구현된 solve 함수는 코드 3-19와 같다.

코드 3-19 메모이제이션을 사용한 해법 2

```
int solve(char outcome1[], char outcome2[], int goals1[],
          int goals2[], int i, int j, int memo[SIZE + 1][SIZE + 1]) {
  int first, second, third, fourth;
  if (memo[i][j] != -1)
    return memo[i][j];
  if (i == 0 || j == 0) {
    memo[i][j] = 0;
    return memo[i][j];
  }
  if ((outcome1[i] == 'W' && outcome2[j] == 'L' &&
       goals1[i] > goals2[j]) ||
      (outcome1[i] == 'L' && outcome2[j] == 'W' &&
       goals1[i] < goals2[j]))
    first = solve(outcome1, outcome2, goals1, goals2, i - 1, j - 1, memo) +
            goals1[i] + goals2[j];
  else
    first = 0;
  second = solve(outcome1, outcome2, goals1, goals2, i - 1, j - 1, memo);
  third = solve(outcome1, outcome2, goals1, goals2, i - 1, j, memo);
  fourth = solve(outcome1, outcome2, goals1, goals2, i, j - 1, memo);
  memo[i][j] = max(first, max(second, max(third, fourth)));
  return memo[i][j];
}
```

해법 2는 빠르게 모든 테스트 케이스를 통과한다. 문제를 해결하는 것만이 목표라면 여기서 바로 중단해야겠지만, 더 나아가 동적 프로그래밍도 시도해보자.

해법 3: 동적 프로그래밍

문제에 메모이제이션 해법을 사용하려면 1차원 배열이 아닌 2차원 memo 배열이 필요하다는 사실을 알았다. 마찬가지로 동적 프로그래밍 해법에서도 2차원 dp 배열이 필요하다. 코드 3-18에서 선언한 memo 배열은 다음과 같다.

```
static int memo[SIZE + 1][SIZE + 1];
```

이와 마찬가지로 dp 배열도 선언한다.

```
static int dp[SIZE + 1][SIZE + 1];
```

memo 배열처럼 dp[i][j]의 요소에는 기스팀의 첫 i 경기와 호스크팀의 첫 j경기의 하위 문제에 대한 해답이 저장된다. 따라서 이번 해법의 목표는 각 하위 문제를 해결해 끝낸 다음, dp[n][n]을 반환하는 것이다.

메모이제이션을 사용한 최적화 문제에서는 하위 문제의 해결 순서를 일부러 정할 필요가 없다. 재귀 호출을 하면 하위 문제에 대한 해답이 반환되기 때문이다. 그러나 동적 프로그래밍에서는 프로그래머가 문제 해결 순서를 결정해야 한다. 그러나 하위 문제 해법을 필요할 때마다 얻을 수는 없어서 문제 해결 순서를 마음대로 결정하지는 못한다. 예를 들어, 기스팀의 처음 3개 경기와 호크스팀의 처음 5개 경기에 대한 배열인 dp[3][5]를 채운다고 가정해보자. 그러면 최적해의 네 가지 옵션은 다음과 같다.

- 옵션 1에서는 dp[2][4]를 조회해야 한다.
- 옵션 2에서도 dp[2][4]를 조회해야 한다.
- 옵션 3에서는 dp[2][5]를 조회해야 한다.

- 옵션 4에서는 dp[3][4]를 조회해야 한다.

이상의 dp 요소들이 dp[3][5]를 저장하기 전에 이미 저장이 되도록 정렬해야 한다.

매개변수가 1개뿐인 하위 문제라면 보통 최소 인덱스부터 오름차순으로 문제를 해결하면 된다. 매개변수가 1개 이상이면, 배열을 채울 수 있는 순서가 더 많기 때문에 간단하지가 않다. 게다가, 이들 중 일부 인덱스만이 필요한 하위 문제를 갖고 있다.

하키 라이벌 문제에서 dp[i-1][j-1](옵션 1과 옵션 2), dp[i-1][j](옵션 3) 및 dp[i][j-1](옵션 4) 위치에 해답이 저장돼 있다면 dp[i][j]를 풀 수 있다. 따라서 여기서 사용할 수 있는 기법 하나는 dp[i] 하위 문제를 풀기 전에 모든 dp[i-1] 하위 문제를 해결하는 것이다. 가령, dp[2][4]를 dp[3][5] 전에 풀어 두면, 이는 옵션 1과 2를 만족한다. 또한, dp[2][5]를 dp[3][5] 전에 풀어 두면, 옵션 3을 만족한다. 즉, 행 i 이전에 행 i-1을 풀면 옵션 1~3을 만족한다.

옵션 4를 만족하려면 가장 작은 j인덱스에서 가장 큰 j인덱스까지 dp[i] 하위 문제를 풀면 된다. 예를 들어, dp[3][4]를 dp[3][5] 전에 풀어 두는 것이다.

정리하면, 행 0의 모든 하위 문제를 왼쪽에서 오른쪽으로 푼 다음, 행 1의 모든 하위 문제를 왼쪽에서 오른쪽으로 푸는 식으로, 행 n의 모든 하위 문제를 풀 때까지 반복한다.

동적 프로그래밍을 사용한 solve 함수는 코드 3-20과 같다.

코드 3-20 동적 프로그래밍을 사용한 해법 3

```
int solve(char outcome1[], char outcome2[], int goals1[],
          int goals2[], int n) {
  int i, j;
  int first, second, third, fourth;
  static int dp[SIZE + 1][SIZE + 1];
  for (i = 0; i <= n; i++)
    dp[0][i] = 0;
  for (i = 0; i <= n; i++)
    dp[i][0] = 0;
❶ for (i = 1; i <= n; i++)
 ❷ for (j = 1; j <= n; j++) {
      if ((outcome1[i] == 'W' && outcome2[j] == 'L' &&
```

```
            goals1[i] > goals2[j]) ||
           (outcome1[i] == 'L' && outcome2[j] == 'W' &&
            goals1[i] < goals2[j]))
         first = dp[i-1][j-1] + goals1[i] + goals2[j];
       else
         first = 0;
       second = dp[i-1][j-1];
       third = dp[i-1][j];
       fourth = dp[i][j-1];
       dp[i][j] = max(first, max(second, max(third, fourth)));
     }
❸ return dp[n][n];
}
```

코드 3-20을 보면 적어도 하나의 인덱스가 0이라는 종료 조건의 하위 문제들을 초기화하면서 시작한다. 그런 다음, 2개의 for 문을 중첩해서, 종료 조건에 해당하지 않는 하위 문제들의 순서를 제어한다❶❷. 먼저 ❶행을 돌면서 각 행 ❷에 있는 요소를 탐색한다. 이런 순서로 진행하면 하위 문제를 해결할 수 있다는 것은 앞에서 설명했다. 그리고 테이블을 채우면 원래 문제에 대한 해법을 반환한다❸.

2차원 동적 프로그래밍 알고리듬에 의해 생성된 배열은 dp 테이블로 시각화 할 수 있다. 이는 배열의 요소가 채워지는 방식을 파악하는 데 도움이 된다. 다음과 같은 테스트 케이스에 대한 배열 구성은 어떨지 알아보자.

```
4
WLWW
3 4 1 8
WLLL
5 1 2 3
```

배열 구성은 다음과 같다.

```
4 | 0 | 9 | 18 | 19 | 20
3 | 0 | 9 |  9 |  9 |  9
2 | 0 | 9 |  9 |  9 |  9
1 | 0 | 0 |  4 |  5 |  5
0 | 0 | 0 |  0 |  0 |  0
  ---------------------------
    | 0 | 1 |  2 |  3 |  4
```

4행 2열의 요소, 즉 dp 테이블을 기준으로는 dp[4][2]를 계산한다고 생각해보자. 이 문제는 기스팀의 처음 4개 경기와 호크스팀의 처음 2개 경기의 하위 문제다. 기스팀의 4차전과 호크스팀의 2차전 결과를 보면, 기스팀이 8골로 이겼고 호크스팀이 1골로 진 것을 알 수 있다. 따라서 이 경기는 라이벌전이므로 옵션 1은 가능한 방안이다. 그리고 이 경기에서 9골을 얻는다. 이 값에 3행 1열의 값인 9를 더한다. 그러면 총 18골이 된다. 이 값은 지금까지의 최댓값이다. 이제 옵션 2에서 옵션 4까지 시도하면서 더 나은 옵션이 있는지를 확인한다. 계산하면 모두 9라는 값이 나오는 것을 알 수 있다. 따라서 사용 가능한 모든 옵션의 최댓값인 18을 dp[4][2]에 저장한다.

물론 여기서 실제로 관심있는 유일한 값은 맨 위, 맨 오른쪽 칸인 기스팀의 전체 n 경기와 호크스팀의 전체 n 경기의 하위 문제에 해당하는 값이다. 표에서 보면 20이 최적해로 반환되는 값이다. 테이블의 다른 칸들은 20을 계산하는 데 도움을 준 것으로 충분하다.

코드 3-17의 main 함수에서 코드를 약간 변경해보자. 그것은 solve 함수에 전달되는 마지막 값 n을 제거하는 것이다.

```
result = solve(outcome1, outcome2, goals1, goals2, n);
```

공간 최적화

앞에서 다룬 문제 1번의 '4단계: 동적 프로그래밍' 절에서 메모이제이션과 동적 프로그래밍이 거의 같다고 언급했다. '거의'라는 단어를 쓴 이유는 상황에 따라서 둘 중 하나를 선택하는 것이 유리하기 때문이다. 하키 라이벌 문제는 메모이제이션으로는 불가능하지만, 동적 프로그래밍으로는 가능한 전형적인 최적화 사례 중 하나다. 그런데 이 최적화는 속도가 아니라 공간에 대한 최적화다.

핵심 질문은 다음과 같다. dp 배열의 i행에서 하위 문제를 해결할 때, 어떤 행에 접근해야 할까? 네 가지 옵션을 다시 살펴보자. 유일하게 사용된 행은 i-1(이전 행)와 i(현재 행)이다. 여기에 i-2, i-3 따위는 없다. 따라서 전체 2차원 배열을 메모리에 두는 것은 낭비다. 500행의 하위 문제를 해결한다고 가정하면, 500행과 499행에만 접근하면 된다. 498행, 497행, 496행 또는 다른 행은 조회하지 않기 때문에 메모리에 둘 필요가 없다.

그러므로 2차원 배열 대신 2개의 1차원 배열(하나는 이전 행, 하나는 지금 풀고 있는 행)로 문제를 해결할 수 있다. 최적화를 구현한 결과는 코드 3-21과 같다.

코드 3-21 공간 최적화를 사용한 해법 3

```
int solve(char outcome1[], char outcome2[], int goals1[],
          int goals2[], int n) {
  int i, j, k;
  int first, second, third, fourth;
  static int previous[SIZE + 1], current[SIZE + 1];
❶ for (i = 0; i <= n; i++)
  ❷ previous[i] = 0;
  for (i = 1; i <= n; i++) {
    for (j = 1; j <= n; j++) {
      if ((outcome1[i] == 'W' && outcome2[j] == 'L' &&
          goals1[i] > goals2[j]) ||
          (outcome1[i] == 'L' && outcome2[j] == 'W' &&
          goals1[i] < goals2[j]))
        first = previous[j-1] + goals1[i] + goals2[j];
      else
        first = 0;
      second = previous[j-1];
      third = previous[j];
      fourth = current[j-1];
      current[j] = max(first, max(second, max(third, fourth)));
    }
  ❸ for (k = 0; k <= SIZE; k++)
    ❹ previous[k] = current[k];
  }
  return current[n];
}
```

```
}
```

previous를 모두 0으로 초기화해 0행의 모든 하위 문제를 해결한다❶❷. 나머지 코드에서는 i-1행을 참조할 때마다 previous를 사용한다. 또한 i행을 참조해야 할 때마다 current를 사용한다. 새로운 행이 전부 해결되고 current에 저장되면, current를 previous에 복사해❸❹, 다음 행을 해결할 때 current를 사용할 수 있게 한다.

문제 4: 통과 방법

마지막으로 아주 짧은 예제를 살펴보자. 3장의 처음 3개의 문제에서는 해답의 값을 최대화(버거 마니아 및 하키 라이벌 문제)하거나 최소화(구두쇠 문제)하도록 했다. 이제 마지막 문제는 약간 다른 성격의 문제로써, 최적해를 찾는 것이 아니라, 가능한 해법의 개수를 세어보자. 이번에도 메모이제이션과 동적 프로그래밍을 활용할 것이다.

문제의 출처는 UVa의 10910이다.

문제 설명

어떤 과목을 통과하려면 최소한 p점수가 필요하다. p는 학교에서 요구하듯 꼭 50이나 60점일 필요는 없으며, 임의의 양의 정수 값이다. 한 학생이 n개의 과목을 수강하고 모두 통과했다.

n개 과목에서 학생들의 점수를 모두 더하면 학생이 얻은 총 점수가 나오지만, 각 과목에서 얻은 점수는 알 수 없다. 이때 궁금한 것은 학생이 모든 과목을 몇 개의 다른 방법으로 통과할 수 있는가다.

학생이 2개의 과목을 수강하고 총 9점을 받았으며, 각 과목을 통과하려면 3점 이상이 필요하다고 가정해보자. 그러면, 학생이 이 2개의 과목을 통과할 수 있는 방법은 네 가지가 있다.

- 과목 1에서 3점, 과목 2에서 6점

- 과목 1에서 4점, 과목 2에서 5점
- 과목 1에서 5점, 과목 2에서 4점
- 과목 1에서 6점, 과목 2에서 3점

입력

입력에서 첫째 줄은 테스트 케이스의 수를 나타내는 정수 k다. 각 줄은 3개의 정수로 구성되며 k개의 줄이 있다. 3개의 정수는 n(학생이 통과한 수강 과목의 수), t(획득한 총 점수) 및 p(각 과목 통과에 필요한 점수)로 구성된다. n, t, p는 1에서 70 사이의 값이다.

앞의 예시에 대한 입력은 다음과 같다.

```
1
2 9 3
```

출력

각 테스트 케이스에 대해 학생이 모든 과목을 통과할 수 있도록 점수를 분배하는 방법의 수를 출력한다. 위의 예시의 출력은 정수 4다.

문제의 풀이 제한 시간은 3초다.

해법: 메모이제이션

점수를 분배하는 최적해는 없다는 점에 주목해야 한다. 좋은 해법 중 하나는 (교사로서는 결코 추천하고 싶지 않지만) 한 과목에 점수를 몰아주고 다른 과목은 과락만 면하는 방법이다.

최적해가 없기 때문에 최적해의 구조를 생각하는 것도 의미가 없다. 그보다는 해법이 어떤 모습이어야 하는지를 생각해보자. 첫째 과목에서 학생은 최소 p점, 최대 t점을 받았을 것이다. 이런 식으로 선택할 때마다, 과목 개수가 하나 줄어든 새로운 하위 문제로 이

192

어진다. 학생이 첫째 과목에서 m점을 받았다고 가정하자. 그 다음에는 학생이 *t-m*점을 획득한 *n*-1과목의 하위 문제를 해결한다.

max나 min 함수를 사용해 해답을 찾아내는 대신 해답을 모두 합산한다.

반복해서 연습을 하다 보면, 굳이 속도가 느린 재귀 해법을 거치지 않고도 메모이제이션이나 동적 프로그래밍이 필요한지를 바로 알 수 있다. 메모이제이션은 재귀 해법과 크게 다르지 않으므로 바로 메모이제이션으로 코드를 작성하는 것이 합리적이다. 코드 3-22은 이 문제의 메모이제이션 해법이다.

코드 3-22 메모이제이션을 사용한 해법

```c
#define SIZE 70

int solve(int n, int t, int p, int memo[SIZE + 1][SIZE + 1]) {
  int total, m;
  if (memo[n][t] != -1)
    return memo[n][t];
❶ if (n == 0 && t == 0)
    return 1;
❷ if (n == 0)
    return 0;
  total = 0;
  for (m = p; m <= t; m++)
    total = total + solve(n - 1, t - m, p, memo);
  memo[n][t] = total;
  return memo[n][t];
}

int main(void) {
  int k, i, x, y, n, t, p;
  int memo[SIZE + 1][SIZE + 1];
  scanf("%d", &k);
  for (i = 0; i < k; i++) {
    scanf("%d%d%d", &n, &t, &p);
    for (x = 0; x <= SIZE; x++)
      for (y = 0; y <= SIZE; y++)
        memo[x][y] = -1;
```

```
    printf("%d\n", solve(n, t, p, memo));
  }
  return 0;
}
```

코드 3-22의 종료 조건이 어떻게 되는지 알아보자❶❷. 우선, 기본 종료 조건은 과목의 수 n이 0인 경우지만, 이번에는 여기에 2개의 하위 케이스가 있다. t도 0이라고 가정하자. 0개 과목을 통과하기 위해 0점을 분배하는 방법은 몇 가지일까? 여기서 답이 0이라고 말하면 실수한 것이다. 점수를 전혀 분배하지 않아도 통과할 수 있기 때문에, 답은 1이다. 이어서, n이 0이지만 t가 0보다 크면 어떻게 될까? 이 질문의 답은 0이다. 0개의 과목에 양의 점수를 분배할 방법은 없다.

나머지 코드는 현재 과목에 대해 각각의 m 점수를 반복하면서, 1개가 줄어든 과목수와 m만큼 줄어든 점수의 하위 문제를 해결한다.

요약

3장에서는 최적해의 구조를 설명했다. 재귀 알고리듬을 개발하고, 메모이제이션으로 속도를 높이며 선택적으로 테이블을 채워 재귀를 대체하는 등의 메모이제이션 및 동적 프로그래밍의 핵심을 소개했다. 1차원 또는 2차원 배열 문제가 익숙해진 다음에는, 3차원 이상이 필요한 문제를 시도해보면 좋다. 3차원이 필요한 문제도 원칙은 앞에서 설명한 것과 다르지 않겠지만, 하위 문제를 발견하고 연관시키기 위해 좀 더 노력해야 할 것이다. 동적 프로그래밍과 관련된 아이디어는 종종 다른 알고리듬에도 등장한다. 가령, 4장에서는 나중에 조회할 수 있도록 결과를 다시 저장하는 기법을 다룰 것이다. 6장에서는 동적 프로그래밍이 핵심 알고리듬에 필요한 계산 속도를 높이는 보조 역할을 하는 문제를 살펴본다.

참고사항

[출처]

• 하키 라이벌 문제: 2018 캐나다 컴퓨팅 올림피아드

[참고]

메모이제이션 및 동적 프로그래밍의 이론과 응용을 다루는 책으로 존 클라인버그[Jon Kleinberg]와 에바 타르도스[Éva Tardos]의 『Algorithm Design』(Tsinghua University Press, 2006)을 추천한다.

4

그래프 및 너비 우선 탐색

4장에서는 최소 이동 횟수로 풀어야 하는 3개의 문제를 살펴본다. 체스 게임에서 나이트(Knight)는 얼마나 빨리 폰(Pawn)을 잡을 수 있을까? 체육 수업에서 학생이 얼마나 빨리 밧줄 오르기를 할 수 있을까? 한 언어로 쓰인 책을 다른 언어로 얼마나 저렴하게 번역할 수 있을까? 이 문제들에 공통적으로 사용할 수 있는 것이 너비 우선 탐색(Breadth-First Search, BFS) 알고리듬이며, BFS는 최소 이동 횟수를 구하는 문제에 일반적으로 사용된다. BFS를 공부하면서 동시에 개체 및 개체 간 연결에 대한 문제를 모델링하고 해결하는 강력한 기법인 그래프도 알아보자.

문제 1: 나이트 추격

문제의 출처는 DMOJ의 ccc99s4다.

문제 설명

폰과 나이트, 두 명의 플레이어가 체스 게임을 하는 문제다(체스 게임 규칙은 전혀 몰라도 상관없다). 체스판에는 r개의 행이 있으며 맨 아래가 1행, 맨 위가 r행이다. 또한 c개의 열이 있으며 왼쪽이 1열, 오른쪽이 c 열이다. 폰과 나이트는 각각 체스판의 특정 칸에서 시작한다. 폰이 먼저 이동하고, 나이트가 이동하는 식으로 게임이 끝날 때까지 번갈아 진행한다. 매 턴마다 무조건 이동해야 하며, 현재 칸에 머물러서는 안 된다. 폰은 자신의 턴마다 1칸씩 앞으로 이동하며, 나이트는 다음과 같이 최대 여덟 가지 방향으로 이동할 수 있다.

- 위로 1, 오른쪽으로 2
- 위로 1, 왼쪽으로 2
- 아래로 1, 오른쪽으로 2
- 아래로 1, 왼쪽으로 2
- 위로 2, 오른쪽으로 1
- 위로 2, 왼쪽으로 1
- 아래로 2, 오른쪽으로 1
- 아래로 2, 왼쪽으로 1

이때 나이트가 체스판 밖으로 나가면 안 되므로, 항상 여덟 가지 방향으로 이동할 수는 없다는 사실을 주의해야 한다. 예를 들어, 10열까지 있는 체스판에서 9번째 열에 나이트가 있다면, 나이트를 오른쪽으로 두 칸 움직일 수는 없다. 다음 그림은 나이트가 이동할 수 있는 위치를 보여준다.

		f		e	
	b				a
			K		
	d				c
		h		g	

그림에서 나이트는 K이며, a에서 h까지의 각 문자가 나이트가 이동 가능한 칸을 나타

낸다.

나이트가 승리하거나 패배하거나, 스테일메이트(무승부)가 되는 세 가지 경우에 게임이 종료된다.

- 폰이 맨 위 줄에 도달하기 전에 나이트가 폰을 잡으면(같은 칸에서 만나면) 나이트가 승리한다. 이때 나이트가 먼저 잡아야 이기는 것이고, 폰이 나이트를 잡는 것은 승리로 인정하지 않는다.
- 폰이 맨 위 줄에 도달하기 전에, 폰이 다음에 이동해야 할 칸에 나이트가 먼저 위치한다면 게임은 스테일메이트가 된다. 다시 말하지만, 폰이 아니라 나이트가 먼저 수를 둬야 한다. 유일한 예외는 나이트가 폰 바로 한 칸 위에서 시작하는 경우로 교착 상태로 게임이 시작된다.
- 나이트가 승리하기 전에 폰이 맨 위 줄에 도착하거나, 게임이 스테일메이트가 되면 나이트가 패배한다. 즉, 나이트가 차지하기 전에 폰이 맨 위 줄이 도착하거나, 나이트의 한 칸 위를 차지하면 나이트가 패배한다. 일단 폰이 맨 위 줄에 도달하면 나이트는 더 이상 이동할 수 없다.

나이트가 얻을 수 있는 최상의 결과와 그 결과를 얻기 위해 필요한 나이트의 이동 횟수를 구하는 것이 목표다.

입력

입력의 첫째 줄에서는 총 테스트 케이스의 수가 있다. 테스트 케이스는 다음과 같이 6줄로 구성된다.

- 체스판의 행 수(3에서 99사이)
- 체스판의 열 수(2에서 99 사이)
- 폰의 시작 행
- 폰의 시작 열
- 나이트의 시작 행

- 나이트의 시작 열

폰과 나이트는 시작 위치가 다르다. 나이트는 최소한 한 번의 이동이 가능한 위치에서 시작해야 한다.

출력

각 테스트 케이스에 대해 다음 세 가지 문장 중 하나를 출력한다.

- 나이트가 승리할 수 있으면 'Win in m knight move(s).'를 출력한다.
- 나이트가 승리할 수 없지만, 스테일메이트가 될 수 있다면, 'Stalemate in m knight move(s).'를 출력한다.
- 나이트가 승리할 수 없거나, 스테일메이트에 빠지면 'Loss in m knight move(s).'를 출력한다.

m은 나이트의 최소 이동 횟수를 의미한다.

문제의 풀이 제한 시간은 2초다.

최적 이동

기존의 틱택토tic-tac-toe나 체스와 같은 2인용 게임에서는 플레이어마다 다음에 둘 수를 선택할 수 있다. 그러나 여기서는 나이트에만 선택권이 있다. 폰의 이동 위치는 모두 고정돼 있으며, 항상 폰의 위치를 정확히 알 수 있다. 두 플레이어에게 모두 선택권이 제공된다면, 이 문제는 훨씬 더 어려울 것이다. 나이트가 승리하거나 교착 상태를 만드는 방법은 다양하다. 우선, 나이트가 승리하는 경우를 살펴보자. 나이트가 승리하려면 여러 번 이동을 해야할 텐데, 이때의 최소 이동 횟수를 파악해보자.

체스판 탐색

우선, 테스트 케이스를 분석해보자.

1
7
7
1
1
4
6

　다음의 체스판은 7행과 7열로 구성된다. 폰은 1행 1열에서 시작하며, 나이트는 4행 6열에서 시작한다. 나이트가 최적의 방법으로 이동하면, 여기서는 세 번 만에 승리할 수 있다. 이때의 이동 경로는 다음 그림과 같다.

　그림에서 K는 나이트의 시작 위치, P는 폰의 시작 위치다. K1, K2, K3은 각각 나이트의 첫 번째 이동, 두 번째 이동, 세 번째 이동 후 위치다. P1, P2, P3은 폰의 이동 후 위치다. 좌표 (x, y)는 x행, y열을 나타낸다. 폰은 $(1, 1)$부터 $(2, 1)$, $(3, 1)$ $(4, 1)$까지 해당하는 열을 따라 전진한다. 나이트는 다음과 같이 이동한다.

- $(4, 6)$에서 $(5, 4)$로 한 칸 앞으로 이동하고 두 칸 왼쪽으로 이동한다. 이때 폰의

위치는 (2, 1)이다.

- (5, 4)에서 (6, 2)로 한 칸 앞으로 이동하고 두 칸 왼쪽으로 이동한다. 이때 폰의 위치는 (3, 1)이다.
- (6, 2)에서 (4, 1)로 두 칸 아래로 이동하고 한 칸 아래로 이동한다. 이 칸에서 폰과 만난다.

나이트가 이기는 다른 방법도 있다. 다음과 같이 이동하는 경우를 보자.

나이트는 세 번이 아니라 네 번을 이동한 후에 폰을 잡는다. 여전히 나이트가 승리하지만 가장 빠른 방법은 아니다. 네 번이 아니라 세 번 만에 승리할 수 있기 때문이다.

시작점에서 특정 위치까지 나이트의 최소 이동 횟수를 구하는 알고리듬이 있다고 가정해보자. 그러면 각 위치에 있는 폰을 잡기 위해 필요한 나이트의 이동 횟수도 구할 수 있을 뿐 아니라, 나이트가 폰을 잡아 승리할 수 있다는 의미다. 나이트가 승리할 수 없다면, 다음으로는 스테일메이트를 목표로 비슷한 방법을 시도해 볼 수 있다. 즉, 폰의 위치에서 한 칸 위에 도달하기 위해 필요한 나이트의 이동 횟수를 구할 수 있으며, 그런 칸이 하나라도 있으면 스테일메이트가 된다.

이런 알고리듬을 설계하려면 나이트의 시작점에서부터 체스판을 탐색해야 한다. 시작점에서 0번의 이동으로 도달할 수 있는 칸은 시작점뿐이다. 거기에서 한 번의 이동으로 도달할 수 있는 칸을 찾을 수 있다. 한 번의 이동으로 도달한 칸에서부터 또 두 번의 이동으로 도달할 수 있는 칸을 찾을 수 있으며, 그곳에서부터 세 번의 이동으로 도달할 수 있는 칸도 찾을 수 있다. 원하는 목적지에 도달하면, 이때까지 필요한 최소 이동 횟수를 계산할 수 있다.

이전과 같은 테스트 케이스를 사용해 탐색 과정을 시연해보자. 7행 7열의 체스판이 있고 나이트는 $(4, 6)$에서 시작한다(지금은 폰의 위치를 무시한다). 나이트가 $(4, 6)$에서 $(4, 1)$까지 이동하는 최소 이동 횟수를 계산한다.

다음 도표에서 각 칸의 숫자는 나이트의 시작점에서 그 칸까지의 최소 이동 거리를 나타낸다. 위에서 언급한 바와 같이, 0번의 이동으로 도달 가능한 유일한 칸은 나이트의 출발점인 $(4, 6)$뿐이다. 이 탐색을 0라운드라고 한다.

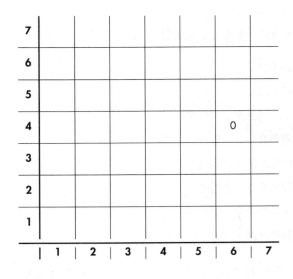

이번에는 $(4, 6)$에서부터 한 번 이동해 갈 수 있는 8개의 칸을 살펴보자. 체스판 범위를 벗어나는 2칸을 제외하면, 다음 그림에서 보듯 이동할 수 있는 여섯 칸이 남게 된다. 이것이 1라운드다.

7							
6					1		1
5				1			
4						0	
3				1			
2					1		1
1							
	1	2	3	4	5	6	7

아직 (4, 1)을 찾지 못했기 때문에 계속 진행한다. 1라운드에서 탐색한 6개의 칸에서부터 각각 탐색을 시작해, 두 번의 이동으로 갈 수 있는 칸을 모두 찾는다. 예를 들어 (6, 5)칸에서부터 또 한 번의 탐색으로 도달할 수 있는 칸은 다음과 같다.

- 위로 1, 오른쪽으로 2: (7, 7)
- 위로 1, 왼쪽으로 2: (7, 3)
- 아래로 1, 오른쪽으로 2: (5, 7)
- 아래로 1, 왼쪽으로 2: (5, 3)
- 위로 2, 오른쪽으로 1: (불가능)
- 위로 2, 왼쪽으로 1: (불가능)
- 아래로 2, 오른쪽으로 1: (4, 6)
- 아래로 2, 왼쪽으로 1: (4, 4)

이렇게 찾은 칸들은 이미 0으로 표기된 (4, 6)을 제외하면 모두 시작점에서 두 번의 이동으로 갈 수 있다. 이런 식으로 두 번의 이동으로 갈 수 있는 모든 칸을 찾아내는 것이 2라운드다.

204

7			2		2		2
6		2			1	2	1
5			2	1	2		2
4		2		2		0	
3			2	1	2		2
2		2			1	2	1
1			2		2		2
	1	2	3	4	5	6	7

이들 외에 두 번의 이동으로 갈 수 있는 다른 칸은 없다. 그러나 여전히 (4, 1)이 없으므로 탐색을 계속 진행한다. 두 번의 이동으로 갈 수 있는 칸에서부터 각각 탐색을 진행하면 3라운드가 되며, 결과는 다음과 같다.

7		3	2	3	2	3	2
6	3	2	3		1	2	1
5		3	2	1	2	3	2
4	3	2	3	2	3	0	3
3		3	2	1	2	3	2
2	3	2	3		1	2	1
1		3	2	3	2	3	2
	1	2	3	4	5	6	7

이제 (4, 1)이 3으로 채워졌다. 따라서 (4, 6)에서 (4, 1)로 이동하는 데는 최소 세 번의 이동이 필요하다. 3라운드에서도 (4, 1)을 찾지 못한다면, 찾을 때까지 네 번, 다섯 번계속 진행한다. 정리하면, 0번 이동, 한 번 이동, 두 번 이동 등을 반복하며 모든 칸을 찾아가는 기법을 너비 우선 탐색, 즉 BFS라 한다. 여기서 '너비'라는 단어는 전체 범위를 의미한다. BFS는 다른 칸으로 이동하기 전에 먼저 각 칸에서 도달할 수 있는 전체 범위를 탐색하기 때문에 그런 이름이 붙었다. BFS는 빠르고, 메모리도 효율적으로 사용하며, 구현이 깔끔하다. 한 위치에서 다른 위치까지의 최소 거리를 구할때, BFS를 이용하면 매우 유용하다. 그러면 직접 코드를 구현해보자.

너비 우선 탐색 구현

코드를 간결하게 만드는 몇 개의 타입 정의부터 시작하자. 먼저 체스판의 좌표는 행과 열로 구성되므로, 구조체로 묶는다.

```
typedef struct position {
  int row, col;
} position;
```

체스판은 2차원 배열이므로 이에 대한 타입 정의도 할 수 있다. 이동 횟수를 저장해야하므로 정수형으로 선언한다. 체스판에는 최대 99개의 행과 99개의 열이 있지만 행과 열의 인덱스 시작을 0이 아닌 1로 시작하기 위해 각각 1행을 더해 준다.

```
#define MAX_ROWS 99
#define MAX_COLS 99

typedef int board[MAX_ROWS + 1][MAX_COLS + 1];
```

마지막으로 BFS로 찾아낸 위치를 저장하는 배열 타입도 지정한다. 체스판의 모든 칸을 저장할 수 있도록 충분히 크게 만든다.

```
typedef position positions[MAX_ROWS * MAX_COLS];
```

BFS를 구현하기 위한 준비가 됐다. 구현할 함수는 다음과 같다.

```
int find_distance(int knight_row, int knight_col,
                  int dest_row, int dest_col,
                  int num_rows, int num_cols)
```

매개변수 knight_row와 knight_col는 나이트의 시작점을, 매개변수 dest_row와 dest_col는 목적지를 나타낸다. 매개변수 num_rows 및 num_cols는 각각 체스판의 행과 열의 수를 나타내며, 유효한 이동인지를 확인하기 위해서는 이 2개의 값이 필요하다. 이 함수는 나이트가 시작점에서 목적지까지 이동하는 데 필요한 최소 이동 횟수를 반환한다. 나이트가 목적지에 도착할 방법이 없으면 -1을 반환한다. 다음은 BFS에서 사용하는 중요한 2개의 배열이다.

- cur_positions 현재의 BFS 라운드에서 찾아낸 위치를 저장하는 배열이다. 가령, 3라운드에서 찾아낸 모든 위치를 여기에 저장한다.
- new_positions 다음 BFS 라운드에서 찾아낸 위치를 저장하는 배열이다. cur_positions가 3라운드에서 찾아낸 위치를 저장한다면, new_positions는 4라운드에서 찾아낸 위치를 저장한다.

이를 구현한 결과는 코드 4-1과 같다.

코드 4-1 BFS에서 나이트의 최소 이동 횟수

```
int find_distance(int knight_row, int knight_col,
                  int dest_row, int dest_col,
                  int num_rows, int num_cols) {
  positions cur_positions, new_positions;
  int num_cur_positions, num_new_positions;
  int i, j, from_row, from_col;
  board min_moves;
```

```
    for (i = 1; i <= num_rows; i++)
      for (j = 1; j <= num_cols; j++)
        min_moves[i][j] = -1;
❶ min_moves[knight_row][knight_col] = 0;
❷ cur_positions[0] = (position) {knight_row, knight_col};
  num_cur_positions = 1;

❸ while (num_cur_positions > 0) {
    num_new_positions = 0;
    for (i = 0; i < num_cur_positions; i++) {
      from_row = cur_positions[i].row;
      from_col = cur_positions[i].col;
    ❹ if (from_row == dest_row && from_col == dest_col)
        return min_moves[dest_row][dest_col];

    ❺ add_position(from_row, from_col, from_row + 1, from_col + 2,
                    num_rows, num_cols, new_positions,
                    &num_new_positions, min_moves);
      add_position(from_row, from_col, from_row + 1, from_col - 2,
                    num_rows, num_cols, new_positions,
                    &num_new_positions, min_moves);
      add_position(from_row, from_col, from_row - 1, from_col + 2,
                    num_rows, num_cols, new_positions,
                    &num_new_positions, min_moves);
      add_position(from_row, from_col, from_row - 1, from_col - 2,
                    num_rows, num_cols, new_positions,
                    &num_new_positions, min_moves);
      add_position(from_row, from_col, from_row + 2, from_col + 1,
                    num_rows, num_cols, new_positions,
                    &num_new_positions, min_moves);
      add_position(from_row, from_col, from_row + 2, from_col - 1,
                    num_rows, num_cols, new_positions,
                    &num_new_positions, min_moves);
      add_position(from_row, from_col, from_row - 2, from_col + 1,
                    num_rows, num_cols, new_positions,
                    &num_new_positions, min_moves);
      add_position(from_row, from_col, from_row - 2, from_col - 1,
                    num_rows, num_cols, new_positions,
                    &num_new_positions, min_moves);
```

```
❻ num_cur_positions = num_new_positions;
   for (i = 0; i < num_cur_positions; i++)
     cur_positions[i] = new_positions[i];
  }
  return -1;
}
```

가장 먼저 하는 작업은 min_moves 배열의 모든 값을 -1로 초기화하는 것이다. 여기서 -1은 이동 횟수를 계산하지 않았다는 뜻이다. 최소 이동 횟수를 알고 있는 칸은 오로지 나이트의 시작 칸 밖에 없기 때문에 시작 칸은 0으로 초기화한다❶. 시작 칸은 BFS 라운드를 시작하는 칸이기도 하다❷. while 문은 가장 최근의 BFS 라운드가 하나 이상의 새로운 칸을 발견할 때까지 실행된다❸. while 문 내부에서는 조건의 맞는 칸을 찾는다. 목적지 칸을 발견하면❹, 최소 이동 횟수를 반환한다. 그렇지 않다면 계속 탐색한다.

어떤 칸에서 8개 방향 이동을 탐색하는 작업은 add_position이라는 헬퍼 함수를 8번 호출해 처리한다. 이 함수는 new_positions에 새 칸을 추가하고, 그에 따라 num_new_positions를 업데이트한다. 처음 4개의 매개변수를 살펴보면, 현재 행과 열, 그리고 8개 이동 방향 중 1개에 대한 새로운 행과 열을 제공한다. 첫 번째 addd_postion 호출을 보면❺, 이 호출은 위로 2칸, 오른쪽으로 1칸을 이동한다. add_position 함수에 대해서는 곧 자세히 살펴볼 것이다.

cur_positions의 칸을 돌면서, 다음 번에 이동할 수 있는 새로운 칸을 모두 찾아내면 BFS의 한 라운드가 완료된다. 다음 라운드를 처리하기 위해 새로 발견한 칸의 개수를 현재 칸 개수 변수에 저장하고❻, new_positions에 있는 새로 발견한 칸을 전부 cur_positions에 복사한다. 이런 식으로 while 문을 반복하면서 다른 새로운 칸을 찾는 탐색을 한다.

목적지 칸을 찾지 못하고 코드의 마지막 줄에 도달하면, 실패의 의미로 -1을 반환한다.

코드 4-2의 add_position 헬퍼 함수를 살펴보자.

```
void add_position(int from_row, int from_col,
                  int to_row, int to_col,
                  int num_rows, int num_cols,
                  positions new_positions, int *num_new_positions,
                  board min_moves) {
  struct position new_position;
  if (to_row >= 1 && to_col >= 1 &&
      to_row <= num_rows && to_col <= num_cols &&
      min_moves[to_row][to_col] == -1) {
❶ min_moves[to_row][to_col] = 1 + min_moves[from_row][from_col];
    new_position = (position){to_row, to_col};
    new_positions[*num_new_positions] = new_position;
    (*num_new_positions)++;
  }
}
```

if 문에는 5개의 조건이 있으며 to_row와 to_col이 유효한 위치 값이 되려면 이 조건이 모두 참이어야 한다. 행과 열은 최소 1개 이상이면서, 최대 행과 열 개수보다는 작아야 한다. 그리고 마지막 조건인 min_moves[to_row][to_col] == -1은 무엇일까?

마지막 조건은 이 칸을 전에 탐색했는지 여부를 확인한다. 이 값이 -1이면, 탐색한 적이 없는 칸이므로, 탐색을 하고 이동 횟수 값을 설정해야 한다. -1이외의 값이면, 이 칸은 이전의 BFS 라운드에서 탐색된 칸이기 때문에 지금보다 더 작은 값을 가지고 있을 것이다. 즉, -1이 아닌 값은 최소 이동 횟수가 이미 설정된 것이므로 값을 그대로 둔다.

5개의 조건을 모두 통과하면 이동할 수 있는 새로운 칸을 발견한 것이다. (from_row, from_col)은 이전 BFS 라운드에서 발견된 칸이고, (to_row, to_col)은 현재 라운드에서 발견된 칸이다. 따라서 (to_row, to_col)로 가는 최소 이동 횟수는 (from_row, from_col)로 가는 최소 이동 횟수보다 1이 더 큰 값이다❶. 이전 BFS 라운드에서 (from_row, from_col)을 계산했기 때문에 이미 그 값이 min_moves에 저장돼 있으므로 다시 계산하지 않고도 간단히 값을 찾을 수 있다.

머릿속에 메모이제이션과 동적 프로그래밍이 떠오를 것이다. BFS에서도 재계산보다는 검색 방법을 사용한다. 그러나 여기에는 하위 문제의 해법을 기반으로 해법을 최대화 및 최소화하거나 소규모 해법을 결합해 더 큰 해법을 만드는 개념은 없다. 따라서 알고리 듬 개발자는 일반적으로 BFS를 동적 프로그래밍 알고리듬이 아닌, 검색 또는 탐색 알고 리듬으로 분류한다.

최상의 결과

find_distance 함수로 BFS를 정리했다. 폰이 열을 따라 진행할 때의 이동 횟수를 세고, find_distance를 이용해 나이트가 폰을 잡을 수 있는지를 확인한다. 가령, 폰이 어딘가에 도착하는데 세 번의 이동을, 나이트도 그 곳에 도착하기 위해 세 번의 이동을 한다면, 나 이트는 세 번의 이동만으로 승리한다. 나이트가 승리할 수 없을 때는 스테일메이트에 대 해 비슷한 기법을 시도해본다. 폰이 다시 열을 따라 위로 이동하게 하면서 이번에는 나이 트가 스테일메이트를 만들 수 있는지 확인한다. 스테일메이트가 되지 않는다면 나이트는 패배한다. 이런 로직을 코드 4-3에 정리했다. solve 함수는 폰의 시작 행과 열, 나이트의 시작 행과 열, 체스판의 행과 열까지 총 6개의 매개변수를 받는다. 그리고 나이트의 승, 패 또는 스테일메이트에 해당하는 결과를 출력한다.

코드 4-3 나이트의 최상의 결과(버그 있음)

```
void solve(int pawn_row, int pawn_col, //버그 있음!
           int knight_row, int knight_col,
           int num_rows, int num_cols) {
  int cur_pawn_row, num_moves, knight_takes;

❶ cur_pawn_row = pawn_row;
  num_moves = 0;
  while (cur_pawn_row < num_rows) {
    knight_takes = find_distance(knight_row, knight_col,
                                 cur_pawn_row, pawn_col,
                                 num_rows, num_cols);
❷ if (knight_takes == num_moves) {
      printf("Win in %d knight move(s).\n", num_moves);
      return;
```

```
    }
    cur_pawn_row++;
    num_moves++;
  }

❸ cur_pawn_row = pawn_row;
  num_moves = 0;
  while (cur_pawn_row < num_rows) {
    knight_takes = find_distance(knight_row, knight_col,
                                 cur_pawn_row + 1, pawn_col,
                                 num_rows, num_cols);
    if (knight_takes == num_moves) {
      printf("Stalemate in %d knight move(s).\n", num_moves);
      return;
    }
    cur_pawn_row++;
    num_moves++;
  }
❹ printf("Loss in %d knight move(s).\n", num_rows - pawn_row - 1);
}
```

코드를 세 부분으로 나눠서 이해해보자.

첫째 부분은 나이트가 승리할 수 있는지 확인하는 코드다. 먼저, 폰의 행을 새로운 변수에 저장한다❶. 이는 폰이 움직이면서 행이 계속 변하기 때문이며, 원래의 행 정보를 저장하려는 것이다. while 문은 폰이 맨 윗줄에 도달하기 전까지 계속 진행된다. 반복할 때마다 나이트와 폰이 같은 위치로 이동하는 데 필요한 이동 횟수를 계산한다. 나이트와 폰이 동시에 같은 위치가 되면❷, 나이트가 승리한다. 나이트가 승리할 수 없을 때는, 폰이 체스판의 맨 윗줄에 도달하게 되며 while 문 밖에 다음 코드로 진행한다.

둘째 부분은 ❸번부터 시작된다. 이 코드는 나이트가 스테일메이트를 일으킬 수 있는지 여부를 결정한다. 코드는 첫째 부분과 같지만, while 문 안에서 나이트가 폰이 있는 행이 아닌, 폰 위의 행에 도달하는 데 필요한 이동 횟수를 계산한다.

셋째 부분은 한 줄이며❹, 나이트가 승리하지 못하거나, 스테일메이트인 경우에만 실행된다. 여기서는 패배했다는 메시지만 출력한다.

이것이 1개의 테스트 케이스를 처리하는 코드다. 테스트 케이스를 모두 읽고 처리하려면 간단한 main 함수가 필요하며, 이 함수는 코드 4-4와 같다.

코드 4-4 main 함수

```c
int main(void) {
  int num_cases, i;
  int num_rows, num_cols, pawn_row, pawn_col, knight_row, knight_col;
  scanf("%d", &num_cases);
  for (i = 0; i < num_cases; i++) {
    scanf("%d%d", &num_rows, &num_cols);
    scanf("%d%d", &pawn_row, &pawn_col);
    scanf("%d%d", &knight_row, &knight_col);
    solve(pawn_row, pawn_col, knight_row, knight_col,
          num_rows, num_cols);
  }
  return 0;
}
```

이렇게 해서 완벽한 해법을 완성했다. 나이트의 이동 횟수를 최적화하는 데 BFS를 사용했고, 나이트의 승패 및 스테일메이트가 되는 조건을 확인했다. 해법을 판정 시스템에 코드를 제출해보자. 기대했던 좋은 결과가 나올까?

변덕스런 해법

앞의 1장과 3장에서는 해법에는 오류가 없지만, 판정 시스템을 통과하기에는 너무 느린 사례를 다뤘다. 이와 달리, 이번 '나이트 추격' 문제의 해법에는 오류가 있다. 즉, 테스트 케이스에 따라 틀린 답을 출력한다(게다가 속도로 예상보다 꽤 느리다).

정확한 해법 완성

코드 오류의 원인은 바로 나이트가 너무 빠른 경우를 고려하지 않았기 때문이다. 즉, 폰이 이동할 위치에 나이트가 폰보다 먼저 도착하는 경우다. 그러므로 폰과 나이트의 이동 횟수가 같은지를 비교하는 것만으로는 정확한 해법을 만들 수 없다. 다음 테스트 케이스를 통해 이 문제를 살펴보자.

```
1
5
3
1
1
3
1
```

여기서는 5개의 행과 3개의 열이 있는 체스판이 있고, 폰은 1행 1열에서, 나이트는 3행 1열에서 시작한다. 다음은 이 테스트 케이스에 대해 현재 코드가 출력하는 내용이다.

```
Loss in 3 knight move(s).
```

폰이 맨 위 줄에 도달하면, 나이트가 이동할 수 없기 때문에, 4가 아니라 3이 출력된다. 이는 나이트의 최소 이동 횟수가 폰의 이동 횟수와 같으면서 승리나 스테일메이트가 되는 위치가 없음을 의미한다. 한편으로는 맞는 말이다. 그러나 여기서도 나이트가 두 번의 이동을 한다면 승리할 수 있다. 어떻게 그럴 수 있는지 알아보자.

한 번 이동해서 폰이 (2, 1)에 있을 때 나이트가 한 번에 이길 수 있는 방법은 없다. 그러나 두 번 이동해서 폰이 (3, 1)에 있으면, 두 번 이동한 나이트가 (3, 1)에 도착할 수 있다. 나이트의 이동은 다음과 같다.

- 이동1: (3, 1)에서 (5, 2)로 이동한다.
- 이동2: (5, 2)에서 (3, 1)로 되돌아온다.

나이트가 (3, 1)까지 이동하기 위한 최소 이동 횟수는 0이며, 이는 결국 나이트의 시작점이다. 다른 칸으로 갔다가 돌아오는 식으로 하면, 두 번 이동한 후에도 시작점인 (3, 1)에 도착할 수 있다. 직접 확인해보자. 우선 나이트의 시작점을 (3, 1)에서 (5, 3)으로 변경한다. 그러면 나이트가 어떻게 세 번의 동작으로 이길 수 있는지 알아낼 수 있을까?

이를 일반화하면, 나이트가 최소 m번의 이동으로 어떤 칸에 도착할 수 있다면 $m+2$번의 이동 또는 $m+4$번의 이동으로도 해당 칸에 도착한다고 할 수 있다. 단지 다른 칸으로 이동했다가 돌아오기만 하면 된다.

이것이 해법에서 의미하는 바는 각 단계에서 나이트가 이기거나 스테일메이트가 되는 방법이 두 가지 있다는 것이다. 이것이 가능한 이유는 최소 이동 횟수가 폰 이동 횟수와 일치하거나. 최소 이동 횟수가 폰 이동 수의 짝수배이기 때문이다.

즉, 다음 코드 대신에

```
if (knight_takes == num_moves) {
```

아래 코드가 필요하다.

```
if (knight_takes >= 0 && num_moves >= knight_takes &&
    (num_moves - knight_takes) % 2 == 0) {
```

여기서는 폰의 이동 횟수와 나이트의 이동 횟수의 차이가 2의 배수인지를 확인한다. 코드 4-3에서 잘못된 두 군데의 코드를 수정하면, 올바른 코드 4-5가 된다.

코드 4-5 나이트의 최상의 결과

```
void solve(int pawn_row, int pawn_col,
           int knight_row, int knight_col,
           int num_rows, int num_cols) {
  int cur_pawn_row, num_moves, knight_takes;

  cur_pawn_row = pawn_row;
  num_moves = 0;
  while (cur_pawn_row < num_rows) {
    knight_takes = find_distance(knight_row, knight_col,
                                 cur_pawn_row, pawn_col,
                                 num_rows, num_cols);
❶   if (knight_takes >= 0 && num_moves >= knight_takes &&
            (num_moves - knight_takes) % 2 == 0) {
```

```
      printf("Win in %d knight move(s).\n", num_moves);
      return;
    }
    cur_pawn_row++;
    num_moves++;
  }

  cur_pawn_row = pawn_row;
  num_moves = 0;
  while (cur_pawn_row < num_rows) {
    knight_takes = find_distance(knight_row, knight_col,
                                 cur_pawn_row + 1, pawn_col,
                                 num_rows, num_cols);
❷ if (knight_takes >= 0 && num_moves >= knight_takes &&
          (num_moves - knight_takes) % 2 == 0) {
      printf("Stalemate in %d knight move(s).\n", num_moves);
      return;
    }
    cur_pawn_row++;
    num_moves++;
  }

  printf("Loss in %d knight move(s).\n", num_rows - pawn_row - 1);
}
```

약속한 대로 두 곳의 조건문을 변경했다❶❷. 이제 판정 시스템에 제출해보면, 통과될 것이다.

정확성 증명

앞의 해법의 정확성을 충분히 알고 있다면 이 절의 설명은 건너 뛰어도 좋다. 지금부터는 이 해법의 우려되는 점을 좀 더 설명한다.

나이트가 m번 이동해서 폰보다 먼저 목적지 칸에 도착하며, m은 폰의 이동 횟수보다 짝수만큼 크다고 가정하자. 또한, 나이트는 $m+2$, $m+4$처럼 이동해서 원하는 횟수만큼 목적지 칸을 떠났다가 돌아오는 식으로, 폰을 잡는다고 가정해보자. 이때 나이트가 폰을 잡기 위해 $m+1$이나 $m+3$, 혹은 그 이상의 홀수 이동을 할 수 있다면 상당히 당황스러울 것이다. 홀수 이동은 짝수 이동보다 최소 이동 횟수에서 유리하기 때문이다. 하지만 다행히도 그런 일은 일어날 수 없다.

간단한 실험을 해보자. 나이트의 출발지과 목적지를 선택하고 출발지에서 목적지까지 이동하는 데 필요한 최소 이동 횟수를 구하는 실험이다. 여기서 이동 횟수를 m이라 정의한다. 나이트가 같은 출발지에서 같은 목적지까지 가는 방법을 찾되 정확하게 1번이나 3번, 또는 그 이상을 추가로 이동해서 가는 방법을 찾아보자. 예를 들어, 최소 이동 횟수가 2번이라면, 3번의 이동으로 도착할 수 있는 가장 빠른 방법을 찾는 것이다. 아마도, 그런 방법은 없을 것이다.

나이트가 한 번 이동할 때마다 행은 2칸, 열은 1칸이 바뀐다. 예를 들어, 행 번호가 6에서 4로, 열 번호가 4에서 5로 바뀐다. 이때, 숫자가 2씩 변경되면, 숫자의 짝수/홀수 여부는 바뀌지 않는다. 그러나 숫자가 1씩 바뀌면, 짝수는 홀수로, 홀수는 짝수로 바뀐다. 그러므로, 짝수 또는 홀수의 관점에서 보면 이동할 때마다 두 숫자(행 또는 열) 중 하나는 그대로지만, 다른 하나는 바뀐다. 숫자가 짝수에서 홀수로 바뀌거나 또는 그 반대로 바뀌는 것을 패리티 변경이라고 한다.

홀수 정수 k가 있다고 하자. 나이트의 m 이동과 $m+k$ 이동이 같은 목적지에 도달할 수 없는 이유를 알아볼 준비가 됐다. 나이트가 s칸에 도달하기 위해 m번의 이동을 하는데 m_1은 행의 짝수/홀수 여부에 따라, m_2는 열의 짝수/홀수 여부에 따라 변경된다고 해보자.

m_1과 m_2가 모두 짝수라고 하자. 그러면 이 이동은 행의 패리티도, 열의 패리티도 바뀌지 않는다. 다른 이동 순서를 만들어서 행의 패리티를 홀수 번 뒤집거나, 열의 패리티를 홀수 번 뒤집으면, 해당 이동 순서는 s와 다른 행 또는 열 패리티인 칸에 놓이기 때문에 s에 도착할 수 없다.

m_1+m_2의 총 이동 횟수인 m은 짝수이므로, 2개의 짝수를 더하면 그대로 짝수가 된다. 그러나 $m+k$는 반드시 홀수이므로, 행을 변경하는 짝수 이동과 열을 변경하는 짝수 이동으로 만들 수 없다(둘 중 적어도 하나는 홀수여야만, 행 또는 열의 패리티를 변경할 수 있다). 그러므로, $m+k$이동으로는 나이트가 s에 도착할 수 없다(m_1짝수와 m_2홀수, m_1홀수와 m_2짝수,

m_1홀수와 m_2홀수 등 세 가지 다른 사례가 있지만, 분석 결과는 비슷하므로 여기서는 생략한다).

시간 최적화

현재 해법(코드 4-5)에서는 BFS 호출을 많이 한다. 폰이 한 행씩 전진할 때마다 (find_ distance 호출하는 식으로) BFS로 나이트가 그 칸의 폰을 잡을 수 있는지를 확인한다.

폰이 (1, 1)에서 시작한다고 가정해보자. 나이트의 시작점에서부터 (1, 1)까지 BFS를 실행해 이동 가능한 칸을 탐색한다. 나이트가 여기서 폰을 잡지 못했다고 하자. 그러면 나이트의 시작점에서 (2, 1)까지 BFS를 실행해, 다시 이동 가능한 칸을 탐색한다. 이때, (1, 1)과 (2, 1)은 매우 가깝기 때문에 두 번째 BFS가 첫 번째 BFS 호출 때 찾아냈던 칸을 또 탐색하게 된다. 각 BFS 호출은 독립적으로 실행되므로, 두 번째 BFS 호출은 첫 번째 BFS 호출에서 이미 수행한 많은 작업을 다시 반복한다. 세 번째 BFS 호출도 이전의 두 BFS 호출이 수행한 작업을 다시 반복하며 이후의 BFS 호출도 마찬가지다.

BFS는 빠르다. 그럼에도 불구하고, BFS의 호출 횟수를 줄이는 것은 의미가 있다. 좋은 소식은 BFS를 딱 한 번 호출해서 끝내는 방법이 있다는 것이다. 코드 4-1의 BFS를 다시 생각해보자. 목적지를 찾으면 BFS를 중단하는 코드가 있었다❹. 그러나 이 코드를 제거하면 BFS는 전체 체스판을 탐색해 각 칸까지의 최단 거리를 계산한다. 이렇게 변경하면 BFS를 한 번만 호출하고, 끝낼 수 있다. 그 다음부터는 min_moves 배열에서 필요한 값을 조회하면 끝이다.

이제, BFS가 딱 한 번만 호출되도록 코드를 바꿔보자. 앞에서 제공한 해법 코드는 판정 시스템에 제출했을 때 0.1초가 걸린다. 그러나 '단 한 번의 BFS 호출' 최적화를 적용한 코드는 500% 빨라져서 0.02초밖에 걸리지 않는다. 최적화는 BFS를 시작점에서 다른 지점까지의 최단 거리를 찾는 데 사용할 수 있을 뿐만 아니라 시작점에서 다른 모든 지점까지의 거리를 찾는 데도 사용할 수 있다는 점이 중요하다. 다음 절의 설명을 좀 더 읽다보면 BFS가 얼마나 유연한지 알게 될 것이다.

그래프와 BFS

나이트 추격 문제를 해결하며 확인했듯이 BFS는 강력한 탐색 알고리듬이다. BFS를 실행하려면 그래프가 필요하다. 나이트 추격 문제를 풀 때 그래프를 떠올리지 못했거나, 그래프가 무엇인지 몰랐을 수도 있지만, BFS의 근간에는 사실 그래프가 있었다.

그래프

그림 4-1은 그래프의 첫 번째 예시다.

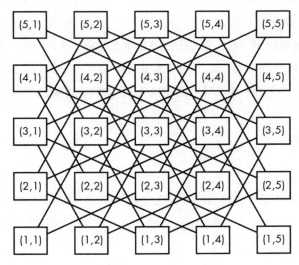

그림 4-1 나이트의 이동 그래프

그래프는 트리와 마찬가지로 노드(사각형)와 노드 사이의 에지(선)로 구성된다. 그림 4-1의 그래프에 표시된 에지는 나이트가 이동할 수 있는 예상 경로를 표시한다. 예를 들어 (5, 1) 노드에 있는 나이트는 (4, 3)이나 (3, 2)로 가는 에지를 따라 이동할 수 있다. 그러나 2개의 에지 외에 다른 에지는 없으므로, (5, 1)에서 출발하는 나이트의 다른 이동 경로는 없다.

나이트 추격 문제를 풀 때 모르는 사이에 어떻게 그래프를 사용했는지 살펴보자. (5, 1)이 나이트의 시작점이라고 가정한다. BFS는 그곳에서부터 여덟 방향으로 이동을 시도하지만, 그 중 6개는 체스판을 벗어난다. 그래프 용어로 말하자면, 6개는 (5, 1)의 에지가 아니다. 그리고, BFS는 (5, 1)에서 에지로 연결된 두 노드 (4, 3)과 (3, 2)를 발견한다. 그런 다음 두 노드에서 각각 도달할 수 있는 다른 노드를 계속 탐색한다.

그림 4-1에서는 본래의 체스판 모양을 따르기 위해 그래프를 격자 모양으로 배치했지만, 사실 그래프의 모양은 아무런 의미가 없다. 중요한 것은 노드와 에지다. 노드가 무질서하게 흩어져 있는 그래프를 그려도 전달하려는 의미는 같다. 그러나 그래프가 어떤 기하학적 형상을 바탕으로 하고 있다면, 더 쉽게 해석할 수 있도록 해당 형상에 맞춰 그래프를 표시하는 것이 좋다.

나이트 추격 문제를 풀 때는 체스판을 사용해 노드와 노드의 이동 경로(에지)를 파악했기 때문에 코드에서 명시적으로 그래프를 표현할 필요가 없었다. 그러나 때로는 2장에서 다룬 트리처럼 그래프를 명시적으로 코드에 표현해야 할 때가 있다. 이는 3번 문제에서 알아본다.

그래프와 트리

그래프와 트리는 공통점이 많다. 둘 다 노드 간의 관계를 나타내는 데 사용된다. 사실 모든 트리는 그래프지만, 모든 그래프가 트리인 것은 아니다. 그래프는 더 일반적이며 트리보다 더 많은 것을 표현할 수 있다.

첫째, 트리와 달리 그래프는 사이클^{cycle}을 허용한다. 어떤 노드에서 시작해 중복되는 에지나 노드가 없이, 다시 시작 노드로 돌아갈 수 있다면 그래프에 사이클이 있다고 한다 (사이클의 첫 번째와 마지막 노드만 중복될 수 있다). 그림 4-1을 다시 보자. 이 그래프에는 다음과 같은 사이클이 있다.

$(5, 3) \rightarrow (4, 5) \rightarrow (3, 3) \rightarrow (4, 1) \rightarrow (5, 3)$

둘째, 트리와 달리 그래프는 방향을 정할 수 있다. 지금까지 본 트리와 그래프는 방향이 지정되지 않았다. 즉, 두 노드 a와 b가 에지로 연결돼 있으면 a에서 b로, b에서 a로 모두 이동할 수 있었다. 그림 4-1은 방향이 지정되지 않은 그래프로써, 예를 들어 에지를 따라서 (5, 3)에서 (4, 5)를 이동할 수 있고, 같은 에지를 따라서 (4, 5)에서 (5, 3)으로 이동할 수 있다. 하지만 때로는 양방향이 아닌 단방향 이동만 허용하고 싶을 때가 있다. 방향 그래프는 각 에지가 갈 수 있는 이동 방향을 나타내는 그래프다. 그림 4-2는 방향 그래프를 보여준다.

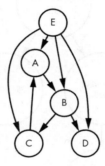

그림 4-2 방향 그래프

그림 4-2의 그래프를 보면 노드 E에서 다른 노드들로 이동하는 것은 가능하지만, 노드 중 어느 것도 E로 이동할 수 있는 방법이 없다. 에지들이 모두 단방향이기 때문이다.

방향 그래프는 무방향 그래프가 정보 손실을 낼 때 유용하다. 대학교의 컴퓨터과학과 이수과정에는 하나 이상의 필수 과정이 있다. C 프로그래밍 과정을 수강하려는 학생들은 먼저 소프트웨어 설계 과정을 수강해야 한다. 이때, 소프트웨어 설계 → C 프로그래밍의 관계가 바로 방향이 있는 에지다. 무방향 에지로 연결했다면 2개의 과정이 연관됐다는 사실은 알 수 있지만, 수강 순서는 알 수 없다. 그림 4-3은 간단한 선수과목 그래프의 예시다.

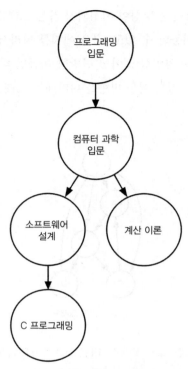

그림 4-3 선수과목 그래프

셋째, 그래프는 연결이 끊어질 수도 있다는 점에서 그래프가 트리보다 일반적이다. 지금까지 살펴본 모든 트리와 그래프는 연결돼 있으므로 어떤 노드에서 다른 모든 노드로 이동할 수 있었다. 그림 4-4에서 비연결 그래프를 확인해보자.

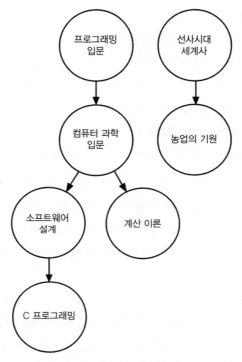

그림 4-4 선수과목 비연결 그래프

프로그래밍 입문 과목에서 선사시대 세계사 과목으로 경로를 따라갈 경로가 없으므로, 연결이 끊어졌다고 말할 수 있다. 비연결 그래프는 그래프가 자연스럽게 분리돼 구성될 때 사용하면 유용하다.

그래프와 BFS

(나이트 추격 문제의) 무방향 그래프뿐만 아니라, 방향 그래프에서 BFS를 실행할 수 있다. 알고리듬은 같다. 현재 노드에서 갈 수 있는 이동 경로를 살펴보고 탐색한다. BFS는 최단 경로 알고리듬으로 알려져 있으며, 시작 노드와 다른 노드 사이의 모든 경로들 중에서 에지의 수를 기준으로 가장 짧은 경로를 찾는다. 즉, 이 알고리듬은 단일 출발의 최단 경로 문제를 해결한다.

BFS를 빠르게 만들려면 그래프의 방향이 아니라, BFS를 호출하는 횟수와 그래프의 에지 수를 조정해야 한다. BFS 호출의 실행 시간은 시작 노드에서 도달할 수 있는 에지 수에 비례하며, 이는 BFS가 각 에지를 한 번씩 살펴보고 새 노드를 발견하는지 여부를 판단하기 때문이다. BFS는 에지 수만큼 선형적으로 실행되므로 선형 시간 알고리듬이다. 즉, 5개의 에지에 5단계를 거친다면, 10개의 에지에는 10단계를 거치는 식이다. 에지 수를 갖고 BFS가 수행하는 단계 수를 추정한다.

나이트 추격 문제에서는 r행과 c열의 체스판을 이용했다. 각 노드에는 최대 8개의 에지가 있으므로 체스판에는 최대 $8rc$에지가 있다. 따라서 한 번의 BFS를 실행하려면 $8rc$단계가 필요하다. 이 값은 가장 큰 체스판인 99×99일 때는 대략 80,000단계가 된다. 이때, 코드 4-5에서처럼 r번 이상으로 BFS를 호출한다면 $8r^2c$ 단계가 된다. 체스판의 크기가 99×99라면 7백만 단계가 넘어가게 된다. 그러므로 BFS의 호출 횟수를 줄일수록 실행 시간 단축에 도움이 된다.

제공된 문제가 어떤 개체(체스판 위치, 코스, 사람, 웹 사이트 등) 간의 관계를 형성하는 방식이라면, 그래프를 이용해 문제를 분석하는 것이 유리하다. 그래프는 적용할 수 있는 빠른 알고리듬이 상당히 많기 때문이며, BFS는 이런 알고리듬 중 하나일 뿐이다.

문제 2: 로프 오르기

나이트 추격 문제에서는 게임이 벌어지는 장소인 게임판(체스판)을 제공했다. 이번 문제는 그런 게임판이 없어서 스스로 해결해야 한다. 문제 풀이 전략은 BFS를 사용해 유효한 이동 경로를 구상하는 것이다.

문제의 출처는 DMOJ의 wc18c1s3이다.

문제 설명

체육 시간에 밥은 로프 오르기를 한다. 로프는 무한히 길지만, 밥이 올라가야 하는 높이는 최소 h미터다.

출발 지점의 높이는 0미터고 밥은 정확히 *j*미터씩만 점프할 수 있으며, 다른 높이로 올라가는 방법은 없다. 즉, *j*가 5미터라면, 밥은 4미터나 6미터를 점프할 수는 없다. 밥은 로프에서 하강하는 방법을 알고 있으며 하강 거리는 원하는 만큼 가능하다.

점프 및 하강은 한 번의 이동으로 간주한다. 밥이 5미터를 점프하고, 2미터를 내려온 후 다시 5미터를 점프하고, 8미터를 하강했다면, 밥은 총 4번의 이동을 한 것이다. 이때, 친구 앨리스가 로프 일부 구간에 가려움 가루를 뿌려뒀다. 가루 구간이 높이 *a*부터 높이 *b*까지라고 하면, 끝점 *a*와 *b*를 포함해 *a*에서 *b*까지 전체가 가려움 가루 구간이다. 이때, 가려움 가루는 다음과 같은 영향을 끼친다.

- 밥이 가려움 가루의 구간에 있으면, *j*미터를 점프할 수 없다.
- 밥이 가려움 가루의 구간에 있으면, 주어진 미터만큼 하강할 수 없다.

밥이 높이 *h*이상에 도달하는 데 필요한 최소 이동 횟수를 구하는 것이 목표다.

입력

입력은 다음과 같이 구성된 1개의 테스트 케이스다.

- 3개의 정수 *h*, *j* 및 *n*으로 구성된 하나의 줄: *h*는 밥이 도달해야 하는 최소 높이, *j*는 밥이 점프할 수 있는 거리, *n*은 앨리스가 가려움 가루를 바른 세그먼트의 수다. 각 정수의 최댓값은 1,000,000이고, *j*의 최댓값은 *h*이다.
- 2개의 정수로 구성된 *n*개의 줄: 첫째 정수는 가려움 가루 구간의 시작 높이이고, 둘째 정수는 구간의 끝 높이다. 각 정수는 최대 *h*-1이다.

출력

밥이 높이 *h*이상에 도달하는 데 필요한 최소 이동 횟수를 출력한다. 밥이 높이 *h* 이상 높이에 도달할 방법이 없으면 -1을 출력한다.

문제의 풀이 제한 시간은 4초다.

해법 1: 동작 찾기

나이트 추격 문제와 직접 비교하면서 시작해보자. 두 경우 모두 이동 횟수를 최소화하는 것이 목표다. 체스판 위의 나이트든, 로프에 매달린 밥이든 목표는 같다. 나이트는 2차원 체스판 위에서 이동하고, 밥은 1차원 로프에서 이동하지만, 이는 위치를 참조하는 방식의 차이일 뿐이다. 2차원에서 1차원으로의 변경으로 BFS가 달라지는 것은 없다. 오히려 차원을 낮추면 작업이 더 간단해진다.

밥이 매달린 위치에서 이동할 수 있는 경우의 수는 어떻게 될까? 나이트는 최대 여덟 가지 이동을 할 수 있었다. 다만, 밥이 이동할 수 있는 경우의 수는 위치에 따라 달라진다. 예를 들어, 밥의 현재 높이가 4미터이고, 5미터를 점프할 수 있다면, 밥이 할 수 있는 이동 방법은 5미터 점프, 1미터 하강, 2미터 하강, 3미터 하강, 4미터 하강의 총 다섯 가지다. 밥의 높이가 1,000미터라면 1,001가지 이동을 할 수 있다. 따라서 가능한 이동 횟수를 결정할 때 밥의 현재 위치를 고려해야 한다.

가려움 가루 구간은 어떻게 처리해야 할까? 나이트 추격 문제에서는 이런 조건이 없었다. 다음 테스트 케이스를 통해 좀 더 알아보자.

```
10 4 1
8 9
```

밥의 목표 높이는 최소 10이며, 한 번에 최대 4를 점프할 수 있다. 가려움 가루 구간이 없다면 밥은 0에서 4, 8, 12미터까지 점프할 수 있으며, 총 3번의 이동을 한다.

실제로는 높이 8미터에서 9미터까지가 가려움 가루 구간이므로, 밥은 4에서 8로 점프할 수 없다. 가려움 가루 구간을 고려한 해법은 총 4번의 이동이다. 예를 들어, 밥이 0에서 4로 점프한 다음 3으로 하강했다가, 7로 점프한 다음 11로 점프하는 것이다. 7에서 11로 점프해서 가려움 가루 구간을 건너뛰는 것이다. 4에서 8로 점프하는 것은 불가능한데, 구간의 양 끝점도 가려움 가루에 영향을 받기 때문이다. 이것은 나이트가 체스판 바깥으로 나가기 때문에 이동을 할 수 없던 상황과 다르지 않다. 유효하지 않은 나이트 이동은 BFS에서 판단해, 다음 이동 가능 위치 변수에 추가하지 않았다. 가려움 가루 구간에서도 비슷

226

한 방식으로 처리한다. 가려움 가루 구간에 도착하는 모든 이동 방법은 BFS코드에서 제외된다.

나이트 추격에서는 나이트가 체스판 바깥으로 나가면 유효하지 않은 이동으로 간주했다는 것을 떠올려보자. 이 문제에서도 그런 경우가 있을까? 실제로, 로프 길이는 무한하므로 밥이 더 높이 올라간다고 해서 규칙에 어긋나는 것은 아니다. 그러나 어느 시점에서는 멈춰야 할 것이다. 그렇지 않으면 BFS는 영원히 새로운 위치를 찾게 될 것이다. 3장의 구두쇠 문제에서 사과를 살 때 매우 비슷한 문제를 해결했던 기억을 되살려보자. 거기에서는, 50개의 사과를 사야 할 때 최대 149개의 사과 구매를 고려하도록 했는데, 이는 각 가격 구성이 최대 100개의 사과를 기준으로 하기 때문이다. 이번 문제에서는 밥이 점프하는 거리인 j는 최대로 잡아도 최소 목표 높이인 h라는 것을 기억하자. 따라서 밥이 $2h$나 그 이상 높게 갈 필요는 없다. 밥이 $2h$나 그 이상으로 점프한 경우, 점프 바로 전의 높이는 $2h-j$이고, 이 값은 이미 h 이상이기 때문이다. 그러므로 밥이 높이 $2h$이상으로 올라가는 경우는 최소 이동 횟수가 될 수 없다.

너비 우선 탐색 구현

나이트 추격 문제에서의 풀이 방법을 따라가면서 필요한 항목만 수정해보자.

앞의 나이트 추격 문제에서는 나이트의 위치가 행과 열로 구성되므로, 두 가지 정보를 모두 담는 구조체를 만들었다. 그러나 로프 오르기의 경우, 밥의 위치는 단순 정수뿐이므로 구조체까지는 필요 없다. 그러면 보드(게임판)와 BFS가 발견한 위치에 대한 타입 정의를 해보자.

```
#define SIZE 1000000

typedef int board[SIZE * 2];
typedef int positions[SIZE * 2];
```

로프를 보드라고 하는 것이 조금 이상하게 느껴질 수도 있지만, 나이트 추격 문제에서의 타입 정의와 같은 용도이므로 그대로 사용하도록 한다. 여기서는 BFS를 한 번 호출하며, 이 호출은 밥이 높이 0에서 각 유효한 위치로 이동하는 데 필요한 최소 이동 횟수를 계산한다. BFS 함수는 코드 4-6에 있다. 코드 4-6를 코드 4-1의 find_distance 코드와 비교해보자(4장 앞부분의 '시간 최적화'를 읽고 작성한 코드와 비교해보면 좋다).

코드 4-6 BFS를 사용하는 밥의 최소 이동 횟수

```
void find_distances(int target_height, int jump_distance,
                    int itching[], board min_moves) {
  static positions cur_positions, new_positions;
  int num_cur_positions, num_new_positions;
  int i, j, from_height;
  for (i = 0; i < target_height * 2; i++)
❶ min_moves[i] = -1;
  min_moves[0] = 0;
  cur_positions[0] = 0;
  num_cur_positions = 1;

  while (num_cur_positions > 0) {
    num_new_positions = 0;
    for (i = 0; i < num_cur_positions; i++) {
      from_height = cur_positions[i];

  ❷ add_position(from_height, from_height + jump_distance,
                  target_height * 2 - 1,
                  new_positions, &num_new_positions,
                  itching, min_moves);
  ❸ for (j = 0; j < from_height; j++)
        add_position(from_height, j,
                     target_height * 2 - 1,
                     new_positions, &num_new_positions,
                     itching, min_moves);
    }

    num_cur_positions = num_new_positions;
    for (i = 0; i < num_cur_positions; i++)
      cur_positions[i] = new_positions[i];
  }
}
```

find_distances 함수에는 네 가지 매개변수가 있다.

- target_height 밥이 도달해야 하는 최소 높이다. 테스트 케이스의 *h*값이다.
- jump_distance 밥이 점프할 수 있는 거리다. 테스트 케이스의 *j*값이다.
- itching 가려움 가루 구간의 존재 여부를 나타내는 매개변수다. itching[i]이 0 이면 높이 i에 가려움 가루가 없고, 그 외의 값이면 있다는 의미다(이후에 테스트 케이스 정보로부터 간단하게 배열을 구성할 수 있다).
- min_moves 각 위치에 도달하기 위한 최소 이동 횟수를 저장할 보드 배열이다.

나이트 추격 문제의 해법 코드 4-1에서와 같이 게임판의 각 위치를 -1로 초기화 한다❶. 이 값은 BFS가 아직 이 위치를 찾지 못했음을 의미한다. 일반적인 보드 초기화 작업처럼 이 초기화도 1차원(2차원이 아님) 배열 인덱스를 생성한다. 그 외의 구조는 나이트 추격의 BFS 코드와 매우 유사하다.

그러나 흥미롭게도 위치를 추가하는 코드 부분에는 변화가 있다. 밥이 할 수 있는 점프는 하나 밖에 없기 때문에, 고려해야 할 점프 거리도 하나뿐이다❷. 밥은 from_height에서 점프를 해서 from_height + jump_distance에 도착한다. 그리고 target_height*2-1를 사용해 밥이 도달할 수 있는 최대 높이를 구할 수 있다. 하강하는 경우는 밥의 현재 높이에 영향을 받으므로 동작을 하드 코딩할 수는 없다. 이를 계산하기 위해 반복문❸을 사용해 0(지면)부터 from_height(밥의 현재 높이)까지를 포함는 모든 목적지 높이를 고려한다. 이 반복문은 나이트 추격 BFS에서 유일하게 변경된 부분이다.

BFS 코드를 마무리하려면 add_position 헬퍼 함수를 구현해야 한다. 이 함수는 코드 4-7과 같다.

코드 4-7 위치 추가

```
void add_position(int from_height, int to_height, int max_height,
                  positions new_positions, int *num_new_positions,
                  int itching[], board min_moves) {
  if (to_height <= max_height && itching[to_height] == 0 &&
      min_moves[to_height] == -1) {
    min_moves[to_height] = 1 + min_moves[from_height];
```

```
    new_positions[*num_new_positions] = to_height;
    (*num_new_positions)++;
  }
}
```

밥은 from_height에서 to_height로 이동하려고 한다. 이동이 성공하려면 조건 3개를 통과해야 한다. 첫째, 밥은 허용된 최대 높이 이상으로 점프할 수 없다. 둘째, 밥은 가려움 가루 구간으로는 점프할 수 없다. 셋째, min_moves 보드의 to_height 위치는 비워져 있어야 한다. 이미 값이 있다면, to_height로 이동하는 더 빠른 방법이 있는 것이다. 이런 조건을 통과하면 새롭고 유효한 위치를 찾은 것이므로, 그곳에 가기 위한 이동 횟수를 설정하고, 이를 다음 BFS 라운드의 시작 위치로 저장한다.

최적 높이 찾기

밥의 최종 위치는 여러 군데일 수 있다. 최종 위치는 테스트 케이스의 목표 높이인 h일 수도 있고, j와 가려움 가루에 영향에 따라 그보다 더 높은 곳일 수도 있다. 물론, 각 위치에 대한 최소 이동 횟수를 알고 있을테니, 지금부터 할 일은 모든 후보 위치를 확인한 다음, 최소 이동 횟수를 갖는 위치를 선택하는 일이다. 이 함수는 코드 4-8과 같다.

코드 4-8 최소 이동 횟수

```
void solve(int target_height, board min_moves) {
❶ int best = -1;
  int i;
  for (i = target_height; i < target_height * 2; i++)
❷   if (min_moves[i] != -1 && (best == -1 || min_moves[i] < best))
      best = min_moves[i];
  printf("%d\n", best);
}
```

밥이 목표 높이에 도달하지 못할 수도 있으므로 -1로 시작하는 것이 가장 좋다❶. 그런 다음, 각 후보 높이에 대해 밥이 그곳에 도착할 수 있는지를 확인한다. 도착할 수도 있고, 그곳이 현재의 최소 이동 횟수인 best보다 작으면❷, best 값을 업데이트한다.

테스트 케이스를 처리하고 결과를 출력하는 코드가 완성됐다. 입력을 읽는 것만 남았다. 이를 처리하는 main 함수는 코드 4-9와 같다.

코드 4-9 main 함수

```
int main(void) {
  int target_height, jump_distance, num_itching_sections;
  static int itching[SIZE * 2] = {0};
  static board min_moves;
  int i, j, itch_start, itch_end;
  scanf("%d%d%d", &target_height, &jump_distance, &num_itching_sections);
  for (i = 0; i < num_itching_sections; i++) {
    scanf("%d%d", &itch_start, &itch_end);
❶  for (j = itch_start; j <= itch_end; j++)
  ❷  itching[j] = 1;
  }
  find_distances(target_height, jump_distance, itching, min_moves);
  solve(target_height, min_moves);
  return 0;
}
```

대규모 배열에서 일반적이듯이 itching과 min_move는 정적 유형이다. 가려움 가루 구간의 요소 값은 0으로 초기화되는데, 이는 로프에 해당 위치에 가려움 가루가 없다는 뜻이다. 로프의 가려움 가루 구간을 따라가면서❶, 가려움 가루가 있는 부분을 1로 설정한다❷. 이로써 해법에 필요한 모든 정보가 준비됐으며, 단 한 번의 BFS 호출로 해답을 얻는 해법을 완성했다. 판정 시스템에 해답을 제출해보자. 그러면 '제한 시간 초과' 오류가 발생할 것이다.

해법 2: 리모델링

크기를 늘려가며 테스트 케이스를 실행하면서, 실행 시간이 어떻게 증가하는지 파악해보자. 분석 편의를 위해서 가려움 가루는 일단 생략한다. 첫 번째 테스트 케이스는 다음과 같다.

```
30000 5 0
```

목표 높이가 최소 30,000이고, 점프 거리가 5인 테스트 케이스다. 필자의 노트북에서는 약 8초가 걸린다. 목표 높이를 2배로 늘려 보자.

```
60000 5 0
```

약 30초가 걸린다. 이전 테스트 케이스보다 약 4배가 길어진 시간이다. 문제에서 제시한 4초의 제한 시간을 한참 넘겼지만, 목표 높이를 2배로 늘려서 다시 한 번 더 시도해보자.

```
120000 5 0
```

정말 느린 130초가 걸린다. 이전 테스트 케이스보다 약 4배 더 긴 시간이다. 이를 통해볼 때, 입력 크기를 2배로 늘리면, 실행 시간은 4배로 늘어나는 것을 알 수 있다. 3장의 '해법 2: 메모이제이션'에서처럼 치명적이지는 않지만, 너무 느리다고 할 수 있다.

과다한 하강 에지

앞의 '그래프와 BFS' 절에서 BFS를 사용할 때는 두 가지 사항, 즉 BFS 호출 횟수와 그래프의 에지 수를 확인해야 한다고 경고했다. 이 코드에서는 BFS를 한 번만 호출하고 있기때문에 BFS 호출 수는 잘 관리되고 있다. 따라서 그래프의 에지 수를 줄이는 방법을 고민해 봐야 한다.

그림 4-5에서 우선 작은 값의 예제 그래프를 살펴보자. 이를 통해, 더 큰 값에서는 왜코드가 그리 느린지를 알아 낼 수 있을 것이다.

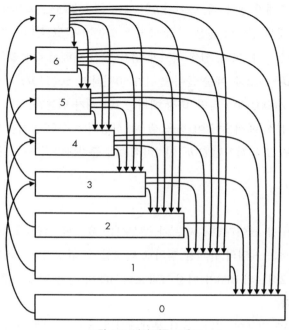

그림 4-5 밥의 이동 그래프

그림 4-5의 그래프는 밥이 3만큼 점프할 수 있다고 가정했을 때 높이 0에서 높이 7까지의 가능한 이동 방법을 나타낸다. 그림 4-5는 방향 그래프로써, 6에서 5로 이동할 수는 있지만 5에서 6으로는 이동할 수 없다.

그래프에는 밥의 가능한 점프를 나타내는 점프 에지와 가능한 하강을 나타내는 하강 에지가 있다. 점프 에지는 아래에서 위로 이동하고, 하강 에지는 위에서 아래로 이동한다. 높이 0에서 높이 3으로 연결되는 에지는 점프 에지, 6에서 5로 연결되는 에지는 하강 에지다.

점프 에지의 수는 전혀 문제가 되지 않는다. 노드당 점프 에지는 최대 1개다. n개의 노드가 있다면, 최대 n개의 점프 에지가 있다. 목표 높이를 7에서 8로 바꿀 때도, 새로운 점프 에지를 1개만 추가하는 것으로 끝난다.

그러나 하강 에지의 수는 급속도로 많아진다. 높이 1에서 하강 에지는 1개지만, 높이2

에서는 2개, 3에서 3개가 된다. 즉, 높이가 h일 때는 총 $1+2+3+...+h$개의 하강 에지가 있는 것이다. 어떤 높이에서 얼마나 많은 하강 에지가 있는지 알고 싶다면 1에서 해당 높이까지의 정수를 더하면 된다. 이때, 훨씬 빠르게 답을 얻기 위해서 사용할 수 있는 편리한 공식이 있다. 바로 $h(h+1)/2$다. 예를 들어 높이가 50이라면, $50(51)/2 = 1,275$개의 하강 에지가 있다. 높이가 2,000,000이라면, 하강 에지는 2조 개가 넘는다.

1장의 '문제점 분석'에서 눈송이 쌍을 셀 때, 상당히 비슷한 공식을 다뤘다. 현재 알고리듬의 하강 에지도 그 공식처럼 $O(h^2)$인 2차식으로 증가한다.

이동 방법 변경

그래프의 에지 개수를 줄이려면 그래프가 생성하는 유효한 이동 경로를 변경해야 한다. 실제 체육 수업에서는 게임의 규칙을 임의로 변경할 수 없겠지만, 게임을 모델링한 그래프에서는 변경한 그래프의 BFS가 이전 그래프의 BFS와 같은 답을 도출하는 것을 보장만 한다면 제약이 없다.

여기에서 중요한 교훈이 있다. 실제 문제에서의 유효한 이동 경로를 하나씩 그래프에 매핑하면 편한 것이 사실이다. 실제 나이트 추격 문제에서는 그렇게 했고, 문제도 해결했다. 직관적이고 편한 방법이긴 하지만, 그렇다고 반드시 그래야만 하는 것은 아니다. 그래프가 원래 문제에 대한 해답을 줄 수 있다면 더 나은 노드나 에지 수를 가진 그래프를 만드는 것도 가능하기 때문이다.

5미터 높이에서 일정 거리를 하강한다고 가정해보자. 한 번에 4미터를 하강하는 방법이 있다. 실제로 해법 1에서와 같이 문제를 풀면, 높이 5에서 1로 하강하는 에지가 생성된다. 반면, 1미터 하강을 4번 반복하는 방법도 있다. 밥은 5에서 4로, 4에서 3으로, 3에서 2로, 마지막으로 2에서 1로 하강한다. 즉, 모든 하강 에지의 길이가 정확히 1미터다. 따라서 5에서 3, 5에서 2, 5에서 1, 5에서 0으로 하강하는 에지를 생략할 수 있다. 각 노드에는 1미터만 내려가는 하강 에지가 하나만 있게 된다. 이렇게 하면 하강 에지의 수를 획기적으로 줄일 수 있다.

이때 1미터씩 하강하는 것을 모드 이동 횟수로 계산하면 안 된다는 점을 주의해야 한다. 밥이 1미터씩 4번, 즉 4미터를 하강했다면, 4번의 이동이 아니라 1번의 이동으로 계산해야 한다.

로프가 하나가 아니라 2개(0과 1)라고 가정해보자. 로프 0은 계속 갖고 있던 기존의 로프다. 앨리스가 설치했고, 가려움 가루가 묻어 있을 수 있다. 로프 1은 모델링을 위해 고안한 새로운 것이다. 여기에는 가려움 가루가 없으나, 로프 1에서는 위로 올라갈 수 없다. 이렇게 가정한 계획의 핵심은 밥이 하강할 때는 로프 0에서 로프 1로 이동하고, 하강이 끝나면 로프 1에서 로프 0으로 다시 이동한다는 점이다. 좀 더 구체적으로 설명하면 다음과 같다.

- 밥이 로프 0에 있을 때는 가능한 이동 방법은 두 가지다. j미터 점프 또는 로프 1로 이동이다. 각 이동마다 1번의 이동 비용이 발생한다.
- 밥이 로프 1에 있을 때는 가능한 이동 방법도 두 가지다. 1미터 하강 또는 로프 0으로 이동이다. 각 이동에는 0번의 이동 비용이 발생한다. 즉, 로프1에서의 이동은 무료다.

밥은 로프 0에서 전과 같이 점프한다. 내려가고 싶을 때는 로프 1로 이동(1번의 이동 비용 발생)한 다음, 원하는 만큼 하강하고(무료), 다시 로프 0으로 이동한다(역시 무료). 따라서 전체 하강 과정에서 밥은 단 한 번의 이동만 필요하다. 이전의 모습과 완벽하게 같다. 그리고 2개의 로프를 사용하고 있다는 사실은 아무도 모를 것이다.

복잡한 에지가 그려져 있던 그림 4-5와 2개의 로프 기법을 사용한 그림 4-6과 비교해보자.

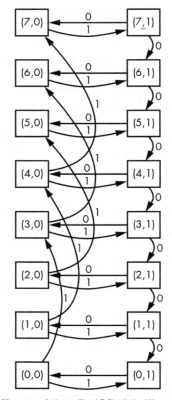

그림 4-6 2개의 로프를 사용한 밥의 이동 그래프

노드 수가 두 배로 늘어나긴 했지만 상관없다. BFS에서 중요한 것은 노드가 아니라 에지 수다. 그런 면에서는 오히려 개선된 방법인 것이다. 로프 0에는 최대 2개의 에지(점프 에지와 로프1로의 이동 에지)가 있고, 로프 1에도 최대 2개의 에지(하강 에지와 로프 0으로 이동 에지)가 있다. 따라서 높이 h의 경우 $4h$개의 에지가 생성된다. 이 값은 1차식이므로, $O(h^2)$라는 2차식을 피할 수 있다.

그림에 에지마다 이동 비용이 있는지(1) 없는지(0)를 주석으로 표시했다. 그림 4-6은 결과적으로는 각 에지에 가중치(또는 비용)이 부여된 이 책의 첫 번째 가중치 그래프다.

위치 추가

로프를 한 줄 추가함으로써 나이트 추격 문제처럼 2차원 보드 문제가 됐다. 1차원은 밥의 높이를, 2차원은 밥이 매달려 있는 로프를 나타낸다. 여기서 2차원 정보에 대한 표준 용어는 '상태'다. 밥이 로프 0에 있으면, 상태 0이라 하고, 로프 1에 있으면 상태 1이라고 한다. 지금부터는 '로프' 대신 '상태'라는 용어를 사용한다.

다음은 이번 코드에서 사용할 구조체 정의다.

```
typedef struct position {
  int height, state;
} position;

typedef int board[SIZE * 2][2];
typedef position positions[SIZE * 4];
```

find_distances가 아닌 add_position 함수로부터 시작해보자. 참고로, 이번에는 이동 방법마다 각자의 함수를 정의하므로, 함수의 종류가 여러 개다. 이동 방법은 4종류로, 점프, 하강, 상태 0에서 상태 1로 이동, 상태 1에서 상태 0으로 이동이다. 따라서 4개의 add_position 함수가 필요하다.

점프

코드 4-10은 점프 함수를 나타낸다.

코드 4-10 위치 추가: 점프

```
void add_position_up(int from_height, int to_height, int max_height,
                     positions pos, int *num_pos,
                     int itching[], board min_moves) {
❶ int distance = 1 + min_moves[from_height][0];
  if (to_height <= max_height && itching[to_height] == 0 &&
  ❷ (min_moves[to_height][0] == -1 ||
     min_moves[to_height][0] > distance)) {
   min_moves[to_height][0] = distance;
```

```
    pos[*num_pos] = (position) {to_height, 0};
    (*num_pos)++;
  }
}
```

코드 4-10은 from_height에서 to_height로 점프하는 함수다. 이 함수는 상태 0에서만 사용할 수 있으므로, min_moves에 값을 넣을 때, 두 번째 인덱스로는 0을 사용한다.

코드 4-10의 함수는 코드 4-7과 비슷하지만 중요한 변경 사항이 몇 가지가 있다.

첫째, new_positions의 이름을 pos로, num_new_positions를 num_pos로 변경했다. 매개 변수 이름을 보다 일반적인 이름으로 변경했는데, 4개의 함수를 모두 살펴본 후에 이유를 알아본다.

둘째, 4개의 함수 기능 비교를 쉽게 할 수 있도록, from_height를 사용해 to_height까지 도달하는 데 걸리는 이동 횟수를 나타내는 distance 변수를 추가했다❶. 그리고 from_height까지의 최소 이동 횟수에 이동 비용을 추가하기 위해 +1을 했다.

셋째, 새로운 위치를 찾았는지 확인하는 if 조건문의 일부를 변경했다❷. 한 번 이동한 것으로 계산되는 에지에서 발견된 위치가 나중에 한 번의 이동으로 계산되지 않는 에지 (무료 에지)에 의해 재발견될 수도 있기 때문이다. 즉, 최소한의 이동 횟수가 무료 에지 중 하나에 의해 업데이트될 수 있도록 했다(점프는 무료 에지가 아니므로 이런 변경이 필요없지 만, 네 가지 함수의 일관성을 위해 그대로 유지한다).

하강

코드 4-11은 하강 함수를 나타낸다.

코드 4-11 위치 추가: 하강

```
void add_position_down(int from_height, int to_height,
                       positions pos, int *num_pos,
                       board min_moves) {
❶ int distance = min_moves[from_height][1];
   if (to_height >= 0 &&
```

```
      (min_moves[to_height][1] == -1 ||
       min_moves[to_height][1] > distance)) {
    min_moves[to_height][1] = distance;
    pos[*num_pos] = (position) {to_height, 1};
    (*num_pos)++;
  }
}
```

하강은 상태 1에서만 할 수 있으므로 min_moves를 사용할 때 두 번째 인덱스를 1로 지정한다. 또한 상태1에는 가려움 가루가 전혀 없으며, 밥은 원하는 만큼 하강할 수 있다. 하강은 이동으로 간주하지 않기 때문에, 계산 거리에 +1을 하지 않는다는 점을 꼭 염두에 둬야 한다❶.

상태 전환

네 가지 함수 중 나머지 2개를 살펴보자. 우선, 코드 4-12는 상태 0에서 상태 1로 이동하는 함수며, 코드 4-13은 상태 1에서 상태 0으로 이동하는 함수다.

코드 4-12 위치 추가: 상태 0에서 상태 1로 이동

```
void add_position_01(int from_height,
                     positions pos, int *num_pos,
                     board min_moves) {
  int distance = 1 + min_moves[from_height][0];
  if (min_moves[from_height][1] == -1 ||
      min_moves[from_height][1] > distance) {
    min_moves[from_height][1] = distance;
    pos[*num_pos] = (position) {from_height, 1};
    (*num_pos)++;
  }
}
```

```
void add_position_10(int from_height,
                     positions pos, int *num_pos,
                     int itching[], board min_moves) {
  int distance = min_moves[from_height][1];
  if (itching[from_height] == 0 &&
      (min_moves[from_height][0] == -1 ||
       min_moves[from_height][0] > distance)) {
    min_moves[from_height][0] = distance;
    pos[*num_pos] = (position) {from_height, 0};
    (*num_pos)++;
  }
}
```

상태 0에서 상태 1로 이동하면 한 번의 이동 비용이 발생하지만, 상태 1에서 상태 0으로 이동하면 비용이 발생하지 않는다. 또한 해당 높이에 가려움 가루가 없을 때만 상태 1에서 상태 0으로 이동할 수 있다. 가려움 가루가 있는지 없는지에 대한 검사가 없다면 가려움 가루가 있는 로프의 한 세그먼트에서 하강이 멈춰버리게 되고, 이것은 규칙을 어기는 행동이다.

0-1 BFS

상태를 코드 4-6의 find_distances 함수로 통합할 차례다. 다만 이동 횟수를 잘못 계산하지 않도록 주의해야 한다.

앞에서는 (h, s)를 사용해 밥이 상태 s에서 높이 h에 있음을 나타냈다. 밥이 3만큼 점프할 수 있다고 가정한다. 밥은 $(0, 0)$에서 시작하고, 이곳에 도착하려면 0번의 이동(이동 안함)이 필요하다. 이어서 $(0, 0)$에서 탐색을 하고, $(0, 1)$을 새 위치로 식별하고, 거기에 도달하는 데는 1번 이동이 필요하다고 기록한다. 이 위치는 다음 BFS 라운드용 위치가 된다. 이번에는 $(3, 0)$을 새 위치로 식별하고, 1번의 이동이 필요하다고 기록한다. 그리고 이 위치도 다음 BFS 라운드를 위한 위치가 된다. 이것이 모두 표준 BFS 비용이다.

$(3, 0)$에서 새로 탐색한 위치는 $(3, 1)$과 $(6, 0)$이다. 두 위치 모두 다음 BFS 라운드에

추가되며, 둘 다 최소 두 번의 이동으로 도달할 수 있다.

그러나 위치 (3, 1)은 일반 BFS에서 문제가 생긴다. (3, 1)에서 (2, 1)에 이동할 수 있지만, 다음 BFS 라운드 위치에 추가하지 않는 것이 좋다. 만약, 그렇게 한다면 BFS 라운드의 의미는 (2, 1)이 (3, 1)보다 1단계 더 멀다고 말할수 밖에 없다. 하지만 이건 틀린 판단이다. 상태 1에서의 하강은 무료이기 때문에 (0, 0)에서부터의 이동 횟수는 같다.

즉, (2, 1)은 다음 BFS 라운드에 포함되지 않는다. (2, 1)은 (3, 1) 및 최소 이동 횟수가 2인 다른 모든 경우와 함께 현재 BFS 라운드에 포함된다.

정리해본다. 이동 비용이 들어가는 에지를 따라 이동할 때는 새로운 위치를 다음 BFS 라운드에 추가한다. 이것이 항상 해왔던 방식이다. 단, 무료인 에지를 따라 움직일 때는 현재 BFS 라운드에 추가함으로써 거리가 같은 다른 위치들과 함께 처리되도록 해야 한다. 이것이 앞쪽의 '위치 추가'절의 add_position 함수에서 new_positions 및 num_new_positions를 없앤 이유다. 두 함수는 실제로는 새 위치에 이동을 추가하지만, 다른 두 함수는 현재 위치에 이동을 추가한다. 이런 BFS의 변형 알고리듬은 에지의 이동 비용이 0 또는 1인 그래프에서 동작하기 때문에 0-1 BFS라고 한다.

드디어 BFS의 시간이다. 코드 4-14에서 확인해보자.

코드 4-14 0-1 BFS를 사용한 밥의 최소 이동 횟수

```
void find_distances(int target_height, int jump_distance,
                    int itching[], board min_moves) {
  static positions cur_positions, new_positions;
  int num_cur_positions, num_new_positions;
  int i, j, from_height, from_state;
  for (i = 0; i < target_height * 2; i++)
    for (j = 0; j < 2; j++)
      min_moves[i][j] = -1;
  min_moves[0][0] = 0;
  cur_positions[0] = (position){0, 0};
  num_cur_positions = 1;

  while (num_cur_positions > 0) {
    num_new_positions = 0;
```

```
    for (i = 0; i < num_cur_positions; i++) {
      from_height = cur_positions[i].height;
      from_state = cur_positions[i].state;

❶  if (from_state == 0) {
        add_position_up(from_height, from_height + jump_distance,
                        target_height * 2 - 1,
                        new_positions, &num_new_positions,
                        itching, min_moves);
        add_position_01(from_height, new_positions, &num_new_positions,
                        min_moves);
      } else {
        add_position_down(from_height, from_height - 1,
                          cur_positions, &num_cur_positions, min_moves);
        add_position_10(from_height,
                        cur_positions, &num_cur_positions,
                        itching, min_moves);
      }
    }

    num_cur_positions = num_new_positions;
    for (i = 0; i < num_cur_positions; i++)
      cur_positions[i] = new_positions[i];
  }
}
```

새로운 코드는 현재 위치가 상태 0인지 상태 1인지를 확인한다❶. 각 경우에 고려해야 할 이동 방법은 두 가지가 있다. 상태 0에서는 새 위치(다음 BFS 라운드의 위치)가 사용된다. 그러나 상태 1에서는 현재 위치가 사용된다.

나머지 코드는 해법 1과 거의 같으며, 항상 상태 0을 참조하고 있는지를 확인해야 한다. 이 코드를 판정 시스템에 제출하면 여유롭게 모든 테스트를 통과하는 것을 볼 수 있다.

문제 3: 책 번역

나이트 추격 및 로프 오르기 문제에서는 입력 값으로 제공되는 그래프가 없어서, BFS를 탐색하면서 점진적으로 그래프를 생성했다. 이번에는 처음부터 그래프가 제시되는 문제를 살펴본다.

문제의 출처는 DMOJ의 ecna16d다.

문제 설명

영어로 쓴 책을 n개의 대상 언어로 번역하려고 한다. m명의 번역가가 있다. 각 번역가는 두 언어 간의 번역을 할 수 있고, 주어진 비용에 따라 번역을 한다. 예를 들어, $1,800의 비용으로 스페인어와 벵골어를 번역하는 번역가가 있다는 것은, 이 번역가에게 스페인어에서 벵골어로 또는 벵골어에서 스페인어로 $1,800에 번역을 요청할 수 있는 것이다.

특정 언어로 번역을 원할 경우에는 여러 번의 번역 과정을 거쳐야 할 수도 있다. 책을 영어에서 벵골어로 번역하고 싶은데 두 언어 사이의 번역가가 없다면, 영어에서 스페인어로 번역한 다음 스페인어에서 벵골어로 번역해야 한다.

번역 오류 수를 줄이려면 각 대상 언어에 도달하는 데 필요한 번역 수를 최소화해야 한다. 대상 언어에 대한 최소 번역 수를 달성하는 여러 방법이 있는 경우 가장 저렴한 방법을 선택한다. 목표는 각 대상 언어에 대한 번역 횟수를 최소화하는 것이다. 여러 가지 방법이 있을 때는 비용이 최소인 방법을 선택한다.

입력

입력 값은 다음과 같이 구성된 1개의 테스트 케이스다.

- 2개의 정수 n과 m을 포함하는 줄: n은 대상 언어의 수, m은 번역가의 수다. 최대 100개의 대상 언어와 최대 4,500명의 번역가가 있다.
- n개의 문자열을 포함하는 줄: 각각 대상 언어의 이름을 지정한다. 영어는 대상 언어가 아니다.

- m개의 각 줄: 번역가 1명의 정보를 제공한다. 각 줄에는 공백으로 구분된 3개의 값(제1언어, 제2언어 및 두 언어를 번역하는 데 필요한 양의 정수의 비용)이 제공된다. 언어 쌍당 최대 한 명의 번역가만 있다.

출력

각 대상 언어로 번역하는 횟수를 최소화하면서, 책을 모든 대상 언어로 번역하는 데 필요한 최소 비용을 출력한다. 책을 모든 대상 언어로 번역할 방법이 없으면 'Impossible불가능'을 출력한다.

문제의 풀이 제한 시간은 1초다.

그래프 작성

입력 값에서 그래프를 만드는 것부터 시작하자. 그래프를 만들면 각 언어에서 번역할 수 있는 대상을 쉽게 탐색할 수 있다. 간단한 테스트 케이스부터 살펴보자.

```
3 5
Spanish Bengali Italian
English Spanish 500
Spanish Bengali 1800
English Italian 1000
Spanish Italian 250
Bengali Italian 9000
```

그래프를 만들 수 있을까? 무엇이 노드고, 무엇이 에지일까? 무방향 그래프일까? 방향 그래프일까? 가중치가 있을까? 없을까?

앞에서와 마찬가지로, 이 문제에서도 노드는 언어, 에지는 유효한 이동(즉, 두 언어간의 번역)을 나타낸다. 언어 a에서 언어 b로 가는 에지는 두 언어 사이에 번역가가 있다는 것을 뜻한다. 번역가는 a에서 b로, 또는 그 반대로 번역할 수 있으므로 무방향 그래프다. 또한 각 번역(에지)에는 번역 비용(가중치)이 있기 때문에 가중치가 있는 그래프다. 이를 그래프로 나타내면 그림 4-7과 같다.

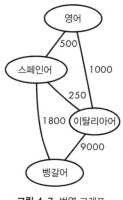

그림 4-7 번역 그래프

총 번역 비용은 영어에서 스페인어로 번역하면 $500, 영어에서 이탈리아어로는 $1,000, 스페인어에서 벵골어로는 $1,800이며, 총액은 $3,300다. 이때, 스페인어-이탈리아어 번역 비용이 $250로 매우 저렴하지만, 여기에 현혹되지 말자. 이 번역을 사용하면 영어에서 이탈리아어까지 거리가 2가 된다. 따라서 더 많은 비용을 들더라도 최소 거리가 필요한 조건에 맞지 않다. 실제로 전체 최소 비용이 아니라 각 대상 언어의 최소 에지 수가 우선이기 때문에 여기서 BFS를 사용할 수 있다. 전체 최소 비용의 경우에는 더 강력한 알고리듬이 필요하며 이는 5장에서 다룰 것이다.

영어, 스페인어 등의 언어 이름을 직접 사용하는 대신 각 언어를 정수와 연결하자. 영어는 언어 0이 되고 각 대상 언어에는 0보다 큰 고유 정수가 제공된다. 그러면 4장의 다른 문제에서처럼 정수로 작업할 수 있다.

그래프를 저장하기 위해서는 인접 리스트를 사용한다. (a에서 b사이에 에지가 있으면 노드 b는 노드 a에 인접했다고 하며, 여기에서 '인접 리스트'라는 이름이 유래했다). 이것은 노드당 하나의 인덱스가 있는 배열로, 각 인덱스는 해당 노드와 관련된 에지의 연결 리스트를 저장한다. 특정 노드와 관련된 에지 수를 미리 알 수 없기 때문에 에지 배열이 아니라 에지 연결 리스트를 사용한다.

다음은 이번 코드에서 사용할 매크로와 구조체 정의다.

```
#define MAX_LANGS 101
#define WORD_LENGTH 16

typedef struct edge {
  int to_lang, cost;
  struct edge *next;
} edge;

typedef int board[MAX_LANGS];
typedef int positions[MAX_LANGS];
```

edge 구조체에는 to_lang과 cost가 있다. 그러나 from_lang은 없는데, 이는 에지의 인접 리스트의 인덱스를 통해 from_lang을 이미 알고 있기 때문이다.

앞서 2장에서는 트리를 저장할 때 struct edge 대신 struct node를 사용했다. 사탕 값이나 자손의 수라는 정보가 노드와 연관된 속성이었기 때문에 노드에 초점을 맞추기 위해서였다. 지금 다루는 문제에서는 정보(번역 비용)와 연관된 것은 노드가 아니라 에지여서 struct edge를 사용함으로써 에지에 초점을 맞춘다.

연결 리스트의 값을 추가할 때는, 가장 쉽게 추가할 수 있는 리스트의 맨 앞 부분을 이용한다. 한 가지 부작용은 노드의 에지가 실제 읽는 순서와는 반대로 연결 리스트에 들어간다는 점이다. 노드 1에서 노드 2로 가는 에지를 읽은 다음, 노드 1에서 노드 3으로 가는 에지를 읽으면, 연결 리스트에서는 노드 3으로 가는 에지가 노드 2로 가는 에지보다 먼저 표시된다. 코드를 따라갈 때 이 부분을 주의하자.

그래프가 생성되는 방법을 알아볼 준비가 끝났다. main 함수는 코드 4-15와 같다.

코드 4-15 그래프를 생성하는 main 함수

```
int main(void) {
  static edge *adj_list[MAX_LANGS] = {NULL};
  static char *lang_names[MAX_LANGS];
  int i, num_targets, num_translators, cost, from_index, to_index;
```

```
    char *from_lang, *to_lang;
    edge *e;
    static board min_costs;
    scanf("%d%d\n", &num_targets, &num_translators);
❶ lang_names[0] = "English";

    for (i = 1; i <= num_targets; i++)
  ❷ lang_names[i] = read_word(WORD_LENGTH);

    for (i = 0; i < num_translators; i++) {
      from_lang = read_word(WORD_LENGTH);
      to_lang = read_word(WORD_LENGTH);
      scanf("%d\n", &cost);
      from_index = find_lang(lang_names, from_lang);
      to_index = find_lang(lang_names, to_lang);
      e = malloc(sizeof(edge));
      if (e == NULL) {
        fprintf(stderr, "malloc error\n");
        exit(1);
      }
      e->to_lang = to_index;
      e->cost = cost;
      e->next = adj_list[from_index];
  ❸ adj_list[from_index] = e;
      e = malloc(sizeof(edge));
      if (e == NULL) {
        fprintf(stderr, "malloc error\n");
        exit(1);
      }
      e->to_lang = from_index;
      e->cost = cost;
      e->next = adj_list[to_index];
  ❹ adj_list[to_index] = e;
    }
    find_distances(adj_list, num_targets + 1, min_costs);
    solve(num_targets + 1, min_costs);
    return 0;
}
```

lang_names 배열은 정수(배열 인덱스)를 언어 이름에 매핑한다. 앞에서 정의한 내용과 같이 English에는 숫자 0을 부여한다❶. 그런 다음 정수 1, 2 등의 순서로 언어 이름에 매핑한다❷. 그리고 read_word 헬퍼 함수를 여러 번 사용할 예정이다. 이 함수는 코드 1-14의 함수와 거의 같으며, 공백이나 줄바꿈을 읽은 후에 읽기를 중지한다는 점만 다르다. 이 함수는 코드 4-16과 같다.

이번 문제의 그래프는 무방향 그래프다. 즉, a에서 b로 가는 에지를 추가하면, b에서 a로 가는 에지도 추가해야 한다. 따라서 그래프에서 각 번역가마다 2개의 에지를 추가한다. 하나는 from_index에서 to_index로❸, 다른 하나는 to_index에서 from_index로 가는 에지다❹. 이들 from_index 및 to_index 인덱스는 언어 이름을 검색하는 find_lang에 의해 생성된다. 함수는 코드 4-17과 같다.

하단의 헬퍼 함수 호출에서 num_targets가 대상 언어 수를 나타내기 때문에 num_targets 대신 num_targets+1을 사용한다. +1을 사용해야 처리 중인 총 언어 수에 영어를 포함할 수 있기 때문이다.

코드 4-16 단어 읽기

```
/*출처 https://stackoverflow.com/questions/16870485 */
char *read_word(int size) {
  char *str;
  int ch;
  int len = 0;
  str = malloc(size);
  if (str == NULL) {
    fprintf(stderr, "malloc error\n");
    exit(1);
  }
  while ((ch = getchar()) != EOF && (ch != ' ') && (ch != '\n')) {
    str[len++] = ch;
    if (len == size) {
      size = size * 2;
      str = realloc(str, size);
      if (str == NULL) {
        fprintf(stderr, "realloc error\n");
```

```
      exit(1);
    }
  }
}
str[len] = '\0';
return str;
}
```

코드 4-17 언어 찾기

```
int find_lang(char *langs[], char *lang) {
  int i = 0;
    while (strcmp(langs[i], lang) != 0)
      i++;
  return i;
}
```

BFS 구현

add_position 함수는 코드 4-18과 같다.

코드 4-18 위치 추가

```
void add_position(int from_lang, int to_lang,
                  positions new_positions, int *num_new_positions,
                  board min_moves) {
  if (min_moves[to_lang] == -1) {
    min_moves[to_lang] = 1 + min_moves[from_lang];
    new_positions[*num_new_positions] = to_lang;
    (*num_new_positions)++;
  }
}
```

BFS를 구현할 준비가 됐다. 코드 4-19를 보자.

```
void find_distances(edge *adj_list[], int num_langs, board min_costs) {
❶ board min_moves;
  static positions cur_positions, new_positions;
  int num_cur_positions, num_new_positions;
  int i, from_lang, added_lang, best;
  edge *e;
  for (i = 0; i < num_langs; i++) {
    min_moves[i] = -1;
    min_costs[i] = -1;
  }
  min_moves[0] = 0;
  cur_positions[0] = 0;
  num_cur_positions = 1;

  while (num_cur_positions > 0) {
    num_new_positions = 0;
    for (i = 0; i < num_cur_positions; i++) {
      from_lang = cur_positions[i];
  ❷ e = adj_list[from_lang];

      while (e) {
        add_position(from_lang, e->to_lang,
                     new_positions, &num_new_positions, min_moves);
        e = e->next;
      }
    }

  ❸ for (i = 0; i < num_new_positions; i++) {
      added_lang = new_positions[i];
      e = adj_list[added_lang];
      best = -1;
      while (e) {
      ❹ if (min_moves[e->to_lang] + 1 == min_moves[added_lang] &&
            (best == -1 || e->cost < best))
          best = e->cost;
        e = e->next;
      }
```

```
        min_costs[added_lang] = best;
    }

    num_cur_positions = num_new_positions;
    for (i = 0; i < num_cur_positions; i++)
      cur_positions[i] = new_positions[i];
  }
}
```

각 언어에 대해, 해당 언어를 검색하는 데 사용할 최소 비용 에지를 min_costs에 저장한다. 그림 4-7 번역 그래프를 기준으로 한다면, 스페인어에는 500, 이탈리아어에는 1,000, 벵골어에는 1,800을 저장한다. 곧 설명할 다른 함수에서는 모든 번역에 대한 총 비용을 구하기 위해 이 값들을 모두 더한다.

최소 이동 횟수는 이 함수에서 내부에서만 사용되므로, 지역 변수로 선언한다❶. 외부에서 관심을 갖고 접근하게 될 변수는 min_costs 변수다.

현재 노드의 에지 연결 리스트를 순회하는 것❷은 이동할 수 있는 모든 에지를 탐색한다는 의미다. 결과적으로 모든 new_positions를 얻게 된다. 이렇게 해서 BFS 라운드에서 어떤 언어가 발견되는지 알게 되지만, 각 언어를 추가하는 데 드는 비용은 아직 모른다. 사실 new_positions에서 같은 노드에 도달하는 cur_positions 에지가 여러 개 있을 수 있다. 그림 4-7을 다시 참조해보자. 벵골어는 2개의 번역이 필요하므로 BFS 2라운드에서 발견된다. 하지만 여기서 필요한 에지는 이탈리아어가 아닌 스페인어에서 나온 에지다.

따라서 4장에서는 처음보는 역할을 하는 새로운 for 문이 등장한다❸. added_lang 변수는 각각의 새 위치(다음 BFS 라운드의 위치)를 추적한다. added_lang과 현재 BFS 라운드에서 발견된 노드 사이에서 가장 저렴한 에지를 찾는다. if 문의 첫 번째 조건을 보면, 각언어는 added_lang보다 거리가 1만큼 짧다❹.

총 비용

일단 비용을 저장했으면, 이를 합산해 모든 대상 언어로 번역하는 데 드는 총 비용을 구하면 된다. 함수는 코드 4-20과 같다.

코드 4-20 최소 총 비용

```
void solve(int num_langs, board min_costs) {
  int i, total = 0;
  for (i = 1; i < num_langs; i++)
❶  if (min_costs[i] == -1) {
      printf("Impossible\n");
      return;
    } else {
      total = total + min_costs[i];
    }
❷ printf("%d\n", total);
}
```

대상 언어에 도달할 수 없다면 'Impossible'을 출력한다❶. 그외에는 누적된 총 비용을 출력한다❷.

그러면 판정 시스템에 코드를 제출해보자.

요약

4장에서는 코드를 많이 작성했다. 작성한 코드가 독자의 그래프 문제를 해결하기 위한 출발점이 되기를 바란다. 하지만 장기적으로는 문제 해결 과정의 초기 단계로서 모델링의 중요성을 기억하면 좋겠다. 문제를 BFS의 관점에서만 모델링하면, 나이트와 로프, 번역 등의 분야가 그래프라는 단일 영역으로 축소된다.

구글에서 '로프 오르기'를 검색하면 실제 로프 타는 방법 외에는 알고리듬과 관련된 아무 정보도 얻지 못할 것이다. 대신 '너비 우선 탐색'을 검색하면 많은 양의 코드 예제와 설명을 얻을 수 있다. 판정 시스템 웹 사이트에 프로그래머들이 남긴 댓글을 읽어 보면 문제 자체가 아니라 알고리듬의 관점에서 질문하고 답변하는 것을 볼 수 있다. 가끔은 줄여서 'BFS 문제'라고 표현할 때도 있다. 4장에서는 모델링 언어 및 모델을 실제 동작하는 코드로 구현하는 방법을 배웠다. 이제 5장에서는 가중치 그래프를 전반적으로 다루는 그래프 모델링을 좀 더 알아본다.

참고사항

[출처]

- 나이트 추격 문제: 1999년 캐나다 컴퓨팅 경진대회
- 로프 오르기 문제: 2018 워번 대회, 온라인 라운드1, 시니어 디비전
- 책 번역 문제: 2016 ACM 미국 동부/중부/북부 지역 프로그래밍 경진대회

[참고]

4장에서는 BFS를 다뤘지만 그래프 알고리듬을 계속 공부한다면 깊이 우선 탐색[DFS, Depth-First Search]도 공부해보자. BFS, DFS 및 기타 그래프 알고리듬에 대한 자세한 내용을 알고 싶다면, 팀 러프가든의 『Algorithms Illuminated(Part 2): Graph Algorithms and Data Structures』(Soundlikeyourself Publishing, 2018)를 추천한다.

5

가중치 그래프의 최단 경로

5장에서는 4장에서 다룬 최단 경로 찾기를 일반화한다. 4장에서는 문제를 해결하는 데 필요한 최소 이동 횟수를 찾는 데 중점을 뒀다. 그런데 최소 이동 횟수가 아니라 최소 시간이나 거리에 관심이 있다면 어떨까? 10분 걸리는 1번의 느린 이동과 총 8분 걸리는 3번의 빠른 이동이 있다고 가정해보자. 보통은 시간을 절약할 수 있는 3번의 빠른 이동을 선호한다.

5장에서는 가중치 그래프에서 최단 경로를 찾기 위한 다익스트라 알고리듬을 배운다. 이를 통해 제한 시간 내에 미로에서 탈출할 수 있는 생쥐의 수와 누군가의 집과 할머니의 집 사이의 최단 경로 수를 결정하는 방법을 알아볼 것이다. 그 중에서도 특히 할머니의 집 찾기 문제를 선택한 이유는 적절히 수정만 하면 BFS나 다익스트라^{Dijkstra}와 같은 알고리듬이 '최단 경로 찾기' 이상의 기능을 수행할 수 있다는 사실을 강조하기 위해서다. 즉, 단순히 잘 알려진 알고리듬을 배우는 것뿐 아니라, 유연한 문제 해결 능력도 익히려는 취지다.

문제 1: 생쥐 미로

문제의 출처는 UVa의 1112다.

문제 설명

미로는 방과 통로로 이뤄져 있다. 각 통로는 어떤 방 a에서 다른 방 b로 이어지며 통로를 걷는 데 t시간이 걸린다. 방 2에서 방 4로 이동하는 데 5시간이 걸릴 수 있다. 또, 방 4에서 방 2로 이동하는 데 70시간이 걸리기도 한다. 혹은 방 4에서 방 2로 가는 통로가 전혀 없을 수도 있다. $a \rightarrow b$ 및 $b \rightarrow a$ 통로는 독립적이다. 미로의 방 중 하나가 출구 방으로 지정된다.

출구 방을 포함해서 각 방에는 실험용 생쥐가 있다. 생쥐는 가능한 한 짧은 시간 안에 출구 방으로 가도록 훈련됐다. 목표는 지정된 시간 내에 출구 방에 도착할 수 있는 생쥐의 수를 구하는 것이다.

입력

입력의 첫째 줄은 테스트 케이스의 개수이며, 그 뒤에는 빈 줄이 있다. 각 테스트 케이스 쌍 사이에도 빈 줄이 있다. 테스트 케이스의 구성은 다음과 같다.

- 미로의 방 수인 n이 제공된다. 방은 1에서 n까지 번호가 지정되고, n은 최대 100이다.
- 출구 방인 e가 제공되고, e는 1과 n 사이의 값이다.
- 제한 시간(최소 0)으로 정수 t가 제공된다.
- 미로의 통로 수인 m이 제공된다.
- m개의 줄에 걸쳐 통로에 대한 정보가 제공된다. 각 줄에는 첫째 방 a(1과 n 사이), 둘째 방 b(1과 n 사이), a에서 b까지 가는 데 걸리는 시간(최소 0)의 3개의 정수가 제공된다.

출력

각 테스트 케이스에 대해 제한 시간 t 안에 출구 방 e에 도달한 생쥐의 수를 출력한다. 각 테스트 케이스의 출력은 빈 줄로 다음 출력과 구분된다.

문제의 풀이 제한 시간은 3초다.

BFS 이동

생쥐 미로 문제와 4장의 세 가지 문제 사이에는 중요한 유사점이 있다. 바로 생쥐 미로를 그래프로 모델링할 수 있다는 점이다. 여기서 노드는 미로의 방이고, 에지는 통로다. 그래프는 로프 오르기 문제처럼 방향이 있다. 왜냐하면 방 a에서 방 b로 가는 통로는 b에서 a로 가는 통로에 대해 아무것도 알려주지 않기 때문이다.

4장의 세 가지 문제의 핵심은 BFS였다. BFS는 최단 경로를 찾는다는 특징이 있다. 우연찮게도 생쥐 미로 문제에서도 최단 경로가 필요하다. 이를 통해 출구 방에 도달하는 데 걸리는 시간을 결정할 수 있다.

유사성에도 불구하고 중요한 차이점이 있는데, 그것은 바로 생쥐 미로 그래프에는 가중치가 있다는 점이다. 각 에지에는 해당 에지를 지나는 데 필요한 시간을 나타내는 임의의 정수가 있다. 그림 5-1의 예시를 살펴보자.

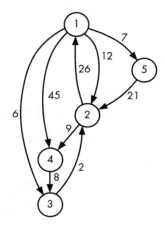

그림 5-1 생쥐 미로 그래프

방 4가 출구라고 가정해보자. 방 1의 생쥐가 방 4로 가는 데 걸리는 최소 시간은 얼마인가? 방 1에서 방 4까지 직접 연결된 에지가 있으므로, BFS에서처럼 에지를 세면 답은 1이 된다. 그러나 여기서는 에지 수가 중요한 것이 아니라, 에지 가중치의 합으로 최단 경로를 구하는 것이 중요하다. 1 → 4 에지의 가중치는 45이고, 이것은 최단 경로가 아니다. 방 1에서 방 4로의 최단 경로는 방 1에서 방 3(6시간)으로 이동한 다음, 방 3에서 방 2(2시간)로 이동하고, 마지막으로 방 2에서 방 4(9시간)로 이동하는 경로다. 이때 총 6 + 2 + 9 = 17시간이 된다. 이처럼 에지 수가 아니라 에지 가중치에 초점을 맞춰야 하기 때문에 BFS는 적합하지 않으니, 다른 알고리듬이 필요하다.

잠깐 돌이켜보면, 4장에도 이미 몇 개의 가중치 그래프가 있었고, 그런 그래프에 BFS를 사용했다. 그림 4-6의 로프 오르기에서도 에지의 가중치가 0 또는 1이었던 것을 알 수 있다. 여기에서는 에지 가중치가 제한돼 있기 때문에 변형된 BFS를 사용할 수 있었다. 또한, 그림 4-7의 번역 그래프를 보면, 임의의 에지 가중치가 있는 완전한 가중치 그래프였다. 거기에서도 BFS를 사용할 수 있었지만, 그것 역시 에지 개수를 기본 거리 측정 기준으로 삼았기 때문이다. 즉, 일단 노드의 에지 거리가 BFS에 의해 결정된 후에야, 가장 비용이 적게 드는 노드를 추가할 수 있도록 에지 가중치를 적용했다.

생쥐 미로는 에지 수와 전혀 관련이 없다. a에서 b까지의 경로에는 100개의 에지가 있으면서 총 5시간이 걸릴 수도, 1개의 에지만 있으면서 80시간이 걸릴 수도 있다. 이런 경우 BFS는 첫 번째 경로가 아니라, 두 번째 경로를 선택할 것이다.

가중치 그래프의 최단 경로

BFS는 시작 노드에서 에지 수를 기준으로 더 멀리 있는 노드를 점진적으로 식별하는 방식으로 동작한다. 이번에 설명할 알고리듬도 이와 비슷하게 동작한다. 시작 노드에서 총에지 가중치를 기준으로 멀리있는 노드의 최단 경로를 식별한다.

BFS는 라운드 단위로 동작하며, 다음 라운드에서 발견된 노드는 현재 라운드의 노드보다 한 에지 더 멀리 있다. 가장 나중에 발견한 최단 경로가 반드시 새 노드의 최단 경로에 해당한다고 할 수는 없기 때문에, 가중치 그래프에서 최단 경로를 찾을 때는 이런 라운드 개념을 사용할 수 없다. 따라서 다음 최단 경로를 찾기 위해 좀 더 작업을 해야 한다.

이를 설명하기 위해 그림 5-1의 노드 1에서 각 노드까지의 최단 경로를 찾아보자. 그러면 방 1의 생쥐가 출구 방에 도달하는 데 걸리는 시간을 알 수 있다.

각 노드에는 두 가지 정보가 있다.

- done: 참/거짓 변수다. 이 값이 거짓(false)이면 아직 이 노드의 최단 경로를 찾지 못했음을, 참(true)이면 찾았다는 뜻이다. 노드의 done 값이 참(true)이 되면 탐색이 종료되며, 최단 경로는 다시는 변경되지 않는다.
- min_time: 다른 노드가 모두 완료된 경로를 사용하는 경우, 총 시간을 기준으로, 시작 노드부터의 최단 경로 거리다. 더 많은 노드가 완료될수록 경로를 선택할 수 있는 옵션이 늘어나므로 min_time이 줄어들 수 있다.

노드 1에서 노드 1까지의 최단 경로는 0이다. 갈 곳도 없고, 이용할 에지도 없다. 노드 1의 *min_time*이 0이고, 다른 노드의 *min_time* 정보는 없는 상태에서 시작해보자.

node	done	min_time
1	false	0
2	false	
3	false	
4	false	
5	false	

노드 1의 done을 참으로 변경한 후, 노드 1의 에지 가중치를 기준으로 다른 노드들의 *min_time*을 설정한다. 그러면 다음과 같은 상태가 된다.

node	done	min_time
1	true	0
2	false	12
3	false	6
4	false	45
5	false	7

이번 작업의 핵심 주장은 바로, 노드 1에서 노드 3까지의 최단 경로는 6이며 6보다 더 빠른 방법은 없다는 것이다. 이렇게 주장할 수 있는 이유는 완료되지 않은 노드 중에서 노드 3이 가장 작은 min_time 값을 가졌기 때문이다.

당장 정답이 6이라고 주장하는 것은 너무 성급한 것이 아닐까? 노드 3으로 가는 더 짧은 경로가 있어서, 이들을 거쳐 최종적으로 노드 3으로 가면 더 짧은 경로가 있다면 어떨까?

그러나 그런 경우 없다. 최단 경로는 6이 확실한 이유는 다음과 같다. 노드 1에서 노드 3까지 가는 더 짧은 경로 p가 있다고 가정해보자. 이 경로는 노드 1에서 시작해야 하고, 노드 1에서 나가는 어떤 에지 e를 거쳐야 한다. 그런 다음, 0개 이상의 다른 에지를 거쳐서 노드 3에 도달해야 한다. 그런데 노드 1에서 다른 노드로 이동하는 데 걸리는 최소 시간이 6이므로, e는 이미 6시간이 소요된다. p에 있는 다른 에지들은 6시간에 더 추가될 뿐이므로, p의 총 시간이 6시간 미만일 수 있는 방법은 없다.

따라서 노드 3의 최단 경로를 알게 됐고, done 값을 참으로 변경한다. 노드 3을 사용해 아직 완료되지 않은 노드들의 최단 경로를 개선할 수 있는지 확인한다. min_time 값은 done이 참인 노드들을 사용해 최단 경로를 업데이트한다는 것을 기억하자. 노드 3까지 가는 데 6시간이 걸리고, 노드 3에서 노드 2까지 2시간 걸리는 에지가 있으므로, 노드 1에서 노드 2까지 8시간만에 이동할 수 있다. 따라서 노드 2의 min_time 값을 12에서 8로 업데이트한다. 결과는 다음과 같다.

node	done	min_time
1	true	0
2	false	8
3	true	6
4	false	45
5	false	7

노드 2, 4, 5는 아직 done이 참이 되지 않았다. 그 중에 최소 min_time을 가진 노드 5를 살펴보자. 노드 5를 사용해 업데이트할 수 있는 다른 최단 경로가 있을까? 노드 5에는

노드 2로 가는 에지가 있지만 노드 1에서 노드 5로 이동(7시간)한 다음, 노드 5에서 노드 2로 이동(21시간)하는 데 걸리는 시간(7 + 21 = 28시간)은, 앞에서 업데이트한 노드 1에서 노드 2로 이동(8시간)하는 것보다 더 많은 시간이 걸린다. 따라서 노드 2의 *min_time*은 그대로 두고, 노드 5의 done의 값을 참으로 바꾼다.

node	done	min_time
1	true	0
2	false	8
3	true	6
4	false	45
5	true	7

2개의 노드만 남았다. 노드 2의 *min_time*은 8이고, 노드 4의 *min_time*은 45다. 앞에서와 마찬가지로, 노드 1에서 노드 2까지 가는 최단 경로가 8인 더 작은 쪽을 선택한다. 다시 말하지만, 8보다 짧은 경로는 없다. 노드 1에서 노드 2로 가는 최단 경로 p는 무조건 완료된 노드에서 시작해야 하며, 완료된 노드에서 완료되지 않은 노드로의 에지에서 처음으로 교차한다. 그 에지를 $x \rightarrow y$라고 하자. 여기서 x는 완료된 노드고, y는 완료되지 않은 노드다. 이것이 p가 노드 1에서 노드 y로 이동하는 방법이다. 이어서 노드 y에서 노드 2로 이동하는 데는 어떤 경로도 선택할 수 있지만, 실제로는 큰 의미가 없다. 왜냐하면, 노드 1에서 노드 y로 이동하는 데는 이미 최소 8시간이 걸린다. 더 짧은 경로가 있었다면 y의 *min_time* 값은 8보다 작은 값이라는 의미이므로 이때는 노드 2가 아니라 y를 done으로 설정했을 것이다. 노드 y에서 노드 2로 이동하려면 어떤 p가 되더라도 시간이 더 늘어날수 밖에 없다. 따라서 p는 8보다 짧을 수 없다.

노드 2를 추가하면 최단 경로를 업데이트할 수 있는지를 확인해야 할 2개의 에지가 생긴다. 노드 2에서 노드 1까지 가는 에지의 경우, 노드 1이 이미 완료됐기 때문에 업데이트할 필요가 없다. 노드 2에서 노드 4까지 이동하는 9시간짜리 에지는 최단 경로를 업데이트할 수 있다. 즉, 노드 1에서 노드 2로 이동하는 데 8시간이 걸리고, 노드 2에서 노드 4로 가는 에지는 9시간이 걸리므로 총 17시간이 걸린다. 본래 노드 1에서 노드 4로 가는 최단 경로는 45시간이었으므로, 최단 경로를 업데이트할 수 있다. 업데이트된 결과는 다음과 같다.

node	done	min_time
1	true	0
2	true	8
3	true	6
4	false	17
5	true	7

1개의 노드만 남았다. 다른 모든 노드가 완료됐고, 최단 경로를 모두 찾았다. 노드 4를 탐색하더라도 더 짧은 경로를 찾을 수 없다. 그러므로 노드 4의 done을 참으로 바꾸고 탐색을 종료한다.

node	done	min_time
1	true	0
2	true	8
3	true	6
4	true	17
5	true	7

방 1의 생쥐가 출구 방 4에 도달하는 데는 17시간이 걸린다. 이렇게 서로 다른 노드에 대해 탐색을 반복하면, 생쥐가 출구 방에 도달하는 데 걸리는 시간을 알아낼 수 있다.

이 알고리듬은 유명한 컴퓨터 과학자인 에드거 다익스트라의 이름을 따서 다익스트라 Dijkstra 알고리듬이라고 한다. 시작 노드 s와 가중치 그래프가 주어지면, s에서 그래프의 각 노드까지의 최단 경로를 계산한다. 다익스트라 알고리듬이 바로 생쥐 미로 문제를 해결하는 데 필요한 것이다. 입력 값을 읽어 그래프를 만든 다음, 다익스트라 알고리듬을 구현하는 방법을 알아보자.

그래프 작성

지금까지 트리와 그래프를 구현했던 경험을 떠올린다면, 앞으로 나오는 내용이 익숙할 것이다. 지금부터는 4장 '그래프 만들기'의 책 번역 문제에서 만들었던 그래프와 유사한 그래프를 작성해본다. 그때는 무방향 그래프였고, 지금은 방향 그래프라는 점이 유일한 차이점이다. 노드 번호가 직접 주어지기 때문에 언어 이름과 정수를 매핑할 필요가 없다는 점이 더 좋다.

그림 5-1에 해당하는 테스트용 입력 값은 다음과 같다.

```
1

5
4
❶ 12
9
1 2 12
1 3 6
2 1 26
1 4 45
1 5 7
3 2 2
2 4 9
4 3 8
5 2 21
```

여기서 12❶는 생쥐의 탈출 제한 시간이다(제한 시간 안에 생쥐 3마리가 출구에 도달할 수 있는지 확인하는 용도로, 생쥐들은 각각 방 2, 3, 4에 있다).

책 번역 문제에서처럼 인접 리스트를 사용해 그래프를 표현하자. 각 에지는 그 에지가 가리키는 방, 에지를 따라가는 데 필요한 시간 및 다음 포인터를 갖는다. 다음은 이번 코드에서 사용할 매크로와 구조체 정의다.

```
#define MAX_CELLS 100
```

```c
typedef struct edge {
  int to_cell, length;
  struct edge *next;
} edge;
```

그래프는 코드 5-1의 main 함수에서 입력 받는다.

코드 5-1 그래프를 작성하는 main 함수

```c
int main(void) {
  static edge *adj_list[MAX_CELLS + 1];
  int num_cases, case_num, i;
  int num_cells, exit_cell, time_limit, num_edges;
  int from_cell, to_cell, length;
  int total, min_time;
  edge *e;

  scanf("%d", &num_cases);
  for (case_num = 1; case_num <= num_cases; case_num++) {
    scanf("%d%d%d", &num_cells, &exit_cell, &time_limit);
    scanf("%d", &num_edges);
❶  for (i = 1; i <= num_cells; i++)
      adj_list[i] = NULL;
    for (i = 0; i < num_edges; i++) {
      scanf("%d%d%d", &from_cell, &to_cell, &length);
      e = malloc(sizeof(edge));
      if (e == NULL) {
        fprintf(stderr, "malloc error\n");
        exit(1);
      }
      e->to_cell = to_cell;
      e->length = length;
      e->next = adj_list[from_cell];
❷    adj_list[from_cell] = e;
    }

    total = 0;
    for (i = 1; i <= num_cells; i++) {
```

264

```
❸ min_time = find_time(adj_list, num_cells, i, exit_cell);
❹ if (min_time >= 0 && min_time <= time_limit)
      total++;
 }
 printf("%d\n", total);
 if (case_num < num_cases)
   printf("\n");
 }
 return 0;
}
```

입력 설명에 따르면 테스트 케이스 수 이후에 빈 줄이 있고, 각 테스트 케이스 쌍 사이에도 빈 줄이 있다. 그러나 scanf를 사용하면 숫자를 읽을 때 앞에 오는 선행 공백(줄 바꿈 포함)을 건너뛰기 때문에 빈 줄을 처리할 필요가 없다.

각 테스트 케이스에 가장 먼저 할 작업은 각 방의 에지 목록을 NULL로 설정해 인접 리스트를 초기화하는 것이다❶. 그렇게 하지 않으면, 테스트 케이스에 이전 테스트 케이스의 에지가 포함되는 버그가 발생한다. 그러므로 각 테스트 케이스마다 초기화를 하는 과정이 반드시 필요하다.

각 에지를 초기화한 다음 from_cell❷을 연결 리스트에 추가한다. 방향 그래프이기 때문에 to_cell의 연결 리스트에는 아무것도 추가하지 않는다.

각 방에서 출구 방까지의 최단 경로를 구하는 것이 문제의 목표다. 각 방에 대해 다익스트라 알고리듬을 구현한 헬퍼 함수인 find_time을 호출한다❸. 시작 방 i와 목표 방 exit_cell이 주어질 때, 이동 경로가 전혀 없으면 -1을, 그렇지 않으면 최단 경로 시간을 반환한다. 출구 방에 도달하는 데 time_limit 시간 이하가 걸리는 방이 있을 때마다 total 변수 값을 1씩 증가시킨다. 모든 방의 최단 경로를 탐색했으면 total 변수 값을 출력한다.

다익스트라 알고리듬 구현

'가중치 그래프의 최단 경로'에서 다룬 내용에 따라 다익스트라 알고리듬을 구현할 차례다. 구현할 함수는 다음과 같다.

```
int find_time(edge *adj_list[], int num_cells,
              int from_cell, int exit_cell)
```

4개의 매개변수는 순서대로 인접 리스트, 방의 개수, 시작 방 및 출구 방에 해당한다. 다익스트라 알고리듬은 시작 방에서 출구 방을 포함한 다른 모든 방에 대한 최단 경로 시간을 계산한다. 계산이 끝나면 출구 방으로 가는 최단 경로 시간을 반환한다. 모든 방에 대한 최단 경로를 계산한 뒤에, 출구 방까지의 최단 경로만 남기고 나머지 경로 정보는 버리는 것이 낭비로 보일 수도 있다. 여기에 적용할 수 있는 다양한 최적화 방법이 있으며, 이에 대해서는 다음 하위 절에서 살펴본다. 비록 지금은 단순하지만, 제대로 동작하는 코드에 집중하자.

다익스트라 알고리듬의 본문은 2개의 중첩 for 문으로 구현한다. 외부 for 문은 방마다 한 번씩 실행되고, 각 반복마다 해당 방의 done 값은 참이 된다. 그 방을 이용해 최단 경로를 업데이트한다. 내부 for 문은 최솟값을 계산하고, done 값이 거짓인 모든 방 중에서 min_time 값이 최소인 방을 찾는다. 함수는 코드 5-2와 같다.

코드 5-2 다익스트라 알고리듬을 사용한 출구 방까지의 최단 경로

```
int find_time(edge *adj_list[], int num_cells,
              int from_cell, int exit_cell) {
  static int done[MAX_CELLS + 1];
  static int min_times[MAX_CELLS + 1];
  int i, j, found;
  int min_time, min_time_index, old_time;
  edge *e;
❶ for (i = 1; i <= num_cells; i++) {
    done[i] = 0;
    min_times[i] = -1;
  }
❷ min_times[from_cell] = 0;

  for (i = 0; i < num_cells; i++) {
    min_time = -1;
  ❸ found = 0;
  ❹ for (j = 1; j <= num_cells; j++) {
```

```
❺  if (!done[j] && min_times[j] >= 0) {
  ❻    if (min_time == -1 || min_times[j] < min_time) {
          min_time = min_times[j];
          min_time_index = j;
          found = 1;
        }
      }
    }
❼  if (!found)
      break;
    done[min_time_index] = 1;

    e = adj_list[min_time_index];
    while (e) {
      old_time = min_times[e->to_cell];
  ❽    if (old_time == -1 || old_time > min_time + e->length)
        min_times[e->to_cell] = min_time + e->length;
      e = e->next;
    }
  }
❾  return min_times[exit_cell];
}
```

done 배열은 각 방의 탐색이 완료됐는지 여부를 나타낸다. 0은 '완료되지 않음'을, 1은
'완료됨'을 의미한다. min_times 배열은 시작 방에서 각 방까지의 최단 경로 거리를 저장
한다. for 문을 사용해 done 배열과 min_times 배열을 초기화한다❶. 모든 done 값을 0(거
짓)으로 설정하고, min_times 값을 -1(찾을 수 없음)로 설정한다. 그런 다음 from_cell의
min_times를 0으로 설정해, 시작 방에서 자신까지의 최단 경로 거리가 0임을 표시한다❷.

found 변수는 다익스트라 알고리듬으로 새 방을 발견할 수 있는지 여부를 나타낸다.
외부 for 문이 반복될 때마다 0(거짓)으로 시작하고❸, 방을 찾으면 1(참)로 변경된다. 여기
서 '방을 찾을 수 없다'는 무슨 의미일까? 예를 들어, '가중치 그래프의 최단 경로'에서 모
든 방을 탐색했으나, 시작 방과 다른 방 사이에 경로가 없는 그래프가 있을 수 있다. 이런
그래프에는 다익스트라 알고리듬이 찾지 못한 방이 존재할 수 있다는 것이며, 새로운 방
을 찾지 못하면 중단한다.

최단 경로를 찾을 다음 방을 결정하는 내부 for 문을 보자❹. for 문이 끝나면 최단 경로를 찾은 방의 인덱스가 min_time_index에 저장되고, 그 방의 최단 경로 시간이 min_time에 저장된다. 반복문이 탐색하는 방은 done 값이 거짓, 즉 탐색이 완료되지 않은 방이면서 min_times 값이 0 이상(-1이 아닌 값)인 방이다❺. 탐색이 끝난 방은 최단 경로가 확정되므로 다시 탐색할 필요가 없기 때문이다. 또한 min_times 값은 0 이상이어야 하는데, -1이면 이 방이 아직 발견되지 않은 것이므로 최단 경로를 찾을 수 없다. 탐색 가능한 방이 더 없거나 현재 방의 경로가 지금까지의 최단 경로보다 짧은 경우❻, min_time과 min_time_index를 업데이트하고, 방을 성공적으로 찾았다는 의미로써 플래그 역할을 하는 found 변수를 1로 설정한다.

방이 발견되지 않으면 중단한다❼. 그렇지 않으면 찾은 방의 done 값을 1로 설정하고 방에서 나가는 에지들로 반복문을 돌며 최단 경로를 찾는다. 각 에지 e에 대해 방이 e->to_cell로 가는 최단 경로가 있는지 확인한다❽. 최단 경로가 될 수 있는 후보로는 min_time(from_cell에서 min_time_index로 이동하는 데 걸리는 시간)과 에지 e로 가는 데 걸리는 시간(min_time_index에서 e->to_cell로 가는 에지)을 더한 값이다.

에지 e에 대해 반복을 돌 때 최단 경로인지 확인하는 과정❽ 전에 e->to_cell이 완료되지 않았는지(done 값이 거짓인지)에 대한 확인이 먼저 필요하다는 의문이 들 수 있다. 물론 그런 조건문을 추가할 수는 있지만, 아무런 효과가 없을 것이다. 탐색 완료된 방은 이미 최종 최단 경로를 갖고 있으며, 더 짧은 경로를 찾는 방법도 없기 때문이다.

모든 방에 대한 최단 경로를 계산했다면, 출구 방으로 가는 최단 경로를 알 수 있다. 마지막으로 출구 방까지 가는 최단 경로 시간을 반환한다❾. 모든 코드가 완성됐으니 판정 시스템에 제출해보자. 모든 테스트 케이스를 통과할 것이다.

두 가지 최적화

다익스트라 알고리듬의 속도를 높일 수 있는 방법이 몇 가지 있다. 가장 널리 사용되고, 극적인 속도 향상을 기대할 수 있는 데이터 구조는 힙heap이다. 지금 구현한 코드에서는 최단 경로를 찾기 위해 완료되지 않은 다른 모든 노드를 확인하기 때문에 상당한 비용이

든다. 힙을 이용하면 느린 선형 탐색을 빠른 트리 탐색으로 바꿀 수 있다. 힙은 다익스트라 알고리듬 외에도 다양한 상황에서 유용하므로 나중에 7장에서 다시 살펴볼 것이다. 이번에는 일단 생쥐 미로 문제에 해당되는 최적화 방법을 몇 가지 알아본다.

첫째, 한 번 탐색이 끝난 방은 최단 경로가 다시 바뀌지 않기 때문에, 출구 방의 탐색이 완료되면 최단 경로를 찾은 것이다. 따라서 다익스트라 알고리듬을 바로 종료하는 게 좋다.

둘째, n개의 방으로 이루어진 미로의 경우, 다익스트라 알고리듬을 방마다 한 번씩, 총 n번 호출한다. 방 1은 모든 최단 경로를 계산한 다음, 출구 방까지의 최단 경로만 남긴다. 방 2, 방 3 등에 대해서도 같은 작업을 수행해 출구 방과 관련된 경로를 제외하고 찾은 최단 경로를 모두 버린다.

이렇게 하는 대신, 출구 방을 시작 방으로 한 다음, 다익스트라 알고리듬을 한 번만 실행해보자. 그러면 다익스트라 알고리듬은 출구 방에서 방 1로, 출구 방에서 방 2로 가는 최단 경로를 찾는다. 하지만, 방향 그래프여서 출구 방에서 방 1까지의 최단 경로가 반드시 방 1에서 출구 방까지의 최단 경로가 되는 것은 아니다. 그림 5-1을 보자.

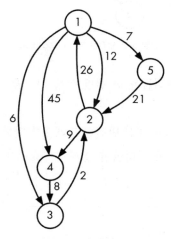

그림 5-1 생쥐 미로 그래프

'가중치 그래프의 최단 경로'에서 알아봤듯이 방 1에서 방 4까지의 최단 경로는 17이지만 방 4에서 방 1까지의 최단 경로는 36이다.

그리고, 방 1에서 방 4까지의 최단 경로는 에지 1 → 3, 3 → 2, 2 → 4를 따라간다. 만약, 방 4에서 다익스트라 알고리듬을 시작하려면 에지 4 → 2, 2 → 3, 3 → 1을 찾아야 한다. 이런 에지들은 원래 그래프의 에지에서 반전된 모양이다. 그림 5-2는 반전된 그래프를 보여준다.

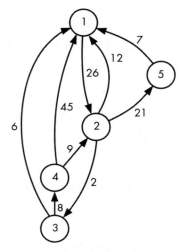

그림 5-2 반전된 생쥐 미로 그래프

여기서는, 다익스트라 알고리듬을 한 번만 실행해도 방 4에서 다른 모든 노드에 대한 최단 경로를 찾을 수 있다.

이를 구현하려면 원래 그래프 대신 반전된 그래프를 만들어야 하는데, 이는 main 함수(코드 5-1)에서 그래프를 읽을 때 처리할 수 있다.

아래 코드 대신에

```
e->to_cell = to_cell;
e->length = length;
e->next = adj_list[from_cell];
adj_list[from_cell] = e;
```

다음 코드를 사용한다.

```
e->to_cell = from_cell;
e->length = length;
e->next = adj_list[to_cell];
adj_list[to_cell] = e;
```

즉, 에지는 이제 from_cell을 가리키며 to_cell의 연결 리스트에 추가된다. 이렇게 변경한 후에 출구 방에서 다익스트라 알고리듬을 한 번 호출하도록 코드를 수정하면 훨씬 빠른 프로그램을 구현할 수 있다. 직접 시도해보자.

다익스트라 알고리듬

다익스트라 알고리듬은 BFS가 중단한 부분을 대신한다. BFS는 가중치가 없는 그래프에서 에지 수를 기준으로 최단 경로를 찾는 반면, 다익스트라 알고리듬은 가중치 그래프에서 에지 가중치를 기준으로 최단 경로를 찾는다.

BFS와 마찬가지로, 다익스트라 알고리듬도 그래프의 시작 노드에서 각 노드까지의 최단 경로를 찾는다. 그런 다음, BFS처럼 가중치가 없는 그래프가 아닌 가중치 그래프에서 단일 출발 최단 경로 문제를 해결한다.

사실, 다익스트라 알고리듬은 가중치가 없는 그래프에서도 최단 경로를 찾을 수 있다. 가중치가 없는 그래프에서 각 에지의 가중치를 1로 설정하고 다익스트라 알고리듬으로 최단 경로를 찾으면, BFS가 경로의 에지 수를 최소화하는 것과 정확히 같은 방식으로 동작하게 된다.

그렇다면 가중치가 있든, 없든 그래프의 최단 경로 문제에 무조건 다익스트라 알고리듬을 사용하면 안 되는 걸까? 실제로 BFS와 다익스트라 알고리듬은 어느 쪽을 선택할지 결정하기 어려운 문제가 있다. 4장의 로프 오르기 문제에서 아마도 많은 사람들이 (수정된) BFS보다 다익스트라 알고리듬을 선택했을 것이라 생각한다. 그러나 문제에서 요구하는 사항이 이동 횟수 최소화가 분명할 때는 BFS를 선택하는 것이 다익스트라 알고리듬보다 쉽게 구현할 수 있고, 속도도 조금 더 빠르다. 다익스트라 알고리듬이 결코 느리다는 의미는 아니다.

다익스트라 알고리듬의 실행 시간

코드 5-2로 다익스트라 알고리듬의 실행 시간을 계산해보자. 여기서는 그래프의 노드 수를 나타내기 위해 n을 사용한다.

초기화를 하는 for 문은 n번 반복하면서 상수 단계를 수행하므로, 총 작업은 n에 비례한다❶. 다음 초기화는 단순 대입이다❷. 초기화는 n단계를 수행하든 $n+1$ 단계를 수행하든 차이가 없으므로, 그냥 n단계를 수행하는 것으로 정리하자.

그 다음부터 실제 다익스트라 알고리듬이 시작된다. 외부 for 문은 최대 n번 반복된다. 외부 for 문이 반복될 때마다 내부 for 문은 n번 반복하며 다음 노드를 찾는다. 그러면, 내부 for 문은 총 n^2번 반복된다. 이렇게 반복할 때마다 상수 단계를 수행하므로, 내부 for 문은 n^2에 비례한다.

다익스트라 알고리듬에는 각 노드의 에지를 탐색하는 과정도 있다. 총 n개의 노드가 있으므로 각 노드의 에지는 n보다 많을 수 없다. 따라서 한 노드의 에지를 전부 탐색하려면 최대 n번의 탐색이 필요하고, n개의 노드에 각각 탐색이 필요하다. 따라서 최대 총 n^2번의 단계를 수행한다.

요약하면, 초기화 작업은 n번, 내부 for 문은 n^2번, 에지 확인 작업은 n^2번을 수행한다. 가장 큰 지수는 2이므로 다익스트라 알고리듬은 $O(n^2)$ 또는 제곱 시간 알고리듬이다.

1장의 '문제점 분석' 절에서는 제곱 시간 알고리듬의 문제를 지적하면서, 선형 시간 알고리듬을 선택했다. 이때의 판단에 따르면 다익스트라 알고리듬 구현은 그다지 좋은 해법이 아니다. 그러나 n^2 시간동안 시작 노드에서 각 최단 경로를 하나씩, 총 n개의 문제를 해결하기 때문에 다르게 생각할 수도 있다.

이 책에서는 다익스트라 알고리듬만 다루지만, 다른 최단 경로 알고리듬도 많다. 어떤 알고리듬은 그래프에서 두 노드 사이의 최단 경로를 한 번에 찾는다. 이렇게 하면 전체 쌍 최단 경로 문제를 해결할 수 있다. 그런 알고리듬 중 하나인 플로이드-워셜 알고리듬은 $O(n^3)$으로 실행된다. 흥미롭게도, 다익스트라 알고리듬으로도 전체 쌍의 최단 경로를 빨리 찾을 수 있다. 다익스트라 알고리듬을 각 시작 노드에서 한 번씩 총 n번 실행하는 것이다. 그러면, n^2 알고리듬을 n번 호출하므로, 전체적으로는 $O(n^3)$으로 실행된다.

가중치가 있든 없든, 단일 출발이든 전체 쌍이든 다익스트라 알고리듬으로 다 해결할 수 있다. 그러면 다익스트라 알고리듬은 만능일까? 그건 아니다.

음수-가중치 에지

지금까지 다룬 문제에서 에지 가중치들은 모두 양수 값을 사용했다. 가령, 생쥐 미로 문제에서 에지 가중치는 에지를 이동하는 시간을 의미한다. 에지를 이동하는 데 드는 시간이 거꾸로 갈 수는 없기 때문에 에지 가중치는 당연히 양수였다. 마찬가지로, 다른 많은 그래프 문제에서 상식적으로 음수 값을 가중치로 갖는 경우가 흔치 않다. 도시 사이를 이동하는 항공편을 나타내는 그래프에서 도시는 노드를, 도시 간 항공 요금을 에지라고 해보자. 에지가 음수-가중치라는 것은 항공사가 요금을 고객한테 지불한다는 것인데, 일반적으로 그런 경우는 없다. 그러나 어떤 동작을 하면 점수를 받고, 어떤 동작을 하면 점수를 잃는 게임이 있다면, 점수를 잃는 동작을 음수-가중치 에지라고 할 수 있을 것이다. 이처럼 음수-가중치 에지가 가끔 등장하기도 한다. 이때, 어떻게 다익스트라 알고리듬을 적용할까? 그림 5-3의 그래프 예제를 통해 살펴보자.

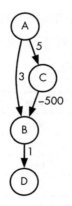

그림 5-3 음수-가중치 에지가 있는 그래프

노드 A에서 최단 경로를 찾아보자. 항상 그렇듯이, 다익스트라 알고리듬은 출발 노드인 노드 A에 최단 경로 0을 할당하고, 노드 A를 탐색 완료로 설정하는 것으로 시작한다. A에서 B까지의 거리는 3이고, A에서 C까지의 거리는 5이지만, A에서 D까지의 거리는 정의되지 않았으므로 공백으로 둔다.

node	done	min_distance
A	true	0
B	false	3
C	false	5
D	false	

그런 다음, 다익스트라 알고리듬은 노드 B에 대한 최단 경로를 3으로 결정하고, B를 탐색 완료로 설정한다. 또한 D까지의 최단 경로도 업데이트한다.

node	done	min_distance
A	true	0
B	true	3
C	false	5
D	false	4

B가 완료됐기 때문에, A에서 B까지의 최단 경로는 3이라고 해야겠지만, 실제로 3은 A에서 B까지의 최단 경로가 아니기 때문에 문제가 발생한다. 최단 경로는 A → C → B이며, 총 가중치는 −495다. 일단은 계속해서 다익스트라 알고리듬이 어떻게 동작하는지 살펴보자. 다음으로 탐색 완료되는 노드는 D다.

node	done	min_distance
A	true	0
B	true	3
C	false	5
D	true	4

여기서, D로 가는 최단 경로도 잘못됐다. D의 최단 경로는 -494가 돼야 한다. C를 제외한 모든 노드가 탐색 완료됐으므로 C가 할 수 있는 일은 없으니, 완료로 변경한다.

node	done	min_distance
A	true	0
B	true	3
C	true	5
D	true	4

여기서 다익스트라 알고리듬이 B에 대한 최단 경로를 3에서 -495로 바꾸더라도, D까지의 최단 경로는 여전히 잘못된 값으로 남는다. 이를 해결하려면 비록 B의 탐색이 완료됐더라도 다시 처리할 방법이 필요하다. 어쨌든, 지금까지 배운 고전적인 다익스트라 알고리듬은 예제를 제대로 해결할 수 없다.

일반적으로 다익스트라 알고리듬은 그래프 에지가 음수일 때 적용할 수 없다. 음수 에지에 대해서는 벨먼-포드 알고리듬이나 플로이드-워셜 알고리듬을 사용해야 한다.

여기서는 일단 음수-가중치 에지를 고려할 필요가 없는 문제로 진행할 것이다. 다익스트라 알고리듬을 다시 사용하거나, 아니면 다익스트라 알고리듬을 응용해 새로운 최단 경로 문제를 해결해보자.

문제 2: 할머니 집 찾기

가끔 최단 경로 거리뿐 아니라 최단 경로에 대한 추가 정보를 출력해야 할 때도 있다. 이 문제가 바로 그런 경우다.

문제의 출처는 DMOJ의 saco08p3이다.

문제 설명

브루스는 할머니 댁으로 여행을 계획하고 있다. 그곳에는 n개의 마을이 있으며, 마을은 1에서 n까지 번호가 매겨져 있다. 브루스는 마을 1에서 시작하고 할머니는 마을 n에 산다.

각 마을 사이에는 도로가 있으며 각 도로의 길이(거리)가 제공된다.

브루스는 할머니께 드릴 선물인 쿠키 박스를 여행 도중에 구입해야 한다. 쿠키 가게는 일부 마을에만 있다. 따라서 브루스는 할머니의 집으로 가는 중에 쿠키 가게가 있는 마을을 하나 이상 방문해야 한다.

문제의 목표는 두 가지다. 첫째, 브루스가 쿠키 박스를 사면서 할머니의 집까지 가는 데 필요한 최소 거리를 구한다. 최소 거리는 브루스가 할머니의 집에 갈 수 있는 경로가 얼마나 많은지를 알려주지는 않는다. 딱 한 경로만 있을 수도 있고, 아니면 모두 같은 최소 거리를 가진 여러 경로가 있을 수도 있다. 둘째, 이런 최소 거리를 갖는 경로의 수를 구한다.

입력

테스트 케이스의 구성은 다음과 같다.

- 마을의 수를 나타내는 정수 n이 있는 줄: 마을은 1에서 n까지 번호가 매겨져 있다. 2~700개의 마을이 있다.
- n개의 정수를 갖는 n개의 줄: 첫째 줄은 1번 마을에서 각 마을(1번 마을, 2번 마을 등)까지의 도로 거리를 나타낸다. 둘째 줄은 마을 2에서 각 마을까지의 도로 거리를 나타낸다. 셋째 줄 이후로도 같다. 같은 마을의 거리는 0이고, 서로 다른 마을 간의 거리는 적어도 1이상이다. 또한, 마을 a에서 마을 b까지의 거리는 마을 b에서 마을 a까지의 거리와 같다.
- 쿠키 가게가 있는 마을의 수를 나타내는 정수 m이 있는 줄: m은 적어도 1 이상이다.
- 쿠키 가게가 있는 마을의 번호를 나타내는 m개의 정수가 있는 줄.

출력

다음 정보를 한 줄에 출력한다.

- 마을 1에서 마을 n까지 이동하기 위한 최소 거리(쿠키 박스는 도중에 구매)
- 공백
- 가능한 최소 거리 경로의 수를 1,000,000로 나눈 나머지

문제의 풀이 제한 시간은 1초다.

인접 행렬

그래프를 표현하는 방법은 4장의 생쥐 미로나 책 번역 문제와는 다르다. 앞의 두 문제에서는 각 에지가 첫째 노드, 둘째 노드, 에지 가중치 형태로 주어졌다. 예를 들면 다음과 같은 형태다.

---

1 2 12

이는 노드 1에서 노드 2까지 가중치가 12인 에지가 있다는 것을 의미한다.

할머니의 집 찾기 문제에서 그래프는 2차원 숫자 배열인 인접 행렬로 표시된다. 주어진 행, 열 좌표는 해당 행과 열에 있는 에지의 가중치를 의미한다.

다음은 테스트 케이스의 예시다.

```
4
0 3 8 2
3 0 2 1
8 2 0 5
2 1 5 0
1
2
```

상단의 4는 4개의 마을을 의미한다. 다음 네 줄은 인접 행렬이다. 첫 번째 줄에 집중해보자.

```
0 3 8 2
```

이 줄에는 마을 1에서 나가는 모든 에지가 기록되어 있다. 마을 1에서 마을 1까지는 가중치 0, 마을 1에서 마을 2까지는 가중치 3, 마을 1에서 마을 3까지는 가중치 8, 마을 1에서 마을 4까지는 가중치 2인 에지가 있다.

마을 2에서 나가는 모든 에지가 기록되며, 마을 3이나 그 이후 줄도 같은 방식으로 기록된다.

---

3 0 2 1

참고로 이 그래프는 모든 마을 쌍 사이에 에지 값이 존재한다. 즉, 누락된 에지가 없다는 것을 알 수 있다. 이런 그래프를 완전 그래프라고 한다.

이 인접 행렬에는 일부 중복되는 부분이 있다. 예를 들어, 1행 3열을 보면, 마을 1에서 마을 3까지의 가중치가 8인 에지가 표시돼 있다. 그런데, 문제에서 마을 a에서 마을 b까지의 도로가 마을 b에서 마을 a까지의 도로와 거리가 같다고 했으므로 3행 1열 에지의 가중치도 8이다. 이를 통해 무방향 그래프라는 것도 알 수 있다. 또한, 대각선을 따라 0이 있는데, 이는 자신의 마을 사이의 이동거리는 0이라는 것을 명시적으로 나타낸다.

그래프 작성

이 문제는 두 번 생각해봐야 하는 문제다. 첫째로, 쿠키 가게가 있는 마을을 일부러 찾아가는 경로를 만들고, 그 경로 중에서 가장 짧은 경로를 찾아야 한다. 둘째로, 단순히 최단 경로를 찾는 것이 아니라, 가능한 모든 최단 경로의 수를 구해야 한다.

테스트 케이스를 읽고, 그래프를 작성하는 것부터 시작해보자. 그래프를 잘 만들 수 있다면, 그 다음 단계로 넘어갈 준비가 된 것이다.

지금 계획은 인접 행렬을 읽으면서, 인접 리스트를 만드는 것이다. 이때, 마을 인덱스를 인접 행렬에서 제공하지 않기 때문에, 직접 추적해야 한다.

인접 행렬을 직접 읽고 사용할 수 있으므로, 인접 리스트 작성은 피할 수 있다. 각 행 i는 각 마을까지의 거리를 의미하므로, i의 인접 리스트를 반복하는 대신, 다익스트라 알고리듬의 i행을 반복할 수 있다. 그래프가 완성됐으니 존재하지 않는 에지를 건너뛰는 데 시간을 낭비할 필요가 없다. 여기서는 이전에 구현한 코드와 맞추기 위해 인접 리스트를 사용할 것이다. 다음은 이번 코드에서 사용할 매크로와 구조체 정의다.

```c
#define MAX_TOWNS 700

typedef struct edge {
    int to_town, length;
    struct edge *next;
} edge;
```

다음은 그래프를 입력받는 코드 5-3이다.

코드 5-3 그래프를 작성하는 main 함수

```c
int main(void) {
    static edge *adj_list[MAX_TOWNS + 1] = {NULL};
    int i, num_towns, from_town, to_town, length;
    int num_stores, store_num;
    static int store[MAX_TOWNS + 1] = {0};
    edge *e;

    scanf("%d", &num_towns);
❶   for (from_town = 1; from_town <= num_towns; from_town++)
      for (to_town = 1; to_town <= num_towns; to_town++) {
        scanf("%d", &length);
❷       if (from_town != to_town) {
          e = malloc(sizeof(edge));
          if(e==NULL) {
            fprintf(stderr, "malloc error\n");
            exit(1);
          }
          e->to_town = to_town;
          e->length = length;
          e->next = adj_list[from_town];
          adj_list[from_town] = e;
        }
      }
```

```
❸ scanf("%d", &num_stores);
  for (i = 1; i <= num_stores; i++) {
    scanf("%d", &store_num);
    store[store_num] = 1;
  }
  solve(adj_list, num_towns, store);
  return 0;
}
```

마을의 수를 읽은 후 이중 for 문을 사용해 인접 행렬을 읽는다. 외부 for 문은 from_town 행을 한 줄씩 읽는다❶. 내부 for 문을 반복하면서 행의 각 to_town마다 length 값을 하나씩 읽어온다. 그러면 에지의 시작 위치와 끝 위치, 에지의 길이를 알 수 있다. 그런 다음, 에지를 추가할 때는, 마을에서 마을까지의 가중치가 0이 아닌 에지만 추가한다. 서로 다른 마을을 연결하는 에지라면❷, from_town의 인접 리스트에 추가한다. 그래프는 무방향이기 때문에 결국 이 에지는 to_town의 인접 리스트에도 추가돼야 한다. 책 번역 문제를 풀 때 코드 4-15에서는 이 과정을 명시적으로 했다. 여기서는 나중에 to_town에 대한 행을 처리할 때 자연스럽게 추가되기 때문에 그럴 필요가 없다. 예를 들어, from_town이 1이고 to_town이 2이면 1 → 2 에지가 추가되고, 나중에 from_town이 2이고 to_town이 1일 때 2 → 1 에지가 추가된다.

쿠키 가게가 있는 마을의 개수와 번호를 입력받는 부분만 남았다❸. 마을 정보를 담기 위해서는 배열을 사용하며, 마을 i에 과자 가게가 있으면 store[i]는 1(참)이고, 그렇지 않으면 0(거짓)이다.

이상한 경로

위의 '인접 행렬'에서 다뤘던 테스트 케이스를 통해 문제를 파악해보자. 이와 관련된 그래프는 그림 5-4다. 여기서 c는 쿠키 가게가 있는 마을을 나타낸다.

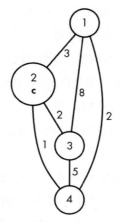

그림 5-4 할머니의 집 찾기 문제의 그래프

브루스는 마을 1에서 시작해 마을 4로 가야 한다. 마을 2는 쿠키 가게가 있는 유일한 마을이다. 최단 거리는 어떻게 될까? 마을1에서 마을4까지 거리가 2인 에지를 따라 바로 갈 수도 있겠지만, 이는 문제에서 요구한 조건에 맞는 해법이 아니다. 최단 경로에는 쿠키 가게가 있는 마을, 즉 마을 2가 포함돼야 한다(다른 테스트 케이스에서는 쿠키 가게가 있는 마을이 여러 개 있을 수 있지만, 하나 이상의 마을만 포함하면 된다).

마을 1에서 마을 2를 경유해 마을 4로 가는 최단 경로는 1 → 2(거리 3) → 4(거리 1)이며, 총 거리는 4가 된다.

이 경로가 유일한 최적의 경로는 아니다. 바로 1 → 4(거리 2) → 2(거리 1) → 4(거리 1) 경로도 있다. 이 경로는 할머니의 집이 있는 마을 4를 두 번 방문한다 점에서 조금 이상하다. 처음에 마을 1에서 마을 4로 이동했지만 아직 쿠키 박스가 없기 때문에 경로를 끝낼 수가 없다. 그래서 마을 4에서 마을 2로 이동해 쿠키 박스를 가져온다. 마지막으로, 마을 2에서 마을 4로 다시 이동하는데, 이번에는 쿠키 박스를 갖고 마을 4에 도착하기 때문에 탐색이 종료되며, 경로가 확정된다.

마을 4를 한 번 방문한 후, 다시 마을 4에 방문하기 때문에 이 경로는 순환 경로가 아닌가 생각할 수 있다. 그러나 다른 관점에서 보면 전혀 그렇지 않다. 마을 4를 처음 방문했을 때는 쿠키 박스가 없었고, 다시 방문했을 때는 쿠키 박스가 있었다. 따라서 마을 4를 두 번 방문하기는 했지만, 쿠키 박스의 상태가 다르므로 중복은 아니다.

이를 통해, 같은 마을을 두 번 이상 방문할 수는 없다는 사실도 알게 됐다. 한 마을을 세 번 방문하면 그 중 두 번은 같은 상태일 수밖에 없다. 그러므로 방문 1과 방문 2가 모두 '쿠키 박스가 없는' 상태라면, 이때의 방문은 순환 경로가 돼 불필요한 거리가 추가되므로, 이를 제거해야만 최소 경로가 되기 때문이다.

따라서 현재 어느 마을에 있는지를 아는 것만으로는 충분하지 않고, 쿠키 박스를 가지고 있는지 여부도 알아야 한다.

4장의 로프 오르기 문제를 풀 때도 이런 종류의 문제를 다룬 적이 있다. '이동 방법 변경' 절에서 문제에 더 적합한 모델을 만들기 위해 두 번째 로프를 추가했다. 여기서도 마찬가지로, 쿠키 박스 보유 상태를 추가하는 방식으로 아이디어를 재현해보자. 쿠키 박스가 없으면 상태 0, 쿠키 박스가 있으면 상태 1이라고 가정하자. 그러면 유효한 경로는 상태 1로 할머니의 집에 도착하는 모든 경로가 된다. 반면, 상태 0으로 할머니의 집에 도착하는 경로는 유효한 경로가 아니다.

그림 5-4에 쿠키 박스 보유 상태를 추가한 그림 5-5를 보자. 여기서 c는 쿠키 가게가 있는 마을을 나타낸다. 화살표가 없는 에지는 무방향을 의미하며, 방향이 있는 에지가 추가됐다.

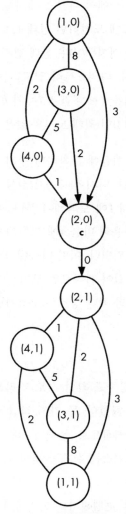

그림 5-5 쿠키 상태가 표시된 할머니의 집 찾기 문제의 그래프

그래프를 만드는 방법은 다음과 같다.

- 그래프의 원래 마을마다 1개씩, 총 4개의 새로운 마을 노드를 추가한다. 원래 노드
  는 상태 0이고, 새 노드는 상태 1이다.

- 마을 2(쿠키 가게가 있는 마을)에서 나가는 에지를 제외하고 원래의 에지를 모두 유지한다. 상태 0에서 마을 2에 도달하면 상태 1로 전환되므로 (2,0)에서 나가는 유일한 에지는 (2,1)로 가는 에지뿐이다. 상태 변경에는 시간이 걸리지 않기 때문에, 이 에지의 가중치는 0이다. 다익스트라 알고리듬에서는 가중치가 음수인 에지를 신뢰할 수 없지만('음수-가중치 에지'절 참조), 가중치가 0인 에지는 문제없다.
- 상태가 1인 노드는 상태가 0인 원래 노드와 같은 에지를 사용해 연결한다.

상태 0으로 쿠키 가게가 있는 마을에 도착하면 쿠키 박스를 얻어 상태 1이 된다. 문제 정의에 따라 일단 상태 1로 바뀌면, 다시 상태 0으로 돌아갈 방법은 없다. 탐색은 마을 1, 상태 0으로 시작해서 마을 4, 상태 1에 도착해야 한다. 이렇게 하려면 상태 0에서 상태 1로 이동한 다음, 상태 1 에지를 사용해 마을 4에 도착해야 한다. 쿠키 가게가 있는 마을이 여러 개 있으면 문제는 더 까다로워진다. 어떤 마을에 방문해 상태를 0에서 1로 바꿀지를 선택해야 하기 때문이다. 설명이 길어 까다로워 보이지만, 꼭 그렇지만은 않은 것은 다익스트라 알고리듬으로 그래프에서의 최단 경로를 구하기만 하면 되기 때문이다.

과제 1: 최단 경로

지금까지 문제를 그래프로 모델링하고 최단 경로 거리를 찾는 방법만 이야기하고, 최단 경로 수를 찾는 방법은 설명하지 않았다. 두 가지 작업을 차례로 살펴보자. 이 절이 끝나면 최단 경로 거리를 올바르게 출력하므로, 문제의 절반을 해결하게 된다. 그러나 경로 수는 출력하지 않으므로, 테스트 케이스는 실패할 것이다. 코드에서 경로 수를 구하는 방법은 이어지는 과제 2절에서 다룬다.

상태 0과 1을 사용하는 새로운 모델에서는 입력에서 읽은 그래프가 더 이상 다익스트라 알고리듬으로 탐색할 그래프와 일치하지 않는다. 이를 해결하는 방법 중 하나는 원래 그래프의 인접 리스트에서 새 그래프의 인접 리스트를 생성하는 것이다. 즉, 노드 수가 두 배인 빈 그래프를 만들고, 필요한 모든 에지를 추가하는 방법이다. 그러나 여기서는 그래 프를 그대로 두고 다익스트라 알고리듬 코드에 논리적으로 상태를 추가하는 것이 더 쉽다 (이와 달리 4장의 로프 오르기 문제에서는 입력에서 그래프가 주어지지 않았기 때문에 선택의 여지가 없었다).

이번에 작성할 함수는 다음과 같다.

```
void solve(edge *adj_list[], int num_towns, int store[])
```

---

adj_list는 인접 리스트고 num_towns는 마을 수(할머니의 집이 있는 마을 개수도 포함), store는 마을 i에 쿠키 가게가 있는지 여부를 나타낸다.

생쥐 미로(코드 5- 2)에서 했던 것처럼 진행하는데, 각 단계에서 상태가 코드에 어떤 영향을 미치는지를 확인하고 적절히 수정한다. 다음의 코드 5-4를 보면서 코드 5-2와 어떤 유사한 점이 있는지를 비교해봐야 한다.

코드 5-4 다익스트라 알고리듬을 사용한 할머니 집까지의 최단 경로

```
void solve(edge *adj_list[], int num_towns, int store[]) {
  static int done[MAX_TOWNS + 1][2];
  static int min_distances[MAX_TOWNS + 1][2];
  int i, j, state, found;
  int min_distance, min_town_index, min_state_index, old_distance;
  edge *e;

❶ for (state = 0; state <= 1; state++)
    for (i = 1; i <= num_towns; i++) {
      done[i][state] = 0;
      min_distances[i][state] = -1;
    }
❷ min_distances[1][0] = 0;

❸ for (i = 0; i < num_towns * 2; i++) {
    min_distance = -1;
    found = 0;
    for (state = 0; state <= 1; state++)
      for (j = 1; j <= num_towns; j++) {
        if (!done[j][state] && min_distances[j][state] >= 0) {
          if (min_distance == -1 || min_distances[j][state] < min_distance) {
            min_distance = min_distances[j][state];
```

```
                min_town_index = j;
                min_state_index = state;
                found = 1;
            }
        }
    }
    if (!found)
      break;
❹ done[min_town_index][min_state_index] = 1;

❺ if (min_state_index == 0 && store[min_town_index]) {
      old_distance = min_distances[min_town_index][1];
      if (old_distance == -1 || old_distance > min_distance)
        min_distances[min_town_index][1] = min_distance;
    } else {
❻ e = adj_list[min_town_index];
      while (e) {
        old_distance = min_distances[e->to_town][min_state_index];
        if (old_distance == -1 || old_distance > min_distance + e->length)
          min_distances[e->to_town][min_state_index] = min_distance +
                                                 e->length;
        e = e->next;
      }
    }
  }
❼ printf("%d\n", min_distances[num_towns][1]);
}
```

시작 부분을 보면 done과 min_distances가 2차원 배열로 선언된 것을 볼 수 있다. 첫째 배열의 인덱스는 마을 번호로, 둘째 배열의 인덱스는 상태 값으로 설정된다. 초기화 단계에서 두 상태를 모두 초기화하는 것이 중요하다❶.

시작 위치는 마을 1, 상태 0이므로 거리 0으로 초기화한다❷.

새 노드를 찾을 수 없을 때까지 다익스트라 알고리듬을 계속 실행한다. 마을 개수는 num_towns개이나, 각 마을마다 상태 0과 상태 1이 있으므로, 탐색할 전체 노드의 수는 num_towns * 2개다❸.

state와 j의 중첩 for 문이 반복하면서 다음 노드를 찾는다. 반복이 끝나면❹, 두 가지 중요한 변수가 설정된다. min_town_index는 마을의 번호, min_state_index는 마을의 상태 값을 저장한다.

다음에 수행할 작업은 상태 값과 마을에 쿠키 가게가 있는지에 따라 달라진다. 상태 0에 있고, 쿠키 가게가 있는 마을에 있으면❺, adj_list는 무시하고 상태 1로의 전환만 고려하면 된다. [min_town_index][0]에서 [min_town_index][1]로의 전환은 거리가 0이므로 [min_town_index][1]로의 새 경로는 [min_town_index][0]의 최단 경로와 거리가 같다. 일반적인 다익스트라에서는 새 경로가 더 짧으면 최단 경로를 업데이트한다.

그렇지 않은 경우는, 상태가 1이거나 또는 상태 0에 있지만, 마을에 쿠키 가게가 없는 경우다. 이때 사용 가능한 에지는 현재 마을의 입력 그래프에 있는 에지와 정확히 일치하므로 min_town_index의 모든 에지를 탐색한다❻. 여기서부터는 생쥐 미로 문제와 똑같이 에지 e를 사용해 새로운 최단 경로를 찾는다. 이 에지들은 상태를 변경하지 않기 때문에 모든 곳에서 min_state_index를 사용한다는 것을 주의한다.

마지막으로 최단 경로 거리를 출력한다❼. num_towns를 첫째 인덱스(할머니의 집이 있는 마을)로, 1(쿠키 박스가 있다는 의미)을 둘째 인덱스로 사용한다.

앞의 테스트 케이스로 프로그램을 실행하면 올바른 해답인 4가 출력된다. 그외 다른 테스트 케이스에 대해서도 최단 경로를 출력할 것이다. 이어서, 최단 경로 수를 구해보자.

과제 2: 최단 경로 수

최단 경로 거리뿐 아니라 최단 경로 수도 찾을 수 있도록 다익스트라 알고리듬을 강화하려면 몇 가지를 변경해야 한다. 그러나 변경 작업이 상당히 미묘하므로 몇 단계의 예를 살펴보면서 변경 작업을 직관적으로 이해해보자. 새로운 코드도 살펴본다.

예제

그림 5-5의 노드 (1,0)부터 다익스트라 알고리듬을 따라가보자. 이때, 기존 노드의 탐색 완료 여부, 노드까지의 최단 거리 외에도 노드까지의 최소 거리의 최단 경로 수인 *num_* *paths*도 추적한다. 이 값은 더 짧은 경로가 발견될 때마다 업데이트된다.

먼저, 시작 노드인 (1, 0)의 상태를 초기화하기 위해, *min_distance*는 0, done은 참으로 설정한다. 시작 노드에서 자기 자신까지의 거리가 0인 경로는 하나뿐이므로, *num_paths*는 1로 설정한다. 시작 노드의 에지를 사용해 다른 노드들을 초기화하고 각 에지를 하나의 경로(시작 노드에서 출발하는 경로)로 설정한다. 그러면 첫 번째 상태는 다음과 같다.

node	done	min_distance	num_paths
(1, 0)	true	0	1
(2, 0)	false	3	1
(3, 0)	false	8	1
(4, 0)	false	2	1
(1, 1)	false		
(2, 1)	false		
(3, 1)	false		
(4, 1)	false		

다익스트라 알고리듬에서 항상 그랬듯이 탐색 완료되지 않은 노드를 탐색해 최소 *min_distance* 값을 가진 노드를 선택한다. 따라서 노드 (4,0)를 선택한다. 다익스트라 알고리듬은 (4,0) 노드가 최단 경로라는 것을 보장하므로 이 노드를 완료로 설정한다. 그런 다음 (4,0)에서 나가는 에지를 확인해 다른 노드로 가는 더 짧은 경로가 있는지 확인한다. (3,0)까지 가는 경로가 이전에는 8이었지만, 거리 2로 (4,0)에 갔다가 거리 5로 (3,0)에 도착하면 총 거리 7이 되므로, 더 짧은 경로가 된다. (3,0)까지의 최단 경로 수는 어떻게 바꾸면 될까? 이전 값이 1이었으니, 2로 바꾸고 싶을 수도 있다. 그러나 2는 거리 8의 경로를 포함하므로 2가 답이 될 수는 없다. 거리가 7인 경로는 하나뿐이며, 답은 그대로 1이다.

(4,0)에서 (2,0)까지의 에지를 잘 살펴보자. (2,0)으로 가는 기존의 최단 경로는 3이다. 그런데 (1,0)에서 (4,0)까지의 거리는 2고, (4,0)에서 (2,0)까지의 거리는 1이니 총거리 3으로 (2,0)로 가는 새로운 방법이 생겼다. 이것이 더 짧은 경로는 아니지만, 또 다른 최단 경로 중 하나다. 새로운 경로는 (4,0)을 가는 최단 경로의 수로써, 하나뿐이다. 따

라서 (2,0)로 가는 최단 경로는 1+1=2가 된다.

이를 정리하면 다음 표와 같다.

node	done	min_distance	num_paths
(1, 0)	true	0	1
(2, 0)	false	3	2
(3, 0)	false	7	1
(4, 0)	true	2	1
(1, 1)	false		
(2, 1)	false		
(3, 1)	false		
(4, 1)	false		

탐색할 다음 노드는 (2,0)이다. (2,0)에서 (2,1)로 가는 에지의 가중치는 0이고, (2,0)으로 가는 데는 거리 3이므로, (2,1)로 가는 최단 경로도 3으로 같다. 최소 거리로 (2,0)에 가는 방법은 2개가 있으므로, (2,1)로 가는 방법도 2개가 있다. 현재 상태는 다음과 같다.

node	done	min_distance	num_paths
(1, 0)	true	0	1
(2, 0)	true	3	2
(3, 0)	false	7	1
(4, 0)	true	2	1
(1, 1)	false		
(2, 1)	false	3	2
(3, 1)	false		
(4, 1)	false		

탐색할 다음 노드는 (2,1)이며, 목적지인 (4,1)까지의 최단 경로 거리를 찾는 노드가 된다. (2,1)까지의 최단 경로는 2개가 있으므로, (4,1)까지의 최단 경로도 2개가 된다. 노드 (2,1)는 (1,1)과 (3,1)에 대한 새로운 최단 경로도 찾는다. 현재 상태는 다음과 같다.

node	done	min_distance	num_paths
(1, 0)	true	0	1
(2, 0)	true	3	2
(3, 0)	false	7	1
(4, 0)	true	2	1
(1, 1)	false	6	2
(2, 1)	true	3	2
(3, 1)	false	5	2
(4, 1)	false	4	2

다음 노드가 (4,1)이므로 최단 경로는 4, 최단 경로의 수는 2라는 해답을 얻었다. 그러나 현재 코드에는 목적지에서의 중지 기준이 없으므로, 다익스트라 알고리듬은 계속해서 다른 노드에 대한 최단 경로와 최단 경로 수를 찾는다. 예제를 끝까지 인내심 있게 읽어보자.

알고리듬이 동작하는 방식을 알아봤다. 이는 두 가지 규칙으로 요약할 수 있다.

규칙 1 노드 u를 사용해 노드 v에 대한 더 짧은 경로를 찾는다고 가정한다. 그러면 v까지의 최단 경로의 수는 u까지의 최단 경로의 수가 된다(v로 가는 이전의 모든 경로는 모두 무효화돼 더 이상 계산하지 않는다).

규칙 2 노드 u를 사용해 노드 v까지의 현재 최단 경로와 같은 거리인 노드 v까지의 경로를 찾는다고 가정한다. 그러면 v까지의 최단 경로 수는 v가 이미 갖고 있는 최단 경로 수에 u까지의 최단 경로 수를 더한 수가 된다(v로 가는 이전의 모든 경로는 여전히 계산된다).

어떤 노드 n을 기준으로 이 노드가 실행될 때, 최소 거리와 경로 수에 무슨 일이 일어나는지 생각해보자. 지금이 최단 경로일 수도 있고, 다익스트라 알고리듬이 최단 경로를 찾을 수도 있으므로, 지금은 n에 대한 최단 경로를 알 수 없다. 이미 최단 경로를 갖고 있다면, 나중에 다른 노드의 최단 경로 수를 계산하는 데 이 값이 필요할 수 있으므로, n까지의 경로 수를 누적해 둬야 한다. 나중에 돌이켜보면 무의미하게 경로 수를 저장한 것이 될 수도 있지만, 어차피 더 짧은 경로를 찾으면 경로 수를 재설정하기 때문에 문제될 것은 없다.

코드

과제를 해결하기 위해 코드 5-4를 기준으로 최단 경로 수를 찾는 데 필요한 수정을 적용한 결과는 코드 5-5와 같다.

코드 5-5 할머니의 집 찾기 문제의 최단 경로 및 최단 경로 수

```
void solve(edge *adj_list[], int num_towns, int store[]) {
  static int done[MAX_TOWNS + 1][2];
  static int min_distances[MAX_TOWNS + 1][2];
❶ static int num_paths[MAX_TOWNS + 1][2];
  int i, j, state, found;
  int min_distance, min_town_index, min_state_index, old_distance;
  edge *e;

  for (state = 0; state <= 1; state++)
    for (i = 1; i <= num_towns; i++) {
      done[i][state] = 0;
      min_distances[i][state] = -1;
❷     num_paths[i][state] = 0;
    }
  min_distances[1][0] = 0;
❸ num_paths[1][0] = 1;

  for (i = 0; i < num_towns * 2; i++) {
    min_distance = -1;
    found = 0;
    for (state = 0; state <= 1; state++)
      for (j = 1; j <= num_towns; j++) {
        if (!done[j][state] && min_distances[j][state] >= 0) {
          if (min_distance == -1 || min_distances[j][state] < min_distance) {
            min_distance = min_distances[j][state];
            min_town_index = j;
            min_state_index = state;
            found = 1;
          }
        }
      }
    if (!found)
```

```
      break;
    done[min_town_index][min_state_index] = 1;

    if (min_state_index == 0 && store[min_town_index]) {
      old_distance = min_distances[min_town_index][1];
❹ if (old_distance == -1 || old_distance >= min_distance) {
      min_distances[min_town_index][1] = min_distance;
  ❺ if (old_distance == min_distance)
        num_paths[min_town_index][1] += num_paths[min_town_index][0];
      else
        num_paths[min_town_index][1] = num_paths[min_town_index][0];
  ❻ num_paths[min_town_index][1] %= 1000000;
    }
  } else {
    e = adj_list[min_town_index];
    while (e) {
      old_distance = min_distances[e->to_town][min_state_index];
      if (old_distance == -1 ||
          old_distance >= min_distance + e->length) {
        min_distances[e->to_town][min_state_index] = min_distance +
                                                      e->length;
    ❼ if (old_distance == min_distance + e->length)
          num_paths[e->to_town][min_state_index] +=
              num_paths[min_town_index][min_state_index];
        else
          num_paths[e->to_town][min_state_index] =
              num_paths[min_town_index][min_state_index];
    ❽ num_paths[e->to_town][min_state_index] %= 1000000;
      }
      e = e->next;
    }
  }
}
❾ printf("%d %d\n", min_distances[num_towns][1], num_paths[num_towns][1]);
}
```

각 노드에서 찾은 경로 수를 저장하는 num_paths 배열을 추가하고❶, 모든 값을 0으로
초기화한다❷. 시작 노드 (1,0)은 거리 0의 경로가 1개 있으므로 1로 설정한다❸.

num_paths를 업데이트하는 작업만 남았다. 앞서 다뤘듯이 두 가지 경우가 있다. 더 짧은 경로를 찾으면 이전 경로 수는 더 이상 계산에 포함하지 않는다. 현재 경로 거리를 사용해 노드에 갈 수 있는 다른 방법을 찾으면 이전 경로 수에 추가한다. 두 번째 경우는 주의하지 않으면 문제가 발생할 수 있는 부분으로써, 비교문에서 크다(>)가 아니라 크거나 같다(>=)를 사용해야 한다❹. 5장 전체에서 사용했던 다음과 같은 코드를 그대로 사용했다면,

```
if (old_distance == -1 || old_distance > min_distance) {
```

노드에 대한 경로 수는 더 짧은 경로를 발견했을 때만 업데이트되며, 여러 출발지에서 최단 경로를 동시에 누적하는 방법은 없다. 다음과 같이 비교문에서 크거나 같다(>=)를 사용해 더 많은 최단 경로를 찾도록 한다.

```
if (old_distance == -1 || old_distance >= min_distance) {
```

경로 수를 구하기 위한 두 가지 경우를 정확하게 구현했다. 두 가지 경우를 두 번 수행하는 이유는 코드에 다익스트라 알고리듬이 최단 경로를 찾을 수 있는 곳이 두 곳이기 때문이다. 첫 번째 추가 부분은 상태가 0이고 가중치가 0일 때 실행되는 코드다❺. 최단 경로가 이전과 같으면 추가하고, 더 짧은 경로가 있으면 초기화한다. 본질적으로 같은 코드인 두 번째 추가 부분은 현재 노드에서 나가는 에지를 순환하기 위해 코드에 추가됐다❼. 두 경우 모두 나머지 연산자를 사용해 최단 경로를 1,000,000개 미만으로 유지한다❻❽.

마지막으로 끝에 printf를 추가해❾, 할머니의 집에 가는 최단 경로 수를 출력한다.

판정 시스템에 제출할 준비가 됐다. 마무리하기 전에 정확성을 좀 더 짚고 가겠다.

알고리듬 정확성

할머니의 집 찾기 그래프에는 음수-가중치 에지가 없으므로 다익스트라 알고리듬이 모든 최단 경로 거리를 올바르게 찾는다. 상태 0의 각 쿠키 마을에서, 상태 1의 마을까지 중간

에 가중치가 0인 에지가 있기는 하지만, 다익스트라 알고리듬은 가중치가 0인 에지도 문제없이 처리한다.

가중치가 0인 에지가 최단 경로 수를 찾는 데 미치는 영향은 신중히 생각해야 한다. 즉, 가중치가 0인 에지를 허용하면 최단 경로가 무한히 늘어날 수도 있는 것이다. 그림 5-6을 보면 A에서 B로, B에서 C로, C에서 A로 가는 가중치가 0인 에지가 있다. 예를 들어, A에서 C로 가는 최단 경로는 0이며, 이런 경우는 무수히 많다. 즉, $A \to B \to C$, $A \to B \to C \to A \to B \to C$ 등 무한대의 경로가 발생한다.

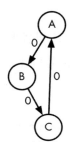

그림 5-6 최단 경로가 무한히 많은 그래프

가중치가 0인 에지의 순환은 할머니의 집 찾기 그래프에서 실제로 나타날 수가 없다. 노드 u에서 노드 v까지의 가중치가 0인 에지가 있다고 가정하자. 그러면 u는 상태 0이고, v는 상태 1일 것이다. 상태 1에서 상태 0으로 다시 돌아갈 수 없기 때문에, 절대로 v에서 u로 돌아갈 수는 없다.

노드가 완료로 설정되면, 최단 경로의 총 개수를 찾은 것이라고 확신할 수 있다. 즉, 알고리듬이 부지런히 최단 경로와 최단 경로 수를 찾다가, 실수를 한다고 가정해보자. 즉, 어떤 노드 n을 완료로 설정했지만, 최단 경로 중 일부를 찾지 못하는 경우다. 여기서는 이런 오류가 발생할 수 없음을 증명할 필요가 있다.

n까지의 최단 경로가 어떤 에지 $m \to n$에서 끝난다고 해보자. $m \to n$의 가중치가 0보다 크다면, m까지의 최단 경로는 n까지의 최단 경로보다 짧다(이는 n까지의 최단 경로에서 $m \to n$의 가중치를 뺀 값이다). 다익스트라 알고리듬은 시작 노드에서 점점 더 멀리 떨어

진 노드를 찾으므로, 이 시점에서 노드 m은 완료돼야 한다. 다익스트라 알고리듬이 m을 완료로 설정했다면, $m \rightarrow n$을 포함한 m의 모든 에지를 통과했을 것이다. m의 경로 수가 올바르게 구해지면(마지막에 m은 탐색 완료됨), 다익스트라 알고리듬은 해당 경로를 모두 n의 경로 수에 포함시킨다.

$m \rightarrow n$이 가중치가 0인 에지라면 어떻게 될까? m이 n보다 먼저 탐색돼야 한다. 그렇지 않으면 m에서 나가는 에지를 탐색할 때 m의 경로 수를 신뢰할 수 없다. 가중치가 0인 에지는 상태 0의 노드에서 상태 1의 노드로 이동하므로 m은 상태 0, n은 상태 1이어야만 한다. 그리고 가중치가 0인 에지는 m의 최단 경로에 아무것도 추가하지 않기 때문에 m에 대한 최단 경로는 n에 대한 최단 경로와 같아야 한다. 다익스트라 알고리듬은 m과 n이 완료되지 않은 지금 상황에서 둘 중 어느 것을 다음으로 완료할지 선택해야 한다. 앞의 코드에서 작성한 것처럼 동점일 때는 상태 1보다는 상태 0인 노드를 선택하기 때문에 알고리듬은 m을 선택하는 것이 좋다.

너무 복잡할 수 있으니, 좀 더 간단히 생각해보자. 다음은 상태 1의 노드보다 상태 0의 노드를 먼저 처리해야 하는 이유를 보여주는 테스트 케이스 사례다.

```
4
0 3 1 2
3 0 2 1
1 2 0 5
2 1 5 0
2
2 3
```

예제를 수정한 다익스트라 알고리듬을 추적해보자. 다음에 탐색할 노드를 선택할 때마다 상태 0의 노드에서 선택한다. 그렇게 하면 최단 경로 거리는 4고, 4개의 최단 경로가 있다는 정답을 얻을 수 있다. 그런 다음, 알고리듬을 다시 추적하되, 이번에는 상태 1의 노드 중 하나를 선택해 연결을 끊어보자. 원래의 다익스트라 알고리듬은 에지가 끊어져도 민감하지 않아 여전히 최단 경로 거리가 4라는 해답을 얻을 수 있지만, 수정된 다익스트라 알고리듬은 4개가 아닌 2개의 최단 경로가 있다고 출력할 것이다.

요약

다익스트라 알고리듬을 사용하면 그래프에서 최단 경로를 찾을 수 있다. 5장에서는 문제를 적절한 가중치 그래프로 모델링한 다음 다익스트라 알고리듬을 사용하는 방법을 살펴봤다. 다익스트라 알고리듬은 4장의 BFS처럼 서로 연관돼 있지만 별개인 문제를 해결하기 위한 안내 역할을 할 수 있다. 할머니의 집 찾기 문제에서는 다익스트라 알고리듬을 적절히 수정해 최단 경로 수를 찾아봤다. 다행히 새롭게 시작할 필요는 없었다. 다익스트라 알고리듬이 단순히 최단 경로만 찾아내는 알고리듬이라면, 상황이 바뀌었을 때 전혀 도움이 되지 않았을 것이다. 그러나 다익스트라 알고리듬은 더 광범위하게 적용할 수 있다. 이 책에서 소개한 것 외의 그래프 알고리듬을 계속 공부하다 보면 다익스트라 알고리듬에서 나온 아이디어가 다시 나타날 때가 있다. 세상에는 수백만 개의 문제가 있지만 알고리듬의 수는 훨씬 적게 한정돼 있다. 최고의 알고리듬은 종종 원래의 목적을 초월할 수 있을 정도로 유연한 아이디어에 기반을 둔 알고리듬이다.

참고사항

[출처]
- 생쥐 미로 문제: 2001 ACM 남서 유럽 지역 경진대회
- 할머니의 집 찾기 문제: 2008년 남아프리카공화국 프로그래밍 올림피아드 최종 라운드

[참고]
그래프 탐색에 관한 더 자세한 내용과 경쟁력 있는 프로그래밍 대회 문제를 보고 싶다면 스티브 하림[Steven Halim]과 펠릭스 하림[Felix Halim]의 『Competitive Programming 3』(Steven Halim, 2013)을 추천한다.

6

이진 탐색

6장에서는 이진 탐색을 다룬다. 이진 탐색은 수십억 개의 해법 중에서 최적의 솔루션을 찾아내는 체계적이고 성능이 뛰어난 기법이다. 이진 탐색을 단지 정렬된 배열에서 검색하는 정도로만 알고 있다면, 실제로는 훨씬 뛰어난 용도로 사용된다는 사실을 배울 것이다. 따라서 단순히 정렬된 배열을 검색하는 평범한 예제는 다루지 않는다.

개미에게 먹일 액체의 양을 최소화하고, 바위 간 최소 점프 거리를 최대화하며, 한 도시에서 가장 살기 좋은 장소를 찾고, 동굴 문을 열고자 스위치를 돌리는 것 같은 문제에서 찾을 수 있는 공통 특징은 무엇인지 지금부터 알아보자.

문제 1: 개미 먹이기

문제의 출처는 DMOJ의 coci14c4p4다.

문제 설명

보비는 나무 모양의 개미 사육장을 갖고 있다. 가지 부분은 액체가 흐르는 파이프로 이뤄져 있다. 어떤 파이프는 수퍼 파이프이며, 액체가 흐르는 양을 증가시킨다. 보비는 나뭇잎마다 한 마리의 개미를 키우고 있다.

각 파이프는 그 파이프를 통해 흐르는 액체의 비율을 알려주는 퍼센트 값이 있다. 노드 n에 3개의 하향 파이프가 있고, 각 파이프의 퍼센트 값이 각각 20%, 50%, 30%라고 하자. 20리터의 액체가 노드 n에 도착하면 20% 파이프는 20 × 0.2 = 4리터, 50% 파이프는 20 × 0.5 = 10리터, 30% 파이프는 20 × 0.3 = 6리터를 얻는다.

수퍼 파이프는 조금 다르게 동작한다. 보비는 각 수퍼 파이프의 동작 스위치를 끄거나 켤 수 있다. 스위치를 끄면 일반 파이프처럼 동작하지만, 스위치를 켜면 입수되는 액체의 양을 제곱한다.

이제, 보비가 나무의 최상단(루트)에서 액체를 붓는다. 보비의 목표는 각 개미에게 필요한 최소량의 액체를 주되, 투입할 전체 액체의 양은 최소화하는 것이다. 그림 6-1의 사육장 예제를 보면서 좀 더 구체적으로 알아보자.

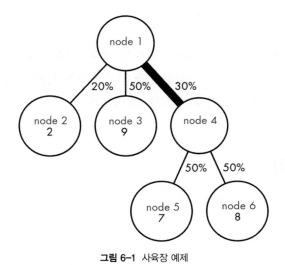

그림 6-1 사육장 예제

1번부터 6번까지의 노드가 있다. 잎 노드(2, 3, 5, 6)에는 개미에 필요한 액체의 양이 추가로 기록돼 있고, 각 에지의 퍼센트 값도 기록돼 있다. 한 노드에서 나가는 하향 파이프들의 퍼센트 값의 총합은 항상 100%다. 트리의 노드 1과 노드 4 사이에는 수퍼 파이프가 있으며, 다른 선보다 두껍게 그려졌다. 루트에 20리터의 액체를 부었다고 가정해보자. 그러면 수퍼 파이프에는 20리터의 30%인 6리터가 흐른다 그러나 수퍼 파이프의 스위치를 켜면 6^2 = 36리터의 액체가 흐르게 된다.

입력

입력은 1개의 테스트 케이스이며, 테스트 케이스의 구성은 다음과 같다.

- 첫 행에는 트리의 노드 수를 알려주는 정수 n: n은 1에서 1,000 사이의 값이다. 트리 노드의 번호는 1에서 n까지이며, 트리의 루트는 노드 1이다.
- 트리의 구성 정보를 갖고 있는 $n-1$행들: 각 행은 하나의 파이프를 나타내며, 4개의 정수가 있다. 앞에서부터 순서대로 파이프로 연결된 노드 2개, 파이프의 퍼센트 값(1부터 100 사이), 파이프가 수퍼 파이프인지 여부(0은 일반, 1은 수퍼 파이프)다.
- 각 노드마다 1개씩, n개의 정수가 있는 행: 각 노드별로 개미에게 필요한 액체의 양이다. 각 개미는 1~10리터의 액체가 필요하다. (개미가 없는) 잎이 아닌 노드는 -1로 표시한다.

그림 6-1에 표시된 사육장 예제의 입력은 다음과 같이 표현할 수 있다.

```
6
1 2 20 0
1 3 50 0
1 4 30 1
4 5 50 0
4 6 50 0
-1 2 9 -1 7 8
```

첫 행(여기서는 정수 6)은 트리를 생성하는 데 필요한 행의 개수가 아니라, 트리의 노드 수를 의미한다는 것을 주의하자. 트리를 생성하는 데 필요한 행 수(여기서는 5행)는 노드 수보다 항상 1개가 적다.

출력

보비가 모든 개미를 먹이기 위해 트리의 루트에 부어야 하는 액체의 최소 리터를 출력한다. 소수점 아래 4자리까지 포함한다. 보장해야 하는 값은 최대 2,000,000,000(20억)이다.

문제의 풀이 제한 시간은 2.5초다.

새로운 형태의 트리 문제

2장에서 다뤘던 트리 문제를 다시 풀게 됐다. 개미 사육장 트리를 탐색하는 것이 목표라면, 재귀를 사용하면 된다(순환 구조는 없기 때문에, BFS와 같은 전체 그래프-검색 알고리듬까지 사용할 필요는 없다).

2장의 문제에서는 트리의 구조와 노드에 저장된 값을 기반으로 해법을 찾았다. 즉,

- 할로윈 하울 문제에서는 잎의 값을 합산해 총 사탕 수를 계산하고, 나무의 높이와 모양을 사용해 총 걸음수street-walks를 계산했다.
- 후손 거리 문제에서는 각 노드의 자식 수를 이용해, 원하는 깊이에 있는 자식 수를 계산했다.

정리하면, 문제에 필요한 정보(사탕 값, 높이, 트리 모양)가 트리 자체에 포함돼 있었다. 그러나 이번 문제에서는 보비가 부어야 하는 최소 리터를 구해야 하지만, 트리에는 그와 관련된 어떤 값도 들어있지 않다. 트리에는 파이프의 퍼센트 값과 수퍼 파이프의 상태, 개미가 먹는 양에 대한 정보가 있지만, 트리에 부어야 할 액체의 양을 직접적으로 알려주는 정보는 없다. 특히, 수퍼 파이프는 입수된 액체의 양을 제곱하다보니, 개미에게 필요한 액체의 양과 부어야 할 액체의 양 사이의 관계를 불분명하게 한다.

문제에 필요한 정보를 트리 자체에서 얻을 수 없으니, 무작위로 값을 선택해야 한다. 그림 6-1에서 보비가 개미 사육장에 10리터의 액체를 붓는다고 가정해보자. 10리터의 20%는 2이므로, 노드 2의 개미에게는 2리터의 액체가 공급된다. 그리고 그 개미의 필요량도 2리터이므로 충분한 공급이 된다. 다음으로 10리터의 50%는 5이므로, 노드 3의 개미에게는 5리터의 액체가 공급된다. 그런데 이번에는 문제가 발생한다. 노드 3의 개미에게는 9리터의 액체가 필요하므로, 5리터의 공급량은 충분치 않기 때문이다. 노드 1과 노드3 사이의 파이프는 수퍼 파이프도 아니므로, 최초에 공급된 10리터는 답이 아니라고 할 수 있다.

이런 식으로 계속해서 무작위 숫자에 대해 추정해보자. 그런데 앞에서 10리터가 부족하다는 결론이 나왔기 때문에 10리터보다 작은 값인 2리터나, 7리터, 9.5리터 등은 시도해볼 필요가 없다.

이번에는 20리터를 시도해본다. 노드 2의 개미에게는 4리터가 공급된다. 이는 개미에게 필요한 2리터보다 많기 때문에 문제가 없다. 노드3에 있는 개미에겐 10리터가 공급되며, 개미에게 필요한 9리터보다 많기 때문에 역시 문제가 없다.

노드 1과 노드 4 사이의 파이프에는 20리터의 30%인 6리터가 흐른다. 그런데 이 파이프는 수퍼 파이프이므로 공급량이 급증해 $6^2 = 36$리터가 노드 4에 공급된다. 결과적으로 노드 5(7리터 필요)와 노드 6(6리터 필요)에 개미들에게는 18리터씩 공급된다.

공급량을 20리터로 하면 10리터일 때와 달리 해법이 될 수는 있지만, 이것이 최적해(가능한 최소량 공급)라고 할 수 있을까? 이에 대한 답변은 긍정일 수도, 부정일 수도 있다. 여기서 확실한 것은 20리터보다 더 큰 수로 테스트할 필요는 없다는 것이다. 즉, 20리터라는 해법을 이미 갖고 있기 때문에, 굳이 25나 30처럼 더 안 좋은 결과를 내는 값은 사용할 필요는 없다.

따라서 이 문제는 10과 20사이의 최적해를 찾는 것으로 범위가 좁혀졌다. 정확한 해법을 찾을 때까지 계속해서 범위를 줄여가면서 숫자를 선택하기만 하면 된다.

일반적으로 몇 리터를 최초의 추정값으로 하면 좋을까? 최적의 값은 최대 20억 리터까지 될 수 있기 때문에, 10부터 시작하는 것은 맞을 수도, 틀릴 수도 있다. 일단 1개의 숫자로 테스트를 해본 후에는 얼마를 더하거나 빼야 할까? 최적의 값은 현재 추측 값보다 훨씬 클 수도, 작을 수도 있으므로 한 번에 10을 더하고 빼는 것은 큰 도움이 되지 않을 것이다.

이상은 모두 좋은 질문들이고, 답변을 찾을 수도 있지만, 지금 당장할 필요는 없다. 먼저 트리 탐색을 위해 입력 값을 읽는 법과 가능한 해법이 될 수 있는 리터 값을 정하는 법을 알아본다. 그런 다음, 방대하게 넓은 범위를 검색하는 초고속 알고리듬을 제시할 것이다. 20억 개의 숫자쯤은 쉽게 찾아낼 수 있다.

입력 받기

2장에서는 node 구조체를 사용해서 트리의 핵심을 표현했다. 그런 다음 4장의 책 번역 문제에서는 edge 구조체와 그래프의 인접 리스트 표현을 사용했다. 여기서 node 구조체 또는 edge 구조체를 사용할지는 추가 속성을 전달하는 것이 노드인지, 에지인지에 따라 결정된다고 설명했다. 이번 문제에서는 에지가 정보(퍼센트와 수퍼 파이프 상태)를 전달할 뿐만 아니라, 잎 노드(개미에게 필요한 액체의 양)도 역시 정보를 전달한다. 따라서 edge와 node 구조체를 모두 사용하는 것이 좋아보인다. 그러나 인접 리스트를 사용하는 것과 상당히 비슷하게 전개하기 위해 여기서는 edge 구조체만 사용한다. 문제 설명을 보면 노드는 1번부터 시작하지만, node 구조체가 없기 때문에 각 개미에게 필요한 액체의 양을 저장할 곳이 없다. 그러므로 인접 리스트를 확장해서 liquid_needed 배열을 추가하고, liquid_needed[i]에다가 노드 i의 개미에게 필요한 액체의 양을 저장한다.

다음은 이번 코드에서 사용할 매크로와 구조체 정의다.

```
#define MAX_NODES 1000

typedef struct edge {
  int to_node, percentage, superpipe;
  struct edge *next;
} edge;
```

4장의 책 번역 문제와 5장의 두 문제에서와 마찬가지로, next 포인터를 통해 edge 구조체를 연결해서 에지 연결 리스트를 만들 수 있다. 에지가 노드 i의 연결 리스트에 있다면, 에지의 부모 노드는 i라는 것을 알 수 있다. to_node는 부모 노드와 연결된 에지의 자식 노드를 알려준다. percentage는 파이프(에지)의 퍼센트 값을 알려주는 1과 100 사이의 정수이며, superpipe는 수퍼 파이프인 경우 1이고, 일반 파이프의 경우 0인 플래그다.

코드 6-1에 표시된 대로 입력 값을 읽어 트리 정보를 얻을 수 있다.

코드 6-1 트리를 구성하는 main 함수

```
int main(void) {
  static edge *adj_list[MAX_NODES + 1] = {NULL};
  static int liquid_needed[MAX_NODES + 1];
  int num_nodes, i;
  int from_node, to_node, percentage, superpipe;
  edge *e;
  scanf("%d", &num_nodes);

  for (i=0;i<num_nodes-1;i++) {
    scanf("%d%d%d%d", &from_node, &to_node, &percentage, &superpipe);
    e = malloc(sizeof(edge));
    if(e==NULL) {
      fprintf(stderr, "malloc error\n");
      exit(1);
    }
    e->to_node = to_node;
    e->percentage = percentage;
    e->superpipe = superpipe;
    e->next = adj_list[from_node];
❶  adj_list[from_node] = e;
  }

  for (i = 1; i <= num_nodes; i++)
❷  scanf("%d", &liquid_needed[i]);
  solve(adj_list, liquid_needed);
  return 0;
}
```

코드 6-1의 함수는 코드 4-15(책 번역 문제)와 비슷하지만 더 간단하다. 특히 각 에지를 입력에서 읽고, 그 멤버 변수를 설정한 후, from_node에 대한 에지 목록에 추가한다❶. 이 그래프는 무방향이므로, to_node에 대응하는 에지를 예상할 수 있다. 그러나 액체는 트리의 아래로만 이동하므로 불필요하게 복잡해지는 역방향 에지는 생략한다.

에지 정보를 읽은 다음에는, 각 개미에게 필요한 액체의 양에 대한 값을 읽으면 된다. 이 작업에는 liquid_needed 배열을 사용한다❷. adj_list와 liquid_needed를 조합하면 테스트 케이스에 대해 알아야 할 모든 정보를 담을 수 있다.

타당성 시험

다음 단계는 주어진 액체의 양이 타당한 값인지를 확인하는 것이다. 이 단계가 매우 중요한 이유는 타당성을 검증하는 함수를 확보하면, 최적해를 찾을 때까지 검색 영역을 좁혀갈 수 있기 때문이다. 작성할 함수의 선언부는 다음과 같다.

```
int can_feed(int node, double liquid,
             edge *adj_list[], int liquid_needed[])
```

node는 트리의 루트 노드, liquid는 트리의 루트에 붓는 액체의 양, adj_list는 트리의 인접 리스트, liquid_needed는 각 개미에게 필요한 액체의 양이다. liquid가 개미에게 충분한 양이면 1을, 그렇지 않다면 0을 반환한다.

2장에서는 트리에 재귀 함수를 작성하는 데 시간의 대부분을 보냈다. 이번에도 재귀 함수를 사용할 수 있는지 생각해보자.

재귀를 사용하려면, 재귀없이도 해결할 수 있는 종료 조건이 필요하다는 사실을 기억해야 한다. 이번 문제에도 종료 조건이 존재한다. 즉, 트리가 1개의 잎만 가진 노드라면, liquid가 충분한지 여부를 즉시 알 수 있다. liquid가 그 잎의 개미에게 필요한 액체의 양보다 크거나 같다면, 타당한 해법이 있는 것이고, 그 반대라면 없는 것이다.

노드가 1개의 잎만 가졌는지는 liquid_needed의 값을 확인해 알 수 있다. 그 값이 -1이면 잎이 아니고, 그 외에는 잎이다(노드의 연결 리스트가 비었는지 여부를 확인하기 위해 인접 리스트를 사용할 수도 있다). 이상의 내용은 다음과 같이 표현할 수 있다.

```
if (liquid_needed[node] != -1)
  return liquid >= liquid_needed[node];
```

재귀의 경우를 고려해보자. 어떤 트리의 루트 노드에 p개의 하향 파이프(p는 자식 노드)가 있다고 해보자. 루트에 부은 액체의 양이 있을 것이다. 파이프의 퍼센트 값을 사용해서 각 파이프에 들어가는 액체의 양을 결정할 수 있고, 수퍼 파이프의 상태까지 모두 고려하면, 각 파이프의 바닥에 도달하는 액체의 양을 알아낼 수 있다. 충분한 액체가 각 파이프의 바닥에 도달한다면, 루트에 부은 액체는 충분하므로 1을 반환해야 한다. 그렇지 않은 경우라면, 파이브의 바닥에 도달하는 액체의 양이 충분치 않으므로 0을 반환해야 한다. 이는 루트에서 내려가는 각 파이프 당 1번씩, 총 p번의 재귀 호출을 해야한다는 것을 의미한다. 각 파이프를 통과하는 인접 리스트로 이런 반복을 수행한다.

전체 함수는 코드 6-2와 같다.

코드 6-2 액체 양의 타당성 시험

```
int can_feed(int node, double liquid,
             edge *adj_list[], int liquid_needed[]) {
  edge *e;
  int ok;
  double down_pipe;
  if (liquid_needed[node] != -1)
    return liquid >= liquid_needed[node];
  e = adj_list[node];
❶ ok = 1;
  while (e && ok) {
    down_pipe = liquid * e->percentage / 100;
    if (e->superpipe)
    ❷ down_pipe = down_pipe * down_pipe;
    if (!can_feed(e->to_node, down_pipe, adj_list, liquid_needed))
    ❸ ok = 0;
    e = e->next;
  }
```

```
    return ok;
}
```

ok 변수는 liquid가 트리의 타당한 해법인지를 추적한다. 즉, ok가 1이면 타당하고, 0 이면 타당하지 않다는 의미다. ok의 초깃값은 1로 설정하고❶, 파이프에 공급되는 양이 충분치 않으면 0으로 설정한다❸. 함수가 끝날 때까지 ok가 1이면 모든 파이프를 충족한 것이고, liquid는 타당하다고 결론을 내린다.

각 파이프에 유입되는 액체의 양은 해당 파이프의 퍼센트 값에 따라 결정된다. 파이프가 수퍼 파이프이면 값을 제곱한다❷. 문제 설명에서는 각 수퍼 파이프의 특수 동작을 사용할지 여부는 보비가 결정한다고 했다. 그러나 여기서는 무조건 액체의 양을 제곱한다. 즉, 항상 특수 동작을 사용하는 것이다.

이렇게 할 수 있는 이유는 제곱을 하면 값이 커지기 때문이다. 주어진 액체의 양이 타당한지 여부를 알고 싶고, 수퍼 파이프의 특수 동작에 불이익이 없다면, 오히려 가능한 많은 액체를 생성하는 것이 좋다. 아마도 수퍼 파이프의 특수 동작이 필요없는 경우도 있겠지만, 문제 설명에서 액체 사용량을 낮추라는 요구는 없었다.

제곱을 하면 값이 오히려 작아지는 1보다 작은 값에 대해서도 걱정할 필요가 없다. 0.5 는 제곱하면 0.25이므로, 이런 경우는 수퍼 파이프의 특수 동작을 원하지 않을 것이다. 그러나 개미는 최소 1리터의 액체가 필요하다. 어떤 노드에 0.5 리터가 들어왔다면 어차피 서브 트리에 있는 개미를 먹일 수가 없다. 이때는 제곱 여부와 관계없이 반환 값은 0이다.

'새로운 형태의 트리 문제' 절에서 했던 작업을 계속해서 can_feed 함수가 얼마나 유용하지 알아보자. 문제 설명에서는 10리터를 시험했고, 이는 충분치 않다는 것을 알았다. 코드 6-1의 하단 부분에 solve 함수의 호출을 주석 처리하고, 대신 can_feed 함수를 호출해 10리터의 액체를 테스트해보자.

```
printf("%d\n", can_feed(1, 10, adj_list, liquid_needed));
```

그러면 0이 출력되며, 이는 10리터가 충분치 않다는 것을 의미한다. '새로운 형태의 트리 문제'에서는 20리터가 충분하다는 것을 살펴봤으니, 이번에는 10 대신 20을 사용해

can_feed 함수를 호출해보자.

```
printf("%d\n", can_feed(1, 20, adj_list, liquid_needed));
```

1이 출력되는 것을 볼 수 있으며, 이는 20리터가 충분하다는 것을 의미한다.

그러면 10은 부족하고, 20은 충분하다는 사실을 알게 됐다. 이 범위를 좀 더 좁혀 보기 위해 15를 사용해보자. 그러면 0이 출력될 것이다. 즉, 15는 부족하다. 그러면 여기서 찾는 최적해는 15보다 크고, 최댓값은 20이다.

18을 사용해보자. 그러면 18은 충분하다는 것을 알 수 있다. 17은 어떨까? 17은 부족하다. 그리고, 17.5나 17.9도 부족하다. 따라서 여기서 찾는 최적해는 18이다.

지금까지 수작업으로 검색해봤다. 이 과정을 체계화하자.

해법 찾기

문제 설명을 통해 최적해는 최대 20억 개라는 것을 알 수 있다. 즉, 20억 개의 방대한 공간에서 최적해를 찾아야 한다는 것이다. 그러므로 추정 기회를 낭비하지 않고 최대한 빨리 이 공간을 줄여나가는 것이 목표다.

추정 기회를 낭비하는 것은 쉽다. 예를 들어, 10이라고 추정했는데, 사실 최적해가 20억이라면, 겨우 0에서 10 사이의 값만 제거한 것이므로, 상당히 낭비를 한 셈이다. 반면, 최적해가 8인 경우라면, 10은 상당히 잘한 추정이다. 추정 값의 범위가 1에서 10사이로 줄어들고 곧 8을 찾을 수 있기 때문이다.

그러나 이런 식의 추정법은 큰 가치가 없다. 가끔은 행운을 얻을 수 있겠지만 추정 값에 대해 거의 아무런 정보가 없을 가능성이 높기 때문이다. 이런 이유로 누군가 1에서 1,000사이의 숫자 중 하나를 맞춰보라고 했을 때, 첫 번째 추정을 10이라고 하지 않는 것이다. 최적해가 추정값보다 '더 낮다'면 정말 다행이지만, 반대로 '더 높다'면 첫 번째 추측 기회를 날려버린 셈이다.

추정할 때마다 가장 많은 정보를 얻는 방법은, 항상 범위의 중간을 추정하는 것이다. 중간값을 얻으려면, 현재 범위의 최고 값과 최저 값이라는 2개의 변수가 필요하다. 그런 다음, 범위의 중간 값을 계산하고, 최적해와 비교한 다음, 결과에 따라 최고 값과 최저 값을 업데이트한다. 이 전략을 구현한 것이 코드 6-3이다.

코드 6-3 최적해 찾기

```
#define HIGHEST 2000000000

void solve(edge *adj_list[], int liquid_needed[]) {
  double low, high, mid;
  low = 0;
  high = HIGHEST;
❶ while (high - low > 0.00001) {
  ❷ mid = (low + high) / 2;
  ❸ if (can_feed(1, mid, adj_list, liquid_needed))
      high = mid;
    else
      low = mid;
  }
❹ printf("%.4lf\n", high);
}
```

low와 high 사이에 반드시 최적해가 들어가도록 초깃값을 정해야 한다. 항상 low는 최적해보다 작거나 같고 high는 크거나 같아야 한다. 개미는 최소 1리터의 물이 필요하므로, 이보다 작은 0으로 low를 설정하면 확실히 최적해보다 작거나 같다. high는 문제 설명에 따라 최적해의 최댓값인 20억으로 설정한다.

while 문의 조건은 low와 high 사이의 범위가 매우 작을 때까지 반복하는 것이다❶. 이번 코드에서는 소수점 이하 0이 4개인 0.00001의 정확도가 필요하다. 반복문에서 가장 먼저 할 일은 범위의 중간 값을 계산하는 것이다. 코드에서는 low와 high의 평균 값을 구해 그 결과를 mid에 저장한다❷.

이제 can_feed를 사용해 mid 리터의 타당성을 검증한다❸. mid가 타당하다면(물이 충분하면), mid보다 큰 값을 추정하는 것은 낭비다. 따라서 high = mid로 설정해, mid를 넘는 범위는 제외한다.

mid가 타당하지 않다면(물이 부족하면), mid보다 작은 값을 추정하는 것이 낭비다. 그러므로 low = mid로 설정해, mid보다 작은 범위는 제외한다.

반복문이 종료되면❹, low와 high 값은 매우 근접하게 된다. 코드에서는 high를 출력했지만 low 값을 출력해도 괜찮다.

이렇게 범위 구간이 매우 작아질 때까지 계속 절반으로 분할하는 기법을 이진 탐색이라고 한다. 이 기법은 절묘하고 강력한 알고리듬이며, 매우 빠르기 때문에 수십 억개나 수조개의 숫자 범위도 쉽게 처리할 수 있다.

해법을 판정 시스템에 제출하고 계속 진행해보자. 이진 탐색에서 알아야 할 것이 많다.

이진 탐색

개미 먹이기 문제는 이진 탐색이 잘 동작하는 전형적인 예제다. 이런 문제에는 두 가지 구성요소가 포함돼 있다. 새로 접한 문제에 이들 요소가 있다면 이진 탐색을 시도해 볼 가치가 있다.

구성요소 1: 최적해 찾기는 어렵지만, 타당성 시험은 쉬운 경우

어떤 문제들은 최적해를 찾기가 아주 어렵다. 그러나 다행스럽게도 대부분 경우, 제안된 해법의 타당성 여부를 판단하는 것은 훨씬 쉽다. '개미 먹이기' 문제도 이에 해당한다. 즉, 최적해를 직접 찾아낼 수는 없었지만, 몇 리터의 액체가 타당한지는 알 수 있었다.

구성요소 2: 타당한 값과 타당하지 않은 값을 구분할 수 있는 경우

타당한 값과 타당하지 않은 값을 구분하는 경계가 있어야 한다. 즉, 이는 경계의 한 쪽 값은 모두 타당하고, 다른 한 쪽에 있는 값은 모두 타당하지 않다는 의미다. 개미 먹이기 문제에서 보면 큰 값은 타당하고, 작은 값은 타당하지 않다. 즉, 작은 값에서 큰 값으로 해법을 찾아갈 때, 상당수의 타당하지 않은 값을 지난 후, 타당한 값을 만났다. 일단 타당한 값 이후에는 타당하지 않은 값은 없어야 한다. 예를 들어, 20리터를 시도했는데 이 값은 타당하지 않았다고 가정해보자. 이는 아직 탐색 공간에 타당하지 않은 영역이 있다는 것을 의미하며, 더 큰 값을 찾아봐야 한다. 20리터가 타당하다면 탐색 공간에 타당한 영역에 있다는 것이므로, 더 작은 값을 찾아봐야 한다. 이에 대한 사례는 다음 문제에서 자세히 다룬다.

이진 탐색 실행 시간

이진 탐색은 단 한 번의 반복만으로도 매우 빠르게 진도를 나갈 수 있어서 매우 강력하다. 예를 들어, 20억 개의 범위에서 최적해를 찾는다고 가정해보자. 이진 탐색을 한 번 수행하면 이 범위의 절반이 사라지고, 10억 개의 범위만 남는다. 즉, 단 1개의 if 문과 mid 변수를 업데이트해 10억 개의 진도를 나간 것이다. 이진 탐색을 p번 반복해서, 10억 개의 범위를 검색할 수 있다면, 20억 개의 범위를 탐색하는 데는 $p+1$번만 반복하면 되는 것이다. 그러므로 범위의 증가 폭에 비교하면 반복 횟수의 증가 폭은 매우 작다고 할 수 있다. n개의 범위를 1개의 범위로 줄이기 위해서 이진 탐색을 반복하는 횟수는 대략 n이 1이 될 때까지 2로 나눠야 하는 횟수가 된다. 8개의 범위로 시작했다면, 1번 반복한 후에는 범위가 최대 4로 줄어든다. 2번 반복한 후에는 범위를 최대 2까지 줄일 수 있다. 3번 반복하면 범위가 1로 줄어든다. 소수점 이하까지의 정확도를 얻어야 하는게 아니라면, 3번의 반복으로 끝난다.

수학 함수 중에는 어떤 값 n을 2로 몇 번 나눠야 몫이 1이나 그 이하가 되는지를 알려주는 이진 로그가 있다. 이 함수는 $\log_2 n$으로 표기하거나, 밑수가 2라고 정해져 있는 경우에는 그냥 $\log n$으로 표기한다. $\log_2 8$은 3이고, $\log_2 16$은 4다. $\log_2 2{,}000{,}000{,}000$(20억)은 30.9이므로, 이 범위를 1로 줄이려면 약 31번을 반복해야 한다.

이진 탐색은 로그-시간 알고리듬의 한 종류다. 따라서 이를 $O(\log m)$로 표기한다. (보통 $\log m$ 대신 $\log n$으로 표기하지만, n은 이 절에 후반부에서 다른 용도로 사용한다). 범위를 1로 줄이려고 할 때, m은 범위의 초깃값이다. 그러나 개미 먹이기 문제에서는 훨씬 더 정교한 소수점 이하 4자리의 정확도를 얻어야 한다. 이때의 m은 무엇일까?

개미 먹이기 문제에서 사용한 이진 탐색의 방법을 알아보자. 앞에 코드에서는 범위가 1이 돼도 멈추지 않고, 이진 탐색을 $\log_2 2{,}000{,}000{,}000$회 이상 반복한다. 대신 소수점 이

하 4자리의 정확도가 확보되면 중단한다. 그러므로 반복 횟수에다 5개의 0을 더 붙여 반복 횟수를 계산하면, $\log_2 200{,}000{,}000{,}000{,}000$회가 되며, 이 값은 대략 48이다. 즉, 조 단위의 범위에서 소수점 4자리까지의 정확도를 갖는 해법을 찾아낼 때까지 겨우 48번만 반복하는 되는 것이다. 이것이 바로 이진 탐색이다.

n개의 노드 트리에서, 개미 먹이기(코드 6-2)의 can_feed 함수는 선형 시간이 걸리며, 시간은 n에 비례한다. can_feed 함수를 $\log_2 m \times 10^4$회 호출하는데, 여기서 m은 범위의 폭이다(테스트 케이스 문제에서는 20억). 이는 $\log m$ 작업에 비례한다. 따라서 총 n번의 작업을 $\log m$번 수행한다. 이것은 $O(n \log m)$ 알고리듬이다. 이 알고리듬은 별도의 $\log m$이라는 추가 계수 때문에 선형은 아니지만, 그래도 매우 빠르다.

타당성 결정

이진 탐색 알고리듬에서 값의 타당성을 시험할 때 다른 유형의 알고리듬을 사용하는 경우가 종종 있다는 점이 가장 만족스럽다. 즉, 겉으로는 이진 탐색을 사용하지만, 안에서는 다른 알고리듬으로 타당성을 시험할 수 있다. 이때, 다른 알고리듬으로는 무엇이든 될 수 있다. 예를 들어, 개미 먹이기 문제에서는 트리 검색을 사용했다. 다음 문제에서는 탐욕 알고리듬을, 세 번째 문제에서는 동적 프로그램 알고리듬을 사용한다. 여기서 다루지는 않지만, 그래프 알고리듬을 사용할 때도 있다. 타당성 시험을 위해 앞에서 배운 내용을 다시 사용해야 할 수도 있다.

타당성을 결정할 때는 최적해를 찾는 것만큼은 아니더라도, 상당한 창의력이 필요하다.

정렬된 배열 탐색

6장을 읽기 전에 이진 탐색에 익숙했다면, 아마도 정렬된 배열을 탐색할 때 많이 사용했을 것이다. 일반적인 문제는 어떤 배열 a와 값 v를 주고, v 이상인 값을 갖는 a의 최소 인덱스를 찾는 것이다. 배열 {-5, -1, 15, 31, 78}와 v값으로 26을 주면, 인덱스 3을 반환한다. 인덱스 3의 값(31)이 26 이상인 첫 번째의 값이기 때문이다.

여기서 이진 탐색이 사용되는 이유는 무엇일까? 다음 2개의 구성요소를 살펴보자.

구성요소 1 이진 탐색을 쓰지 않으면, 비용이 많이 드는 배열 전체를 탐색해서 최적해를 찾아야 한다. 따라서 최적해 찾기는 어렵지만, 타당성 시험은 쉬운 경우다. 인덱스 i를 안다면, a[i]와 v를 비교해서, a[i]가 v보다 큰지 또는 같은지 바로 알 수 있다.

구성요소 2 (a가 정렬된 배열이기 때문에) v보다 작은 값은 v 이상인 값보다 항상 먼저 온다. 즉, 타당하지 않은 값은 타당한 값보다 먼저 온다.

로그 시간 배열에서 적정 인덱스를 찾는 데 이진 탐색을 사용할 수 있지만, 이번 문제에서는 배열 없이, 이진 탐색으로 개미 먹이기 문제를 해결했다. 검색할 배열이 있을 때만 이진 탐색을 사용할 수 있다고 제한할 필요는 없다. 이진 탐색은 생각보다 훨씬 더 유연하다.

문제 2: 강 건너기

타당성을 결정하는 데 탐욕 알고리듬이 필요한 문제를 알아보자.

이것은 POJ의 3258 문제다.

문제 설명

길이가 L인 강을 따라 바위가 놓여 있다. 바위는 위치 0(강의 시작)과 위치 L(강의 끝)에 있고, 둘 사이에 n개의 바위가 있다. 강의 길이가 12라면, 바위의 위치는 0, 5, 8, 12이 될 수 있다.

농부 존이 키우는 소가 첫째 바위(위치 0)에서 둘째 바위로 점프하고, 둘째 바위에서 셋째 바위로 점프하는 식으로 강의 끝(위치 L)까지 간다고 하자. 이때 최소 점프 거리는 연속된 바위 쌍 사이의 최소 거리다. 이번 예제의 최소 점프 거리는 위치 5와 위치 8사이의 거리인 3이다.

농부 존은 젖소의 점프 거리가 너무 짧다고 생각해서, 최소 점프 거리를 가능한 늘리고 싶어한다. 존은 위치 0이나 위치 L의 바위를 제거할 수는 없지만, 다른 바위 m개를 없앨 수 있다. 존이 바위를 1개 제거할 수 있다고 해보자. 그러면 존은 위치 5나 위치 8의 바위를 없앨 것이다. 존이 위치 5의 바위를 제거하면, 최소 점프 거리는 4(위치 8과 위치 12)가 된다. 그리고 위치 8의 바위를 제거하면, 최소 점프 거리는 5(위치 0과 위치 5)가 된다. 따라서 존은 위치 8의 바위를 제거하는 것을 선택할 것이다.

농부 존이 바위 m을 제거해 얻을 수 있는 가장 큰 최소 점프 거리를 구하는 것이 목표다.

입력

테스트 케이스의 구성은 다음과 같다.

- 다음 3개의 정수가 포함된 줄: L(강의 길이), n(시작과 끝 바위를 제외한 바위의 개수), m(농부 존이 제거할 수 있는 바위의 수)

  L의 범위는 1부터 1,000,000,000(10억)이고, n의 범위는 0부터 50,000, m의 범위는 0부터 n이다.
- n개의 줄: 각 줄에는 바위 위치에 해당하는 정수가 있다. 2개의 바위가 같은 위치에 있을 수는 없다.

출력

가장 큰 최소 점프 거리를 출력한다. 앞의 예에서는 5를 출력한다.

문제의 풀이 제한 시간은 2초다.

탐욕 알고리듬

3장에서 구두쇠 문제를 풀 때 탐욕 알고리듬의 개념을 다뤘다. 탐욕 알고리듬은 장기적인 전망은 고려하지 않고, 지금 당장 최적의 것만 취하는 기법이다. 이런 알고리듬은 다음 선택을 할 때 사용할 규칙만 정하면 쉽게 적용할 수 있다. 구두쇠 문제를 풀 때는 1개당 비용이 가장 적은 사과를 선택하는 탐욕 알고리듬을 제안했었다. 결과적으로 탐욕 알고리듬은 틀린 결과를 도출했다. 즉, 탐욕 알고리듬을 제시하기는 쉽지만, 올바른 알고리듬을 찾기는 쉽지 않다는 교훈을 기억해두자.

이 책에서 탐욕 알고리듬을 별도의 장으로 구성하지 않은 이유는 두 가지다. 첫째, 다른 알고리듬(예: 동적 프로그래밍)만큼 광범위하게 적용되지는 않는다. 둘째, 탐욕 알고리듬은 미묘하게 특정 문제에만 적용될 때가 많다. 필자는 지난 수년 간 겉으로는 탐욕 알고리듬과 잘맞는 듯 보이지만, 결국에는 틀린 문제를 많이 봤다. 옳은 알고리듬과 겉으로만 옳게 보이는 알고리듬을 구별하기 위해 신중히 정확성 검증을 했던 경험이 많다.

그럼에도 불구하고 탐욕 알고리듬은 5장에서 다익스트라 알고리듬이란 형태로 제 역할을 했다. 알고리듬 전문가들은 보통 다익스트라 알고리듬을 탐욕 알고리듬으로 분류한다. 다익스트라 알고리듬에서는 노드의 최단 경로를 찾았다고 결정하면, 그 결정을 번복하지 않기 때문이다.

이번 문제에서도 탐욕 알고리듬이 등장한다. 몇 년 전 강 건너기 문제를 처음 접했을 때, 필자는 이 문제에 탐욕 알고리듬을 사용할 수 있을 거라고 생각했다. 탐욕 알고리듬의 규칙은 간단하다. 즉, 가장 가까이 놓인 2개의 바위를 찾는다. 2개 중 다른 이웃한 바위와 가장 가까운 바위를 없앤다. 이 과정을 반복한다.

문제 설명으로 돌아가보자. 테스트 케이스는 다음과 같다.

```
12 2 1
5
8
```

바위의 위치를 간단히 표시하면 0, 5, 8, 12가 된다. 여기서 1개의 바위를 제거할 수 있다. 가장 가깝게 놓인 2개의 바위는 위치 5와 8의 바위이고, 탐욕 알고리듬 규칙에 따라 2개 중 하나를 제거한다. 위치 8의 바위는 오른쪽 이웃 바위와의 거리가 4고, 위치 5의 바위는 왼쪽 이웃 바위와의 거리가 5다. 따라서 탐욕 규칙에 따라 위치 8의 바위를 제거한다. 이 예제에서는 탐욕 알고리듬이 잘 동작한다.

이번에는 좀 더 큰 예제를 다뤄보면서, 탐욕 알고리듬의 동작을 알아보자. 강의 길이는

12이고, 2개의 바위를 제거할 수 있다. 테스트 케이스는 다음과 같다.

```
12 4 2
1
3
8
9
```

바위의 위치를 표시하면 0, 1, 3, 8, 9, 12가 된다. 이때 탐욕 알고리듬은 어떻게 동작할까? 가장 가깝게 놓인 바위는 위치 0과 1, 위치 8과 9다. 한 쌍을 선택해야 하므로 우선 위치 0과 1을 선택한다. 위치 0의 바위를 제거할 수 없으므로, 위치 1의 바위를 제거한다. 그러면 남은 바위들의 위치는 0, 3, 8, 9, 12가 된다.

가장 가깝게 놓인 바위는 위치 8과 9다. 9와 12 사이의 거리가 8과 3 사이의 거리보다 작으므로, 위치 9의 바위를 제거한다. 이제 0, 3, 8, 12가 남았다. 그러면 최소 점프 거리의 정답은 3이다. 이번 예제에서도 탐욕 알고리듬이 잘 동작한다.

2개의 예제를 보니 탐욕 알고리듬은 동작 원리도 단순하고, 상당히 매력적인 알고리듬이라는 생각이 든다. 그러나 안타깝지만 탐욕 알고리듬은 옳은 해법이 아니다. 다음 예제를 보면서 미리 그 이유를 생각해보자.

테스트 케이스는 다음과 같다.

```
12 4 2
2
4
5
8
```

여기서는 2개의 바위를 제거할 수 있다. 바위의 위치를 표시하면 0, 2, 4, 5, 8, 12가 된다. 탐욕 규칙에 따르면 위치 4와 5의 바위가 가장 가깝다. 그리고 4와 2사이의 거리가 5와 8 사이의 거리보다 작으므로 위치 4의 바위를 제거한다. 그러면 위치 0, 2, 5, 8, 12의 바위가 남는다.

0과 2가 가장 가까운 바위 쌍이다. 위치 0의 바위는 제거할 수는 없으므로, 위치 2의 바위를 제거한다. 이제 위치 0, 5, 8, 12가 남았다. 그러면 최소 점프 거리는 3이다. 그러나 이것은 오답으로, 탐욕 알고리듬의 실수다. 실제로 최소 점프 거리의 최댓값은 4이기 때문이다. 즉, 앞에서 위치 2와 4의 바위가 아니라 위치 2와 5를 제거한다면, 위치 0, 4, 8, 12가 남기 때문이다.

무엇이 잘못된 것일까? 그 이유는 첫 번째 동작에서 위치 4의 바위를 제거함으로써, 거리가 3인 바위를 두 쌍 만들었기 때문이다. 두 번째 동작에서는 2개의 쌍 중 1개만 해결할 수 있기 때문에, 3보다 큰 최소 점프 거리를 만들 기회가 사라졌다.

문제를 해결할 수 있는 탐욕 알고리듬을 찾기는 힘들다. 개미 먹이기 문제도 그랬듯이, 정면으로 해결하기는 어려운 문제다. 그러나 다행히도 그럴 필요가 없다.

타당성 시험

앞의 '이진 탐색' 절에서는 문제에 두 가지 구성요소가 있다면 이진 탐색을 시도해 볼 가치가 있다고 언급했다. 두 가지는 최적해를 찾는 것보다 타당성 시험이 쉬운 경우와 탐색 공간이 타당한 값과 타당하지 않은 값을 구분할 수 있는 경우다. 이번 강 건너기 문제는 두 가지 구성요소를 모두 충족한다.

최적해를 찾기 보다는 다른 질문을 해보자. 즉, 최소 점프 거리를 d이상 달성하는 것이 가능할까라는 것이다. 이 문제를 해결할 수 있다면 이진 탐색을 이용해 타당한 최댓값 d를 찾을 수 있다.

다음은 앞에서 다룬 테스트 케이스다.

```
12 4 2
2
4
5
8
```

이 문제에서는 2개의 바위를 제거할 수 있으며, 바위 위치는 0, 2, 4, 5, 8, 12다. 여기서

가정을 해보자. 최소 점프 거리가 적어도 6이 되려면, 제거할 최소 바위 수는 얼마일까? 왼쪽에서 오른쪽으로 진행하며 확인해보자. 위치 0의 바위는 문제 설명에 이미 언급했듯이 제거할 수 없다. 위치 2의 바위는 위치 0과의 거리가 6보다 작기 때문에 당연히 제거해야 한다. 그러면 위치 0, 4, 5, 8, 12의 바위가 남는다.

위치 4의 바위를 생각해보자. 남겨야 할까? 제거해야 할까? 위치 4의 바위는 위치 0과의 거리가 6보다 작기 때문에 제거해야 한다. 그러면 위치 0, 5, 8, 12의 바위가 남는다.

다음으로 위치 5의 바위도 제거해야 한다. 위치 5의 바위도 위치 0의 바위로부터의 거리가 5로 6보다 작기 때문이며, 세 번째로 제거하는 바위가 된다. 그러면 위치 0, 8, 12의 바위가 남는다.

위치 8의 바위도 없애야 한다. 위치 8의 바위는 위치 0에서는 충분히 떨어져 있지만, 위치 12와의 거리가 6보다 작기 때문이며, 네 번째로 제거하는 바위가 된다. 그러면 결국 위치 0과 12의 바위만 남는다.

최소 점프 거리를 6이상 유지하려면 4개의 바위를 제거해야 하는데, 규칙에 따르면 바위는 2개만 제거할 수 있다. 따라서 6은 너무 큰 값으로써, 타당한 해가 아니다.

최소 점프 거리 3은 타당한 해일까? 즉, 2개의 바위를 제거해서 최소 점프 거리 3을 달성할 수 있을까? 한 번 시도해보자.

위치 0의 바위는 그냥 둔다. 위치 2의 바위는 제거해야 하며, 첫 번째로 제거하는 바위다. 그러면 위치 0, 4, 5, 8, 12의 바위가 남는다.

위치 4의 바위는 남겨 둔다. 위치 0에서 거리가 3이 넘기 때문이다.

위치 5의 바위는 제거한다. 위치 4에서 거리가 3보다 작기 때문이며, 두 번째로 제거하는 바위다. 그러면 위치 0, 4, 8, 12의 바위가 남는다.

위치 8의 바위는 남겨 둔다. 위치 4와 위치 12에서의 거리가 모두 3보다 크기 때문이다. 이렇게 해서 비교가 끝났고, 바위 2개만 제거해서, 최소 점프 거리 3을 달성했다. 그러므로 3은 타당한 값이다.

지금까지 탐욕 알고리듬을 사용해 타당성을 시험했다. 규칙은 다음과 같다. 각 바위를 순서대로 확인하고, 이전 바위와 너무 가까우면 제거한다. 또한 다음 위치의 바위와 너무 가까우면 역시 없앤다. 그런 다음, 제거한 바위의 개수를 센다. 제거한 바위 개수가 문제에서 제시한 개수를 비교하면 타당한 해인지 여부를 알 수 있다(다시 한 번 명확히 하면 이 번 알고리듬은 최적해를 찾는 탐욕 알고리듬이 아니라, 타당성을 시험하는 탐욕 알고리듬이다). 이 알고리듬은 코드 6-4와 같다.

코드 6-4 점프 거리의 타당성 시험

```
int can_make_min_distance(int distance, int rocks[], int num_rocks,
                          int num_remove, int length) {
  int i;
  int removed = 0, prev_rock_location = 0, cur_rock_location;
  if (length < distance)
      return 0;
  for (i = 0; i < num_rocks; i++) {
    cur_rock_location = rocks[i];
❶ if (cur_rock_location prev_rock_location < distance)
      removed++;
    else
      prev_rock_location = cur_rock_location;
  }
❷ if (length prev_rock_location < distance)
    removed++;
  return removed <= num_remove;
}
```

코드 6-4의 함수에는 5개의 매개변수가 있다.

distance 타당성을 시험할 최소 점프 거리

rocks 각 바위의 위치를 알려주는 배열, 시작과 끝 바위는 제외

num_rocks 바위 배열에 있는 바위 수

num_remove 제거할 수 있는 바위 수

length 강의 길이

이 함수는 distance가 타당할 경우 1(참), 그렇지 않을때는 0을 반환한다.
prev_rock_location 변수는 가장 최근에 저장한 바위의 위치를 저장한다. for 문 안에

서 cur_rock_location은 현재 검토 중인 바위의 위치를 저장한다. 그리고 현재 바위를 유지할지 또는 제거할지를 검증한다❶. 현재 바위가 이전 바위와 너무 가까우면 현재 바위를 제거하고, removed의 값에 1을 더한다. 그렇지 않으면, 현재 바위를 남기고, prev_rock_location 값을 업데이트한다.

이렇게 반복이 끝나면 없앨 바위의 개수를 얻게 된다. 마지막으로 가장 우측의 바위가 강의 끝 부분과 너무 가까운지를 확인하고❷, 가깝다면 바위를 제거한다(이때, 위치 0의 바위를 제거할 걱정은 하지 않아도 된다. 실제로 모든 바위를 제거하고, 처음과 마지막 바위만 남았다면 prev_rock_location 값이 0이 된다. 그러나 length - 0 < distance 조건이 참이 될 수도 없고, 또 그런일이 발생한다면, 함수의 첫 if 문에서 0을 반환했을 것이다).

최소 점프 거리 안에 남은 바위가 없고, 불필요하게 제거한 바위도 없다. 이보다 더 잘할 수 있는 방법이 있을까? 탐욕 알고리듬은 매력적이지만, 아직도 남은 작업이 있다.

앞의 '탐욕 아이디어' 절에서도 탐욕 알고리듬이 잘못된 것으로 판명된 적이 있다. 따라서 제대로 동작하는 한두 가지 사례만을 가지고 확신해서는 안 되며, 진도를 나가기 전에, 탐욕 알고리듬이 올바른지 정확한 논거를 확인해보자. 특히, 탐욕 알고리듬이 최소 점프 거리 d를 달성하는 데 필요한 최소 개수의 바위를 제거한다는 것을 확인해야 한다. 여기서 d는 최대 강 길이라고 가정한다. 그렇지 않으면, 탐욕 알고리듬에서는 최소 점프 거리 d가 타당하지 않다고 바로 결정해 버리기 때문이다.

탐욕 알고리듬은 왼쪽부터 오른쪽으로 이동하며 각 바위마다 제거할지 유지할지를 결정한다. 이런 동작이 최적해와 단계별로 일치하는 것을 확인한다. 즉, 탐욕 알고리듬이 바위를 유지하면 최적해도 바위를 유지하고, 반대로 탐욕 알고리듬이 바위를 제거하면 최적해도 바위를 제거한다는 것을 확인해보자. 탐욕 알고리듬이 최적 해와 같은 동작을 한다면, 그 결과는 옳다고 할 수 있을 것이다.

이때 각 바위에 취할 수 있는 경우는 다음과 같이 네 가지가 있다.

- 탐욕(알고리듬)과 최적(해) 모두 바위를 제거하는 경우
- 탐욕과 최적 모두 바위를 유지하는 경우
- 탐욕은 바위를 제거하지만 최적은 바위를 유지하는 경우

- 탐욕은 바위를 유지하지만 최적은 바위를 제거하는 경우

여기서 셋째와 넷째는 실제로 발생할 수 없음을 보여주면 되는 것이다.

네 가지 경우를 살펴보기 전에, 바위 위치가 0, 2, 4, 5, 8, 12일 때, 2개의 바위를 다시 제거한다고 생각해보자. 최소 점프 거리가 3일 때, 탐욕 알고리듬은 위치 2와 5를 제거해 위치 0, 4, 8, 12의 바위가 남는 것을 알 수 있다. 따라서 최적해도 같은 2개의 바위를 제거할 것이라 예상할 수 있다. 그러나 위치 2와 4를 제거해, 위치 0, 5, 8, 12의 바위를 남기는 다른 최적해가 있다. 이 해법도 2개의 바위를 제거해 최소 점프 거리 3을 달성할 수 있고, 탐욕 알고리듬만큼이나 결과가 좋다. 따라서 탐욕 알고리듬과 일치하는 단 하나의 최적해를 고집할 필요는 없다. 모든 최적해는 똑같이 최적이기 때문이다.

탐욕 알고리듬과 일치하는 최적해 S가 있다. 탐욕 알고리듬이 시작되면 처음에는 불일치없이 S의 동작대로 수행한다. 탐욕 알고리듬도 위치 0의 바위는 어떤 경우에도 제거하지 않는다는 원칙대로 동작하기 때문이다.

그 이후 탐욕 알고리듬은 왼쪽에서 오른쪽 방향으로 바위를 검증한다. 최적해 S처럼 바위를 유지하거나 제거한다. 그러다가 갑자기 탐욕 알고리듬과 S가 같은 바위를 두고 의견이 다른 경우가 발생한다. 처음으로 그런 경우가 발생할 때를 생각해보자.

탐욕은 바위를 제거하지만 최적은 바위를 유지하는 경우 탐욕 알고리듬은 현재 검증하는 바위가 다른 바위와 가까울 때만 제거한다. 탐욕 알고리듬에서 현재 검증하는 바위가 왼쪽 바위와의 거리가 d보다 작기 때문에 바위를 제거한다면, S도 그 바위를 제거해야 한다. 지금은 S와의 첫 번째 불일치가 발생한 경우라고 가정했기 때문에, S는 탐욕 알고리듬과 정확히 같은 왼쪽의 바위를 갖고 있다. 따라서 S가 바위를 제거하지 않고 유지한다면, d보다 작은 거리에 2개의 바위가 있게 된다. 그러나 이런 경우는 발생할 수가 없다. S는 모든 바위 간의 거리가 최소 d인 최적해이기 때문이다. 실제로는 S가 탐욕 알고리듬처럼 바위를 제거할 것이라고 결론낼 수 있다. 이와 비슷하게, 탐욕 알고리듬이 강 끝과 너무 가깝다는 이유로 바위를 제거한다면, S도 바위를 없애야 한다는 점을 알 수 있다.

탐욕은 바위를 유지하지만 최적은 바위를 제거하는 경우　여기서는 탐욕 알고리듬과 S를 일치시킬 수는 없지만, 이 바위를 유지하는 새로운 최적해 U를 만들 수 있다. 현재 바위를 r이라 하면, 탐욕은 이 바위를 유지하고, S는 제거하려고 한다. S와 정확히 같은 바위에 바위 r을 더한 새로운 바위 집합 T를 생각해보자. T는 S보다 1개 더 적은 바위를 제거하므로, T는 타당한 해가 될 수 없다. 타당한 해라면, S보다 1개의 바위가 많아지며, 이는 S가 최적해라를 사실과 모순된다. S와 T의 유일한 차이는 T에 바위 r이 있다는 것이므로, T가 타당하지 않은 이유는 r 때문이다. 따라서 T에서 r은 오른쪽의 바위 r_2에 대해 d보다 가까워야 한다. 탐욕 알고리듬에서는 (r이 강 끝에 너무 가깝기 때문에) r이 강 끝에 있는 바위가 될 수 없기 때문이다. 따라서 r_2는 제거될 수 있는 바위다.

r_2가 없는 것만 제외하면 T와 완전히 같은 새로운 바위 집합 U를 생각해보자. S에 바위 r을 추가해 T를 얻고, T에서 바위 r_2를 제거해서 U를 얻었기 때문에, U와 S의 바위 개수는 같다고 말할 수 있다. 또한 U에는 문제가 되는 바위 r_2가 없으므로, 거리 d보다 작은 바위가 없다. 즉, U도 S처럼 최적해다. 결정적으로 U에는 바위 r이 있다. 그러므로 탐욕 알고리듬과 r을 포함한 최적해 U는 일치한다.

계속하기 전에 타당성 검사를 해보자. 호출 방법은 다음과 같다.

```c
int main(void) {
  int rocks[4] = {2, 4, 5, 8};
  printf("%d\n", can_make_min_distance(6, rocks, 4, 2, 12));
  return 0;
}
```

이 코드는 바위 2개를 제거해, 최소 점프 거리 6을 달성할 수 있는지를 묻는다. 정답은 '아니오'이므로 0(거짓)이 출력돼야 한다. 첫 번째 매개변수를 6에서 3으로 변경하고, 타당성 여부를 다시 확인해보자. 프로그램을 실행하면 1(참)이 출력된다.

제대로 동작한다면 이제 타당성을 확인할 방법이 생긴 것이다. 이어서 이진 탐색을 이용해 최적해를 찾아보자.

해법 찾기

이진 탐색을 사용하기 위해 코드 6-3을 수정해보자. 개미 먹이기 문제에서는 소수점 네 자리의 정확도를 달성했다. 그러나 이번에 최적화하려는 바위의 개수는 정수다. 그러므로 high와 low가 정수 1이내면 반복을 중단한다. 수정한 내용은 코드 6-5와 같다.

코드 6-5 최적해 검색(버그 있음)

```
void solve(int rocks[], int num_rocks, //버그 있음!
int num_remove, int length) {
  int low, high, mid;
  low = 0;
  high = length;
  while (high - low > 1) {
    mid = (low + high) / 2;
❶ if (can_make_min_distance(mid, rocks, num_rocks, num_remove, length))
    ❷ low = mid;
    else
    ❸ high = mid;
  }
  printf("%d\n", high);
}
```

while 문 안에서 반복하면서 범위의 중간 값 mid를 계산하고, 헬퍼 함수로 값의 타당성을 검증한다❶.

mid가 타당한 값이면, mid보다 작은 값도 모두 타당하기 때문에, 범위의 하단부를 잘라내도록 low를 변경한다❷. 참고로, 코드 6-3에서는 mid가 타당한 값이면, mid보다 큰 값도 모두 타당하다는 의미로써, 범위의 상단부를 잘라낸 것을 주의하자.

mid가 타당한 값이 아니면, mid보다 큰 값도 모두 타당하지 않기 때문에, 범위의 상단부를 잘라내도록 high를 변경한다❸.

안타깝지만 이번 이진 탐색에는 오류가 있다. 다음 테스트 케이스를 실행해 보고 그 이유를 알아보자.

12 4 2

```
2
4
5
8
```

실행하면 5가 출력된다. 그러나 최적해는 4가 정답이다.

이번에는 함수의 마지막 printf에서 출력하는 변수를 high가 아니라 low로 바꿔 보자. 반복문이 끝날 때 low는 high보다 1이 작다. 그러면 이렇게 출력변수를 변경하면 5가 아니라 4가 출력될 것이다. 새 코드는 코드 6-6과 같다.

코드 6-6 최적해 검색(여전히 버그 있음)

```
void solve(int rocks[], int num_rocks, //버그 있음!
           int num_remove, int length) {
  int low, high, mid;
  low = 0;
  high = length;
  while (high - low > 1) {
    mid = (low + high) / 2;
    if (can_make_min_distance(mid, rocks, num_rocks, num_remove, length))
      low = mid;
    else
      high = mid;
  }
  printf("%d\n", low);
}
```

앞의 테스트 케이스는 해결됐다. 그러나 다음 테스트 케이스에서 다시 문제가 된다.

```
12 0 0
```

조금 이상해 보이지만 완벽하게 유효한 테스트 케이스다. 이 문제는 강의 길이가 12고, 중간에 바위가 없다. 이때, 최소 점프 거리의 최댓값은 12인데, 앞에서 작성한 이진 탐색에서는 11을 반환한다. 정답과 1만큼 차이가 생겼다.

이진 탐색은 제대로 구현하기가 어려운 것으로 유명하다. 비교 부호는 > 대신 >=를 써야 할까? 아니면 mid 대신 mid+1을 써야 할까? low+high가 아니라 low+high+1을 써야 할까? 이진 탐색 문제를 계속 다루다 보면, 이런 문제들과 씨름을 하게 된다. 이진 탐색은 어느 다른 알고리듬보다도 버그 발생 가능성이 높다.

이번에는 좀 더 신중히 접근해보자. low 이하의 값은 타당하고, high 이상의 값은 타당하지 않음을 항상 알고 있다고 가정해보자. 이런 가정을 불변성invariant이라고 하는데, 코드가 실행될 때 항상 참인 경우를 의미한다.

반복이 끝나면, low는 high보다 1이 적다. 불변성을 유지한다면, low가 타당한 값이고, low보다 큰 값인 high는 타당하지 않다. 따라서 타당한 값 중 최댓값인 low를 출력해야 한다.

그러나 이러한 추론은 코드의 시작부터 끝까지 불변성을 참으로 유지한다는 가정을 근거로 한 것이다.

반복문 위의 코드부터 시작해보자. 이 코드는 불변성을 반드시 참으로 유지하지 않는다.

```
low = 0;
high = length;
```

여기서 low는 타당하다. 점프 값은 항상 0 이상이기 때문에, 최소 점프 거리 0은 항상 달성 가능한 값이다. high는 타당한가? 아마 가능할 수도 있지만, 허용된 바위를 모든 제거하고 강을 한 번에 점프할 수 있다면 어떨까? 그러면 length는 타당한 값이지만, 불변성은 깨진다. 이보다 더 나은 초깃값은 다음과 같다.

```
low = 0;
high = length + 1;
```

이제는 high가 타당하지 않다. 즉, 강의 길이는 length이기 때문에 최소 점프 거리가 length+1이 될 수 없기 때문이다.

그러면 반복문에서 두 가지 가능성을 달성하기 위해 무엇을 할지 알아내야 한다. `mid`가 타당하다면 `low = mid`로 설정한다. `low` 및 그 왼편의 모든 값이 타당하기 때문에 불변성이 유지된다. `mid`가 타당하지 않다면, `high = mid`로 설정한다. `high` 및 그 오른편의 모든 값이 타당하지 않기 때문에 불변성이 유지된다. 따라서 두 경우 모두 불변성을 유지한다.

코드의 어떤 부분도 불변성에 문제를 일으키지 않는다. 따라서 반복문이 끝날 때 `low` 값을 출력해도 문제가 없다. 올바른 코드는 코드 6-7과 같다.

코드 6-7 최적해 찾기

```
void solve(int rocks[], int num_rocks,
           int num_remove, int length) {
  int low, high, mid;
  low = 0;
  high = length + 1;
  while (high - low > 1) {
    mid = (low + high) / 2;
    if (can_make_min_distance(mid, rocks, num_rocks, num_remove, length))
      low = mid;
    else
      high = mid;
  }
  printf("%d\n", low);
}
```

입력 받기

거의 마지막 부분이다. 입력 값을 읽고 **solve** 함수를 호출하는 일만 남았다. 코드 6-8의 main 함수를 보자.

코드 6-8 입력 값을 읽는 main 함수

```
#define MAX_ROCKS 50000

int compare(const void *v1, const void *v2) {
```

```
  int num1 = *(const int *)v1;
  int num2 = *(const int *)v2;
  return num1 - num2;
}

int main(void) {
  static int rocks[MAX_ROCKS];
  int length, num_rocks, num_remove, i;
  scanf("%d%d%d", &length, &num_rocks, &num_remove);
  for (i = 0; i < num_rocks; i++)
    scanf("%d", &rocks[i]);
❶ qsort(rocks, num_rocks, sizeof(int), compare);
  solve(rocks, num_rocks, num_remove, length);
  return 0;
}
```

지금까지는 문제를 왼쪽에서 오른쪽으로, 즉 가장 작은 위치에서 가장 큰 위치의 순서로 분석했다. 그러나 바위는 어떤 순서로든 입력될 수도 있다. 즉, 문제 설명 어디에도 입력 값이 순서대로 정렬된다는 보장이 없다.

2장의 후손 거리 문제에서 노드를 정렬하는 데 사용한 qsort를 활용해보자. 바위를 정렬하기는 꽤 쉬운 편이다. 비교 함수인 compare는 두 정수의 포인터를 받아, 첫 번째 정수에서 두 번째 정수를 뺀 결과를 반환한다. 음수가 나오면 첫 번째 정수가 두 번째 정수보다 작은 것이고, 0이면 두 수가 같고, 양수가 나오면 첫 번째 정수가 더 크다. 이 비교 함수를 사용하는 qsort로 바위를 정렬한다❶. 그런 다음, 정렬된 바위 배열로 solve 함수를 호출한다.

해법을 판정 시스템에 제출한다면, 모든 테스트 케이스를 통과할 것이다.

문제 3: 삶의 질

지금까지 6장에서는 타당성을 검증하는 두 가지 접근법, 즉 트리의 재귀 순회과 탐욕 알고리듬을 살펴봤다. 문제 3에서는 앞의 3장에서 소개한 동적 프로그래밍으로 타당성을 검증하는 사례를 살펴본다.

이 문제는 이 책의 예제 중 표준 입력이나 출력을 사용하지 않는 첫 번째 문제다. 대신 판정 시스템이 지정한 이름을 가진 함수를 작성한다. 표준 입력 대신 판정 시스템이 넘겨준 배열을 사용한다. 그러면, 표준 출력 대신 함수에서 직접 해답을 반환할 것이다. scanf 나 printf같은 함수를 전혀 사용할 필요가 없는 방식이어서 편리하다.

국제정보올림피아드(IOI 2010)에서 발췌한 첫 번째 문제로써, 출처는 DMOJ의 ioi10p3 이다.

문제 설명

사각형 격자 블럭으로 이뤄진 도시가 있다. 각 블럭은 행과 열의 좌표로 식별한다. 위에서 아래로 0에서 $r-1$번까지 번호가 매겨진 r개의 행과 왼쪽에서 오른쪽으로 0에서 $c-1$까지 번호가 매겨진 c개의 열이 있다.

각 블럭에는 1에서 rc사이의 고유의 품질 순위quality rank가 부여된다. 예를 들어, 7개의 행과 7개의 열로 구성된 블럭은 1부터 49까지의 숫자가 지정된다. 도시의 예제는 표 6-1 과 같다.

표 6-1 도시 예제

	0	1	2	3	4	5	6
0	48	16	15	45	40	28	8
1	20	11	36	19	24	6	33
2	22	39	30	7	9	1	18
3	14	35	2	13	31	12	46
4	32	37	21	3	41	23	29
5	42	49	38	10	17	47	5
6	43	4	34	25	26	27	44

품질 순위 중앙 값median은 사각형의 품질 순위의 중간점이다. 순위의 반은 중앙 값보다 작고, 나머지 반은 중앙 값보다 크다.

표 6-1의 왼쪽 상단부터 5행 -3열(5×3)로 이뤄진 사각형을 생각해보자. 사각형은 15칸의 품질 순위로 구성되며, 그 값은 48, 16, 15, 20, 11, 36, 22, 39, 30, 14, 35, 2, 32, 37, 21이다. 이 중 7개의 숫자가 22보다 작고, 나머지 7개는 22보다 크기 때문에, 품질 순위 중앙 값은 22다.

입력으로는 사각형의 높이(행 개수)와 너비(열 개수)를 지정하는 정수 h와 w가 제공되며, h행과 w열로 이뤄진 사각형에서 최소 품질 순위 중앙 값을 식별하는 것이 문제의 목적이다.

x행과 y열을 지정할 때는 (x, y)라고 표기할 것이다. h는 5, w는 3이고, 표 6-1에 대해 최소 품질 순위 중앙 값이 13인 사각형을 찾는다고 해보자. 그러면 조건에 맞는 사각형은 왼쪽-위 좌표가 (1, 3)이고 오른쪽-아래 좌표가 (5,5)인 사각형일 것이다.

입력

표준 입력은 사용하지 않는다. 필요한 모든 값은 함수의 매개변수를 통해 판정 시스템이 전달한다. 작성할 함수의 선언부는 다음과 같다.

```
int rectangle(int r, int c, int h, int w, int q[3001][3001])
```

매개변수 중 r과 c는 도시의 행과 열의 개수다. 마찬가지로, h와 w는 부분 사각형의 행과 열의 개수다. 그러므로 h의 최댓값은 r이고, w의 최댓값은 c가 된다. 또한 h와 w는 항상 홀수가 된다. (왜 그럴까? 홀수 2개를 곱하면 홀수가 되기 때문에 부분 사각형의 총 블록 수인 hw는 홀수가 된다. 문제 설명에서 중앙 값은 품질 순위의 반은 중앙 값보다 작고, 나머지 반은 중앙 값보다 크다고 정의했다. 품질 순위가 2, 6, 4, 5처럼 짝수 개라면, 중앙 값으로 4나 5 중에 하나를 골라야 하는데, 문제 출제자가 이런 곤란한 상황을 의도하지는 않을 것이다).

마지막 매개변수 q는 블록의 품질 순위를 제공한다. q[2][3]은 행2, 열3 블록의 품질 순위를 나타낸다. 따라서 q 값의 크기가 도시의 최대 행과 열이라는 것을 알 수 있고, 앞의 예에서는 행과 열이 각각 3001이다.

출력

표준 출력은 사용하지 않는다. 대신 앞의 rectangle 함수에서 최소 품질 순위 중앙 값 을 반환한다.

문제의 풀이 제한 시간은 10초다.

전체 사각형 정렬

효과적인 해법은 아니지만, 일단 이번 절에서는 이진 탐색을 사용하지 않는 해법을 구현 해보자. 이 해법은 모든 부분 사각형을 반복하며 탐색하는 방법이다. 이진 탐색을 사용하 는 해법은 이후 절에서 다룰 것이다.

다음은 이번 코드에서 사용할 매크로와 타입 정의다.

```
#define MAX_ROWS 3001
#define MAX_COLS 3001

typedef int board[MAX_ROWS][MAX_COLS];
```

4장에서와 마찬가지로, 정확한 크기의 2차원 배열이 필요할 때는 board 변수를 사용 할 것이다.

사각형 좌표의 왼쪽-위와 오른쪽-아래 값을 제공하고, 이 블록들의 품질 순위 중앙 값 을 구하라고 하면, 어떻게 할 수 있을까?

우선, 정렬을 사용하는 방법이 있다. 품질 순위를 최솟값부터 최댓값까지 정렬한 다음, 중간 인덱스 값을 고른다. 15개의 품질 순위가 48, 16, 15, 20, 11, 36, 22, 39, 30, 14, 35, 2, 32, 37, 21이라고 가정해보자. 이를 정렬하면 2, 11, 14, 15, 16, 20, 21, 22, 30, 32, 35, 36, 37, 39, 48이 된다. 품질 순위가 15개이므로, 8번째 값인 22가 중앙 값이다.

참고로, 정렬을 거치지 않고 바로 중앙 값을 구하는 좀 더 빠른 알고리듬이 있다. 정렬 을 사용하는 알고리듬은 중앙 값을 찾는 데 $O(n\log n)$ 시간이 걸리는데, 좀 더 정교하면서 $O(n)$이 걸리는 알고리듬이 있으니, 관심이 있는 독자는 찾아보면 좋을 것이다. 하위 절에서 수행하는 작업은 너무 느려서 중앙 값을 구하는 개선된 알고리듬도 도움이 되지 않을 것이다.

사각형에서 중앙 값을 찾는 함수는 코드 6-9와 같다.

코드 6-9 사각형에서 중앙 값 찾기

```
int compare(const void *v1, const void *v2) {
  int num1 = *(const int *)v1;
  int num2 = *(const int *)v2;
  return num1 - num2;
}

int median(int top_row, int left_col, int bottom_row, int right_col,
           board q) {
  static int cur_rectangle[MAX_ROWS * MAX_COLS];
  int i, j, num_cur_rectangle;
  num_cur_rectangle = 0;
  for (i = top_row; i <= bottom_row; i++)
    for (j = left_col; j <= right_col; j++) {
      cur_rectangle[num_cur_rectangle] = q[i][j];
      num_cur_rectangle++;
    }
❶ qsort(cur_rectangle, num_cur_rectangle, sizeof(int), compare);
  return cur_rectangle[num_cur_rectangle / 2];
}
```

median 함수의 처음 4개의 매개변수는 왼쪽-위 행과 열, 오른쪽-아래 행과 열을 지정해 사각형의 범위를 정한다. 마지막 매개변수 q는 품질 순위를 갖고 있다. 1차원 배열 cur_rectangle을 사용해 사각형의 품질 순위를 누적한다. 중첩 for 문은 사각형의 각 블록을 다니면서 블록의 품질 순위를 cur_rectangle에 추가한다. 품질 순위를 집계했다면, qsort를 호출할 준비가 된 것이다❶. 중앙 값의 위치(배열의 중간)를 정확하게 알 수 있으므로, 이 값을 반환하면 된다.

이 함수를 사용해 각 부분 사각형을 반복하면서 품질 순위 중앙 값이 가장 작은 사각형을 찾을 수 있다. 코드 6-10을 살펴보자.

```
int rectangle(int r, int c, int h, int w, board q) {
  int top_row, left_col, bottom_row, right_col;
❶ int best = r * c + 1;
  int result;
  for (top_row = 0; top_row < r - h + 1; top_row++)
    for (left_col = 0; left_col < c - w + 1; left_col++) {
❷   bottom_row = top_row + h - 1;
❸   right_col = left_col + w - 1;
❹   result = median(top_row, left_col, bottom_row, right_col, q);
    if (result < best)
      best = result;
  }
  return best;
}
```

변수 best는 지금까지 찾은 최적(최소)의 중앙 값을 추적한다. 처음에는 모든 부분 사각형의 중앙 값보다 큰 값인 r * c + 1로 시작한다.❶. 문제 정의에서 품질 순위는 r*c보다 클 수 없다고 했기 때문에, r * c + 1이라는 중앙 값은 없다. 그 다음의 중첩 for 문은 사각형의 왼쪽-위 좌표 값을 기준으로 한다. 이렇게 하면 맨 위 행과 왼쪽 열을 얻을 수 있지만, median 함수를 호출하려면 맨 아래 행과 오른쪽 열도 필요하다. 맨 아래 행을 얻으려면 맨 위 행에 h(부분 사각형의 행 개수)를 더한 다음, -1을 한다❷. 이때, -1을 누락하는 실수가 없도록 주의하자. 맨 위 행이 4이고, h가 2이면, 맨 아래 행은 4 + 2 − 1 = 5가 돼야 하며, −1을 누락해서 맨 아래 행을 4 + 2 = 6으로 만들면 의도한 2행이 아니라 3행이 있는 사각형이 생긴다. 같은 연산을 오른쪽 열에 대해서도 수행한다❸. 4개의 좌표값을 얻은 다음, median 함수를 호출해서 사각형의 중앙 값을 계산한다❹. 더 나은 중앙 값을 찾았다면 best 값을 업데이트한다.

해법 구현이 끝났다. 이 코드는 main 함수가 없으며, 판정 시스템은 rectangle 함수를 직접 호출할 것이다. 그러나 main 함수가 없어도 테스트 목적의 main 함수를 생성해서 스스로 시험해 볼 수 있다. 테스트 목적의 main 함수는 다음과 같다.

```
int main(void) {
static board q = {{48, 16, 15, 45, 40, 28, 8},
                  {20, 11, 36, 19, 24, 6, 33},
                  {22, 39, 30, 7, 9, 1, 18},
                  {14, 35, 2, 13, 31, 12, 46},
                  {32, 37, 21, 3, 41, 23, 29},
                  {42, 49, 38, 10, 17, 47, 5},
                  {43, 4, 34, 25, 26, 27, 44}};
  int result = rectangle(7, 7, 5, 3, q);
  printf("%d\n", result);
  return 0;
}
```

main 함수를 제거한 코드를 판정 시스템에 제출해보자. 그러면 일부 테스트 케이스는 통과하지만, 나머지에서는 시간 초과로 실패하는 것을 알 수 있다.

코드가 느린 이유를 알아보기 위해 r과 c가 모두 m인 경우를 살펴보자. 최악의 경우를 보여주기 위해 h와 w가 모두 $m/2$라 한다. 사각형이 크면 개수가 줄어들고, 작으면 너무 쉽게 처리된다. median 함수에서 가장 느린 부분은 qsort 호출 부분이다. 이때의 배열 크기는 $m/2 \times m/2 = m^2/4$다. n개의 값이 있는 배열의 경우, qsort는 $n \log n$ 시간이 소요된다. 여기서 n값을 $m^2/4$로 바꾸면 $(m^2/4)\log (m^2/4)$가 되고, 이 식의 시간 복잡도는 $O(m^2 \log m)$이다. 이 값은 $O(n^2)$보다도 속도가 느린데, 심지어 이는 사각형 하나의 중앙 값만 계산한 결과일 뿐이다. rectangle 함수는 median 함수를 총 $m^2/4$번 호출하므로, 최종 시간 복잡도는 $O(m^4 \log m)$이 된다. 시간 복잡도가 4제곱이라는 것은 이 해법은 아주 작은 크기의 문제에만 적용될 수 있다는 의미다.

이 문제에서 2개의 병목 구간이 있다. 첫째는 사각형을 정렬하는 부분이고, 둘째는 사각형의 cur_rectangle 배열을 처음부터 새로 만드는 부분이다. 여기서 첫째 부분은 이진 탐색으로, 둘째는 동적 프로그래밍 기법으로 해결할 수 있다.

이진 탐색

이진 탐색을 사용하면 속도가 빨라질 것으로 낙관하는 이유는 다음과 같다. 첫째, 앞에서 확인했듯이 직접 최적해를 찾는 것은 비용이 많이 드는 작업이다. 앞에서 정렬에만 의존하는 해법은 m^4 알고리듬보다도 느리다는 것을 확인했다. 둘째, 탐색 공간이 타당한 해와 그렇지 않은 해를 구분할 수 있는 분포이기 때문이다. 예를 들어, 품질 순위 중앙 값이 최대 5인 사각형은 없다고 가정해보자. 그렇다면 품질 순위 중앙 값이 5, 4, 3 또는 5보다 작은 사각형을 찾는 것은 의미가 없다. 반대로, 품질 순위 중앙 값이 최대 5인 사각형이 있다고 가정하면, 중앙 값이 6, 7 또는 5보다 큰 사각형을 찾는 것은 의미가 없다. 이런 식으로 이진 탐색을 변형할 수 있다.

강 건너기 문제에서는 작은 값은 타당하고, 큰 값은 타당하지 않았다. 그러나 이번 예제에서는 큰 값이 타당하고, 작은 값이 타당하지 않다. 따라서 해법 영역에서 타당한 부분과 타당하지 않은 부분의 위치를 바꿀 필요가 있다.

따라서 예제에서 사용할 불변성 기준은 다음과 같다. low 및 low보다 작은 모든 값은 타당하지 않다. high 및 high보다 큰 모든 값은 타당하다. 즉, 함수가 끝나면 타당한 최솟값으로 high를 반환해야 한다는 것이다. 이 함수는 코드 6-11과 같으며, 코드 6-7의 함수와 매우 유사하다.

코드 6-11 최적해 찾기

```
int rectangle(int r, int c, int h, int w, board q) {
  int low, high, mid;
  low = 0;
  high = r * c + 1;
  while (high - low > 1) {
    mid = (low + high) / 2;
    if (can_make_quality(mid, r, c, h, w, q))
      high = mid;
    else
      low = mid;
  }
  return high;
}
```

코드를 완성하려면 타당성을 시험할 can_make_quality 함수가 필요하다.

타당성 시험

지금부터 작성할 타당성 시험 함수는 다음과 같다.

```
int can_make_quality(int quality, int r, int c, int h, int w, board q)
```

'전체 사각형 정렬' 절에서는 각 사각형의 품질 순위 중앙 값을 계산하는 번거로움이 있었다. 더 이상 그럴 필요가 없고, 어떤 사각형의 중앙 값이 최대 quality 순위 값에 해당하는지를 아는 것으로 충분하다.

타당성 시험은 정렬 단계가 필요 없는 좀 더 쉬운 문제다. 여기서 특정 값이 아니라, 특정 값과 매개변수 quality와의 관계가 중요하다. 이를 구현하기 위해 quality 이하인 값들을 모두 −1로 바꾸고, 그 외에 큰 값은 1로 바꾸자. 그런 다음, 각 사각형에 대해 −1과 1을 더한다. −1이 적어도 1만큼 있다면(quality보다 작은 값이 큰 값보다 많은 경우), 합산 결과는 0 또는 음수가 될 것이다. 그러면 사각형의 품질 순위 중앙 값은 quality 이하라는 결론을 내린다.

가령, 표 6-1의 왼쪽-위에서부터 5 × 3인 사각형의 품질 순위 15개의 값은 48, 16, 15, 20, 11, 36, 22, 39, 30, 14, 35, 2, 32, 37, 21이다. 사각형의 품질 순위 중앙 값은 16이하일까? 모든 값에 대해 16이하인 경우에는 −1로, 그 외에는 1로 바꿔보자. 그러면 다음과 같은 결과가 나온다. 1, −1, −1, 1, −1, 1, 1, 1, 1, −1, 1, −1, 1, 1, 1. 그리고 이 값을 합산하면 5가 나온다. 이는 큰 값이 작은 값보다 5개가 많다는 것이며, 결론적으로 이 사각형의 중앙 값은 16이하일 수 없다는 의미다. 그러면 중앙 값으로 30은 타당한지 알아보자. 30을 기준으로 −1이나 1로 치환한 결과는 1, −1, −1, −1, −1, 1, −1, 1, −1, −1, 1, −1, 1, 1, −1이고, 합산 결과는 −3이다. 즉, 30은 타당한 중앙 값이다. 결정적으로, 타당성 여부를 판단하는 데 있어, 정렬을 전혀 사용하지 않는다.

그러므로 각 사각형을 반복하면서 품질 순위 중앙 값이 quality 이하인지 여부를 시험해야 한다. 코드 6-12에서 이 작업을 수행한다.

```
int can_make_quality(int quality, int r, int c, int h, int w, board q) {
❶ static int zero_one[MAX_ROWS][MAX_COLS];
  int i, j;
  int top_row, left_col, bottom_row, right_col;
  int total;

  for (i=0;i<r;i++)
    for (j=0;j<c;j++)
  ❷ if (q[i][j] <= quality)
       zero_one[i][j] = -1;
      else
        zero_one[i][j] = 1;

  for (top_row = 0; top_row < r - h + 1; top_row++)
    for (left_col = 0; left_col < c - w + 1; left_col++) {
      bottom_row = top_row + h - 1;
      right_col = left_col + w - 1;
      total = 0;
      for (i = top_row; i <= bottom_row; i++)
        for (j = left_col; j <= right_col; j++)
      ❸ total = total + zero_one[i][j];
      if (total <= 0)
        return 1;
    }
  return 0;
}
```

q 배열을 -1과 1로 바꿔버리면, 다른 quality 값을 검토할 때 사용할 수 없기 때문에, 원래의 q 배열은 유지해야 한다. -1과 1을 저장할 새로운 배열을 선언한다❶. 새로운 배열의 각 값은 quality 매개변수 이하의 값이면 -1로, 큰 값이면 1로 채운다❷.

그런 다음 코드 6-10에서 했던 것처럼 각 사각형을 순환한다. -1과 1을 합산하고❸, 합산 결과가 0이하면 1(참)을 반환한다.

이렇게 정렬을 사용하지 않는 교묘한 방식의 대안을 찾았다. 이 기법으로 문제 해결 속도를 높일 수는 있었지만, 아직 끝나지 않았다. 중첩 for 문의 개수가 여전히 4개나 되기 때문이다.

'전체 사각형 정렬' 절에서, 이진 탐색을 사용하지 않는 첫 번째 해법의 시간 복잡도는 $O(m^4 \log m)$로써, 매우 느리다는 것을 알았다(여기서 m은 도시의 행과 열 개수다). 그런데 이번 코드의 타당성 시험 부분도 이미 m^4다. 여기에 이진 탐색에 소모되는 $\log$ 항을 곱하면, 첫 번째 코드에 비해 개선되었다고 할 수 없다.

지나치게 많은 계산이 수반되는 중첩 반복문을 해결해야만 한다. 문제를 동적 프로그래밍으로 해결해보자.

좀 더 빠른 타당성 시험

표 6-1을 기준으로 임의의 5 × 3 사각형의 품질 순위 중앙 값이 16 이하인지 확인해보자. 이를 위해, 16이하인 모든 값을 -1로 바꾸고, 16보다 큰 값을 1로 바꾸면, 표 6-2와 같이 된다.

표 6-2 도시의 품질 순위 값 변경

	0	1	2	3	4	5	6
0	1	-1	-1	1	1	1	-1
1	1	-1	1	1	1	-1	1
2	1	1	1	-1	-1	-1	1
3	-1	1	-1	-1	1	-1	1
4	1	1	1	-1	1	1	1
5	1	1	1	-1	1	1	-1
6	1	-1	1	1	1	1	1

왼쪽-위의 좌표가 (0, 0)인 5 × 3 사각형의 요소를 합산하며 시작한다. '타당성 시험' 절에서 봤듯, 사각형의 합은 5가 된다. 다음으로, 왼쪽-위의 좌표가 (0,1)인 5 × 3 사각형의 요소를 합산한다. 여기서 15개 요소를 합산하는 것은 앞에서 수행한 과정과 같다. 그러나 첫 번째 사각형의 요소를 합산할 때 수행한 작업의 결과를 활용하지 못한다. 사실, 두 번째 사각형과 첫 번째 사각형은 10개 요소를 공통으로 갖고 있다. 따라서 사각형 요소를

합산할 때 발생하는 중복 작업을 예방할 필요가 있다.

여기서 반복 작업을 없앤다는 것은 2차원 구간 합 쿼리로 알려준 문제를 효과적으로 해결하는 것과 같다. 1차원에서도 비슷한 개념을 사용하지만 더 단순한 상황에서도 사용하므로, 삶의 질 문제를 해결하기 전에 반복 작업 제거를 간단히 알아본다(7장의 절반 정도 분량을 구간 쿼리에 할애한다).

1차원 구간 합 쿼리

다음 1차원 배열을 보자.

Index	0	1	2	3	4	5	6
Value	6	2	15	9	12	4	11

인덱스 2에서 인덱스 5까지 배열의 합계를 구해야 한다면, 해당 범위의 값인 15 + 9 + 12 + 4를 직접 더해서 40이라는 결과를 얻을 수 있다. 그다지 빠른 방법은 아니어서 배열 전체의 합을 구하는 등의 문제에는 적합하지 않다. 그러나 몇몇 질의에 대해서만 답을 하는 경우라면 요청받은 값을 합산해서 답하는 것으로 해결할 수 있다.

그런데 질의를 수백 개, 수천 개 받는다고 가정해보자. 이때는 좀 더 빨리 질의에 응답할 수 있도록 약간의 사전 작업을 한 번 해두는 게 효율적이다.

'인덱스 2에서 인덱스 5까지'라는 질의를 생각해보자. 인덱스 0에서 5까지의 합(48)을 미리 알고 있다면 어떨까? 48에는 인덱스 0과 인덱스 1의 값도 포함돼 있으므로, 전체 합에서 인덱스 0에서 1까지의 합 8을 빼면, 40이 나온다.

따라서 인덱스 0에서 인덱스 i까지 요소의 합산 결과가 저장된 새 배열이 필요하다. 새 배열은 다음 표에 사전 합계Prefix Sum라는 이름의 행에 배치한다.

Index	0	1	2	3	4	5	6
Value	6	2	15	9	12	4	11
Prefix Sum	6	8	23	32	44	48	59

그러면 어떤 질의가 오더라도, 사전 합계 배열을 사용해 빨리 구할 수 있다. 즉, 인덱스 a에서 b까지 범위를 합산하려면 인덱스 b의 값에서 인덱스 $a-1$의 값을 빼면 된다. 예를 들어서 2부터 5까지의 경우라면, 48 - 8 = 40이 되고, 1부터 6까지라면 59 - 6 = 53이 된다. 이는 상수 시간 복잡도인 해답으로써, 필요한 것은 배열에 대해 사전 처리를 한 번 하는 것이다.

2차원 구간 합 쿼리

2차원의 품질 순위 문제로 돌아가보자. 각 사각형의 요소를 합산하는 것은 너무 느리므로 1차원에서 수행한 작업을 2차원으로 확장해본다. 이를 위해, 왼쪽-위 좌표가 $(0, 0)$이고, 오른쪽-아래 좌표가 (i, j)인 사각형 요소의 합을 인덱스로 하는 새 배열 (i, j)를 생성한다.

다시 표 6-2를 보자.

	0	1	2	3	4	5	6
0	1	−1	−1	1	1	1	−1
1	1	−1	1	1	1	−1	1
2	1	1	1	−1	−1	−1	1
3	−1	1	−1	−1	1	−1	1
4	1	1	1	−1	1	1	1
5	1	1	1	−1	1	1	−1
6	1	−1	1	1	1	1	1

표 6-2에 맞는 사전 합계 배열은 표 6-3과 같다(1차원에서 사용한 용어와 통일을 위해 '사전 합계 배열'이라는 용어를 그대로 사용한다).

표 6-3 2차원 구간 합 쿼리 배열

	0	1	2	3	4	5	6
0	1	0	−1	0	1	2	1
1	2	0	0	2	4	4	4
2	3	2	3	4	5	4	5
3	2	2	2	2	4	2	4
4	3	4	5	4	7	6	9
5	4	6	8	6	10	10	12
6	5	6	9	8	13	14	17

배열을 만드는 방법을 고민하기에 앞서 이 배열의 의미를 알아보자. 행 4, 열 2의 값은 왼쪽-위 좌표가 $(0, 0)$이고, 오른쪽-아래 좌표가 $(4, 2)$인 사각형 값의 합을 나타낸다. '타당성 시험' 절에서 합이 5라는 것을 알았고, 실제로 이 배열 값도 5라는 것을 확인할 수 있다.

이미 계산한 다른 값을 사용해 어떻게 $(4, 2)$의 값이 5라는 것을 계산할 수 있을까? 일단 표 6-2를 사용해서 좌표의 위와 왼쪽의 모든 값을 합산해야 한다. 표 6-3의 배열을 적절히 변형하면 표 6-4처럼 만들 수 있다.

표 6-4 합계를 빠르게 계산하는 방법

	0	1	2	3	4	5	6
0	xy	xy	x				
1	xy	xy	x				
2	xy	xy	x				
3	xy	xy	x				
4	y	y	1				
5							
6							

1을 기준으로 위쪽의 셀(x로 표시)을 선택하고, 왼쪽의 모든 셀(y로 표시)을 선택한 후,

모두 더해야 한다. 이를 위해, 행 3, 열 2의 요소를 조회하면 x로 표시된 셀을 선택할 수 있다. 또한 행 4, 열 1의 요소를 조회하면 y로 표시된 셀을 선택할 수 있다. 그러나 이를 합산하면 xy로 표시된 셀이 두 번 계산된다. 그러므로 행 3, 열 1의 요소를 조회해서 xy로 표시된 셀을 빼도록 한다. 정리하면 1 + 2 + 4 - 2 = 5가 된다. 즉, 위에서 아래로 합산하고, 왼쪽에서 오른쪽으로 합산을 하는 방식을 사용하면, 셀당 2번의 덧셈과 1번 뺄셈으로 표 6-3과 같은 배열을 만들 수 있다.

표 6-3과 같은 배열을 생성하면 사각형의 합을 빠르게 계산할 수 있다. 왼쪽-위 좌표가 (1,3)이고 오른쪽-아래 좌표가 (5,5)인 사각형의 합이 필요하다고 가정해보자. 표 6-3의 열 5, 행 5의 값 10을 그대로 사용할 수는 없다. 왜냐하면 필요하지 않는 요소들까지 포함돼 있기 때문이다. 그러나 1차원의 경우에서처럼 원하는 요소만 포함하도록 해당 값을 조정할 수 있다. 이렇게 조정하는 방법은 표 6-5를 참고하자. 표를 보면 원하는 사각형의 셀은 별표로 표시돼 있다.

표 6-5 사각형의 합을 빠르게 계산하는 방법 연습

	0	1	2	3	4	5	6
0	xy	xy	xy	x	x	x	
1	y	y	y	★	★	★	
2	y	y	y	★	★	★	
3	y	y	y	★	★	★	
4	y	y	y	★	★	★	
5	y	y	y	★	★	★	
6							

이번에는 x를 포함하는 셀과 y를 포함하는 셀을 빼야 한다. 행 0, 열 5에서 x셀을 빼고, 행 5, 열 2에서 y셀을 뺀 다음, 두 번 계산된 xy셀(행 0, 열 2)을 다시 더한다. 즉, 사각형의 합은 10 - 2 - 8 + (-1) = -1이 된다.

다음은 계산을 일반적인 표현식으로 나타낸 것이다.

```
sum[bottom_row][right_col] - sum[top_row-1][right_col] -
  sum[bottom_row][left_col-1] + sum[top_row-1][left_col-1]
```

이 표현식은 다음 절의 코드에서 사용된다.

2차원 구간 합 코드

지금까지 다룬 −1과 1의 개념, 사전 합계 배열 구축, 빠른 연산을 위한 구간 합 배열을 종합할 때가 됐다.

코드 6–13 빠른 품질 타당성 시험

```
int can_make_quality(int quality, int r, int c, int h, int w, board q) {
  static int zero_one[MAX_ROWS][MAX_COLS];
  static int sum[MAX_ROWS + 1][MAX_COLS + 1];
  int i, j;
  int top_row, left_col, bottom_row, right_col;
  int total;

❶ for (i = 0; i < r; i++)
    for (j = 0; j < c; j++)
      if (q[i][j] <= quality)
        zero_one[i][j] = -1;
      else
        zero_one[i][j] = 1;

  for (i = 0; i <= c; i++)
    sum[0][i] = 0;
  for (i = 0; i <= r; i++)
    sum[i][0] = 0;
❷ for (i = 1; i <= r; i++)
    for (j = 1; j <= c; j++)
      sum[i][j] = zero_one[i-1][j-1] + sum[i-1][j] +
                  sum[i][j-1] - sum[i-1][j-1] ;

❸ for (top_row = 1; top_row <= r - h + 1; top_row++)
```

```
    for (left_col = 1; left_col <= c - w + 1; left_col++) {
      bottom_row = top_row + h - 1;
      right_col = left_col + w - 1;
      total = sum[bottom_row][right_col] - sum[top_row-1][right_col] -
              sum[bottom_row][left_col-1] + sum[top_row-1][left_col-1];
      if (total <= 0)
        return 1;
    }
  return 0;
}
```

1단계는 코드 6-12처럼 똑같이 zero_one 배열을 만드는 것이다❶. 2단계는 사전 합계 배열 sum을 만든다❷. 이때 인덱스는 0이 아니라 1부터 시작해, 처리하려는 셀이 행 0, 열 0처럼 배열의 범위에 놓일 걱정을 할 필요가 없다. 마지막으로, 3단계는 사전 합계 배열을 사용해 각 사각형의 합을 빠르게 계산한다❸. 여기서 각 사각형을 어떻게 상수 시간으로 합산할 수 있었는지를 주목해야 한다. 즉, 2단계 전처리 작업에 시간을 썼지만, 이 작업을 통해 요소들을 합산하지 않고도, 값을 얻을 수 있다.

코드 6-12와 비교하면 for 문에서 두 단계의 중첩을 제거했다. 따라서 이 알고리듬의 복잡도는 $O(m^2 \log m)$가 돼, 테스트를 모두 통과할 만큼 빠르게 실행된다. 그러나 6장을 끝내기에는 아직도 큰 문제가 남아 있다.

문제 4: 동굴 문

IOI 대회 문제에 다시 한 번 도전해보자. 동굴 문 문제는 이진 탐색을 사용해 최적해를 찾는 것이 아니라, 원하는 요소를 빠르게 영역화한다는 점이 특징이다. 게다가, 삶의 질 문제처럼 표준 입력 및 출력을 사용하지 않는다. 대신, 판정 시스템이 제공하는 함수를 호출해 답변을 제출한다. 문제의 설명을 읽으면서 이진 탐색이 이 문제에 여전히 적절한 이유를 추측해보자.

문제의 출처는 DMOJ의 ioi13p4다.

문제 설명

현재 길고 좁은 동굴 입구에 서 있고, 동굴을 통과해 반대편으로 가고 싶다고 하자. 동굴에는 n개의 문이 있으며, 첫째는 문 0, 둘째는 문 1, 이런 식으로 번호가 붙어 있다.

각 문은 열리거나 닫힐 수 있다. 열린 문은 통과할 수 있지만, 닫힌 문은 지나가거나 들여다 볼 수 없다. 문 0과 문 1이 열려있고, 문 2가 닫혀 있다면, 문 2까지는 갈 수 있지만, 더는 나갈 수 없다.

동굴 입구에는 n개의 스위치가 있는 패널(제어판)이 있다. 문과 마찬가지로 스위치도 0번부터 번호가 매겨져 있다. 각 스위치의 위치는 위쪽(0) 또는 아래쪽(1)이다. 각 스위치는 문과 연결돼 있으며, 해당 문을 열거나 닫을 수 있다. 스위치가 정위치로 설정되면 연결된 문이 열리고, 그렇지 않으면 닫힌다. 그러나 어떤 스위치와 어떤 문이 연결됐는지는 알 수 없고, 문이 열리기 위해 스위치가 위쪽 또는 아래쪽에 있어야 하는지도 알 수 없다. 스위치 0은 문 5와 연결돼 있고, 문을 열려면 스위치가 아래쪽이어야 하는 반면, 스위치 1은 문 0과 연결돼 있고, 문을 열려면 스위치가 위쪽이어야 하는 식이다.

이제, 스위치를 원하는 위치로 설정한 다음, 닫혀 있는 첫째 문이 나올 때까지 동굴로 걸어 들어간다. 이 작업은 최대 70,000번까지 반복할 수 있다. 목표는 각 스위치의 올바른 위치(0 또는 1) 및 연결된 문을 알아내는 것이다.

다음 함수를 작성해야 한다.

```
void exploreCave(int n)
```

---

n은 문과 스위치의 개수(1~5,000 사이)를 의미한다. 이 함수를 구현하려면 판정 시스템이 제공하는 2개의 함수를 호출해야 한다. 이 함수는 다음에서 설명한다.

입력

표준 입력은 사용하지 않는다. 대신 판정 시스템이 제공하는 tryCombination() 함수를 호출해야 한다. 함수의 선언부는 다음과 같다.

```
int tryCombination(int switch_positions[])
```

switch_positions 매개변수는 길이가 n인 배열로 각 스위치의 위치(0 또는 1)를 제공한다. 즉 switch_positions[0]은 스위치 0의 위치, switch_positions[1]은 스위치 1의 위치다. tryCombination() 함수의 역할은 switch_positions대로 스위치를 설정하고, 첫 번째 닫힌 문이 나올 때까지 동굴을 걸어가는 과정을 시뮬레이션한다. 모든 문이 열렸다면 1을 반환하고, 그 외에는 첫 번째 닫힌 문의 번호를 반환한다.

출력

표준 출력은 사용하지 않는다. 대신, 준비가 되면, 판정 시스템이 제공하는 함수를 호출해 답을 제출한다. 함수의 선언부는 다음과 같다.

```
void answer(int switch_positions[], int door_for_switch[])
```

제출 기회는 단 한 번이다. 즉, answer() 함수를 호출하면 프로그램이 종료되므로, 한번에 정답을 제출해야 한다. 매개변수 switch_positions는 스위치의 위치이며, tryCombination() 함수와 같은 형식이다. 그리고 door_for_switch는 스위치와 연결된 문의 번호로써, door_for_switch[0]은 스위치 0번과 연결된 문 번호, door_for_switch[1]은 스위치 1번과 연결된 문 번호를 의미한다.

문제에서 가장 귀중한 자원은 시간이 아니라, tryCombination()의 호출 횟수다. 최대 호출 횟수는 70,000번뿐이며 그 이상 호출하면 프로그램이 종료된다.

하위 작업 풀이

이 문제의 출제자는 점수를 5개의 하위 작업으로 나눴다. 하위 작업 중 다섯째는 문제 설명에서 제시한 일반적인 내용이며, 그 외의 하위 작업은 문제를 좀 더 쉽게 풀 수 있도록 문제에 추가 제약 조건을 부과하는 것이다.

필자는 하위 작업을 사용하도록 출제된 문제를 좋아하는데, 특히 풀기가 어려운 문제라면 더욱 그렇다. 각 하위 작업을 순서대로 해결하다보면, 어느새 전체 문제의 해법을 얻게 된다. 또한 전체 문제를 풀지 못하더라도, 일부 해결한 하위 작업에 대해 점수를 받을수도 있다.

동굴 문 문제의 첫째 하위 작업은 스위치 i가 문 i와 연결된 경우에, 문제를 푸는 것이다. 즉, 스위치 0과 문 0이 연결돼 있고, 스위치 1과 문 1이 연결돼 있는 경우를 말한다. 그러면 각 스위치의 정확한 위치(0 또는 1)만 알아내면 된다.

이런 식으로 문제가 모두 해결될 때까지 하위 작업을 반복할 것이다. 첫째 하위 작업을 해결하기 위해 우선 tryCombination과 answer 함수 호출을 알아보자.

그런데 판정 시스템이 제공하는 2개의 함수에 접근할 수 없으므로, 로컬에서 코드를 컴파일하고 실행할 수 없다(로컬에서 실행하고 싶다면 'IOI 2013 tasks'로 검색하고, 'Cave' 문제용 테스트 데이터와 템플릿을 찾을 수도 있다). 따라서 작업 중인 결과를 테스트하고 싶을 때마다, 코드를 판정 시스템에 제출하면 된다. 특히, 하위 작업 1을 정확히 해결하고 코드를 제출하면 판정 시스템으로부터 점수를 얻을 수도 있다. 하위 작업 1의 해법은 코드 6-14와 같다.

코드 6-14 하위 작업 1 해법

```
void exploreCave(int n) {
  int switch_positions[n], door_for_switch[n];
  int i, result;
  for (i = 0; i < n; i++) {
❶ switch_positions[i] = 0;
❷ door_for_switch[i] = i;
  }

  for (i = 0; i < n; i++) {
❸ result = tryCombination(switch_positions);
    if (result == i) // 문 i가 닫혔는지 확인
❹ switch_positions[i] = 1;
  }
❺ answer(switch_positions, door_for_switch);
}
```

코드 첫 부분에서 모든 스위치의 위치를 0으로 설정하고❶, 스위치 i와 문 i를 연결한다❷. 이후 필요에 따라 스위치의 위치는 바꿀 수 있지만 (하위 작업 1의 조건에 따라) 스위치와 문의 연결을 바꿀 필요는 없다.

두 번째 for 문은 각 스위치를 반복하면서, 현재 스위치가 위치 0인지, 아니면 1로 변경해야 하는지를 결정한다. 가령, i가 0인 첫 번째 반복 작업을 살펴보자. 여기서 tryCombination을 호출하면❸, 첫 번째 닫힌 문의 번호가 반환된다. 반환 값이 0이라면, 스위치 0이 올바른 위치가 아니라는 것이다. 스위치 0이 올바른 위치라면, 문 0이 열려있다는 뜻이며, tryCombination은 0이 아닌 다른 값을 반환할 것이다. 따라서 문 0이 닫혀 있으면 스위치 0의 위치를 0에서 1로 변경한다❹. 그러면 문 0이 열리고, 문 1로 진행할 수 있다.

i가 1이면, 다시 tryCombination을 호출한다. 앞에서 이미 0번 문을 열었기 때문에, 0이 반환될리는 없다. 이번에는 1이 반환될 것이고, 이는 문 1이 닫혀있다는 뜻이므로, 스위치 1의 값을 0에서 1로 바꿔야 한다.

이 과정을 일반화하면 새로운 반복을 시작할 때 i - 1번까지의 모든 문은 열려있다고 할 수 있다. 문 i가 닫혀 있다면, 스위치 i의 위치를 0에서 1로 바꾼다. 그 외의 경우에는 문이 열려 있고, 스위치도 이미 제 위치로 설정돼 있는 것이다.

두 번째 for 문이 완료되면, 모든 스위치의 위치를 파악하게 된다. 그러면 answer 함수를 호출해서 판정 시스템에 결과를 제출한다❺.

일단 코드를 판정 시스템에 제출해서 tryCombination과 answer 함수를 제대로 호출했는지 확인해야 한다. 준비가 끝났다면 비로소 진짜 문제에 도전해보자.

선형 탐색 사용

하위 작업 1은 단순한 해법이 아니며, 전체 해법을 구성하는 데 있어 중요한 출발점이라 할 수 있다. 전체 해법을 구성하는 전략은 비교적 단순하다. 각 문을 여는 방법을 알아낸 후, 그대로 문을 열어두는 것이다.

하위 작업 1의 해법을 보면, 우선 문 0의 문을 열고, 문이 열리면 그 스위치를 그대로 둔다. 문 0을 연 후에는, 문 1의 문을 열고, 문 1이 열리면 역시 그 스위치를 그대로 둔다. 계속해서 문 2를 연다. 이런 식으로 모든 문이 열릴 때까지 하나씩 확인하는 작업을 거친다.

하위 작업 1에서는 각 스위치와 연결된 문을 정확히 알고 있었다. 그러나 실제 문제에서는 문과 스위치의 관계를 모르기 때문에, 현재 문을 제어하는 스위치가 무엇인지를 검색하는 작업부터 시작해야 한다. 따라서 문 0이 닫힌 상태로 시작해보자. 우선, 현재 스위치의 위치를 변경하고, 문 0이 열렸는지 여부를 확인한다. 문 0이 열리지 않는다면 올바른 스위치가 아니며, 열린다면 문 0에 연결된 스위치를 찾은 것이다. 문 0을 그대로 열어두고, 문 1에 대해서 이 과정을 반복한다. 즉, 문 1이 닫힌 상태에서 시작해, 문이 열리는 스위치를 찾을 때까지 반복한다.

코드 6-15의 새로운 exploreCave 코드로 시작해보자. 이 코드는 탐색 기능을 헬퍼 함수로 넘겼기 때문에 비교적 단순하다.

코드 6-15 main 함수

```
void exploreCave(int n) {
  int switch_positions[n], door_for_switch[n];
  int i;
  for (i = 0; i < n; i++)
❶ door_for_switch[i] = -1;

  for (i = 0; i < n; i++)
❷ set_a_switch(i, switch_positions, door_for_switch, n);
  answer(switch_positions, door_for_switch);
}
```

하위 작업 1을 풀 때와 마찬가지로 switch_positions의 각 요소는 스위치의 위치를 나타내는 0이나 1의 값이다. door_for_switch는 각 스위치와 연결된 문의 번호를 나타낸다. 각 스위치와 연결된 문의 번호를 모르기 때문에 모든 door_for_switch의 요소를 -1로 초기화한다❶. 스위치 i에 해당하는 문을 알게 되면, door_for_switch[i]의 값을 업데이트한다.

간단히 퀴즈를 풀어보자. door_for_switch[5]의 값이 8이라는 것은 무슨 의미는 무엇일까? 스위치 5와 문 8이 연결된 것일까? 문 5가 스위치 8과 연결된 것일까?

정답은 전자다. 계속 진행하기 전에 이 점을 명확히 이해하도록 하자.

각 문 i에 대해 set_a_switch 헬퍼 함수를 호출한다❷. set_a_switch 함수는 스위치를 탐색해 문 i와 연결된 스위치를 결정하는 것이다. 또한 스위치가 0 또는 1 중 어느 상태에 있어야 하는지 여부도 결정한다.

set_a_switch 함수는 코드 6-16과 같다.

코드 6-16 선형 탐색을 이용해 현재 문의 스위치를 찾고 설정하기

```
void set_a_switch(int door, int switch_positions[],
                  int door_for_switch[], int n) {
  int i, result;
  int found = 0;

  for (i = 0; i < n; i++)
    if (door_for_switch[i] == -1)
  ❶ switch_positions[i] = 0;

  result = tryCombination(switch_positions);
  if (result != door) {
    for (i = 0; i < n; i++)
      if (door_for_switch[i] == -1)
    ❷ switch_positions[i] = 1;
  }

  i = 0;
  while (!found) {
    if (door_for_switch[i] == -1)
  ❸ switch_positions[i] = 1 - switch_positions[i];
    result = tryCombination(switch_positions);
❹ if (result != door)
      found = 1;
    else
      i++;
  }
```

```
    door_for_switch[i] = door;
}
```

매개변수 door는 다음에 풀어야 할 문 번호를 알려준다.

스위치를 순환하는 반복문으로 시작한다. 스위치의 위치를 0으로 설정하되, 아직 문과 연결되지 않은 스위치에 대해서만 설정한다❶(스위치와 문이 이미 연결됐다면, 스위치의 위치를 바꿀 필요가 없다).

스위치를 모두 설정한 상태에서, 현재 문이 열려 있는지 또는 닫혀 있는지 확인한다. 문이 열려 있으면 나중에 스위치 상태를 하나씩 변경하면서 어떤 스위치가 문을 여는지 확인할 수 있도록 문을 닫아둔다. 문을 닫기 위해 모든 스위치의 위치를 1로 설정한다❷. 이렇게 설정하는 이유는 스위치의 위치가 모두 0일 때 문이 열리기 때문이다. 스위치 중 하나가 문을 제어하므로, 해당 스위치의 위치가 바뀌면 문이 닫힌다.

문이 닫혔으면, 이제 문을 여는 스위치를 찾는 단계다. 아직 문과 연결되지 않은 스위치들만 골라서, 위치를 0에서 1로, 또는 1에서 0으로 바꾼다❸. 1에서 현재 상태 값을 빼면 상태 값이 어떻게 바뀌는지 주목하자. 즉, 기존 상태가 1이면 0으로 바뀌고, 0이었으면 1이 된다. 그런 다음, 변경된 문의 상태를 확인한다. 문이 열려 있다면❹ 연결된 스위치를 찾은 것이고, 닫혀 있다면 연결된 스위치가 아니므로, 반복을 계속한다.

set_a_switch에서는 나머지 모든 스위치를 선형적으로 탐색하는 작업을 수행한다. 스위치는 최대 5,000개까지 있을 수 있으므로, 1개의 문에 대해 최대 5,000번의 tryCombination을 호출할 수 있다.

이 문제에서는 tryCombination을 최대 70,000번까지만 호출할 수 있다. 운이 나빠서 문 1에서 5,000번을 호출하고, 문 2에서 4,999번을 호출하고, 문 3에서 4,998번을 호출하는 식이라면, 한도를 초과하기 전에 겨우 14개의 문만 처리할 수 있다. 최대 5,000개의 문을 처리할 수도 있다는 것을 고려하면 너무 적은 숫자다. 따라서 선형 탐색은 해법이 될 수 없다.

이진 탐색 사용

최대 문 개수 5,000과 최대 추측 허용 횟수 70,000이라는 숫자는 이진 탐색 활용 전략이 가장 타당성이 높다는 사실을 암시한다. $\log_2 5{,}000$의 근사값이 13이라는 것에 주목하자. 즉, 이진 탐색을 사용하면, 현재 문과 연결된 스위치를 찾을 때 5,000번이 아니라 단 13번 밖에 걸리지 않는다. 따라서 문마다 13번이 걸리고, 문이 5,000개라면, 최대 추측 시도 횟수는 13 × 5,000 = 65,000번이다. 즉, 70,000번의 제한을 넘지 않을 수 있다.

여기서 이진 탐색을 어떻게 사용할 수 있을까? 각 단계마다 스위치 범위의 절반을 제거하는 것과 관련이 있을 것이다. 계속하기 전에 시간을 내어 스스로 해법을 고민하는 것도 좋다.

예제를 통해 아이디어를 알아본다. 8개의 문과 8개의 스위치가 있고, 문 0은 현재 닫혀 있다고 가정한다. 스위치 0을 바꿨는데, 문 0이 열리지 않는다면, 이를 통해 알 수 있는 사실은 거의 없다. 단지, 스위치 0이 문 0과 연결된 스위치가 아니라는 것만 알 수 있다. (1에서 1,000사이의 숫자를 맞출 때, '1'이라고 대답한 상황과 마찬가지다). 따라서 전체 스위치의 반을 바꾸는 편이 더 좋은 생각이다. 즉, 스위치 0, 1, 2, 3를 바꿔보자. 그러면 현재 상태와 관계없이 많은 사실을 알 수 있다. 즉, 문 0이 여전히 계속 닫혀 있다면, 0번에서 3번까지의 스위치는 문 0과 관련이 없다는 것으로, 4번에서 7번 스위치에만 관심을 갖고 찾아보면 된다. 반면 문 0이 열려 있다면, 0부터 3번 스위치에만 집중하면 된다. 한 단계 시도만에 범위의 절반이 사라졌다. 이런 식으로 문 0과 연결된 스위치(및 해당 위치)를 찾을 때까지 반복한다.

스위치가 하나만 남을 때까지 범위를 계속 반으로 줄이면서 진행한다고 하자. 문 0과 스위치 6이 연결돼 있다고 해보자. 문 0이 열리도록 스위치 6을 설정하고, 이 값을 유지한다. 다음에 문 1이나 다른 문과 연결된 스위치를 찾을 때, 스위치 6의 위치값이 바뀌지 않도록 주의해야 한다.

문제에 적용할 이진 탐색 해법을 작성할 수 있다. 새로운 **set_a_switch** 함수는 코드 6-17과 같다. **exploreCave** 함수는 이전(코드 6-15)과 같다.

```
void set_a_switch(int door, int switch_positions[],
                  int door_for_switch[], int n) {
  int i, result;
  int low = 0, high = n-1, mid;

  for (i = 0; i < n; i++)
    if (door_for_switch[i] == -1)
      switch_positions[i] = 0;

  result = tryCombination(switch_positions);
  if (result != door) {
    for (i = 0; i < n; i++)
      if (door_for_switch[i] == -1)
        switch_positions[i] = 1;
  }

❶ while (low != high) {
    mid = (low + high) / 2;
    for (i = low; i <= mid; i++)
      if (door_for_switch[i] == -1)
        switch_positions[i] = 1 - switch_positions[i];
❷   result = tryCombination(switch_positions);
    if (result != door) {
      high = mid;
      for (i = low; i <= mid; i++)
        if (door_for_switch[i] == -1)
          switch_positions[i] = 1 - switch_positions[i];
    }
    else
      low = mid + 1;
  }
  door_for_switch[low] = door;
❸ switch_positions[low] = 1 - switch_positions[low];
}
```

코드 6-16과 비교했을 때 선형 탐색을 이진 탐색으로 대체한 점만 바뀌었다. 이진 탐색 조건을 평가할 때마다❶ 현재 문이 닫히도록 정리한다. 특히, low와 high가 같아서 반복문이 종료돼도, 문은 여전히 닫혀 있을 것이다. 그러면 여기서는 스위치 low의 위치를 바꿔 문을 열기만 하면 된다.

이진 탐색 자체를 살펴보자. 각 반복 구간에서 중간점 mid를 계산한 다음, (아직 문과 연결돼 있지 않은) 스위치의 전반부 위치를 바꾼다. 이 변경 작업이 현재 문에 미치는 영향은 다음과 같이 둘 중 하나다❷.

문이 열린다 찾으려는 스위치가 low와 mid 사이에 있다는 것을 알았으므로, mid보다 큰 번호의 스위치는 모두 버린다. low와 mid 사이의 각 스위치를 반복 이전의 상태로 되돌린다. 그러면 문이 다시 닫히고, 다음 번 반복을 할 준비가 된다.

문이 여전히 닫혀 있다 찾으려는 스위치가 mid + 1과 high 사이에 있다는 것을 알았으므로, mid보다 작은 번호의 스위치는 모두 버린다. 그러면 다음 번 반복을 할 준비가 된다. 모든 문이 이미 닫힌 상태이므로, 스위치를 변경하는 작업은 필요없다.

이진 탐색을 마치면 low와 high가 같아지고, 현재 문과 연결된 스위치 번호를 알 수 있다. 현재 문은 여전히 닫힌 상태이므로, 스위치의 위치 값을 변경해 문을 열어둔다❸.

더 이상 주의할 내용은 없다. 빠르고 깔끔한 이진 탐색 해법을 구현했다. 판정 시스템에 해법을 전송하면, 테스트 케이스를 모두 통과할 수 있을 것이다.

요약

때로는 제안된 해법이 타당한지를 알아내는 것보다 최적해를 찾는 것이 훨씬 더 어렵다. 나무에다 액체를 얼마나 부어야 할까라는 질문의 답을 찾기는 어렵지만, 10리터 정도면 충분한가의 질문은 처리할 수 있다.

조건이 맞으면 이진 탐색은 어려운 최적화 문제를 비교적 쉬운 타당성 확인 문제로 바꿔준다. 때로는 너무 쉬워서 속임수처럼 느껴질 정도다. 전체 풀이 소요 시간에서 이진 탐색에 필요한 로그 계수 정도의 시간만 추가될 뿐이다. 로그 계수는 사실상 시간이 거의 들지 않으며, 문제 풀이를 좀 더 쉽게 만들어 준다.

이진 탐색이 6장에서 다룬 문제들을 해결하는 유일한 방법이라고 주장하는 것은 아니다. 이진 탐색을 사용하지 않고 개미 먹이기 문제를 좀 더 빨리 푸는 해법도 있을 것이다. 이진 탐색으로 풀 수 있는 일부 문제는 동적 프로그래밍으로도 풀 수 있다. 다만, 이진 탐색은 다른 어떤 것보다 쉽게 작성할 수 있고, 성능도 좋다. 좀 더 관심이 있는 독자는 6장의 문제들을 이진 탐색을 사용하지 않고 풀어보자. 그러나 실제 대회에서 이진 탐색을 사용할 수 있다면, 두 번 생각할 필요도 없다.

참고사항

[출처]

- 개미 먹이기 문제: 2014년 크로아티아 오픈 정보 경진대회 4라운드
- 강 건너기 문제: 2006년 12월 미국 컴퓨팅 올림피아드의 실버 디비전
- 삶의 질 문제: 2010년 국제 정보 올림피아드
- 동굴 문 문제: 2013년 국제 정보 올림피아드 대회

[참고]

이진 탐색은 분할 정복(D&C)이라 불리는 일반적인 알고리듬 설계 기법의 하나다(이진 탐색은 해법이 포함된 입력 부분에 해당하는 1개의 하위 문제를 갖지만, 다른 D&C 알고리듬은 보통 2, 3개의 하위 문제를 갖는다). D&C 알고리듬과 이것이 효율적으로 해결하는 문제를 알아보려면 팀 러프가든이 쓴 『Algorithms Illuminated(Part 2): Graph Algorithms and Data Structures』(Soundlikeyourself Publishing, 2018)를 참조하자.

7

힙과 세그먼트 트리

데이터 구조는 특정 연산의 속도를 가속화하도록 데이터를 구성한다. 1장에서 배운 해시 테이블을 사용하면 데이터에서 특정 요소를 빨리 검색할 수 있다.

새로운 데이터 구조인 힙과 세그먼트 트리를 알아본다. 힙은 최대 또는 최소 요소를 구할 때, 세그먼트 트리는 배열의 일부에 쿼리를 수행해야 할 때 필요하다.

문제 1에서는 힙을 이용해서 느린 최대 연산을 빠른 힙 연산으로 바꾸는 방법을 알아본다. 문제 2와 문제 3에서는 이와 비슷한 세그먼트 트리의 동작을 알아본다.

문제 1: 슈퍼마켓 판촉 행사

문제의 출처는 SPJO의 PRO다.

문제 설명

슈퍼마켓에서 각 손님은 구매하려는 상품을 고른 후 계산대에서 값을 지불한다. 결제가 끝나면, 손님은 구매한 제품의 총 금액이 적힌 영수증을 받는다. 어떤 고객이 몇 개의 상품들을 고르고 총액 18달러를 지불했다면, 영수증에는 18달러가 찍힌다. 이때, 개별 구매 품목은 신경 쓰지 않는다.

슈퍼마켓은 n일 동안 판촉 행사를 진행하고 있다. 행사 기간 동안 발행된 영수증은 모두 추첨 상자에 넣는다. 매일 영업 종료 후에, 최고 금액 x 영수증과 최저 금액 y 영수증을 상자에서 제거한다. 최고 금액을 쓴 고객은 $x - y$ 원을 상금으로 받는다. 추첨 상자에서 제거된 x와 y 영수증은 다시 사용하지 않고, 그 외의 모든 영수증은 추첨 상자에 그대로 남겨 둔다. 매일 영업 종료 후, 추첨 박스에는 최소 2장 이상의 영수증이 있다는 것이 보장된다. 판촉 행사 기간에 슈퍼마켓이 지급할 총 상금을 계산하는 것이 목표다.

입력

입력은 다음과 같이 구성된 테스트 케이스다.

- 판촉 행사 기간(일)을 나타내는 정수 n이 들어간 줄: n의 범위는 1 ~ 5,000이다.
- 판촉 행사 하루마다 하나씩 n개의 줄: 각 줄은 정수 k로 시작하며, 이는 그 날에 k개의 영수증이 있다는 의미다. 그후 각 영수증의 총 구매 금액이 적힌 k개의 정수가 들어간다. k의 범위는 1 ~ 100,000이며, 각 영수증의 최고 금액은 1,000,000이다.

전체 판촉 행사 기간 동안 발행된 영수증의 총 개수는 최대 1,000,000개다.

출력

슈퍼마켓이 지급한 총 상금을 출력한다.

문제의 풀이 제한 시간은 1초다.

해법 1: 배열의 최댓값과 최솟값

어떻게 시작해야 할까? 최대한 큰 금액을 상금으로 받으려면, 첫날에는 슈퍼마켓에서 1센트짜리 사탕하나만 빼고, 모든 상품을 산다. 그런 다음, 다시 슈퍼마켓으로 돌아가서 남은 1센트짜리 사탕을 사면 된다.

이를 알고리듬으로 어떻게 표현할 수 있을까?

이 책에 나오는 문제의 대다수는 효율적인 알고리듬은 말할 것도 없고, 올바른 알고리듬을 구상하는 것도 어려웠다. 그러나 적어도 이번 문제는 올바른 알고리듬을 찾는 것은 그리 어렵지 않아 보인다. 그 날의 상금을 결정하려면 추첨 상자에서 최대 금액과 최소 금액을 찾기만 하면 쉽게 계산할 수 있기 때문이다.

테스트 케이스를 살펴보자.

```
2
16 6 63 16 82 25 2 43 5 17 10 56 85 38 15 32 91
1 57
```

첫날 영업 종료 후, 영수증을 제거하기 전에는 다음 금액과 같은 16개의 영수증이 있을 것이다.

```
6 63 16 82 25 2 43 5 17 10 56 85 38 15 32 91
```

최대 금액 영수증은 91이고, 최소 금액 영수증은 2다. 그러므로 2개의 영수증을 제거하면, 91-2=89가 상금으로 지급된다. 91과 2를 제거한 후 남은 영수증은 다음과 같다.

```
6 63 16 82 25 2 43 5 17 10 56 85 38 15 32
```

둘째 날로 넘어간다. 새로운 영수증 57을 추가하면 다음과 같다.

```
6 63 16 82 25 2 43 5 17 10 56 85 38 15 32 57
```

최대 금액은 85고, 최소 금액은 5다. 그러므로 85-5=80이 상금으로 지급된다. 따라서 이번 판촉 행사의 총 상금은 89+80=169다.

구현 아이디어 중 하나는 영수증을 배열에 저장하는 방법이다. 영수증을 제거할 때는 배열에서도 제거한다. 그 다음에 영수증을 왼쪽으로 이동해, 비워진 배열 항목을 채운다. 이 때, 영수증은 배열에 그대로 두고, used 플래그와 연결하면 좀 더 간단하다. 즉, used가 0이면 아직 남은 영수증이고, 1이면 사용된 영수증으로 논리적으로 제거된 것이다(따라서 이후로는 없는 영수증으로 취급한다).

다음은 이번 코드에서 사용할 매크로와 receipt 구조체 정의다.

```
#define MAX_RECEIPTS 1000000
#define MAX_COST 1000000

typedef struct receipt {
  int cost;
  int used;
} receipt;
```

최대 금액과 최소 금액 영수증을 찾아서 제거하려면 헬퍼 함수를 작성해야 한다. 코드 7-1을 참고하자.

코드 7-1 최대 및 최소 금액을 찾아 제거하기

```
int extract_max(receipt receipts[], int num_receipts) {
  int max, max_index, i;
❶ max = -1;
  for (i = 0; i < num_receipts; i++)
  ❷ if (!receipts[i].used && receipts[i].cost > max) {
      max_index = i;
      max = receipts[i].cost;
    }
❸ receipts[max_index].used = 1;
  return max;
}
```

```
  int extract_min(receipt receipts[], int num_receipts) {
    int min, min_index, i;
❹ min = MAX_COST + 1;
    for (i = 0; i < num_receipts; i++)
  ❺ if (!receipts[i].used && receipts[i].cost < min) {
        min_index = i;
        min = receipts[i].cost;
      }
❻ receipts[min_index].used = 1;
    return min;
}
```

최댓값을 제거하고 반환하는 연산에 대한 표준 용어는 최댓값 추출(extract-max)이라 하고, 마찬가지로 최솟값을 제거하고 반환하는 연산은 최솟값 추출(extract-min)이라 한다.

2개의 함수의 동작법은 매우 비슷하다. extract_max 함수에서는 모든 영수증보다 작은 값인 -1을 max의 초깃값으로 설정한다❶. 이 값보다 큰 '실제' 영수증 금액을 찾을 때마다 max를 재설정하면서, 가장 큰 금액을 찾는다. 마찬가지로 extract-min 함수에서도 모든 영수증보다 큰 값을 min의 초깃값으로 설정한다❹. 중요한 것은 used가 0인 값만 비교에 사용하고❷❺, 연산에 사용한 영수증은 used를 1로 바꾸는 것이다❸❻.

2개의 헬퍼 함수를 사용하면 입력 값을 읽고 문제를 해결하는 main 함수를 작성할 수 있다. 입력 값을 읽고, 문제를 푸는 과정이 교차되는 점이 매우 흥미롭다. 즉, 입력 값을 하나 읽고(첫째날 영수증), 그 날의 상금을 계산하고 다시 입력 값을 하나 읽은 후(이튿날 영수증), 그 날의 상금을 계산하는 식이다. 이를 구현한 함수는 코드 7-2와 같다.

코드 7-2 입력 값을 읽고 문제를 해결하는 main 함수

```
int main(void) {
  static struct receipt receipts[MAX_RECEIPTS];
  int num_days, num_receipts_today;
  int num_receipts = 0;
❶ long long total_prizes = 0;
  int i, j, max, min;
  scanf("%d", &num_days);
```

```
for (i = 0; i < num_days; i++) {
  scanf("%d", &num_receipts_today);
  for (j = 0; j < num_receipts_today; j++) {
    scanf("%d", &receipts[num_receipts].cost);
    receipts[num_receipts].used = 0;
    num_receipts++;
  }
  max = extract_max(receipts, num_receipts);
  min = extract_min(receipts, num_receipts);
  total_prizes += max - min;
}
printf("%lld\n", total_prizes);
return 0;
}
```

코드에서 total_prizes 변수의 타입에 주목해야 한다❶. 정수형이나 long 정수형으로는 충분치 않을 수 있다. long 정수형은 최대 40억 개의 값을 가질 수 있는데, 상금은 최대 5,000 × 1,000,000 즉, 50억원까지 가능하다. long long 정수형은 수십 억에서 수조 이상의 값을 가질 수 있으므로, 안전하게 하기 위해 long long 정수형을 사용한다.

외부 for 문은 매일 한 번씩 실행되고, 내부 for 문은 해당 날짜에 발행된 모든 영수증을 읽는다. 매일 영수증을 읽은 다음에는 최대 금액 영수증과 최소 금액 영수증을 추출하고, 총 상금을 계산한다.

코드 7-2는 예제 테스트 케이스에서 정답인 169를 출력하며, 이번 문제의 완벽한 해법이라 할 수 있다. 그러나 코드 7-2를 일반적인 해법으로 삼을 수는 없다. 이 코드는 너무 속도가 느려서, 판정 시스템에 해법을 제출하면 '제한 시간 초과' 오류가 발생하기 때문이다.

최악의 테스트 케이스를 통해 비효율의 원인을 찾아보자. 판촉 행사를 5,000일 동안 진행하고, 처음 10일 동안은 매일 100,000개의 영수증을 받는다고 가정해보자. 그러면 10일이 지나면 배열에 백만 개의 영수증이 쌓인다. 최대 및 최소 금액 영수증을 찾으려면 배열을 선형 탐색해야 한다. 하루에 제거되는 영수증은 단 2개뿐 이므로, 판촉 행사 기간 내내 거의 백만 개에 가까운 영수증이 배열에 그대로 남는다. 따라서 5,000일 동안 최대 금액을 찾는 데 약 백만 번의 단계, 최소 금액을 찾는 데 약 백만 번의 단계가 필요하다. 이를 합하면, 5,000 × 2,000,000 = 10,000,000,000. 즉, 100억 단계가 된다. 1초라는 제한 시간을 고려하면, 이 방식은 결코 해법이 될 수 없다. 유일한 방법은 최대 및 최소 금액을 찾는 연산 속도를 높이는 것이다.

정렬 부분을 빠르게 개선해보자. 영수증 배열을 정렬해 둘 수만 있다면, 최댓값은 항상 가장 오른쪽에 위치하므로, 이를 찾아서 제거하는 데는 항상 상수 시간만 걸린다. 최솟값을 찾을 때도 마찬가지로 상수 시간이 걸린다. 그러나 최솟값을 없앨 때는 모든 다른 요소들을 왼쪽으로 옮겨야 하기 때문에 선형 시간이 걸린다. 그런데 정렬은 영수증을 추가할 때 비효율적이다. 정렬이 없다면 그냥 배열 끝에 추가하면 되지만, 정렬을 하려면 적절한 위치를 찾아야 하기 때문이다. 그러므로 정렬은 답이 될 수 없다. 답은 바로 힙이다.

최대 힙

배열에서 최댓값과 최솟값을 빠르게 찾고 추출하는 방법을 알아보자. 먼저, 최댓값에 초점을 맞춰 설명한다.

최댓값 찾기

그림 7-1의 트리를 살펴보자. 트리에는 (예제 테스트 케이스에서 나온) 13개의 영수증에 해당하는 13개의 노드가 있다. 영수증의 값은 6, 63, 16, 82, 25, 2, 43, 5, 17, 10, 56, 85, 38 이다.

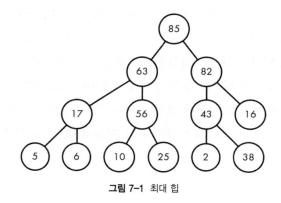

그림 7-1 최대 힙

그림 7-1의 트리의 영수증 최대 금액은 얼마일까?

답은 85이며, 바로 루트 노드에 있다. 어떤 트리의 최댓값이 루트에 있다면, 트리를 검색하거나 찾을 필요 없이 루트에 있는 요소만 반환하면 된다.

영수증 최대 금액이 항상 루트에 있도록 트리를 유지하는 것이 목표다. 그러나 다음처럼 트리가 엉망이 되는 두 가지 경우가 생길 수 있으므로 주의가 필요하다.

새 영수증을 추가하는 경우 이 영수증을 통합하려면 트리를 재구성해야 한다. 새 영수증이 트리의 다른 모든 항목보다 큰 값이라면 이 영수증을 루트에 둬야 한다.

영수증을 트리에서 추출하는 경우 트리에 남아 있는 최댓값이 루트가 되도록 트리를 재구성해야 한다.

이 과정에서 추가와 추출을 빠르게 수행해야 한다. 특히, 앞에서 구현한 배열의 선형 시간 탐색보다는 더 빨라야 한다.

최대 힙의 개념

그림 7-1은 최대 힙max-heap의 예제다. '최대'는 이 트리로 최댓값을 빨리 찾을 수 있다는 뜻이다.

최대 힙에는 두 가지 중요한 속성이 있다. 첫째, 최대 힙은 완전complete 이진 트리다. 즉, 트리의 각 레벨은 왼쪽에서 오른쪽으로 노드가 채워지는 최하위 레벨을 제외하면 모두 채워져 있으며, 누락된 노드가 없다. 그림 7-1을 보면 각 레벨이 모두 채워져 있는 것을 볼 수 있다. 물론, 최하위 레벨은 채워지지 않았지만, 노드가 왼쪽부터 채워져 있기 때문에 문제없다(참고로, 7장의 완전 이진 트리와 2장의 전full 이진 트리를 혼동하지 않도록 주의하자). 최대 힙이 완전 이진 트리라는 사실은 최댓값을 찾고, 요소를 추가하고, 최댓값을 추출하는 작업에 직접 도움이 되지는 않지만, 힙을 매우 빠르게 구현할 수 있도록 해준다.

둘째, 노드 값은 자식 노드 값보다 크거나 같다(그림 7-1에서는 모든 노드 값이 고유하므로, 부모 노드의 값은 자식 노드 값보다 확실히 크다). 이를 최대 힙 순서max-heap-order 속성이라 한다.

그림 7-1에서 값이 56인 노드를 보자. 앞에서 언급했듯이 56은 자식 노드의 값(10과 25)보다 크다. 이 속성은 트리 전체에 해당되며, 이것이 루트가 최대 값을 갖는 이유다. 즉, 모든 노드는 자신보다 큰 값을 갖는 부모 노드를 갖는다.

최대 힙에 추가

새로 들어온 영수증을 최대 힙 트리에 추가할 때는, 최대 힙 순서 속성이 유지되도록 주의해야 한다.

그림 7-1에 15를 추가해보자. 그림 7-2와 같이 완전 이진 트리 속성을 유지하면서 추가할 수 있는 유일한 위치는 38의 오른쪽 최하위 레벨이다.

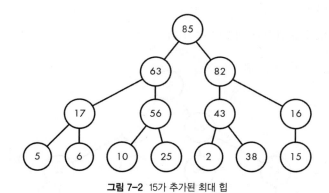

그림 7-2 15가 추가된 최대 힙

그림 7-2의 트리는 완전 이진 트리이면서 동시에, 최대 힙 순서 속성도 유지하고 있다. 15의 부모 노드 값은 16이고, 16은 15보다 크기 때문이다. 따라서 추가 작업은 없다.

더 어려운 문제에 도전해보자. 그림 7-2에 32를 추가하는 것이다. 그러면 그림 7-3처럼 된다.

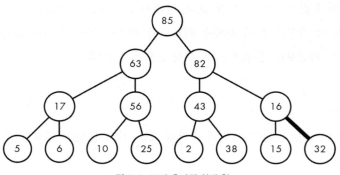

그림 7-3 32가 추가된 최대 힙

문제가 생겼다. 부모 노드 값 16은 32보다 작기 때문에 이 값을 추가하면 최대 힙 순서 속성이 깨진다(두꺼운 선으로 표시한 곳이 최대 힙 순서를 위반한 부분이다). 이 문제는 그림 7-4처럼 16과 32를 교환하면 해결할 수 있다.

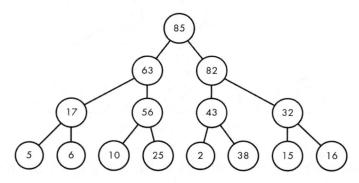

그림 7-4 최대 힙 순서 속성 위반 문제를 해결한 최대 힙

순서가 제대로 배치됐다. 32는 당연히 두 자식 노드보다 커야 한다. 16과는 순서를 변경했고, 15는 원래 16의 자식 노드여서 당연히 부모 노드보다 작다. 일반적으로 이런 교환 작업을 수행하면 새 노드와 자식 간의 최대 힙 순서 속성이 유지된다.

이번에는 한 번의 교환 작업으로 다시 최대 힙 상태가 됐다. 그러나 더 많은 교환 작업이 필요할 경우가 있다. 예를 들어, 그림 7-4에 91을 추가하면 그림 7-5가 된다.

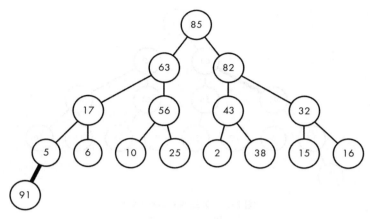

그림 7-5 91이 추가된 최대 힙

그림 7-5에서는 최하위 레벨이 이미 찼기 때문에, 새로운 트리에 새 레벨을 추가해서 시작한다. 그러나 새로 추가된 91은 5의 자식 노드가 되면서 최대 힙 순서 속성을 위반하므로, 교환 작업을 해야 한다. 그 결과는 그림 7-6과 같다.

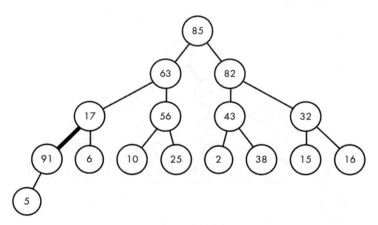

그림 7-6 91이 위로 이동한 최대 힙

5와 91사이의 문제는 해결됐지만, 17과 91 사이에 새로운 문제가 발생했다. 다시 교환 작업을 해서 문제를 해결한다. 그 결과는 그림 7-7과 같다.

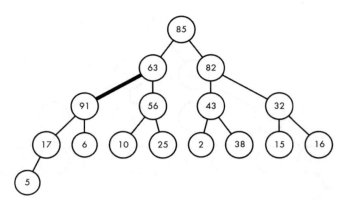

그림 7-7 91이 또 위로 이동한 최대 힙

이번에는 63과 91 사이에 다른 최대 힙 순서 위반 사례가 발생했다. 여기서 위반 사례가 점점 트리의 윗부분, 즉 루트에 가깝게 발생한다는 사실을 주목해야 한다. 최악의 경우에는 91이 트리의 루트까지 올라갈 수 있는데, 지금이 바로 그런 경우다. 즉, 두 번의 교환을 더 일어난 후에야 작업이 끝난다. 첫 번째 교환의 결과는 그림 7-8이고, 두 번째 교환의 결과는 그림 7-9과 같다.

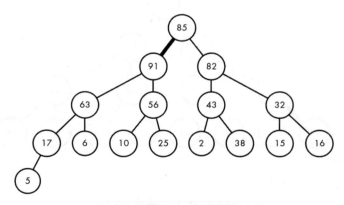

그림 7-8 91이 한 번 더 위로 이동한 최대 힙

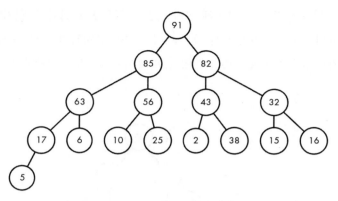

그림 7-9 힙 순서 위반 문제가 해결된 최대 힙

다시 문제없는 최대 힙이 됐다. 이것은 바닥에서 루트까지 단 4번의 교환만으로도 가능했다. 앞에서도 봤듯 루트까지 교환하지 않고 단순히 값만 추가할 때는 이보다 훨씬 빠르다.

최대 힙에서 추출

판촉 행사 기간에는 매일 영업 종료 후, 최대 힙에서 최대 금액의 영수증을 추출해야 한다. 영수증을 추가할 때와 마찬가지로, 트리의 최대 힙이 유지되도록 주의해야 한다. 다만, 이번에는 값이 위쪽이 아니라 아래쪽으로 배치한다는 것외에는 추가할 때와 완전히 같다.

그림 7-1에서 최댓값을 추출해보자.

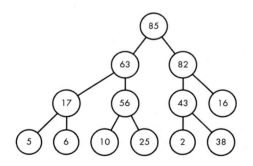

트리의 루트인 최댓값 85을 제거해 버리면, 트리 구조를 유지할 수 없기 때문에, 빈 루트의 자리를 채워야 한다. 이때, 완전 이진 트리 속성을 유지하면서 뺄 수 있는 노드는 최하위 레벨의 가장 오른쪽에 있는 노드뿐이다. 따라서 38과 85를 교환하면 그림 7-10처럼 된다.

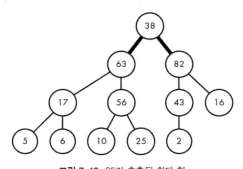

그림 7-10 85가 추출된 최대 힙

트리의 최하위 레벨에 있는 작은 값과 최댓값을 교환했다. 그러면 최대 힙 순서 속성이 깨지는 것이 일반적이다. 그림 7-10에서도 38은 63이나 82보다 작기 때문에 속성이 깨져 버렸다.

교환 작업을 수행해 최대 힙 순서 속성 문제를 해결해보자. 추가 작업과 달리 추출에서는 선택의 문제가 발생한다. 즉, 38과 63을 교환할지, 38과 82를 교환할지를 선택해야 한다. 38과 63을 바꾼다면, 82가 63의 자식 노드가 되는 문제가 발생한다. 그러므로 38과 82를 바꾸는 것이 올바른 방법이다. 정리하면, 더 큰 값의 자식 노드와 교환을 함으로써 새로운 자식 노드와의 최대 힙 순서 속성 문제를 해결한다. 그림 7-11은 38과 82를 교환한 결과다.

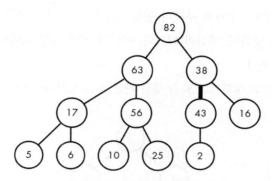

그림 7-11 38이 아래로 이동한 최대 힙

여전히 38과 43사이에서 최대 힙 순서 위반이 있다. 최대 힙 순서 위반 문제가 점차 트리 아래로 이동한다는 점이 다행스럽다. 순서 위반 문제를 계속 아래로 내리다 보면, 최악의 경우에는 38이 트리의 최하위 레벨까지 내려가야 최대 힙 순서가 해결될 수도 있다.

일단, 38과 43을 교환해보자. 결과는 그림 7-12와 같다.

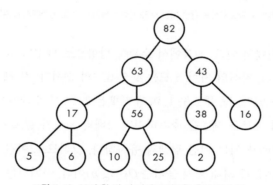

그림 7-12 38이 한 번 더 아래로 이동한 후의 최대 힙

38이 제자리를 찾았다. 따라서 최대 힙 순서 속성 문제도 해결됐다.

최대 힙의 높이

추가와 추출 모두 레벨당 최대 한 번 교환 작업을 수행하고, 추가는 트리의 위로, 추출은 트리의 아래로 수행된다. 추가와 추출의 연산 속도는 어떨까? 속도는 최대 힙의 높이에 따라 다르다. 높이가 낮다면, 연산이 빠르다. 따라서 최대 힙의 높이와 요소 개수 사이의 관계를 잘 이해해야 한다.

그림 7-13을 보면 16개의 노드로 구성된 완전 이진 트리가 있다.

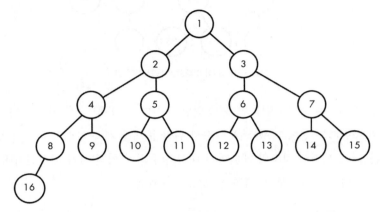

그림 7-13 16개 노드로 구성된 완전 이진 트리(번호는 위에서 아래, 왼쪽에서 오른쪽으로 매김)

노드의 번호는 위에서 아래, 왼쪽에서 오른쪽 방향으로 매겼다. 따라서 루트는 1이고, 자식 노드는 각각 2, 3, 자식의 자식 노드는 4, 5, 6, 7의 순서다. 각 레벨의 시작은 2의 제곱수라는 것을 알 수 있다. 즉, 루트는 1, 아래 레벨은 2, 그 아래 레벨은 4, 8, 16에서 시작된다. 따라서 트리에 새로운 레벨을 추가하려면, 2배의 노드가 필요하다. 이는 반복할 때마다 요소 개수가 2배가 되는 이진 탐색과 유사하다. 그러므로 이진 탐색과 마찬가지로 완전 이진 트리의 높이, 즉 최대 힙의 높이는 $O(\log n)$이다. 여기서는 n은 트리의 요소 개수다.

이렇게 해서 작업을 끝냈다. 최대 힙에서 추가 작업은 $O(\log n)$이고, 추출 작업도 $O(\log n)$이다. 그러므로 속도가 느린 $O(n)$이라는 선형 시간 작업을 사용할 필요가 없다.

배열로서의 최대 힙

최대 힙은 이진 트리의 하나이고, 이진 트리 구현 방법은 이미 다뤘다. 2장에서 살펴본 할로윈 하울 문제를 생각해보자. 그때는 왼쪽과 오른쪽 자식에 대한 포인터가 있는 node 구조체를 사용했다. 최대 힙에서 값을 추출할 때는 자식 노드에 접근해야 하므로 이 정도의 구조체로도 충분하다. 그러나 최대 힙 추가의 경우에는 부모 노드에 접근이 필요하므로, 다음처럼 부모 포인터를 구조체에 추가해야 할 것이다.

```
typedef struct node {
  ... fields for receipts
  struct node *left, *right, *parent;
} node;
```

최대 힙에 추가할 새로운 노드의 부모 포인터를 초기화해야 한다는 것과 해당 자식 노드가 최대 힙에서 제거될 때, 노드 왼쪽과 오른쪽 자식 포인터를 NULL로 설정하는 것도 잊지 말아야 한다.

그러나 실제로는 위의 작업은 필요 없다. 자식과 부모 포인터 변수를 완전히 없앨 수 있기 때문이다.

그림 7-13을 다시 살펴보자. 노드 번호 16의 부모는 8이다. 노드 번호 12의 부모는 6이다. 노드 번호 7의 부모는 3이다. 노드 번호와 부모 번호 간에는 어떤 관계가 있을까?

정답은 2로 나누는 것이다. 16/2=8이고, 12/2=6이며, 7/2=3이다. 마지막은 실제로는 3.5지만, 소수 부분을 버리면 3이 된다.

그러므로 정수 2로 나누면 트리 위로 이동할 수 있다. 반대로 2를 곱하면 어떻게 될까? 8×2=16이므로 2를 곱하면 8의 왼쪽 자식으로 이동한다. 그러나 대부분의 노드에는 2개의 자식이 있으며, 노드의 오른쪽 자식으로 이동하고 싶을 수도 있다. 이때는 왼쪽 자식에 1을 더하기만 하면 된다. 6에서 왼쪽 자식으로 이동할 때는 $6 \times 2 = 12$로, 오른쪽 자식으로 이동할 때는 $6 \times 2 + 1 = 13$으로 이동한다.

노드 간의 관계는 최대 힙이 완전 이진 트리이기 때문에 유지된다. 일반적인 이진 트리는 어디는 체인이 길고, 어디는 짧은 식으로 좀 더 혼란스러운 구조를 갖는다. 그런 트리의 경우에는 더미 노드를 삽입해서 완전 트리로 만들지 않는 한, 지금처럼 2를 곱하거나 나누는 방식으로 노드를 이동할 수 없다. 따라서 트리가 매우 불균형한 경우에는 상당한 메모리를 낭비하게 된다.

최대 힙을 배열에 저장할 때는, 배열의 노드 인덱스가 해당 노드 번호(루트, 루트의 자식, 자식의 자식의 순으로)에 해당한다. 그림 7-13의 번호와 일치시키려면 배열의 인덱스는 0이 아니라 1부터 시작해야 한다(인덱스를 0부터 시작할 수도 있지만, 그러면 노드 간의 관계가 약간 더 복잡해진다. 인덱스 i에 있는 노드의 부모는 $(i-1)/2$가 되고, 그 자식 노드의 인덱스는 각각 $2i+1$, $2i+2$가 된다).

13개 영수증의 최대 힙을 표현한 그림 7-1을 다시 살펴보자.

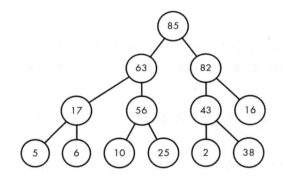

이 트리에 대응하는 배열은 다음과 같다.

Index	1	2	3	4	5	6	7	8	9	10	11	12	13
Value	85	63	82	17	56	43	16	5	6	10	25	2	38

배열의 인덱스 6의 값은 43이다. 43의 왼쪽 자식은 무엇일까? 답을 알기 위해 배열에서 인덱스 6 × 2 = 12를 찾으면, 값은 2다. 그렇다면 43의 오른쪽 자식은? 인덱스 6 × 2 +1 = 13의 값인 38이다. 43의 부모는 무엇일까? 값은 6/2 = 3에서 확인하면 82다. 이렇게 현재 트리에서 어떤 노드를 찾든지, 배열 및 간단한 연산으로 자식과 부모 노드로 이동할 수 있다.

최대 힙 구현

힙의 각 요소에는 영수증의 인덱스와 금액이 담겨 있다. 이들 두 가지 정보는 영수증을 추출할 때 필요하다.

구조체 정의는 다음과 같다.

```
typedef struct heap_element {
  int receipt_index;
  int cost;
} heap_element;
```

최대 힙을 구현할 준비가 됐다. 코드의 두 가지 핵심 연산은 추가와 최댓값 추출이다. 코드 7-3과 같이 힙에 추가하는 것부터 시작하자.

코드 7-3 최대 힙에 추가

```
void max_heap_insert(heap_element heap[], int *num_heap,
                     int receipt_index, int cost) {
  int i;
  heap_element temp;
❶ (*num_heap)++;
❷ heap[*num_heap] = (heap_element){receipt_index, cost};
❸ i = *num_heap;
❹ while (i > 1 && heap[i].cost > heap[i / 2].cost) {
    temp = heap[i];
    heap[i] = heap[i / 2];
    heap[i / 2] = temp;
❺ i = i / 2;
  }
}
```

---

max_heap_insert 함수에는 4개의 매개변수가 있다. 처음 2개는 힙에 대한 것으로, heap은 최대 힙을 갖는 배열이고, num_heap은 힙 요소의 개수를 가리키는 포인터다. num_heap이 포인터인 이유는 힙 요소의 개수를 하나씩 늘려야 하고, 증가된 값을 호출 함수에 알려야 하기 때문이다. 나머지 2개의 매개변수는 새 영수증에 대한 것으로, receipt_index

는 삽입할 영수증의 인덱스이고, cost는 금액이다.

힙 요소의 개수를 하나 증가시키고❶, 새 영수증을 새 힙 슬롯에 저장한다❷. 변수 i는 새로 삽입된 요소의 힙 인덱스를 추적한다❸.

영수증이 추가됨으로써 최대 힙이 유지되는지를 알 수 없게 됐다. 방금 추가한 값이 부모 노드의 값보다 크다면, 교환 작업이 필요할 것이다. 이것이 while 문의 역할이다❹.

while 문이 실행되려면 두 가지 조건이 필요하다. 첫째, i>1이어야 한다. 그렇지 않다면, i는 1이며, 부모 노드가 없다는 뜻이다(힙의 인덱스는 1에서 시작한다는 점을 떠올려 보자). 둘째, 노드의 영수증 금액이 부모 노드의 금액보다 커야 한다. while 문에서는 교환 작업을 수행한 후, 현재 노드에서 부모 노드로 이동한다❺. 이때, 트리를 위로 이동하기 위해 2로 나누는 방식을 사용한다. 이처럼, 단순하면서도 정확한 코드가 좋다.

최대 힙의 추출 방법을 알아보자. 함수는 코드 7-4와 같다.

코드 7-4 최대 힙에서 최댓값 추출

```
heap_element max_heap_extract(heap_element heap[], int *num_heap) {
  heap_element remove, temp;
  int i, child;
❶ remove = heap[1];
❷ heap[1] = heap[*num_heap];
❸ (*num_heap)--;
❹ i = 1;
❺ while (i * 2 <= *num_heap) {
  ❻ child = i * 2;
    if (child < *num_heap && heap[child + 1].cost > heap[child].cost)
    ❼ child++;
  ❽ if (heap[child].cost > heap[i].cost) {
      temp = heap[i];
      heap[i] = heap[child];
      heap[child] = temp;
    ❾ i = child;
    } else
      break;
  }
  return remove;
}
```

힙의 루트(추출하려는 영수증)를 저장한다❶. 그런 다음, 루트를 최하위 레벨의 가장 오른쪽에 있는 노드로 교환하고❷, 힙 요소의 개수를 하나 줄인다❸. 새 루트 요소는 최대 힙 순서 속성을 충족하지 않을 수 있으므로, 힙에서의 위치를 추적하기 위해 변수 i를 사용한다❹. 코드 7-3에서처럼 while 문을 수행하면서 교환 작업을 한다. 이때 while 문의 실행 조건은 노드 i의 왼쪽 자식이 있을 때다❺. 그렇지 않은 경우, 노드 i에는 자식이 없으며, 최대 힙 순서 위반이 발생하지 않는다.

반복문에서 child를 왼쪽 자식으로 설정한다❻. 그런 다음, 오른쪽 자식이 있으면, 그 금액이 왼쪽 자식보다 큰지를 판단한다. 금액이 크다면, child를 오른쪽 자식으로 설정한다❼. child가 가장 큰 자식이므로 최대 힙 순서 위반이 없는지 확인한다. 위반이 있다면 교환 작업을 한다❽. 마지막으로, 트리 아래로 이동해 다른 최대 힙 순서 위반을 점검할 준비를 한다❾. 참고로, 노드와 최대 자식이 이미 올바르게 정렬된 경우에는, 위반이 없으므로 반복문에서 즉시 탈출하게 된다.

함수의 마지막 작업은 최대 금액 영수증을 반환하는 것이다. 이 영수증을 사용해 그날의 상금을 결정한 후 폐기한다. 그러나 그에 앞서 최댓값과 최솟값을 추출할 수 있도록 최소 힙을 알아본다.

최소 힙

최소 힙을 사용하면 새 영수증을 추가하거나 최소 금액 영수증을 추출하는 작업을 빨리 할 수 있다.

정의 및 연산

최소 힙은 최대 힙과 거의 같아서 설명에 필요한 모든 것을 배웠다고 할 수 있다.

최소 힙은 완전 이진 트리다. 높이는 $O(\log n)$이며, 여기서 n은 힙 요소의 개수다. 최대 힙과 마찬가지로 배열에 저장할 수 있다. 노드의 부모를 찾으려면 2로 나누고, 왼쪽 자식을 찾으려면 2를 곱하고, 오른쪽 자식을 찾으려면 2를 곱한 후 1을 더한다. 여기까지는 다를 게 없다.

유일하게 새로운 내용은 최소 힙 순서 속성으로써, 노드의 값이 자식 노드의 값보다 작거나 같은 경우를 의미한다. 따라서 루트에는 최댓값이 아니라 최솟값이 위치하고, 최솟값을 빠르게 추출할 수 있다.

13개의 영수증 금액이 6, 63, 16, 82, 25, 2, 43, 5, 17, 10, 56, 85, 38인 경우를 다시 한 번 살펴보자.

그림 7-14는 이들 영수증 금액의 최소 힙 트리다.

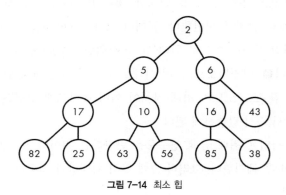

그림 7-14 최소 힙

최소 힙에 추가하는 작업이나, 최솟값을 추출하는 것은 최대 힙 작업과 비슷하다.

노드를 추가할 때는 최하위 레벨의 가장 오른쪽에 추가하고, 해당 레벨이 가득 차 여유 공간이 없다면 새 레벨을 시작한다. 그런 다음, 노드가 루트가 되거나 부모 노드보다 크거나 같을 때까지 교환한다.

최솟값을 추출할 때는 루트를 최하위 레벨의 가장 오른쪽 값으로 교체하고, 교체된 노드가 리프 노드가 되거나, 자식 노드보다 작거나 같을 때까지 교환한다.

최소 힙 구현

최소 힙 구현은 최대 힙 코드를 가져와서 복사하고, 붙여넣는 정도의 작업이다. 함수 이름을 바꾸고, 비교 연산자를 >에서 <로 변경하는 작업이 전부다. 추가 동작을 하는 함수는 코드 7-5와 같다.

```c
void min_heap_insert(heap_element heap[], int *num_heap,
                     int receipt_index, int cost) {
  int i;
  heap_element temp;
  (*num_heap)++;
  heap[*num_heap] = (heap_element){receipt_index, cost};
  i = *num_heap;
  while (i > 1 && heap[i].cost < heap[i / 2].cost) {
    temp = heap[i];
    heap[i] = heap[i / 2];
    heap[i / 2] = temp;
    i = i / 2;
  }
}
```

코드 7-6은 최솟값을 추출하는 함수다.

코드 7-6 최소 힙에서 최솟값을 추출

```c
heap_element min_heap_extract(heap_element heap[], int *num_heap) {
  heap_element remove, temp;
  int i, child;
  remove = heap[1];
  heap[1] = heap[*num_heap];
  (*num_heap)--;
  i = 1;
  while (i * 2 <= *num_heap) {
    child = i * 2;
    if (child < *num_heap && heap[child + 1].cost < heap[child].cost)
      child++;
    if (heap[child].cost < heap[i].cost) {
      temp = heap[i];
      heap[i] = heap[child];
      heap[child] = temp;
      i = child;
    } else
      break;
```

```
  }
  return remove;
}
```

코드를 보면 상당 부분이 중복된다. 실제로는 qsort처럼 비교 함수를 매개변수로 사용하는 보다 일반적인 heap_insert와 heap_extract 함수를 작성한다. 그러나 현재 상태가 코드를 이해하기 좀 더 쉬우므로 그대로 유지한다.

해법 2: 힙

최대 힙과 최소 힙의 구현이 끝났으니, 문제의 2라운드를 시작해보자.

필요한 것은 입력 값을 읽고, 힙을 사용해 영수증을 빠르게 추가하고 추출하는 main 함수뿐이다. 함수는 코드 7-7과 같다. 코드를 살펴보면 2개의 while 문을 볼 수 있다. 이 반복문의 역할은 무엇일까?

코드 7-7 힙을 사용해 문제를 해결하는 main 함수

```
int main(void) {
❶ static int used[MAX_RECEIPTS] = {0};
❷ static heap_element min_heap[MAX_RECEIPTS + 1];
  static heap_element max_heap[MAX_RECEIPTS + 1];
  int num_days, receipt_index_today;
  int receipt_index = 0;
  long long total_prizes = 0;
  int i, j, cost;
  int min_num_heap = 0, max_num_heap = 0;
  heap_element min_element, max_element;
  scanf("%d", &num_days);

  for (i = 0; i < num_days; i++) {
    scanf("%d", &receipt_index_today);
    for (j = 0; j < receipt_index_today; j++) {
      scanf("%d", &cost);
❸    max_heap_insert(max_heap, &max_num_heap, receipt_index, cost);
❹    min_heap_insert(min_heap, &min_num_heap, receipt_index, cost);
```

```
            receipt_index++;
        }

❺ max_element = max_heap_extract(max_heap, &max_num_heap);
    while (used[max_element.receipt_index])
        max_element = max_heap_extract(max_heap, &max_num_heap);
    used[max_element.receipt_index] = 1;

❻ min_element = min_heap_extract(min_heap, &min_num_heap);
    while (used[min_element.receipt_index])
        min_element = min_heap_extract(min_heap, &min_num_heap);
    used[min_element.receipt_index] = 1;
    total_prizes += max_element.cost - min_element.cost;
    }
    printf("%lld\n", total_prizes);
    return 0;
}
```

used 배열은 사용한 영수증은 1을, 그렇지 않은 경우 0을 저장할 때 사용한다❶. 최소 힙 배열과 최대 힙 배열은 used 배열의 요소 개수보다 1개 많게 정의한다❷. 힙에서 인덱스로 0을 사용하지 않기 때문이다.

해당 날짜에 대해 각 영수증의 인덱스를 최대 힙❸과 최소 힙❹에 모두 추가한다. 최대 힙에서 영수증을 추출하고❺, 최소 힙에서 영수증을 추출한다❻. 이어서 아직 사용되지 않은 영수증이 나올 때까지 반복하는 while 문이 각각 나타난다. 이 과정을 좀 더 자세히 알아보자.

최대 힙에서 영수증을 추출할 때, 최소 힙에서도 추출해서, 2개의 힙에 항상 같은 영수증이 포함되도록 하는 것이 좋다. 단, 최소 힙에서 실제로 같은 영수증을 추출하지 않는다는 점에 유의하자. 그 영수증이 최소 힙 트리의 어디에 있는지 모르기 때문이다. 나중에 해당 영수증을 최소 힙에서 추출할 수도 있겠지만, 이미 앞에서 사용된 영수증이므로 다시 처리하지 않고 버릴 것이다.

반대의 경우도 발생할 수 있다. 즉, 최소 힙에서 영수증을 추출하지만, 최대 힙에는 남겨두기 때문이다. 나중에 해당 영수증이 최대 힙에서 나오겠지만, 앞에서처럼 그 영수증을 무시하고, 최대 힙에서 다시 추출해야 한다.

힙 중 하나에서 이미 사용한 영수증을 무시하는 일이 바로 while 문의 역할이다.

새로운 테스트 케이스가 도움이 될 수 있다. 다음을 살펴보자.

```
2
2 6 7
2 9 10
```

상금을 계산하면 첫째 날은 7-6=1이고, 둘째 날은 10-9=1이 돼 총 상금은 2다.

첫날에 영수증 2개를 읽은 후 각 힙은 2개의 영수증을 보유한다. 최대 힙은 다음과 같다.

receipt_index	cost
1	7
0	6

최소 힙은 다음과 같다.

receipt_index	cost
0	6
1	7

힙 추출을 수행해 각 힙에서 영수증을 하나씩 제거한다.

최대 힙에 남은 것은 다음과 같다.

receipt_index	cost
0	6

최소 힙에 남은 것은 다음과 같다.

receipt_index	cost
1	7

영수증 0은 여전히 최대 힙에, 영수증 1은 여전히 최소 힙에 있다. 그러나 영수증들은 이미 사용됐으므로, 재사용하지 않아야 한다.

둘째 날을 보자. 각 힙에는 영수증 2와 3이 추가되며 최대 힙은 다음과 같다.

receipt_index	cost
3	10
0	6
2	9

최소 힙은 다음과 같다.

receipt_index	cost
1	7
2	9
3	10

최대 힙에서 추출하면, 영수증 3이 나온다. 맞는 결과다. 그러나 최소 힙에서 추출하면, 영수증 1이 나온다. 그런데 영수증 1은 이미 사용됐기 때문에, 영수증을 버리는 while 문이 없다면, 큰 문제가 될 것이다.

해당 날짜의 영업 종료 후, 한 쪽 또는 양 쪽의 while 문이 여러 번 반복될 수 있다. 이런 일이 매일 계속되면 프로그램 성능에 악영향을 미친다. 영수증은 힙에서 최대 한 번만 제거할 수 있다는 점에 유의하자. 힙에 r개의 영수증이 있다면, 그것이 하루에 다 들어오든, 여러 날에 걸쳐 들어오든 상관없이 힙에서 추출할 수 있는 영수증은 최대 r개다.

판정 시스템에 결과를 제출할 시간이다. 느린 검색 속도로 시간을 낭비했던 해법 1과 달리 힙 기반 해법은 제한 시간에 모든 테스트 케이스를 통과해야 한다.

힙

연속된 입력 값을 받아서, 특정 시점에서 최댓값 또는 최솟값을 추출해야 할 때는 힙heap을 사용한다. 최대 힙은 최댓값을, 최소 힙은 최솟값을 추출하는 데 사용한다.

힙은 우선순위 큐를 구현하는 데 사용된다. 우선순위 큐의 각 요소에는 중요도를 결정하는 순위 값이 있다. 숫자가 클수록 중요한 우선순위를 갖는 프로그램이라면 최대 힙을, 반대의 경우에는 최소 힙을 사용한다. 물론, 최댓값과 최솟값이 모두 필요한 때는 슈퍼마켓 판촉 행사 문제를 풀 때처럼 2개의 힙을 모두 사용할 수도 있다.

두 가지 응용 사례

경험상 최소 힙이 최대 힙보다 많이 사용된다. 최소 힙을 사용할 수 있는 두 가지 사례를 살펴보자.

힙 정렬

최소 힙으로 구현할 수 있는 유명한 정렬 알고리듬으로 힙 정렬heap sort이 있다. 힙 정렬에서는 모든 값을 최소 힙에 추가하고, 최솟값을 하나씩 추출하기만 하면 된다. 추출은 가장 작은 값, 두 번째로 작은 값, 세 번째 작은 값을 추출하는 식으로 가장 작은 값에서 가장 큰 값까지 정렬된 값을 전달한다. 이와 직접 관련된 코드는 딱 네 줄뿐이다. 코드 7-8에서 힙 정렬 코드를 확인해보자.

코드 7-8 힙 정렬

```
int main(void) {
  static int values[N] = {96, 61, 36, 74, 45, 60, 47, 6, 95, 93};
  static int min_heap[N + 1];
  int i, min_num_heap = 0;

  //힙 정렬. 4줄!
  for (i = 0; i < N; i++)
    min_heap_insert(min_heap, &min_num_heap, values[i]);
```

```
  for (i = 0; i < N; i++)
    values[i] = min_heap_extract(min_heap, &min_num_heap);

  for (i = 0; i < N; i++)
    printf("%d ", values[i]);
  printf("\n");
  return 0;
}
```

힙에 정수 값을 추가하므로, heap_elements 구조체를 비교하는 게 아니라 정수를 비교할 수 있도록 min_heap_insert와 min_heap_extract를 변경해야 한다.

힙 정렬은 n번의 추가 작업과 n번의 추출 작업을 수행한다. 힙은 각각 $\log n$ 시간 안에 구현할 수 있으므로, 힙 정렬은 $O(n \log n)$ 알고리듬이다. 즉, 최악의 경우에도 가장 빠른 정렬 알고리듬인 퀵 정렬과 같은 시간 복잡도를 갖는다(실제로는 퀵 정렬이 힙 정렬보다 빠르다).

다익스트라 알고리듬

다익스트라 알고리듬(5장)은 처리할 다음 노드를 찾는데 꽤 많은 시간을 소비한다. 이를 위해 노드 거리를 탐색해 가장 작은 노드를 찾는다. 이때, 다익스트라 알고리듬의 속도를 높이기 위해 최소 힙을 사용할 수 있다. 이는 부록 B에서 설명한다.

데이터 구조 선택

데이터 구조는 특정 작업 유형에만 적합하다. 모든 것을 빨리 처리하는 만능 데이터 구조는 없으며, 해결하려는 문제의 적합한 유형의 데이터 구조를 고르는 것은 사용자의 몫이다.

1장에서 다룬 해시 테이블 데이터 구조를 떠올려보자. 해시 테이블을 이용해서 슈퍼마켓 판촉 행사 문제를 해결할 수 있을까?

그렇지 않다. 해시 테이블은 찾으려는 특정 아이템을 빠르게 찾는 데 도움이 되는 데

이터 구조다. 눈송이 s와 유사한 눈송이를 찾는다든가, 단어장에서 c 라는 글자를 찾는 문
제는 어떨까? 이들은 해시 테이블에서 다룰 만한 문제다. 배열에서 최솟값을 찾는 문제는
어떨까? 이때는 해시 테이블이 별로 도움이 되지 않으며, 일반 배열에서 탐색할 때와 별
반 다르지 않을 것이다. 해결할 문제에 적합하게 설계된 데이터 구조를 선택하는 것은 사
용자의 임무다. 즉, 배열에서 최솟값을 찾을 때 적합한 데이터 구조는 최소 힙이다.

　일반적인 범용 데이터 구조와 마찬가지로 힙은 상당히 다양한 문제를 해결할 수 있다.
그러나 힙의 데이터 구조 자체는 앞에서 배운 내용이 전부다. 다른 힙 문제를 반복해서 풀
기보다는 새로운 데이터 구조인 세그먼트 트리가 필요한 문제를 다뤄보자. 힙과 마찬가지
로 세그먼트 트리는 일부 연산 유형에 대해서만 속도 향상 효과가 있다. 그럼에도 불구하
고 세그먼트 트리를 활용한 속도 향상이 필요한 문제가 적지 않다는 것은 꽤 인상적이다.

문제 2: 트립 생성

트립^{treap}을 소개한다. 트립이란 다양한 탐색 문제를 풀 수 있는 가변 데이터 구조로, 관심
이 있다면 자세히 알아보기를 권한다. 문제 2에서는 트립을 만드는 방법에 대해서만 자세
히 다룰 것이다.

　문제의 출처는 POJ의 1785다.

문제 설명

트립은 각 노드가 레이블과 우선순위를 모두 갖는 이진 트리다. 그림 7-15는 트립 예제로
써, 영문 대문자는 레이블이며 양의 정수는 우선순위를 나타낸다. 각 노드의 레이블과 우
선순위는 슬래시(/)로 구분했다. 루트 노드의 레이블은 C고, 우선순위는 58이다.

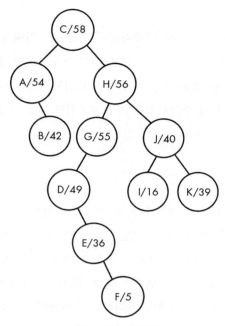

그림 7-15 트립 예제

트립에는 2개의 필수 속성으로, 레이블과 우선순위가 있다.

첫째, 레이블은 어떤 노드 x에 대해, 왼쪽 서브 트리의 레이블은 모두 x의 레이블보다 작고, 오른쪽 서브 트리의 레이블은 모두 x의 레이블보다 크다. 이를 이진 탐색 트리^{BST} 속성이라고 한다.

그림 7-15를 보면 트립이 레이블 속성을 충족하는지 확인할 수 있다. 알파벳은 앞쪽일수록 크기가 작다. 루트 노드를 보면, 왼쪽 서브 트리의 레이블들은 모두 C보다 작고, 오른쪽 서브 트리의 레이블들은 모두 C보다 크다. 또한, 레이블 G는 왼쪽 서브 트리의 레이블들인 D, E, F는 모두 G보다 작고, 오른쪽 노드는 없어서 알 수 없다.

둘째, 우선순위는 어떤 노드 x에 대해, 자식의 우선순위는 x의 우선순위보다 작다. 이것은 앞에서 다룬 최대 힙 속성과 같다.

루트 노드를 다시 살펴보자. 우선순위가 58이다. 자식 노드는 54와 56으로써 더 낮은 우선순위를 갖는다. 그렇다면 우선순위가 55인 노드G는 어떨까? 이때도 자식의 우선순위가 49로 더 낮다.

정리하면, 레이블이 BST 속성을 만족하고 우선순위가 최대 힙 속성을 만족하는 이진 트리를 트립이라 한다. 참고로 여기에 형태에 대한 요구사항은 없다. 즉, 트립은 어떤 구조도 가질 수 있으며, 힙에서 요구하는 완전 이진 트리와 같은 요구사항은 없다.

문제에서는 각 노드의 레이블/우선순위가 제공되며, 노드의 트립을 생성해서 출력하는 것이 목표다.

입력

입력 값으로 0개 이상의 테스트 케이스가 제공된다. 각 입력 줄은 정수 n으로 시작하며, n은 0에서 50,000 사이의 값이다. n이 0이면, 처리할 테스트 케이스는 없다.

n이 0보다 크면, 이 값은 테스트 케이스의 노드 개수를 나타낸다. n 다음에는 각 노드마다 1개씩 공백으로 분리된 n개의 토큰이 있다. 각 토큰은 L/P 형식이며, 여기서 L은 노드의 레이블, P는 우선순위를 나타낸다. 레이블은 문자열이고 우선순위는 양의 정수다. 레이블과 우선순위는 모두 고유하며, 중복되지 않는다.

다음은 그림 7-15의 트립을 구성하는 입력 예제 중 하나다.

```
11 A/54 I/16 K/39 E/36 B/42 G/55 D/49 H/56 C/58 J/40 F/5
0
```

출력

각 테스트 케이스마다 트립을 한 줄씩 출력한다. 트립 출력 양식은 다음과 같다.

```
(<left_subtreap><L>/<P><right_subtreap>)
```

<left_subtreap>은 왼쪽 하위 트립이고, <L>은 루트의 레이블, <P>는 루트의 우선순위, <right_subtreap>은 오른쪽 하위 트립이다. 또한, 하위 트립도 같은 형식으로 출력된다.

입력 예제에 해당하는 출력은 다음과 같다.

```
((A/54(B/42))C/58(((D/49(E/36(F/5)))G/55)H/56((I/16)J/40(K/39))))
```

문제의 풀이 제한 시간은 2초다.

재귀를 이용한 트립 출력

노드 예제를 다시 한번 살펴보고, 이 노드에서 어떻게 트립을 생성할 수 있는지 추론해보자. 노드 입력 값은 다음과 같다.

```
A/54 I/16 K/39 E/36 B/42 G/55 D/49 H/56 C/58 J/40 F/5
```

트립의 우선순위는 최대 힙 속성을 따른다는 점을 기억하자. 따라서 최대 우선순위를 갖는 노드는 반드시 루트 노드여야 한다. 또한 입력된 우선순위 값은 모두 고유하므로, 최대 우선순위를 갖는 노드는 단 하나뿐이다. 그러므로 루트 노드는 C/58가 된다.

이어서 다른 노드에 대해 C의 왼쪽 서브 트리로 들어갈지, 오른쪽 서브 트리로 들어갈지를 결정해야 한다. 이들 노드의 우선순위는 모두 58보다 작으므로 왼쪽과 오른쪽을 정하는데 도움이 되지 않으므로, 대신 BST 속성을 이용한다. 트립의 BST 속성에 따르면 왼쪽 서브 트리의 레이블은 C보다 작아야 하고, 오른쪽 서브 트리의 레이블은 C보다 커야 한다. 나머지 노드를 다음과 같이 왼쪽 서브 트리와 오른쪽 서브 트리의 2개 그룹으로 분리할 수 있다.

```
A/54 B/42
I/16 K/39 E/36 G/55 D/49 H/56 J/40 F/5
```

즉, 왼쪽 하위 트립에는 노드 A와 노드 B가 있고, 오른쪽 하위 트립에는 노드 I, K, E, G 등이 있다.

이제 끝이다. 원래 문제를 정확히 같은 형태의 2개의 하위 문제로 분리했다. 문제에서 처음 요청을 받은 것은 11개의 노드를 갖는 트립을 생성하는 것이다. 지금은 2개 노드가 있는 트립과 8개의 노드가 있는 트립을 생성하는 것으로 줄였다. 이 작업은 재귀로 구현할 수 있다.

재귀에 사용할 구체적인 규칙을 정해보자. 종료 조건으로는 출력할 필요가 전혀 없는 0개 노드의 트립을 사용한다. 재귀 조건으로는 우선순위가 가장 높은 노드를 루트로 삼은 다음, 남은 노드를 작은 레이블과 큰 레이블로 분리한다. 따라서 여는 괄호를 출력하고, 작은 레이블의 트립을 재귀적으로 출력한다. 트립의 루트 노드를 출력하고, 큰 레이블의 트립을 재귀적으로 출력하며 닫는 괄호로 마무리한다.

규칙을 입력 예제에 적용해보면, 다음과 같이 여는 괄호를 출력하고, 왼쪽 하위 트립을 출력한다.

(A/54(B/42))

다음으로 루트 노드를 출력한다.

C/58

오른쪽 하위 트립을 출력한다.

(((D/49(E/36(F/5)))G/55)H/56((I/16)J/40(K/39)))

닫는 괄호로 마무리한다.

레이블 정렬

코드를 작성하기에 앞서 검토해야 할 추가 아이디어가 있다. 설명에 따르면, 첫 번째 재귀 호출에 전달할 작은 레이블의 노드 배열과, 두 번째 재귀 호출에 전달한 큰 레이블의 노드 배열을 갖는 새로운 배열을 만들어야 한다. 그러나 이렇게 하면 배열 간에 복사 작업이 많이 발생한다. 다행히도 처음부터 레이블의 순서에 따라 작은 수부터 큰 수까지 노드를 정렬하면 이런 문제를 피할 수 있다. 그런 다음, 각 재귀 호출을 할 때, 배열의 시작 및 끝 인덱스를 알려주면 된다.

입력 예제를 레이블로 정렬하면, 다음과 같은 결과를 얻는다.

```
A/54 B/42 C/58 D/49 E/36 F/5 G/55 H/56 I/16 J/40 K/39
```

그런 다음 첫 번째 재귀 호출에서 처음 두 노드에 대한 하위 트립을 생성하고, 두 번째 재귀 호출에서 나머지 8개 노드에 하위 트립을 생성하도록 지시한다.

해법 1: 재귀

다음은 이번 코드에서 사용할 매크로와 구조체 정의다.

```
#define MAX_NODES 50000
#define LABEL_LENGTH 16

typedef struct treap_node {
  char * label;
  int priority;
} treap_node;
```

레이블의 길이를 알 수 없어서 초깃값을 16으로 정했다. 각 레이블을 읽기 위해서 read_label 함수를 호출한다. 길이 16이 불충분하면 함수에서는 레이블 크기가 맞을 때까지 메모리를 추가로 할당한다(테스트 케이스에서는 최대 5자 이내의 짧은 레이블을 사용하지만, 나중에 후회하기보다는 처음부터 안전하게 코딩하는 것이 낫다).

main 함수

코드 7-9의 main 함수를 살펴보자. main 함수는 방금 전 언급한 read_label과 트립 노드를 비교하는 용도의 compare라는 헬퍼 함수를 사용하고, 트립을 실제로 출력할 때는

solve 함수를 호출한다.

코드 7-9 입력 값을 읽고 문제를 해결하는 main 함수

```
int main(void) {
  static treap_node treap_nodes[MAX_NODES];
  int num_nodes, i;
  scanf("%d ", &num_nodes);
  while (num_nodes > 0) {
    for (i = 0; i < num_nodes; i++) {
      treap_nodes[i].label = read_label(LABEL_LENGTH);
      scanf("%d ", &treap_nodes[i].priority);
    }
    qsort(treap_nodes, num_nodes, sizeof(treap_node), compare);
    solve(treap_nodes, 0, num_nodes - 1);
    printf("\n");
    scanf("%d ", &num_nodes);
  }
  return 0;
}
```

숫자와 문자열을 섞어 읽는 프로그램에서는 scanf를 주의해서 사용하자. 여기서는 입력된 각 숫자 뒤에 공백이 오는데, 공백 문자는 뒤에 오는 레이블의 접두사로 붙으면 안된다. 공백 문자를 읽고 제거하기 위해 scanf의 형식 지정자 %d 뒤에 공백을 포함시켰다.

헬퍼 함수

scanf를 사용해 우선순위만 읽고, 레이블은 읽지 않는다. 레이블을 읽는 것은 코드 7-10의 read_label 함수에서 수행한다. 본질적으로 같은 함수를 앞에서 두 번 사용했는데, 가장 최근에는 코드 4-16에서 사용했다. 이번 코드와의 유일한 차이점은 우선순위와 레이블을 분리하는 / 문자에서 읽기를 중단한다는 것이다❶.

코드 7-10 레이블 읽기

```
/*출처 https://stackoverflow.com/questions/16870485 */
```

```
  char *read_label(int size) {
    char *str;
    int ch;
    int len = 0;
    str = malloc(size);
    if (str == NULL) {
      fprintf(stderr, "malloc error\n");
      exit(1);
    }
❶ while ((ch = getchar()) != EOF && (ch != '/')) {
      str[len++] = ch;
      if (len == size) {
        size = size * 2;
        str = realloc(str, size);
        if (str == NULL) {
          fprintf(stderr, "realloc error\n");
          exit(1);
        }
      }
    }
    str[len] = '\0';
    return str;
}
```

qsort에는 비교 함수가 필요하다. 코드 7-11은 레이블로 노드를 비교하는 compare 함수다.

코드 7-11 정렬에 사용되는 비교 함수

```
int compare(const void *v1, const void *v2) {
  const treap_node *n1 = v1;
  const treap_node *n2 = v2;
  return strcmp(n1->label, n2->label);
}
```

strcmp 함수는 첫째 문자열이 둘째 문자열보다 알파벳순으로 작으면 음수를, 같으면 0을, 크면 양수를 반환하기 때문에 비교 함수로서 충분히 동작한다.

트립 출력

핵심 기능인 solve 함수는 우선순위가 가장 높은 노드의 인덱스를 반환하는 헬퍼 함수가 필요하다. solve 함수는 코드 7-12에 있으며, 인덱스 left에서 인덱스 right까지 선형 탐색을 하는 느린 함수다.

코드 7-12 우선순위가 가장 높은 노드의 인덱스 찾기

```
int max_priority_index(treap_node treap_nodes[], int left, int right) {
  int i;
  int max_index = left;
  for (i = left + 1; i <= right; i++)
    if (treap_nodes[i].priority > treap_nodes[max_index].priority)
      max_index = i;
  return max_index;
}
```

트립을 출력할 준비가 됐다. solve 함수는 코드 7-13과 같다.

코드 7-13 solve 함수

```
void solve(treap_node treap_nodes[], int left, int right) {
  int root_index;
  treap_node root;
❶ if (left > right)
    return;
❷ root_index = max_priority_index(treap_nodes, left, right);
  root = treap_nodes[root_index];
  printf("(");
❸ solve(treap_nodes, left, root_index - 1);
  printf("%s/%d", root.label, root.priority);
❹ solve(treap_nodes, root_index + 1, right);
  printf(")");
}
```

solve 함수에는 3개의 매개변수가 있다. 첫째 변수는 트립 노드 배열이고, 둘째와 셋째 변수는 트립을 생성하는 노드 범위를 결정하는 left와 right 인덱스 값이다. main 함수

에서 처음 호출하면 left에는 0, right에는 num_nodes-1을 전달해, 모든 노드에 대해 트립이 생성되도록 한다.

이 순환 함수의 종료 조건은 트립에 노드가 없을 때다❶. 이때 아무것도 출력하지 않고 반환된다. 즉, 노드가 없으면 출력도 없다.

그렇지 않으면, left와 right 사이의 인덱스를 갖는 노드에서 우선순위가 가장 높은 노드의 인덱스를 찾는다❷. 이것이 트립의 루트이며, 루트보다 작은 레이블을 갖는 노드와 큰 레이블을 갖는 노드로 문제를 분리해 출력한다. 그리고 재귀 호출을 통해 각 하위 문제를 해결한다❸❹.

이렇게 첫 번째 해법을 생성했다.

두 가지 중요한 작업을 제대로 수행한다는 측면에서 나쁘지 않은 해법이다. 첫째, 노드를 한 번에 모두 정렬하므로, solve 함수를 호출할 때는 left와 right 인덱스만 있으면 된다. 둘째, 트립을 출력하는 번거로운 과정을 재귀를 사용해 짧게 처리한다.

코드를 판정 시스템에 제출하면, 우선순위가 가장 높은 노드를 찾는 선형 탐색 부분(코드 7-12)에서 작업이 중단되는 것을 볼 수 있다. 무엇이 문제일까? 트립 종류 하나가 최악의 성능 문제를 일으킨 것인데, 이를 알아본다.

구간 최대 쿼리

6장의 '1차원 구간 합 쿼리' 절에서는 구간 합 쿼리 문제의 해법을 알아봤다. 그때의 질문은 '배열 a가 있고, 왼쪽 인덱스를 left, 오른쪽 인덱스를 right라고 할 때, a[left]에서 a[right]까지의 모든 요소의 합은 무엇인가?'였다.

트립을 생성할 때는 구간 최대 쿼리^{RMQ}의 문제를 해결해야 한다. 이때의 질문은 '배열 a가 있고, 왼쪽 인덱스를 left, 오른쪽 인덱스를 right라고 할 때, a[left]에서 a[right]까지의 모든 요소 중 최대 요소의 인덱스는 무엇인가?'다(인덱스까지는 아니고 최대 요소만을 묻는 문제도 있다. 그러나 트립을 만들려면 인덱스가 필요하다).

해법 1의 경우, 코드 7-12에서 RMQ를 구현했다. 이 함수는 left부터 right까지 반복하면서 지금까지 발견한 노드보다 우선순위가 높은 인덱스가 있는지를 확인한다. 각 하위 트립에 대해 이 함수를 호출하고, 각 호출에서 배열의 활성 세그먼트에 대한 선형 탐색을 수행한다. 선형 탐색의 대부분이 작은 배열 세그먼트를 대상으로 한다면, 이 문제를 해결할 수 있었을 것이다. 그러나 배열의 큰 세그먼트에서 많은 탐색이 이뤄지도록 하는 입력 값이 일부 있다. 그런 입력에서 읽을 수 있는 노드 목록은 다음과 같다.

A/1 B/2 C/3 D/4 E/5 F/6 G/7

7개의 모든 노드를 검색해 우선순위가 가장 높은 노드로 G/7을 찾는다. 그런 다음 작은 레이블이 붙은 노드에 대한 트립을 재귀적으로 출력하고, 큰 레이블이 붙은 노드에 대한 트립을 재귀적으로 출력한다. 첫 번째 재귀 호출의 결과 G/7 노드를 제외한 모든 모드를 가져온다. 따라서 두 번째 재귀 호출에서는 아무 노드로 가져올 수 없다. 첫 번째 재귀 호출의 결과는 다음과 같다.

A/1 B/2 C/3 D/4 E/5 F/6

우선순위가 가장 높은 노드를 식별하기 위해 6개의 요소를 다시 검색한다. 이번에는 F/6을 해당 노드로 찾아내고, 이를 하위 트립의 루트로 설정한 후, 두 번 더 재귀 호출을 한다. 이번에도 첫 번째 재귀 호출에서 F/6을 제외한 모든 노드를 가져오므로, 시간이 오래 걸리는 배열 검색이 진행된다. 이렇게 시간을 소모하는 배열 검색 작업은 남은 노드가 없어질 때까지 반복된다.

이를 일반화하면, n개의 노드에 대해 첫 번째 RMQ는 n 단계를 수행하고, 둘째는 $n-1$ 단계 그리고 계속 1씩 줄어드는 단계를 반복한다. 즉, 1+2+3+...+n 단계다. 이를 수식으로 표현하면 $n(n+1)/2$다. 1장의 '문제점 분석' 절에서도 유사한 수식이 있었고, 그때와 비슷하게 시간 복잡도가 $O(n^2)$(2차)라는 결론을 내릴 수 있다.

현재 코드가 $O(n^2)$ 작업이라는 것을 확인하는 다른 방법이 있다. 즉, $n/2$개에 해당하는 작은 항은 버리고 $n/2$개의 나머지 큰 항에만 집중하면 된다(여기서 n은 짝수고, $n/2$는 정수라고 가정해보자). 그러면 $n+(n-1)+(n-2)+...+(n/2+1)$이 남는다. 여기에는 $n/2$개의 항이 있고, 이들 각자는 $n/2$보다 크므로 총합은 적어도 $(n/2)(n/2) = n^2/4$가 된다. 이것도

2차식이다.

RMQ 문제 해결에 선형 탐색을 사용하는 방법은 그리 만족스러운 해법이 아니다.

6장의 '1차원 구간 합 쿼리'에서는 구간 합 쿼리의 속도 향상을 위해 접두사 배열을 사용했다. 그 내용을 간단히 복습해 본 후 다음 질문에 답해보자. 'RMQ를 해결하는데 그 기법을 사용할 수 있을까?'

정답은 '사용할 수 없다'는 것이다. 인덱스 2에서 5까지의 요소를 합산할 때는, 인덱스 5의 접두사 합을 구한 후 인덱스 1의 접두사 합을 빼는 식으로 값을 구할 수 있다. 그러나 최댓값 연산에서는 이런 방식을 사용할 수 없다. 인덱스 5까지의 요소의 최댓값이 10이고, 인덱스 1까지의 요소의 최댓값도 10이라고 한다면, 인덱스 2에서 5까지의 요소의 최댓값은 무엇일까? 결과는 아무도 알 수 없다. 10이 사라지면, 인덱스 2, 3, 4, 5에는 어떤 값도 올 수 있다. 값이 큰 초기 요소 때문에 나중에는 접두사 배열에 대한 어떤 변경도 할 수가 없다. 따라서 값이 큰 초기 요소가 사라지면, 해결 방향을 잃게 된다. 모든 요소의 값이 남는 접두사 합 배열과는 차이가 있다.

최후의 수단으로 힙을 시도해보자. RMQ 문제 해결에 최대 힙을 사용할 수 있을까? 역시 사용할 수 없다. 최대 힙은 전체 힙에서의 최대 요소를 반환하므로, 이를 특정 구간으로 제한할 수 있는 방법은 없다.

따라서 새로운 기법을 찾아내야 할 때다.

세그먼트 트리

트립은 잠시 잊자. RMQ의 구현 방법을 개선한 후에 다시 트립을 살펴본다.

세그먼트 트리는 전Full 이진 트리며, 각 노드가 기본 배열의 특정 세그먼트와 연결된다. 각 노드는 쿼리에 대한 답을 해당 세그먼트에 저장한다. 구간 최대 쿼리의 경우, 각 노드는 최대 요소의 인덱스를 해당 세그먼트에 저장하지만, 세그먼트 트리는 다른 쿼리에도 사용할 수 있다. 세그먼트는 적은 수의 세그먼트를 조합해서 모든 쿼리에 응답할 수 있도록 배열한다.

세그먼트

세그먼트 트리의 루트 노드는 전체 배열을 포함한다. 따라서 전체 배열에 대한 RMQ 요청을 받으면, 루트를 찾는 한 번의 단계만으로 해답을 얻을 수 있다. 다른 쿼리일 때는 다른 노드를 사용해야 한다. 루트 노드에는 2개의 자식 노드가 있다. 왼쪽 자식 노드는 배열의 전반부가, 우측 자식 노드는 후반부가 들어간다. 이들 노드에도 2개의 자식 노드가 있으며, 단 1개 요소의 세그먼트에 도달할 때까지 나눌 수 있다.

그림 7-16은 8개 요소 배열에 대한 쿼리를 지원하는 세그먼트 트리다. 각 노드는 왼쪽 끝과 오른쪽 끝의 레이블이 지정돼 있다. 그러나 세그먼트 트리에는 아직 RMQ에 대한 정보는 없다. 일단은 세그먼트 자체에만 집중하자.

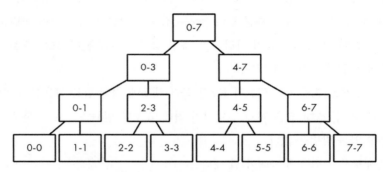

그림 7-16 8개 요소 배열의 세그먼트 트리

그림을 보면 트리 레벨이 내려갈 때마다 세그먼트의 크기가 절반으로 줄어드는 것을 알 수 있다. 루트 세그먼트는 8개 요소를 포함하고, 그의 자식 노드는 4개의 요소를 포함하고, 다시 그의 자식 노드는 2개의 요소를 포함하는 식이다. 힙과 마찬가지로 세그먼트 트리의 높이는 $\log n$이며, 여기서 n은 배열의 요소 개수다. 따라서 레벨마다 일정량의 작업을 수행해 모든 쿼리에 응답할 수 있으므로, 시간 복잡도는 쿼리 당 $O(\log n)$이다.

그림 7-16은 완전^{Complete} 이진 트리다. 앞에서 이미 힙을 배열에 저장하는 방법을 배웠다. 이를 이용하면 세그먼트 트리를 처리할 때 필요한 부모와 자식 노드를 아주 쉽게 찾을 수 있다.

그림 7-17과 같은 약간 특이한 다른 세그먼트 트리를 살펴보자.

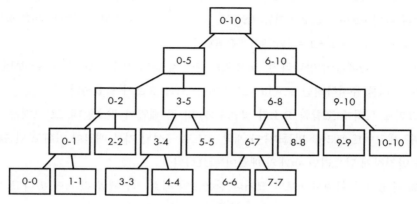

그림 7-17 11개 요소 배열의 세그먼트 트리

그림 7-17의 트리는 최하위 레벨이 왼쪽부터 순서대로 채워지지 않아서 완전 이진 트리가 아니다. 가령, 노드 2-2에는 자식이 없고, 노드 3-4에는 자식이 있다.

그렇지만 문제가 될 것은 없다. 계속해서 세그먼트 트리를 배열에 저장해보자. 노드의 인덱스에 2를 곱해 왼쪽 자식을 구하고, 거기에 1을 더하면 오른쪽 자식을 구하는 작업을 계속한다. 이 과정에서 일부 배열의 낭비 요소가 발생할 뿐이다. 가령, 그림 7-17에서 배열 요소의 순서는 다음과 같다. 여기서 *는 사용되지 않은 요소다.

```
0-10
0-5 6-10
0-2 3-5 6-8 9-10
0-1 2-2 3-4 5-5 6-7 8-8 9-9 10-10
0-0 1-1 * * 3-3 4-4 * * 6-6 7-7 * * * * * *
```

배열의 낭비 요소로 인해 세그먼트 트리에 필요한 배열 요소 개수를 결정하기가 조금 어려워진다.

문제에서 나온 정보를 기본 배열이라고 해보자. 트립을 생성할 때의 기본 배열은 우선순위의 배열을 예로 들 수 있다.

기본 배열 요소의 개수 n이 2의 거듭 제곱이면, $2n$ 요소를 갖는 세그먼트 트리를 사용하면 안전하다. 그림 7-16의 노드 개수를 세어보면, 15개의 노드가 필요하며, 이는 8×2 = 16보다 작다(n보다 작은 2의 거듭제곱 값을 모두 합하면 $n-1$이 되기 때문에, $2n$은 항상 안전하다고 할 수 있다. 4 + 2 + 1 = 7이 되며, 7은 8보다 1이 작다).

n이 2의 거듭제곱이 아니라면, $2n$으로는 충분치 않다. 이는 그림 7-17을 보면 알 수 있다. 이 트리를 유지하려면 (2×11 =22를 넘는) 31개 요소가 필요하다.

세그먼트 트리에 포함할 요소가 많을수록, 더 큰 배열이 필요한데, 그 크기는 얼마여야 할까? 세그먼트 트리를 만들려는 n개의 요소로 구성된 기본 배열이 있다고 할 때, 모든 요소를 안전하게 담으려면 $4n$개의 배열이 필요하다.

이를 증명하기 위해서, n보다 크거나 같은 2의 최소 거듭제곱 값 m이 있다고 해보자. 예를 들어, n이 11이면 m은 16이다. 그러면 $2m$ 요소로 구성된 배열에 m개 요소의 세그먼트 트리를 저장할 수 있다. 이는 $m \geq n$이므로, $2m$ 요소를 갖는 배열은 n 요소를 갖는 세그먼트 트리를 저장하기에 충분하기 때문이다.

다행히 m은 n 값의 최대 2배까지만 커질 수 있다(최악의 경우는 n값이 2의 거듭제곱 바로 위에 있는 경우다. 예를 들어, n이 9이면 m은 16이 된다. 이는 거의 2배다.) 따라서 $2m$ 요소의 배열이 필요하면 m은 최대 $2n$이고, $2m$은 최대 $2 \times 2n$ = $4n$이다.

세그먼트 초기화

세그먼트 트리의 각 노드에는 세그먼트의 왼쪽 인덱스와 오른쪽 인덱스, 범위 안의 최대 요소의 인덱스 등 세 가지가 저장된다. 이번 절에서는 이들 중 왼쪽과 오른쪽 인덱스를 초기화해보자.

세그먼트 트리 노드에 사용할 구조체 정의는 다음과 같다.

```
typedef struct segtree_node {
  int left, right;
  int max_index;
} segtree_node;
```

각 노드의 왼쪽과 오른쪽 멤버를 초기화하려면, 다음 함수를 작성한다.

```
void init_segtree(segtree_node segtree[], int node,
                  int left, int right)
```

segtree는 세그먼트 트리를 담기에 충분한 공간을 가진 배열이라고 가정한다. node 매개변수는 세그먼트 트리의 루트 인덱스다. left와 right는 세그먼트의 왼쪽과 오른쪽 인덱스다. init_segtree 함수를 초기 호출하는 방법은 다음과 같다.

```
init_segtree(segtree, 1, 0, num_elements - 1);
```

num_elements는 기본 배열 요소의 개수다(예: 트립의 노드 수).

재귀를 사용해 init_segtree를 구현할 수 있다. 왼쪽과 오른쪽이 같으면, 요소의 개수가 1개라는 의미이므로 세그먼트를 분할할 수 없다. 그 외에는 재귀를 사용해 세그먼트를 2개로 분할해야 한다. 함수는 코드 7-14와 같다.

코드 7-14 세그먼트 트리의 세그먼트 초기화

```
void init_segtree(segtree_node segtree[], int node,
                    int left, int right) {
  int mid;
  segtree[node].left = left;
  segtree[node].right = right;
❶ if (left == right)
    return;
❷ mid = (left + right) / 2;
❸ init_segtree(segtree, node * 2, left, mid);
❹ init_segtree(segtree, node * 2 + 1, mid + 1, right);
}
```

left와 right의 값을 노드에 저장한다. 종료 조건을 확인하고❶, 필요한 자식 노드가 없다면 그대로 반환한다.

자식 노드가 필요하면 현재 구간의 중앙 값을 계산한다❷. 그런 다음, left에서 mid까지의 인덱스에 대한 왼쪽 세그먼트 트리와 mid+1부터 right까지의 인덱스에 대한 오른쪽 세그먼트 트리를 생성해야 한다. 이를 위해서는 두 번의 재귀 호출을 해야 하며, 한 번은 왼쪽 자식❸, 다른 한 번은 오른쪽 자식❹을 대상으로 한다. 이때, 왼쪽 자식 노드는 node * 2로, 오른쪽 자식 노드는 node * 2 + 1로 이동하는 것에 유의한다.

세그먼트 트리 채우기

세그먼트 트리가 초기화됐다면, 세그먼트의 최대 요소 인덱스를 각 노드에 추가할 차례다. 따라서 세그먼트 트리 및 세그먼트 트리의 기반이 될 배열이 모두 필요하다. 세그먼트 트리에는 그림 7-17을 사용하고, 배열에는 '레이블 정렬' 절에서 사용한 11개의 우선순위를 사용한다. 그림 7-18은 채워진 세그먼트 트리를 보여준다. 트리의 각 노드의 최대 인덱스는 세그먼트 구간 정보 아래에 표시돼 있다.

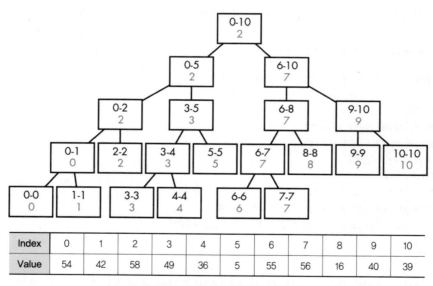

Index	0	1	2	3	4	5	6	7	8	9	10
Value	54	42	58	49	36	5	55	56	16	40	39

그림 7-18 세그먼트 트리와 우선순위 배열

몇 가지만 간단히 확인해보자. 트리의 최하위 레벨에 노드 0-0을 보자. 노드 0-0 인덱스 0만의 세그먼트이므로 최대 요소의 인덱스는 0뿐이다. 이는 종료 조건에 해당한다.

이번에는 노드 6-10을 보자. 인덱스 6에서 10까지의 최대 요소 인덱스가 7임을 알 수 있다. 즉, 인덱스 7의 값인 56이 세그먼트에서 가장 큰 요소임을 확인할 수 있다. 이를 빨리 계산하기 위해 6-10의 자식 노드에 저장된 최대 인덱스를 사용할 수도 있다. 왼쪽 자식 노드를 보면 인덱스 6에서 8사이에는 7이 최대 인덱스이고, 오른쪽 자식 노드를 보면 9에서 10사이에는 9가 최대 인덱스라는 것을 알 수 있다. 따라서 노드 6-10의 선택지는 이 서브 트리에서 가져온 값인 인덱스 7과 인덱스 9 두 가지 뿐이다. 이 과정은 재귀와 같다.

따라서 트리의 세그먼트를 초기화할 때처럼 재귀를 사용해 트리를 채울 것이다. 이에 해당하는 함수는 코드 7-15와 같다.

그림 7-15 최댓값 추가

```
int fill_segtree(segtree_node segtree[], int node,
                 treap_node treap_nodes[]) {
  int left_max, right_max;

❶ if (segtree[node].left == segtree[node].right) {
    segtree[node].max_index = segtree[node].left;
  ❷ return segtree[node].max_index;
  }

❸ left_max = fill_segtree(segtree, node * 2, treap_nodes);
❹ right_max = fill_segtree(segtree, node * 2 + 1, treap_nodes);

❺ if (treap_nodes[left_max].priority > treap_nodes[right_max].priority)
    segtree[node].max_index = left_max;
  else
    segtree[node].max_index = right_max;
❻ return segtree[node].max_index;
}
```

---

segtree 매개변수는 세그먼트 트리가 저장되는 배열로, 코드 7-15에서 이미 초기화 됐다고 가정한다. node 매개변수는 세그먼트 트리의 루트 인덱스이며, treap_nodes는 트립 노드의 배열이다. 트립 노드는 우선순위에 접근하기 위해서만 필요하며, 그 외 경우에

는 사용하지 않는다.

이 함수는 세그먼트 트리의 루트 노드에 대한 최대 요소 인덱스를 반환한다.

코드 7-15는 종료 조건을 검사하는 것으로 시작한다. 즉, 노드가 단일 인덱스인지를 확인하는 것이다❶. 조건이 참이면 노드의 최대 인덱스는 왼쪽 인덱스(또는 오른쪽 인덱스, 어느 쪽이든 둘 다 동일) 뿐이다. 따라서 즉시 최대 인덱스를 반환한다❷.

종료 조건에 해당하지 않는다면, 둘 이상의 인덱스에 걸친 세그먼트에 해당한다. 따라서 우선 왼쪽 서브 트리를 재귀 호출한다❸. 그러면 해당 서브 트리의 각 노드에 대한 max_index 값을 계산해, 서브 트리 루트의 max_index 값을 반환한다. 그런 다음, 오른쪽 서브 트리에 대해서 같은 작업을 한다❹. 그런 다음, 재귀 호출에서 반환 받은 인덱스를 비교해❺ 우선순위가 더 높은 인덱스를 선택하고 이 노드의 max_index를 설정한다. 마지막으로 최댓값을 반환한다❻.

이런 방식으로 트리를 채우는 데는 선형 시간이 걸린다. 즉, 각 노드에 대해 최대 인덱스를 찾기 위해서는 일정한 양의 작업 시간이 필요하다.

세그먼트 트리 쿼리

다시 정리해보자. 구간 최대 쿼리에 빠르게 응답할 수 있는 방법이 없었기 때문에 트립 생성을 시도하는데 어려움을 겪었다. 그 결과, 세그먼트 트리를 만들고, 세그먼트를 선택하고, 세그먼트 트리 배열의 크기 및 각 노드에 대한 최대 요소의 인덱스 저장 방법을 결정하는 데 상당한 시간을 소모했다.

그러나 쿼리가 빠르지 않다면, 모든 세그먼트 트리 작업은 쓸모가 없다. 따라서 마지막 작업으로 세그먼트 트리를 사용한 빠른 쿼리를 구현해보자. 다행히 지금까지 사용했던 재귀 기법과 다른 방법을 사용하지는 않는다.

이해를 돕기 위해 그림 7-18를 기준으로 몇 개의 예제 쿼리를 작성해본다. 그림을 다시 한번 살펴보자.

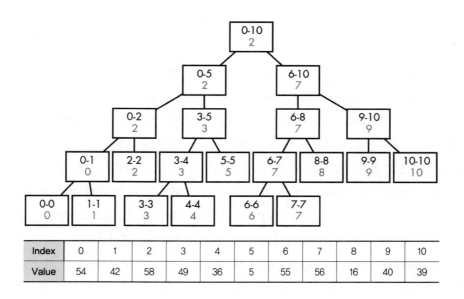

Index	0	1	2	3	4	5	6	7	8	9	10
Value	54	42	58	49	36	5	55	56	16	40	39

　첫 번째 쿼리에서는 6-10으로 해보자. 이 구간은 루트의 세그먼트 0-10의 일부만 포함하므로 루트의 최대 인덱스를 제대로 반환할 수 없다. 대신 루트의 각 자식 노드에 세그먼트의 최대 인덱스를 요청하고, 응답 값을 사용해 전체 구간 안의 최대 인덱스를 반환할 수 있다. 루트의 왼쪽 자식 노드는 세그먼트 0-5 구간으로써, 세그먼트 6-10 구간과 전혀 겹치지 않으므로, 왼쪽 재귀 호출로 알 수 있는 정보는 없다. 그러나 루트의 오른쪽 자식 노드는 정확히 세그먼트 6-10을 포함한다. 그리고 오른쪽 자식 노드에 대해 재귀 호출을 하면 7이 반환되므로, 6-10 구간의 최대 요소 인덱스로 7을 반환해야 한다.

　두 번째 쿼리는 3-8로 해보자. 이번에도 역시 루트의 각 자식 노드에 세그먼트의 최대 인덱스를 요청한다. 단, 이번에는 3-8이 0-5와 6-10 모두에 겹치기 때문에 두 자식 노드 모두 관련이 있다. 왼쪽 자식 노드의 재귀 호출 반환 값은 3이고, 오른쪽 자식의 경우는 7이다. 따라서 루트에서 인덱스 3의 요소를 인덱스 7의 요소와 비교하고, 더 높은 인덱스 7의 값을 해답으로 한다.

　재귀 코드를 일부러 들여다보는 것이 흔하지는 않지만 이번에는 도움이 될 것 같으므로, 왼쪽 서브 트리에 대한 재귀 호출을 자세히 살펴보자. 여전히 3-8을 쿼리하고 있고, 노드의 범위는 0-5다. 0-5의 왼쪽 자식 노드는 0-2다. 0-2는 3-8 쿼리 구간과 공통 인덱스가 없으므로 제외한다. 그러면 검토할 노드는 3-5만 남는다. 중요한 것은 3-5는 3-8 범위 내에 확실히 포함되므로, 여기서 멈추고 3-5의 재귀 호출에서 3을 반환한다.

세그먼트 트리의 노드를 쿼리할 때는 세 가지 경우가 있는데, 이번 예제에서는 세 가지 경우를 모두 살펴봤다. 즉, 첫째는 쿼리 구간과 겹치는 인덱스가 없는 노드의 경우다. 둘째는 노드 세그먼트가 쿼리 구간과 완벽히 겹치는 경우다. 셋째는 노드의 세그먼트가 쿼리 구간의 일부를 포함하지만 쿼리 구간에 없는 인덱스도 포함하는 경우다.

다음 구현 코드를 살펴보기 전에, 몇 가지 쿼리 예제를 좀 더 연습해 보는 게 좋다. 특히, 쿼리 4-9를 한 번 시도해보자. 그러면 트리에서 2개의 긴 경로를 추적해야 한다는 것을 알 수 있다. 즉, 이번 트리 중 최악의 경우로, 트리의 최상단에서 2개의 노드로 분리된 후 각 경로를 따라 끝까지 내려간다. 쿼리 예제를 좀 더 연습해보면서, 더 큰 세그먼트 트리에서는 이들 경로가 자체적으로 2개의 긴 경로로 세분화될 수 없다는 것을 알 수 있다. 따라서 세그먼트 트리를 쿼리하는 것이 힙 작업보다 조금 더 많은 작업(때로는 하나가 아니라 2개의 경로를 추적하는 경우도 있음)을 수행하지만, 여전히 레벨당 더 적은 수의 노드에 접근하므로 시간 복잡도는 $O(\log n)$이 된다.

세그먼트 트리를 쿼리하는 함수는 코드 7-16과 같다.

코드 7-16 세그먼트 트리 쿼리

```
int query_segtree(segtree_node segtree[], int node,
                  treap_node treap_nodes[], int left, int right) {
  int left_max, right_max;

❶ if (right < segtree[node].left || left > segtree[node].right)
     return -1;

❷ if (left <= segtree[node].left && segtree[node].right <= right)
     return segtree[node].max_index;

❸ left_max = query_segtree(segtree, node * 2,
                           treap_nodes, left, right);
❹ right_max = query_segtree(segtree, node * 2 + 1,
```

```
                    treap_nodes, left, right);

  if (left_max == -1)
    return right_max;
  if (right_max == -1)
    return left_max;
❺ if (treap_nodes[left_max].priority > treap_nodes[right_max].priority)
    return left_max;
  return right_max;
}
```

함수 매개변수는 쿼리의 left와 right 인덱스가 추가됐다는 점 외에는 코드 7-15와 유사하다. 코드 7-16은 세 가지 경우를 각각 순서대로 처리한다.

첫째는 쿼리 구간과 겹치는 인덱스가 없는 노드의 경우다. 이는 노드 세그먼트가 시작하기 전에 쿼리 구간이 끝나거나, 노드 세그먼트가 끝난 후에 쿼리 구간이 시작하는 경우다❶. 이 노드에는 반환할 최대 인덱스가 없다는 의미로 -1을 반환한다.

둘째는 노드와 쿼리 구간이 완벽히 겹치는 경우다❷. 따라서 노드 세그먼트의 최대 인덱스를 그대로 반환한다.

셋째는 노드 세그먼트가 쿼리 구간과 부분적으로 겹치는 경우다. 이 경우에는 두 번의 재귀 호출을 한다. 하나는 왼쪽 자식에서 최대 인덱스를 가져오는 것이고❸, 다른 하나는 오른쪽 자식에서 최대 인덱스를 가져오는 것이다❹. 만약 둘 중 하나의 반환값이 -1이면, 다른 쪽을 반환한다. 둘 다 유효한 인덱스를 반환하면, 둘 중 더 큰 요소의 인덱스를 선택한다❺.

해법 2: 세그먼트 트리

마지막으로 세그먼트 트리를 사용하도록 첫 번째 해법(정확히는 코드 7-9의 main 함수와 코드 7-13의 solve 함수)을 변경해야 한다. 이미 작성한 세그먼트 트리 함수를 호출하는 것이므로 크게 어렵지 않은 작업이다.

새로운 main 함수는 코드 7-17과 같다.

```
int main(void) {
  static treap_node treap_nodes[MAX_NODES];
❶ static segtree_node segtree[MAX_NODES * 4 + 1];
  int num_nodes, i;
  scanf("%d ", &num_nodes);
  while (num_nodes > 0) {
    for (i = 0; i < num_nodes; i++) {
      treap_nodes[i].label = read_label(LABEL_LENGTH);
      scanf("%d ", &treap_nodes[i].priority);
    }
    qsort(treap_nodes, num_nodes, sizeof(treap_node), compare);
❷   init_segtree(segtree, 1, 0, num_nodes - 1);
❸   fill_segtree(segtree, 1, treap_nodes);
❹   solve(treap_nodes, 0, num_nodes - 1, segtree);
    printf("\n");
    scanf("%d ", &num_nodes);
  }
  return 0;
}
```

추가된 코드는 세그먼트 트리 선언❶, 세그먼트 트리의 세그먼트 초기화 호출❷, 각 세그먼트 트리 노드의 최대 인덱스 연산 호출❸, 세그먼트 트리를 solve 함수에 전달하는 새로운 인수❹ 뿐이다.

새로운 solve 함수는 코드 7-18과 같다.

코드 7-18 세그먼트 트리가 추가된 solve 함수

```
void solve(treap_node treap_nodes[], int left, int right,
           segtree_node segtree[]) {
  int root_index;
  treap_node root;
  if (left > right)
    return;
❶ root_index = query_segtree(segtree, 1, treap_nodes, left, right);
  root = treap_nodes[root_index];
  printf("(");
```

```
    solve(treap_nodes, left, root_index - 1, segtree);
    printf("%s/%d", root.label, root.priority);
    solve(treap_nodes, root_index + 1, right, segtree);
    printf(")");
}
```

실질적인 변경 사항은 RMQ를 구현하기 위해 **query_segtree**를 호출하는 것뿐이다❶.

지금까지 정말 많은 작업을 했다. 그럼에도 불구하고 세그먼트 트리는 모든 종류의 문제에 대한 빠른 해법을 될 수 있으므로 이만한 노력을 들일 가치가 있다. 이렇게 작성한 세그먼트 트리 해법은 제한 시간 안에 테스트 케이스를 모두 통과할 것이다.

세그먼트 트리

세그먼트 트리는 구간^{interval} 트리, 토너먼트 트리, 순서–통계$^{order-statistic}$ 트리, 구간 쿼리 트리 등 여러 가지 다른 이름으로도 불린다. 심지어, '세그먼트 트리'는 여기서 배운 내용과 완전히 다른 데이터 구조를 부를 때도 사용된다.

어떤 용어로 불리든, 알고리듬을 학습하거나 프로그래밍 대회에 관심이 있는 사람이라면 반드시 알아야 하는 데이터 구조다. 즉, n개 요소의 배열에 대해, 시간 복잡도가 $O(n)$인 세그먼트 트리를 생성하고, $O(\log n)$ 시간 안에 구간 쿼리를 할 수 있다.

트립을 생성할 때는 세그먼트 트리를 사용해 구간 최대 쿼리를 풀었지만, 세그먼트 트리는 다른 쿼리에도 사용할 수 있다. 2개의 서브 쿼리에 대한 답변을 빠르게 결합해서 쿼리에 대한 답을 찾을 수 있다면, 세그먼트 트리가 적합한 도구일 것이다. 최소 구간 쿼리는 어떨까? 세그먼트 트리를 사용하면 자식 노드의 답변에서 (최대가 아닌) 최솟값만 취하면 된다. 구간 합 쿼리도 가능할까? 그렇다, 세그먼트 트리로 자식 노드의 답변에서 합을 취하면 된다.

세그먼트 트리는 프로그램 실행되는 동안 기본 배열의 요소가 변하지 않을 때만 사용할 수 있는지가 궁금할 수도 있다. 예를 들어, 트립을 생성할 때, 트립 노드는 절대 바뀌지 않으므로, 세그먼트 트리가 배열에 저장된 요소와 다를 수가 없다. 실제로 많은 세그먼트 트리를 사용하는 문제에서는 배열을 쿼리할 뿐 수정하지는 않는다는 공통 특성을 갖는다. 그러나 세그먼트 트리의 다른 장점은 기본 배열이 변경돼도 사용할 수 있다는 것이다. 문제 3에서는 어떻게 이런 과정을 수행하는지와 이전에 보지 못했던 새로운 유형의 쿼리를 알아본다.

문제 3: 두 합

특정한 상황이 제공되지 않는 순수한 세그먼트 트리 문제를 풀어보자. 이번에는 배열에 대한 변경 기능을 구현해야 하며, 필요로 하는 쿼리도 구간 최대 쿼리와는 다르다.

문제의 출처는 SPOJ의 KGSS다.

문제 설명

일련의 정수 $a[1]$, $a[2]$, ..., $a[n]$가 제공되며, 각 정수 값은 최소 0 이상이다(이 정수열을 인덱스 0이 아니라 1로 시작하는 배열이라고 생각하자).

정수열에 대해서는 두 가지 유형의 연산을 지원해야 한다.

업데이트update 제공된 정수 x, y에 대해, $a[x]$를 y로 변경한다.

쿼리query 제공된 정수 x, y에 대해, 구간 $a[x]$~$a[y]$에서 두 요소의 최대 합을 반환한다.

입력

입력은 1개의 테스트 케이스이며, 테스트 케이스의 구성은 다음과 같다.

- 수열의 요소 개수를 나타내는 정수 n을 포함하는 줄: n은 2~ 100,000 사이의 값이다.
- $a[1]$부터 $a[n]$까지 순서대로 수열의 요소를 하나씩 제공하는 정수 n을 포함하는 줄: 각 정수는 0이상이다.
- 수열에서 수행할 연산 횟수를 나타내는 정수 q를 포함하는 줄: q는 0~100,000 사

이의 값이다.

- q개의 줄: 시퀀스에서 수행될 1개의 업데이트나 쿼리 연산을 의미힌다.

이들 q개의 줄에서 수행될 연산은 다음과 같다.

- 업데이트 연산은 문자 U, 공백, 정수 x, 공백, 정수 y로 구성된다. 이것은 $a[x]$를 y로 변경해야 한다는 것을 말한다. 예를 들어, U 1 4는 $a[1]$은 현재 값에서 4로 변경돼야 한다는 의미다. x는 1에서 n사이이며, y는 최소 0이다. 이 연산은 출력이 없다.
- 쿼리 연산은 문자 Q, 공백, 정수 x, 공백, 정수 y로 구성된다. 이것은 구간 $a[x]$~$a[y]$에서 두 요소의 최대 합을 출력해야 한다는 것을 말한다. 예를 들어, Q 1 4는 $a[1]$ ~ $a[4]$ 범위에 있는 두 요소의 최대 합을 출력해야 한다. 여기서 x와 y는 1에서 n사이의 값이며, x는 y보다 작다.

출력

각 쿼리 연산의 결과를 한 줄에 하나씩 출력한다.

문제의 풀이 제한 시간은 1초다.

세그먼트 트리 채우기

트립을 생성할 때는, 재귀를 구성하고 트립 노드를 분할하는데 사용하는 인덱스를 제공하기 위해 세그먼트 트리가 필요했다. 그러나 이번에는 세그먼트 트리에 인덱스를 저장할 이유가 없다. 요소의 인덱스가 아니라 요소의 합에 관심이 있기 때문이다.

'세그먼트 초기화'에서처럼 세그먼트 트리의 세그먼트를 초기화할 것이다. 세그먼트 인덱스가 0이 아니라 1부터 시작한다는 것 외에는 새로울 것이 없다. 그림 7-19는 7개의 요소 배열을 지원하는 세그먼트 트리다. 문제 설명의 요구를 맞추기 위해 인덱스 0~ 6이 아닌, 인덱스 1~7로 구성한다.

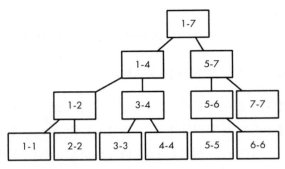

그림 7-19 7개의 요소 배열용 세그먼트 트리

각 노드를 해당 세그먼트에 있는 두 요소의 최대 합으로 채우는 방법을 생각해보자. 우선, 노드 1-2에 대한 두 요소 및 3-4에 대한 두 요소의 최대 합을 이미 찾았다고 가정한다. 노드 1-4에 대한 두 요소의 최대 합을 찾으려고 한다면, 어떻게 해야 할까?

RMQ를 풀 때는 노드의 최댓값이 자식 노드의 최댓값이기 때문에 문제가 없었다. 예를 들어, 왼쪽 서브 트리의 최댓값이 10이고 오른쪽 서브 트리의 최댓값이 6이라면, 이들 부모 노드의 최댓값은 자연스럽게 10이 된다는 것을 알 수 있다.

이와 반대로, 세그먼트 트리의 '두 요소의 최대 합'에서는 이상한 일이 발생한다.

4개의 연속된 요소 10, 8, 6, 15가 있다고 해보자. 세그먼트 1-2의 두 요소의 최대 합은 18이고, 세그먼트 3-4의 두 요소의 최대 합은 21이다. 그러면 세그먼트 1-4의 최대 합은 18일까? 21일까? 둘 다 정답이 아니다. 정답은 10 + 15 = 25다. 이번에는 왼쪽의 18과 오른쪽의 21만 알고 있기 때문에, 25를 도출해낼 수 없다. 따라서 왼쪽과 오른쪽 노드에서 단순히 '두 요소의 최대 합'을 알려주는 것 이상의 정보를 얻어야 한다.

물론, 각 자식 노드의 두 요소의 최대 합을 아는 것으로 충분할 때도 있다. 예를 들어, 10, 8, 6, 4의 시퀀스를 보자. 세그먼트 1-2의 두 요소 최대 합은 18이고, 세그먼트 3-4의 경우 10이다. 여기서 세그먼트 1-4의 두 요소의 최대 합은 18로써, 세그먼트 1-2의 값과 같다. 그러나 이런 경우는 운이 좋은 것이다.

한 세그먼트에서 두 요소의 최대 합 연산을 구하는 경우의 수는 다음과 같이 세 가지가 있다(단, 자식 노드에 유효한 최대 합이 없을 때는 세 가지 미만이다).

경우 1 최대 합이 왼쪽 자식 노드에 있으며, 왼쪽 자식 노드의 값을 취한다.

경우 2 최대 합이 오른쪽 자식 노드에 있으며, 오른쪽 자식 노드의 값을 취한다.

경우 3 최대 합이 왼쪽 자식 노드의 요소 1개와 오른쪽 자식 노드의 요소 1개로 구성된다. 이때, 자식 노드 중 하나에서 답을 취할 수 없어서 자식 노드에서 추가 정보를 얻는 과정이 필요하다.

일부 세그먼트의 두 요소의 최대 합이 왼쪽의 한 요소와 오른쪽의 한 요소로 구성된다면, 왼쪽의 최대 요소와 오른쪽의 최대 요소를 사용해야 한다. 수열 10, 8, 6, 15의 예제로 다시 돌아가보자. 최대 합은 왼쪽에서 하나의 요소(10)와 오른쪽에서 하나의 요소(15)를 취하는 것이다. 이 값들은 왼쪽과 오른쪽 세그먼트에서 각기 가장 큰 요소다. 즉, 양쪽의 노드에서 최대 요소를 취하는 것이 최선의 방법이다.

따라서 세그먼트 트리 노드에서 얻어야 할 정보에는 두 요소의 최대 합 외에 최대 요소도 포함된다. 자식 세그먼트에 대한 이 두 가지 정보를 결합하면, 부모 세그먼트의 정보를 채울 수 있다.

그림 7-20은 배열에 맞춰 새로 생성한 세그먼트 트리 예제다. 각 노드에는 maxsum(두 요소의 최대 합)과 maxelm(최대 요소)이 모두 포함돼 있다.

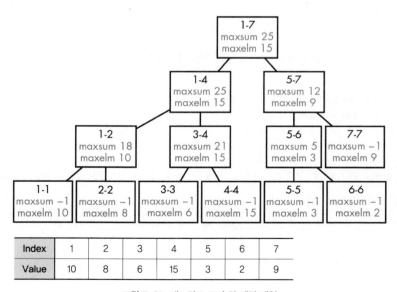

그림 7-20 세그먼트 트리 및 해당 배열

각 노드의 최대 요소를 계산하는 방법은 트립 생성에서 풀었던 RMQ 문제로써 이미 알고 있다.

그러면 각 노드의 최대 합만 구하면 된다. 이 값을 구하기 위해 1-1, 2-2처럼 요소 값이 1개인 세그먼트 노드의 최대 합에 -1이라는 특수 값을 설정한다. 이들 세그먼트에는 선택할 수 있는 요소가 하나뿐이기 때문이다. -1은 부모의 최대 합이 자식의 최대 합이 될 수 없다는 의미다.

각 노드의 최대 합은 자식 노드의 최대 합에 따라 결정된다. 노드 1-7을 살펴보자. 최대 합을 구하는 방법은 세 가지다. 즉, 왼쪽 최대 합 25나 오른쪽 최대 합 12를 가져오거나, 왼쪽 최대 요소 15와 오른쪽 최대 요소 9를 가져와 15 + 9 =24를 얻는 것이다. 이 중 25가 가장 큰 수이므로 이 값을 선택한다.

또한 부모 노드에서 최댓값을 가져올 수 없는 때는 최대 합에 -1이라는 특수 값을 설정했다. 이에 대해서는 다음 코드에서 자세히 알아보자.

다음은 세그먼트 트리 노드용 구조체 정의다.

```c
typedef struct segtree_node {
  int left, right;
  int max_sum, max_element;
} segtree_node;
```

fill_segtree와 query_segtree 함수의 반환을 위한 구조체 정의는 다음과 같다.

```c
typedef struct node_info {
  int max_sum, max_element;
} node_info;
```

node_info 구조체가 필요한 이유는 1개의 정수 값이 아니라, 최대 합과 최대 요소를 모두 반환받아야 하기 때문이다.

각 세그먼트의 최대 합과 최대 요소를 계산하는 함수는 코드 7-19와 같다.

```
int max(int v1, int v2) {
  if (v1 > v2)
    return v1;
  else
    return v2;
}

node_info fill_segtree(segtree_node segtree[], int node,
                       int seq[]) {
  node_info left_info, right_info;

❶ if (segtree[node].left == segtree[node].right) {
    segtree[node].max_sum = -1;
    segtree[node].max_element = seq[segtree[node].left];
  ❷ return (node_info){segtree[node].max_sum, segtree[node].max_element};
  }

❸ left_info = fill_segtree(segtree, node * 2, seq);
  right_info = fill_segtree(segtree, node * 2 + 1, seq);

❹ segtree[node].max_element = max(left_info.max_element,
                                  right_info.max_element);

❺ if (left_info.max_sum == -1 && right_info.max_sum == -1)
  ❻ segtree[node].max_sum = left_info.max_element +
                            right_info.max_element;

❼ else if (left_info.max_sum == -1)
    segtree[node].max_sum = max(left_info.max_element +
                                right_info.max_element,
                                right_info.max_sum);

❽ else if (right_info.max_sum == -1)
    segtree[node].max_sum = max(left_info.max_element +
                                right_info.max_element,
                                left_info.max_sum);
```

```
       else
❾ segtree[node].max_sum = max(left_info.max_element +
                             right_info.max_element,
                     max(left_info.max_sum, right_info.max_sum));
    return (node_info){segtree[node].max_sum, segtree[node].max_element};
}
```

세그먼트에 요소가 1개일 경우가 종료 조건이다❶. 이때는 두 요소의 합을 구할 수 없어서 최대 합에는 -1이라는 특수 값을 설정하고, 세그먼트의 1개 요소를 최대 요소로 설정한다. 그런 다음 최대 합과 최대 요소를 반환한다❷.

이외에는 모두 재귀 케이스다. left_info에는 왼쪽 세그먼트의 정보를, right_info에는 오른쪽 세그먼트의 정보를 담는다. 이들 각 변수는 재귀 호출을 사용해 초기화한다❸.

앞에서 설명했듯이, 왼쪽 최대 요소와 오른쪽 최대 요소 중의 최댓값을 세그먼트의 최대 요소로 설정한다❹.

두 요소의 최대 합을 살펴보자. 어떤 자식 노드에도 최대 합이 없으면❺, 각 자식의 세그먼트에서 요소를 하나씩만 가지고 있다는 것이므로, 이 요소들을 더하면 두 요소의 최댓값을 얻을 수 있다❻.

다음으로, 왼쪽 자식은 하나의 요소만 갖고, 오른쪽 자식이 하나 이상의 요소를 갖는 경우를 살펴보자❼. 부모의 최대 합을 구하는 방법은 두 가지가 있다. 첫째는 각 자식 노드의 최대 요소를 더하는 것이다. 둘째는 오른쪽 세그먼트에서 최대 합을 구하는 것이다. 이때는 max를 사용해서 둘 중 최댓값을 취한다. 오른쪽 자식에 요소가 하나만 있고, 왼쪽 자식이 하나 이상의 요소를 가질 때도 이와 같다❽.

마지막으로, 두 자식 노드가 모두 둘 이상의 요소를 갖고 있을 때다❾. 이때는 세 가지 방법이 있다. 왼쪽에서 최댓값을 취하거나, 오른쪽에서 최대 합을 취하거나, 각 세그먼트의 최대 요소를 하나씩 취하는 것이다.

세그먼트 트리 쿼리

방금 세그먼트 정보를 채우려고 수행한 작업은 세그먼트 트리를 쿼리할 때도 유용하다.

코드 7-20을 참고하자.

코드 7-20 세그먼트 트리 쿼리

```
node_info query_segtree(segtree_node segtree[], int node,
                        int seq[], int left, int right) {
  node_info left_info, right_info, ret_info;

❶ if (right < segtree[node].left || left > segtree[node].right)
    return (node_info){-1, -1};

❷ if (left <= segtree[node].left && segtree[node].right <= right)
    return (node_info) {segtree[node].max_sum, segtree[node].max_element};

  left_info = query_segtree(segtree, node * 2, seq, left, right);
  right_info = query_segtree(segtree, node * 2 + 1, seq, left, right);

  if (left_info.max_element == -1)
    return right_info;
  if (right_info.max_element == -1)
    return left_info;

  ret_info.max_element = max(left_info.max_element,
                            right_info.max_element);

  if (left_info.max_sum == -1 && right_info.max_sum == -1) {
    ret_info.max_sum = left_info.max_element + right_info.max_element;
    return ret_info;
  }

  else if (left_info.max_sum == -1) {
    ret_info.max_sum = max(left_info.max_element +
                          right_info.max_element,
                          right_info.max_sum);
    return ret_info;
  }

  else if (right_info.max_sum == -1) {
    ret_info.max_sum = max(left_info.max_element +
```

```
                              right_info.max_element,
                      left_info.max_sum);
      return ret_info;
   }

   else {
      ret_info.max_sum = max(left_info.max_element +
                             right_info.max_element,
                         max(left_info.max_sum, right_info.max_sum));
      return ret_info;
   }
}
```

코드 7-20의 구조는 코드 7-16의 RMQ 구조와 유사하다. 노드 세그먼트에 공통된 쿼리 구간이 없으면 최대 합과 최대 요소를 모두 -1로 설정하고 구조체를 반환한다❶. 이 값은 재귀호출에서 사용할 정보가 없다는 것을 알려줄 목적으로 설정한 특수 값이다.

노드 세그먼트가 전부 쿼리 구간에 포함되면❷, 노드의 최대 합과 최대 요소를 반환한다.

마지막으로, 노드 세그먼트가 쿼리 구간과 부분적으로 겹칠 때는 코드 7-19에서 세그먼트 정보를 채울 때와 같은 순서를 따른다.

세그먼트 트리 업데이트

배열 요소가 업데이트되면, 그에 맞춰 세그먼트 트리를 조정해야 한다. 그렇지 않으면 세그먼트 트리에 대한 쿼리가 기존의 배열 요소를 사용하므로 현재 배열의 항목과 다른 결과가 나올 수도 있다.

한 가지 방법은 트리의 기존 세그먼트 정보를 무시하고 처음부터 다시 생성하는 것이다. 즉, 배열 요소가 업데이트될 때마다 코드 7-19를 다시 실행하는 것이다. 이렇게 하면 세그먼트 트리를 항상 최신 상태로 유지하므로, 정확성은 보장된다.

반면, 효율성이 문제다. 세그먼트 트리를 재구성하는 데는 $O(n)$ 시간이 걸린다. 이 경우 쿼리 연산이 없더라도 일련의 q 업데이트 연산을 수행하면 성능이 저하된다. 즉, n 작업이 총 q번 실행이 됨으로써 O(nq) 시간이 소모된다. 특히 세그먼트 트리가 전혀 없는 업데이트 비용을 고려하면 더욱 암울해진다. 이는 배열에 대한 상수-시간 연산이기 때문이다. 여기서 상수-시간을 선형 시간으로 바꿀 여유가 없다. 그러나 상수 시간을 로그 시간과는 교환할 수는 있는데, 로그 시간은 상수 시간과 유사하기 때문이다.

선형-시간 작업에서 벗어나는 방법은 배열 요소가 업데이트될 때 트리 전체가 아니라 일부 세그먼트 트리 노드만 업데이트하는 것이다. 한 번의 업데이트를 위해 전체 트리를 업데이트하는 것은 과잉 작업이기 때문이다.

이 상황을 예를 들어 알아보자. 그림 7-20을 보자.

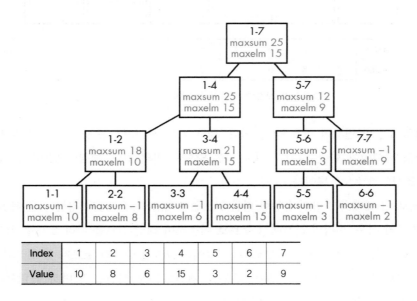

다음 연산을 U 4 1이라고 가정해보자. 그러면 배열의 인덱스 4의 값은 1로 변경돼야 한다. 새로운 세그먼트 트리와 배열은 그림 7-21과 같다.

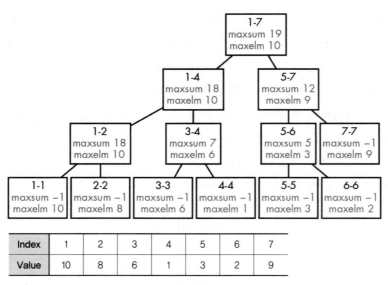

Index	1	2	3	4	5	6	7
Value	10	8	6	1	3	2	9

그림 7-21 배열 업데이트 후 세그먼트 트리와 해당 배열

3개의 노드만 변경된 것을 알 수 있다. 물론, 해당 세그먼트 요소의 변경이 발생한 노드 4-4도 바뀌어야 한다. 그러나 이로 인한 영향은 거의 없다. 변경이 일어나는 노드는 4-4의 조상ancestor 노드뿐이다.

실제로 이 예제에서 바뀐 유일한 다른 노드는 3-4, 1-4, 1-7 뿐이라는 것을 확인할 수 있다. 최악의 경우, 트리의 리프에서 루트로 이동하며 해당 경로를 따라 노드를 업데이트한다. 트리의 높이가 $O(\log n)$이므로, 이 경로에는 $O(\log n)$개의 노드가 있다.

세그먼트 트리의 동작하지 않는 부분을 재귀하는데 시간을 낭비하지 않는 다면, $O(\log n)$ 시간 안에 업데이트를 끝낼 수 있다. 해당 함수는 코드 7-21과 같다.

코드 7-21 세그먼트 트리 업데이트

```
node_info update_segtree(segtree_node segtree[], int node,
                         int seq[], int index) {
  segtree_node left_node, right_node;
  node_info left_info, right_info;
```

```
❶ if (segtree[node].left == segtree[node].right) {
    segtree[node].max_element = seq[index];
    return (node_info) {segtree[node].max_sum, segtree[node].max_element};
  }

  left_node = segtree[node * 2];
  right_node = segtree[node * 2 + 1];

❷ if (index <= left_node.right ) {
❸   left_info = update_segtree(segtree, node * 2, seq, index);
❹   right_info = (node_info){right_node.max_sum, right_node.max_element};
  } else {
    right_info = update_segtree(segtree, node * 2 + 1, seq, index);
    left_info = (node_info){left_node.max_sum, left_node.max_element};
  }

  segtree[node].max_element = max(left_info.max_element,
                                 right_info.max_element);

  if (left_info.max_sum == -1 && right_info.max_sum == -1)
    segtree[node].max_sum = left_info.max_element +
                            right_info.max_element;

  else if (left_info.max_sum == -1)
    segtree[node].max_sum = max(left_info.max_element +
                                right_info.max_element,
                                right_info.max_sum);

  else if (right_info.max_sum == -1)
    segtree[node].max_sum = max(left_info.max_element +
                                right_info.max_element,
                                left_info.max_sum);

  else
    segtree[node].max_sum = max(left_info.max_element +
                                right_info.max_element,
                                max(left_info.max_sum, right_info.max_sum));
  return (node_info) {segtree[node].max_sum, segtree[node].max_element};
}
```

이 함수는 주어진 index의 배열 요소가 업데이트된 후에 호출되도록 설계됐다. 이 함수가 호출될 때마다 node가 index를 포함하는 세그먼트 트리의 루트인지를 확인하는 과정이 필요하다.

종료 조건은 세그먼트가 1개의 요소만 갖는 경우다❶. index가 노드의 세그먼트에 있지 않으면 재귀 호출을 하지 않으므로, 이 세그먼트에는 원하는 인덱스만 포함된다는 것을 알 수 있다. 따라서 노드의 max_element를 seq[index]에 저장된 값으로 업데이트한다. 이 세그먼트에는 1개의 요소 밖에 없으므로, -1로 설정된 max_sum은 업데이트하지 않는다.

종료 조건이 아닌 경우를 살펴보자. 노드가 있고, 그 중 한 요소인 index가 업데이트됐음을 알고 있다. 노드의 자식 중 1개만 업데이트된 요소를 저장할 수 있으므로 재귀 호출을 두 번 할 필요가 없다. index가 왼쪽 자식에 있다면, 왼쪽 서브 트리를 업데이트하는 왼쪽 자식을 재귀 호출하고, index가 오른쪽 자식에 있다면, 오른쪽 서브 트리를 업데이트하는 오른쪽 자식을 재귀 호출하면 된다.

index가 어떤 자식 노드에 있는지를 결정하려면, 이를 왼쪽 자식의 가장 오른쪽 인덱스와 비교한다. index가 왼쪽 자식의 세그먼트가 끝나기 전에 온다면❷, 왼쪽에 대해 재귀 호출을 해야 하고, 그 반대의 경우에는 오른쪽에 대해 재귀 호출을 해야한다.

왼쪽에서 재귀 호출을 할 때(오른쪽에서 재귀 호출을 하는 else 부분의 경우도 포함)를 보자❸. 왼쪽 서브 트리를 업데이트하는 재귀 호출을 하고, 업데이트된 세그먼트의 정보를 반환한다. 오른쪽 서브 트리는 업데이트가 발생하지 않아 바뀔 것이 없으므로 이전에 있던 것을 그대로 상속한다❹.

나머지 부분은 코드 7-19와 유사하다.

main 함수

개선된 세그먼트 트리로 문제를 풀 준비가 끝났다. 완성된 main 함수는 7-22와 같다.

코드 7-22 입력을 받고, 문제를 해결하는 main 함수

```
#define MAX_SEQ 100000
```

```
int main(void) {
  static int seq[MAX_SEQ + 1];
  static segtree_node segtree[MAX_SEQ * 4 + 1];
  int num_seq, num_ops, i, op, x, y;
  char c;
  scanf("%d", &num_seq);
  for (i = 1; i <= num_seq; i++)
    scanf("%d", &seq[i]);
  init_segtree(segtree, 1, 1, num_seq);
  fill_segtree(segtree, 1, seq);
  scanf("%d", &num_ops);
  for (op = 0; op < num_ops; op++) {
    scanf(" %c%d%d ", &c, &x, &y);
❶   if (c == 'U') {
      seq[x] = y;
      update_segtree(segtree, 1, seq, x);
❷   } else {
      printf("%d\n", query_segtree(segtree, 1, seq, x, y).max_sum);
    }
  }
  return 0;
}
```

연산 처리 로직을 눈여겨 봐야 한다. 다음 작업이 업데이트 연산이라면❶, 배열 요소를 업데이트한 후 세그먼트 트리를 업데이트한다. 그외 작업은 쿼리 연산으로써❷, 세그먼트 트리를 쿼리한다.

코드를 제출해보자. 판정 시스템도 이 빠른 성능의 세그먼트 방식의 해법을 통과시킬 것이다.

요약

7장에서는 힙 및 세그먼트 트리를 구현하고 사용하는 방법을 알아봤다. 이들 데이터 구조는 여느 다른 데이터 구조와 마찬가지로 일부 작업에 대한 고성능의 연산을 지원한다. 데이터 구조가 자체적으로 문제를 해결하는 경우는 많지 않다. 대개는 적절한 속도의 알고리듬이 있고, 데이터 구조가 그 성능을 더욱 높여주는 경우다. 가령, 5장의 다익스트라 알고리듬은 그 자체로도 이미 잘 동작하지만, 최소 힙을 추가한다면 훨씬 더 빠르다.

같은 종류의 연산을 반복해서 수행할 때마다 데이터 구조로 알고리듬을 개선할 기회를 찾아야 한다. 배열에서 특정 항목을 검색해야 한다면, 해시 테이블을 사용한다. 최댓값이나 최솟값을 찾는다면 힙이 적합하다. 배열의 세그먼트를 쿼리한다면, 당연히 세그먼트 트리를 사용해야 한다. 그러나 2개 요소가 같은 집합에 있는지를 확인하는 문제에 대해서는 8장에서 알아볼 것이다.

참고사항

[출처]

- 슈퍼마켓 판촉 행사 문제: 2000년 폴란드 정보올림피아드 3단계
- 트립 생성 문제: 2004년 울름대학교^{University of Ulm} 지역 경진대회
- 두 합 문제: 2009년 쿠룩셰트라 온라인 프로그램 경진대회

[참고]

세그먼트 트리와 다른 여러 데이터 구조에 대한 자세한 내용은 맷 퐁텐의 알고리듬 라이브 동영상 시리즈(http://algorithms-live.blogspot.com)를 추천한다. 맷의 세그먼트 트리 영상 덕분에 왼쪽과 오른쪽 세그먼트 인덱스를 각 노드에 명시적으로 저장한다는 아이디어를 얻었다. 대부분의 세그먼트 트리 코드에서는 이렇게 코딩하지 않고, 해당 인덱스들을 함수 매개변수로 전달한다.

8

유니온 파인드

4장과 5장에서는 인접 리스트 데이터 구조와 알고리듬을 사용해서 그래프 문제를 풀었다. 이는 그래프 문제와는 상관없이 동작하는 효율적인 데이터 구조다. 해결하려는 문제의 유형을 제한한다면 훨씬 효율적인 데이터 구조를 설계할 수 있을 것이다. 다만, 너무 적게 제한하면, 인접 리스트와 다를 바 없을 테고 반대로 제한이 지나치게 많으면 데이터 구조로 해결할 수 있는 문제가 상당히 줄어들 것이다. 적절한 제한을 둬야할 텐데 이것이 바로 8장에서 다루는 유니온 파인드(Union–Find) 라는 데이터 구조다. 유니온 파인드 구조는 그래프 문제의 일부를 해결할 수 있는데, 범용적인 그래프 데이터 구조에 비해 훨씬 빨리 문제를 해결할 수 있다.

소셜 네트워크에서 커뮤니티를 추적하고, 친구와 적의 그룹을 관리하고, 특정 서랍에 물건을 정리하는 것은 모두 그래프 문제의 유형이다. 그래프 문제는 유니온 파인드를 사용하면 매우 빨리 문제를 해결할 수 있는 특수한 그래프 문제라는 점을 꼭 기억해야 한다.

문제 1: 소셜 네트워크

문제의 출처는 SPOJ의 SOCNETC다.

문제 설명

소셜 네트워크에서 사람과 커뮤니티를 추적하는 프로그램을 작성하라는 요청을 받았다.

여기에는 n명의 사람이 있으며, 1, 2, ..., n과 같이 번호가 붙어 있다.

커뮤니티는 어떤 사람과 그의 친구가 서로 연결된 관계로 구성된다. 사람1과 사람4가 친구고, 사람4와 사람5가 친구라면, 이 커뮤니티는 사람 1, 4, 5로 이뤄진 구성이다. 그리고 같은 커뮤니티에 속한 사람들은 서로 모두 친구 관계이다.

각 사람은 혼자서 커뮤니티를 시작한다. 한 사람이 다른 사람과 친구가 되면 커뮤니티가 커진다.

프로그램은 세 가지 연산을 지원해야 한다.

추가 연산add 지정된 2명의 사람을 친구 관계로 만든다. 2명이 같은 커뮤니티가 아닌 상태에서 추가 연산을 하면 그들은 (더 커진) 같은 커뮤니티에 속한다.

조사 연산examine 지정된 2명의 사람이 같은 커뮤니티에 속하는지를 알려준다.

크기 연산size 지정된 사람이 속한 커뮤니티의 사람 수를 알려준다.

프로그램은 제한된 자원을 가진 컴퓨터에서 실행되며, 커뮤니티에 속한 사람들의 최댓값에 해당하는 매개변수 m이 제공된다. 그러므로 m명의 사람수를 초과하는 추가 연산은 무시해야 한다.

입력

입력은 1개의 테스트 케이스이며, 테스트 케이스의 구성은 다음과 같다.

- 소셜 네트워크의 총 사람 수를 의미하는 정수 n과 커뮤니티에 속할 수 있는 최대 사람 수를 의미하는 정수 m이 포함된 줄: n과 m의 범위는 1에서 100,000이다.
- 수행할 연산의 수를 의미하는 정수 q가 포함된 줄: q의 범위는 1에서 200,000이다.
- q개의 줄: 줄마다 1개씩의 연산이 포함된다.

q개의 연산이 포함된 줄은 다음 3개 중 하나로 구성된다.

- 추가 연산은 A x y의 형식: x와 y는 사람이다.
- 조사 연산은 E x y의 형식: x와 y는 사람이다.
- 크기 연산은 S x의 형식: x는 사람이다.

출력

추가 연산에 대한 출력은 없다. 조사 연산과 크기 연산은 한 줄씩 출력된다.

- 조사 연산: 두 사람이 같은 커뮤니티에 속하면 Yes, 그 외에는 No라고 출력한다.
- 크기 연산: 지정된 사람이 속한 커뮤니티의 사람 수를 출력한다.

문제의 풀이 제한 시간은 0.5초다.

그래프 모델링

4장과 5장에서는 그래프 탐색을 이용해 거리를 계산하는 연습을 했다. 무엇을 노드와 에지로 사용할지를 알아낸 후 BFS나 다익스트라 알고리듬으로 그래프를 탐색했다.

소셜 네트워크도 이와 유사하게 그래프로 모델링할 수 있다. 노드는 소셜 네트워크에 있는 사람들이다. 테스트 케이스에서 x와 y가 친구라고 하면, 노드 x와 노드 y 사이에 에지를 추가할 수 있다. 친구 관계는 상호적이므로 그래프의 방향은 없다.

4장과 5장에서 풀었던 문제와 비교하면 소셜 네트워크 그래프는 동적이라는 점이 다르다. 아직 친구가 아닌 두 사람 사이에 추가 연산을 시행할 때마다, 그래프에 새로운 에지를 추가한다. 이를 4장의 책 번역 문제과 비교해 보면, 4장에서는 처음부터 모든 언어와 번역가를 알고 있었기 때문에 그래프를 한 번만 작성하면 업데이트할 필요가 없었다.

테스트 케이스를 사용해 그래프가 어떻게 커지는지와 세 가지 연산(추가 연산, 조사 연산, 크기 연산)을 구현하는 데 도움이 되는지를 시각적으로 확인해보자. 테스트 케이스는 다음과 같다.

```
7 6
11
A 1 4
A 4 5
A 3 6
E 1 5
E 2 5
A 1 5
A 2 5
A 4 3
S 4
A 7 6
S 4
```

다음처럼 친구 관계가 아닌 7명으로 시작한다.

A 1 4 연산에 따라 사람1과 4는 친구가 되므로, 두 노드간에 에지를 추가한다.

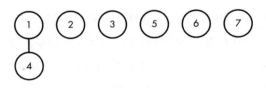

A 4 5 연산에 따라 사람 4와 5는 친구가 되므로, 두 노드간에 에지를 추가한다.

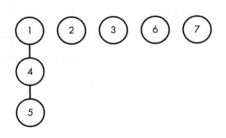

A 3 6 연산에 따른 결과는 다음과 같다.

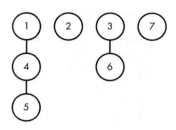

다음 연산은 E 1 5로써, 사람1과 5가 같은 커뮤니티에 있는지를 묻는 것이다. 이는 그래프를 보면 알 수 있다. 노드 1에서 노드 5(또는 노드 5에서 노드 1)까지 가는 경로가 있으면 같은 커뮤니티에 속하는 것이고, 그렇지 않으면 같은 커뮤니티가 아니다. 이번 경우에는 노드 1에서 노드 4를 거쳐 노드5까지 연결되는 경로가 있으므로, 같은 커뮤니티에 속한다.

다음 연산은 E 2 5인데, 노드2와 5 사이에는 경로가 없다. 그러므로 두 노드는 같은 커뮤니티가 아니다.

다음 연산은 A 1 5로써, 노드 1과 5 사이에 에지를 추가한다(그래프를 어떻게 연결했는지를 주목하자). 결과는 다음과 같다.

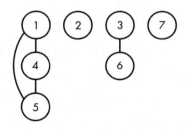

이번에 추가한 에지로 이미 같은 커뮤니티에 속한 두 사람이 친구 연결이 돼 순환 구조가 발생했다. 따라서 이 에지는 커뮤니티의 수나 개수에 영향을 미치지 않는다. 이 부분을 생략할 수도 있지만, 여기서는 생략하지 않고 허용된 모든 친구 관계를 유지하기로 한다.

다음 연산은 A 2 5으로, 이 연산은 2개의 커뮤니티를 통합한다.

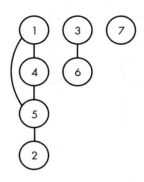

다음 연산은 A 4 3으로, 이 연산도 2개의 커뮤니티를 통합한다.

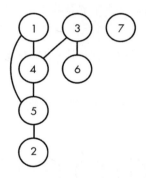

다음은 첫 번째로 등장한 크기 연산 S 4다. 사람 4의 커뮤니티에는 몇 명이 있을까? 이 질문은 노드 4에서 도달할 수 있는 노드 수를 결정하는 것과 같다. 그림을 보면 노드 7을 제외하면 모든 노드에 도달할 수 있기 때문에 답은 6이다.

다음 연산인 A 7 6을 보자. 이 연산은 노드 7과 6 간에 에지를 추가한다. 이 연산을 하면 구성원이 7명인 새로운 커뮤니티가 만들어질 수 있지만, 커뮤니티의 최대 구성원은 6명이라는 제한에 따라, 이 추가 연산은 무시해야 한다.

따라서 최종 연산인 S 4에 대한 답도 이전과 같은 6이다.

예제는 세 가지 연산을 모두 구현하는 데 필요한 것이 무엇인지를 보여준다. 추가 연산은 커뮤니티의 최대 구성원 한도에서 그래프에 새로운 에지를 추가한다. 조사 연산은 두 노드 간에 경로가 있는지 또는 한 노드에서 다른 노드에 도달할 수 있는지를 알려준다. 이 연산에는 BFS를 사용하면 된다. 크기 연산은 어떤 노드에서 도달할 수 있는 전체 노드수를 알려준다. 이 연산에도 BFS를 사용한다.

해법1: BFS

지금부터 그래프 기반의 해법을 2단계로 나눠 시도해보자. 우선은 연산을 처리하는 `main`함수를 보여주고, 점진적으로 그래프를 작성한다. 그런 다음, BFS 코드를 보여줄 것이다.

main 함수

코드에서 사용할 매크로와 구조체 정의는 다음과 같다.

```
#define MAX_PEOPLE 100000

typedef struct edge {
  int to_person;
  struct edge *next;
} edge;
```

　　`main` 함수는 코드 8-1에 있다. 이 함수는 값을 입력받고, 그래프를 생성, 쿼리하는 코드를 구현하는 데 사용할 기본 함수다.

코드 8-1 연산을 처리하는 main 함수

```
int main(void) {
  static edge *adj_list[MAX_PEOPLE + 1] = {NULL};
  static int min_moves[MAX_PEOPLE + 1];
  int num_people, num_community, num_ops, i;
  char op;
  int person1, person2;
  edge *e;
```

```
    int size1, size2, same_community;
    scanf("%d%d", &num_people, &num_community);
    scanf("%d", &num_ops);

    for (i = 0; i < num_ops; i++) {
      scanf(" %c", &op);

❶   if (op == 'A') {
        scanf("%d%d", &person1, &person2);
❷     find_distances(adj_list, person1, num_people, min_moves);
❸     size1 = size(num_people, min_moves);
        same_community = 0;
❹     if (min_moves[person2] != -1)
          same_community = 1;
❺     find_distances(adj_list, person2, num_people, min_moves);
❻     size2 = size(num_people, min_moves);
❼     if (same_community || size1 + size2 <= num_community) {
          e = malloc(sizeof(edge));
          if (e == NULL) {
            fprintf(stderr, "malloc error\n");
            exit(1);
          }
          e->to_person = person2;
          e->next = adj_list[person1];
          adj_list[person1] = e;
          e = malloc(sizeof(edge));
          if (e == NULL) {
            fprintf(stderr, "malloc error\n");
            exit(1);
          }
          e->to_person = person1;
          e->next = adj_list[person2];
          adj_list[person2] = e;
        }
      }

❽   else if (op == 'E') {
        scanf("%d%d", &person1, &person2);
        find_distances(adj_list, person1, num_people, min_moves);
```

```
      if (min_moves[person2] != -1)
        printf("Yes\n");
      else
        printf("No\n");
    }

❾ else {
      scanf("%d", &person1);
      find_distances(adj_list, person1, num_people, min_moves);
      printf("%d\n", size(num_people, min_moves));
    }
  }
  return 0;
}
```

4장의 책 번역 문제와 5장에서처럼 그래프에서 인접 리스트를 사용한다.

추가 연산부터 시작해❶ 코드 8-1이 세 가지 유형의 연산을 어떻게 코딩하는지 알아보자. 헬퍼 함수 find_distances를 호출한다❷. find_distances 함수는 바로 뒤에서 보겠지만 BFS를 구현한다. 즉, person 1부터 각 사람까지 그래프의 최단 경로로 min_moves를 채우고, 도달할 수 없을 때는 -1로 채운다. 그런 다음 min_moves의 거리 정보를 사용해 person1의 커뮤니티 크기를 결정하는 헬퍼 함수 size 호출한다❸. person1과 person2과 같은 커뮤니티에 속하는지를 확인한다. person1에서 person2에 도달할 수 있다면, 두 사람은 같은 커뮤니티에 속하는 것이다❹. 에지를 추가할지 여부를 결정하려면 이 정보가 필요하다. 사람들이 이미 같은 커뮤니티에 있다면 신규 커뮤니티 생성에 대한 걱정없이 안전하게 에지를 추가할 수 있다. 그렇지 않으면 커뮤니티의 최대 인원 수 제한을 초과하는지 여부도 고려해야 한다.

person1의 커뮤니티 크기를 찾았다면, person2 커뮤니티에도 같은 작업을 수행한다. 즉, person2의 BFS를 호출한 다음❺, 커뮤니티의 크기를 계산한다❻.

새로운 커뮤니티가 없거나 충분히 작다면❼, 그래프에 에지를 추가한다. 그래프가 무방향이므로, 실제로는 2개의 에지를 추가한다.

그 외 연산은 더 쉽다. 조사 연산일 때는❽ BFS를 실행하고, person1에서 person2에 도달할 수 있는지를 확인한다. 크기 연산일 때는❾ BFS를 실행한 후 person1에서 도달할 수 있는 노드의 수를 계산한다.

BFS 코드

여기서 필요한 BFS 코드는 4장의 책 번역 문제에서 작성한 코드와 매우 유사하지만 책 번역 비용이 없다는 점이 다르다. 코드 8-2를 보자.

코드 8-2 BFS로 사람 사이의 최소 거리 구하기

```
void add_position(int from_person, int to_person,
                  int new_positions[], int *num_new_positions,
                  int min_moves[]) {
  if (min_moves[to_person] == -1) {
    min_moves[to_person] = 1 + min_moves[from_person];
    new_positions[*num_new_positions] = to_person;
    (*num_new_positions)++;
  }
}

void find_distances(edge *adj_list[], int person, int num_people,
                    int min_moves[]) {
  static int cur_positions[MAX_PEOPLE + 1], new_positions[MAX_PEOPLE + 1];
  int num_cur_positions, num_new_positions;
  int i, from_person;
  edge *e;
  for (i = 1; i <= num_people; i++)
    min_moves[i] = -1;
  min_moves[person] = 0;
  cur_positions[0] = person;
  num_cur_positions = 1;

  while (num_cur_positions > 0) {
    num_new_positions = 0;
    for (i = 0; i < num_cur_positions; i++) {
      from_person = cur_positions[i];
      e = adj_list[from_person];
```

```
        while (e) {
          add_position(from_person, e->to_person,
                         new_positions, &num_new_positions, min_moves);
          e = e->next;
        }
      }

      num_cur_positions = num_new_positions;
      for (i = 0; i < num_cur_positions; i++)
        cur_positions[i] = new_positions[i];
  }
}
```

커뮤니티의 크기

마지막으로 헬퍼 함수 size를 작성한다. 지정된 사람이 속한 커뮤니티의 사람 수를 반환한다. 코드 8-3을 보자.

코드 8-3 지정된 사람이 속한 커뮤니티의 크기 연산

```
int size(int num_people, int min_moves[]) {
  int i, total = 0;
  for (i = 1; i <= num_people; i++)
    if (min_moves[i] != -1)
      total++;
  return total;
}
```

size 함수에서는 min_moves가 find_distances에 의해 이미 채워져 있다고 가정한다. 따라서 min_moves가 -1이 아닌 모든 사람에게 도달 가능하다. total 변수를 이용해 도달 가능한 사람을 모두 합산한다.

이렇게 해서 그래프 기반 해법이 완성됐다. q 연산 하나당 한 번의 BFS를 실행한다. 최악의 경우에는 연산마다 그래프에 하나의 에지를 추가하므로, BFS 호출 횟수는 q의 최댓

값에 비례한다. 따라서 이 해법은 $O(q^2)$ 또는 이차 알고리듬이라 할 수 있다.

4장에서는 BFS를 너무 많이 실행하지 않는 것이 중요하다고 설명했다. 가능하다면 한 번만 BFS 호출을 하는 것이 최선이지만 더 많이 호출해도 괜찮았다. 실제로 나이트 추격 문제를 풀 때, 폰의 위치마다 BFS 호출해도 문제가 없었다. 5장의 다익스트라 알고리듬에서도 가능한 호출을 적게하려는 노력을 했다. 그러나 여러 차례 호출해도 문제가 없었을 것이다. 생쥐 미로 문제에서는 100번 정도의 다익스트라 호출을 했으나 충분히 빨랐다. 그래프 검색을 여러 번 실행한 것이 문제가 되지는 않았다.

그러나 여기서는 문제가 된다. 이번 해법을 판정 시스템에 제출하면, '제한 시간 초과' 에러가 발생하며, 심지어 제한 시간에 턱없이 미치지 못한다. 필자의 노트북에서 소셜 네트워크에 100,000명의 사람과 200,000번의 연산을 시험해봤다. 추가 연산, 조사 연산, 크기 연산을 균일하게 나눴다. 그 결과 앞의 그래프 기반 해법을 실행하는 데 약 2분 정도가 걸렸다. 그러면 같은 예제에서 300배 더 빠르게 실행되는 유니온 파인드라는 새로운 데이터 구조를 알아보자. 유니온 파인드는 상당히 효율이 좋은 알고리듬이다.

유니온 파인드

두 가지 이유로 그래프의 BFS는 소셜 네트워크 문제에 대한 만족스런 해법이 아니다. 첫째, 너무 많은 정보를 생성한다. 이 기법은 두 사람 간의 최단 경로를 결정한다. 예를 들어, 사람 1과 사람 5 사이의 최단 경로는 2개라고 알려주는데 이것은 불필요한 정보다. 여기서는 두 사람이 같은 커뮤니티에 있는지만 알면 된다. 그들이 어떻게 같은 커뮤니티에 속하게 됐는지, 누구의 친구인지는 관심이 없다.

둘째, 너무 많은 정보를 낭비한다. BFS를 호출할 때마다 새로 시작되기 때문에, 아무런 정보도 보유하지 않는다. 그러나 이런 방식은 낭비가 너무 크다. 추가 연산은 그래프에 단지 1개의 에지를 추가할 뿐이며, 전체 커뮤니티에 대해서도 크게 다르지 않다. 그러나 BFS는 과거의 정보를 전혀 활용하지 않고, 다음 작업에서 전체 그래프를 다시 처리한다.

따라서 최단 경로에 대한 정보는 버리고, 새로운 친구 관계가 형성될 때 약간의 작업만 수행하는 데이터 구조를 고안하는 것이 목표다.

연산

추가 연산은 2개의 커뮤니티 하나로 통합한다(물론, 두 사람이 같은 커뮤니티에 있거나, 통합된 커뮤니티 크기가 제한 인원을 넘어갈 때는 아무 일도 일어나지 않는다). 이런 종류의 연산을 알고리듬 분야에서는 유니온union이라고 한다. 일반적으로 유니온은 2개 집합의 모든 요소를 포함하는 하나의 큰 집합을 생성한다.

조사 연산은 지정된 두 사람이 같은 커뮤니티에 속하는지 여부를 알려준다. 조사 연산은 각 커뮤니티의 한 요소를 대표 요소로 지정하는 방식으로 구현한다. 예를 들어, 사람 1, 4, 5가 있는 커뮤니티의 경우 4를 대표로, 사람 3, 6이 있는 커뮤니티는 3을 대표로 지정한다. 여기서, 사람1과 5가 같은 커뮤니티에 있느냐는 질문을 받으면 그 답은 '예'다. 사람 1의 커뮤니티 대표(사람4)와 사람5의 커뮤니티 대표(사람4)가 같기 때문이다. 사람 4와 6이 같은 커뮤니티에 있느냐는 질문의 답변은 '아니오'다. 이는 사람 4의 커뮤니티 대표(사람4)와 사람 6의 커뮤니티 대표(사람3)은 다르기 때문이다.

커뮤니티의 대표를 결정하는 것을 파인드Find라고 한다. 첫 번째 사람 커뮤니티의 대표를 찾고, 다음으로 두 번째 사람 커뮤니티의 대표를 찾아서 비교하는 2개의 파인드로 조사 연산을 구현할 수 있다.

이때 추가 연산은 유니온이고, 조사 연산은 파인드다. 2개의 연산을 구현한 데이터 구조를 유니온 파인드 데이터 구조라고 하는 것이다.

일단 유니온과 파인드가 구현되면 크기 연산도 지원할 수 있다. 남은 작업은 각 커뮤니티의 크기를 저장하고, 유니온을 수행할 때마다 크기를 최신 상태로 유지하기만 하면 된다. 그러면 정확한 커뮤니티 크기를 반환해 크기 연산을 지원할 수 있다.

배열 기반 접근

한 가지 아이디어는 각 사람의 커뮤니티를 대표하는 community_of 배열을 사용하는 것이다. 예를 들어, 사람 1, 2, 4, 5가 같은 커뮤니티에 속해 있고, 사람 3, 6이 같은 커뮤니티에 속해 있으며, 사람 7은 혼자서 다른 커뮤니티에 속해 있다고 하면, 이 배열은 다음과 같다.

Index	1	2	3	4	5	6	7
Value	5	5	6	5	5	6	7

한 사람으로 구성된 커뮤니티는 대표자를 선택할 수 없기 때문에, 사람 7의 대표자는 자신이 된다. 반면, 한 명 이상의 커뮤니티에서는 누구라도 대표가 될 수 있다.

이런 방식을 사용하면 파인드를 상수 시간으로 구현할 수 있다. 여기서는 다음 코드처럼 지정된 사람의 대표를 조회하기만 하면 된다.

```
int find(int person, int community_of[]) {
  return community_of[person];
}
```

이 정도면 충분히 만족할 만한 코드지만, 안타깝게도 이 코드는 유니온을 구현할 때 문제가 된다. 한 커뮤니티의 모든 대표 값을 새로운 커뮤니티의 대표 값으로 바꾸는 방법밖에 없기 때문이다. 이를 코드로 나타내면 다음과 같다.

```
void union_communities(int person1, int person2,
                        int community_of[], int num_people) {
  int community1, community2, i;
  community1 = find(person1, community_of);
  community2 = find(person2, community_of);
  for (i = 1; i <= num_people; i++)
    if (community_of[i] == community1)
      community_of[i] = community2;
}
```

핵심에 집중하기 위해 소셜 네트워크 커뮤니티의 최대 크기는 고려하지 않았다. 앞의 코드는 find 함수를 사용해 community1과 community2를 각각 person1 커뮤니티와 person2 커뮤니티의 대표로 설정한다. 그런 다음 모든 사람에 대해 community1에 속하면 community2로 변경하는 반복문을 수행한다. 그 결과 community1은 community2에 흡수돼 사라진다.

이 코드를 기반으로 작성한 해법을 제출하면 여전히 '제한 시간 초과' 오류가 발생한다. 모든 사람에 대한 반복문을 수행하지 않고 커뮤니티를 통합하는 더 좋은 방법을 찾아야 한다.

트리 기반 접근

가장 효율적인 유니온 파인드 데이터 구조는 트리를 기반으로 한다. 각 집합은 고유한 트리로 표현되며, 트리의 루트는 해당 집합의 대표 역할을 한다. 그림 8-1에 표시된 예제의 동작 방식을 알아보자.

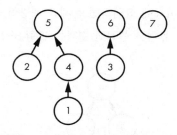

그림 8-1 트리기반 유니온 파인드 데이터 구조

그림 8-1에는 3개의 독립적인 커뮤니티를 보여주는 3개의 트리 구조가 있다. 하나는 사람 1, 2, 4, 5로, 다른 하나는 사람 3, 6으로, 나머지 하나는 사람 7로 구성된다. 각 트리의 루트는 사람 5, 6, 7이며, 각 커뮤니티의 대표 역할을 한다.

또한, 자식 노드에서 부모 노드로 향하는 화살표로 에지를 표현했다. 이것은 이 책의 앞부분에서는 볼 수 없었던 방식으로, 트리를 탐색하는 방식을 강조하기 위한 표현이다. 트리에서 파인드와 유니온을 지원하는 방법을 배우면, 트리에서 위로(자식에서 부모로) 올라가는 일은 있어도, 아래도 이동해서는 안 된다는 사실을 알게 될 것이다.

파인드부터 시작해보자. 파인드는 어떤 사람이 지정되면, 그 사람의 대표를 반환하는 것이 목표다. 이를 위해서는 루트 요소에 도달할 때까지 위쪽으로 계속 이동해야 한다. 그림 8-1에서 사람 1의 대표를 찾는다고 해보자. 1은 루트가 아니므로, 1의 부모인 사람 4로 이동한다. 사람 4도 루트가 아니므로, 다시 사람 4의 부모인 사람 5로 이동한다. 사람 5

는 루트이므로, 사람 1의 대표는 사람 5가 된다.

　트리기반 접근법을 '배열 기반 접근법'과 비교해보자. 트리 방식에서는 한 번에 대표를 찾는 것이 아니라, 루트를 찾을때까지 트리를 따라 이동해야 한다. 이때 트리의 높이가 너무 커지는 것에 대한 우려도 있지만, 트리의 높이를 조절할 수 있기에 이는 근거없는 우려임을 알 수 있다.

　유니온을 살펴본다. 유니온은 두 사람이 지정되면 그들이 속한 트리를 합치는 것이 목표다. 정확성 측면에서는 2개의 트리를 통합하는 방식은 중요하지 않다. 그러나 앞에서 파인드를 다룰 때 언급했듯이 트리의 높이를 작게 유지하는 것이 유용하다. 한 개의 트리를 다른 트리의 아래에 삽입하면, 트리의 높이가 불필요하게 높아지는 문제가 생긴다. 한 트리를 다른 트리의 루트 바로 아래에 삽입하면 문제를 예방할 수 있다. 예를 들어, 루트가 5인 트리와 루트가 6인 트리를 유니온 연산한 결과는 그림 8-2와 같다.

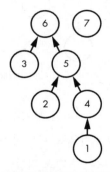

그림 8-2 유니온 연산 후에 트리기반 유니온 파인드 데이터 구조

　여기서는 6을 결합 트리의 루트로 선택했다. 물론 5를 결합 트리의 루트로 선택할 수도 있다(사실은 5를 루트로 하는 것이 더 나은데, 유니온 파인드 최적화 부분에서 그 이유를 설명한다).

　소셜 네트워크 문제를 풀기 위한 유니온 파인드 해법 설계를 충분히 살펴봤다.

438

해법 2: 유니온 파인드

7장에서 힙과 세그먼트 트리를 다루면서 경험했기 때문에, 유니온 파인드 데이터 구조를 배열에 저장한다는 개념이 그리 놀랍지는 않을 것이다.

유니온 파인드 트리는 노드에 자식을 얼마든지 가질 수 있기 때문에, 꼭 이진 트리가 될 필요는 없다. 따라서 7장에서처럼 2로 곱하거나 나눠서 이동할 수는 없다. 그나마 다행인 것은 이번에는 부모 자식 간의 이동만 가능하므로, 오로지 주어진 노드에서 부모로 매핑하는 배열만 있으면 된다. parent 배열을 사용하며, 노드 i의 부모는 parent[i]가 된다.

3개의 커뮤니티가 있는 그림 8-1을 보자. 하나는 사람 1, 2, 4, 5로, 다른 하나는 사람 3, 6으로, 나머지 하나는 사람 7로 구성된다. 이에 해당하는 부모 배열은 다음과 같다.

Index	1	2	3	4	5	6	7
Value	4	5	6	5	5	6	7

사람 1의 커뮤니티 대표를 찾으려면 어떻게 해야 할까? 인덱스 1의 값은 4이며, 이는 4가 1의 부모라는 의미다. 인덱스 4의 값은 5이므로, 5는 4의 부모가 된다. 그러면 인덱스 5의 값은 5이므로, 5는 5의 부모라는 뜻일까? 그렇지 않다. parent[i]와 i가 같다는 것은 트리의 루트에 도달했다는 의미다(배열 인덱스에 해당하지 않는 -1 값을 사용하는 방법으로 루트를 구별하기도 한다. 우리는 이 방식을 사용하지 않지만 다른 코드에서 많이 사용된다).

main 함수

코드를 작성할 준비가 됐다. 코드 8-4의 main 함수부터 시작해보자(코드 8-4는 코드 8-1보다 훨씬 짧다. 일반적으로 유니온 파인드 코드는 간결하다).

코드 8-4 연산을 수행하는 main 함수

```
int main(void) {
❶ static int parent[MAX_PEOPLE + 1], size[MAX_PEOPLE + 1];
  int num_people, num_community, num_ops, i;
  char op;
```

```
   int person1, person2;
   scanf("%d%d", &num_people, &num_community);
❷ for (i = 1; i <= num_people; i++) {
   parent[i] = i;
   size[i] = 1;
   }
   scanf("%d", &num_ops);

   for (i = 0; i < num_ops; i++) {
     scanf(" %c", &op);

     if (op == 'A') {
       scanf("%d%d", &person1, &person2);
❸    union_communities(person1, person2, parent, size, num_community);
     }

     else if (op == 'E') {
       scanf("%d%d", &person1, &person2);
❹    if (find(person1, parent) == find(person2, parent))
         printf("Yes\n");
       else
         printf("No\n");
     }

     else {
       scanf("%d", &person1);
❺    printf("%d\n", size[find(person1, parent)]);
     }
   }
   return 0;
}
```

앞에서 설명한 parent 배열 외에 size 배열도 포함시켰다❶. size[i]는 대표 i가 속한 커뮤니티에 속한 사람 수를 제공한다. 대표가 아닌 사람으로 커뮤니티의 크기를 조회하면 안 된다. 대표가 아닌 사람이라면 size 값을 업데이트하지 않는다.

for 문은 parent와 size 배열을 초기화한다❷. parent 배열에서 각 사람은 자기 커뮤니티의 대표자가 되며, 해당 커뮤니티에는 자기 자신만 있기 때문에 size 값은 1로 설정한다.

추가 연산을 구현하기 위해 union_communities 헬퍼 함수를 호출한다❸. union_communities 함수는 num_community라는 크기 제한 조건에 따라 person1과 person2의 커뮤니티를 통합한다. 이 코드는 바로 다음에서 다룰 것이다.

조사 연산을 구현하기 위해 find를 두 번 호출한다❹. 같은 값을 반환하면 두 사람이 같은 커뮤니티에 속하는 것이다.

마지막으로 크기 연산을 구현하기 위해 size 배열을 사용해 지정된 사람이 속한 커뮤니티의 대표를 조회한다❺.

다음으로 find와 union_communities를 구현하면서 전체 구현을 끝내자.

find 함수

find 함수는 사람을 매개변수로 받고, 그 사람이 속한 커뮤니티의 대표를 반환한다. 코드 8-5를 보자.

코드 8-5 find 함수

```
int find(int person, int parent[]) {
  int community = person;
  while (parent[community] != community)
    community = parent[community];
  return community;
}
```

while 문은 루트를 찾을 때까지 계속 트리 위로 이동한다. 루트 노드는 커뮤니티의 대표이며, 그 값이 반환된다.

union 함수

union_communities 함수는 parent 배열, size 배열 및 num_community 외에 두 명의 사람

을 매개변수로 취하고, 이들이 속한 2개의 커뮤니티를 통합한다(이 함수의 이름을 union으로 하고 싶었지만, union은 C언어의 예약어이므로 사용할 수 없다). 코드 8-6을 보자.

코드 8-6 union_communities 함수

```
void union_communities(int person1, int person2, int parent[],
                       int size[], int num_community) {
  int community1, community2;
❶ community1 = find(person1, parent);
❷ community2 = find(person2, parent);
  if (community1 != community2 &&
      size[community1] + size[community2] <= num_community) {
  ❸ parent[community1] = community2;
  ❹ size[community2] = size[community2] + size[community1];
  }
}
```

먼저 각 사람의 커뮤니티 대표를 찾는 것으로 시작한다❶❷. 통합하려면 두 가지 조건이 필요하다. 첫째, 커뮤니티가 서로 달라야 한다. 둘째, 두 커뮤니티 크기 합이 최대 허용 커뮤니티 크기를 넘지 않아야 한다. 두 가지 조건을 모두 만족하면 통합이 수행된다.

예제에서는 community1을 community2에 통합했다. 따라서 community1은 사라지고, community2로 흡수된다. 이를 위해서는 parent와 size 크기를 적절히 수정해야 한다.

통합 전에는 community1이 커뮤니티의 루트였지만, community2가 community1의 부모가 돼야 한다❸. 따라서 community1을 대표로 가졌던 모든 사람은 이제 community2를 대표로 갖는다.

size를 계산해보면 community2는 기존의 구성원에다 community1의 모든 사람을 더한 새로운 값을 갖는다❹.

모든 코드가 완성됐다. 이 해법을 판정 시스템에 제출해보자. 제한 시간에 모든 테스트 케이스를 통과해야 한다.

혹시 제한 시간을 넘겼더라도 걱정할 필요가 없다. 최고의 유니온 파인드 최적화 기법을 2개나 더 사용할 수 있기 때문이다.

지금부터 두 가지 기법을 배워보자. 현재 문제에는 과잉일 수도 있지만, 이 기법들을 사용하면 앞으로 다시는 제한 시간을 걱정할 필요가 없을 정도로 속도가 향상된다.

최적화 1: 크기별 유니온

유니온 파인드는 일반적으로 속도가 빠르지만, 제 속도를 내지 못하도록 만든 테스트 케이스도 있다. 특히, 다음과 같은 테스트 케이스에서는 최악의 성능을 낸다.

```
7 7
7
A 1 2
A 2 3
A 3 4
A 4 5
A 5 6
A 6 7
E 1 2
```

여기서는 커뮤니티1이 2와 통합된 후, 다시 커뮤니티3과 통합되며 다시 커뮤니티4와 통합되는 식으로 진행된다. 6번의 통합이 끝나면, 그림 8-3과 같은 트리가 생성된다.

그림 8-3 트리 기반 유니온 파인드 데이터 구조의 나쁜 사례

모든 노드가 긴 체인처럼 연결돼 있고, 유감스럽게도 파인드와 유니온이 전체 노드를 모두 통과하게 된다. 예를 들어, E 1 2에서 사람 1과 사람 2에 대한 검색을 수행할 때 모든 노드를 방문하게 된다. 예제에서는 7개의 노드 뿐이라 그리 크지 않지만, 유니온 패턴을 복제하면 대규모의 체인을 만들어 낼 수도 있다. 따라서 파인드와 유니온 연산을 하는데 선형 시간이 걸리도록 강제할 수 있으며, q개의 연산을 모두 사용하면, 트리 기반 유니온 파인드 알고리듬이 $O(q^2)$ 시간이 걸리도록 할 수 있다. 즉, 최악의 경우에는 트리 기반 해법이 이론적으로 BFS 해법보다 낫지 않다는 뜻이다. 대부분의 테스트 케이스는 긴 노드 체인을 생성하지 않기 때문에 실제로는 BFS가 낫다. 그러나 트리 기반 해법이 나은 테스트 케이스도 있다.

그런데, 왜 이런 악의적인 테스트 케이스가 끔찍한 트리를 생성하도록 내버려둬야 할까? 지금까지는 유니온 파인드 데이터 구조의 모양에 대해서는 신경쓰지 않았다. 특히, 유니온이 호출될 때마다 기존 대표자가 통합된 커뮤니티에서도 대표가 될지 선택할 수 있다. 따라서 첫 번째 커뮤니티를 항상 두 번째의 아래에 두는 것이 아니라, 가장 좋은 트리를 생성하도록 선택해야 한다. 그림 8-2의 나쁜 구조와 그림 8-4의 좋은 구조를 비교해 보자.

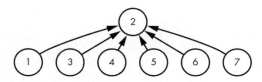

그림 8-4 최적화된 트리 기반 유니온 파인드 데이터 구조

사람 2는 루트 노드고, 다른 모든 사람은 정확히 1개의 에지만큼 떨어져 있다. 그림 8-4과 같은 구조에서는 어떤 유니온이나 파인드 연산이든 매우 효율적으로 수행할 수 있다.

그림 8-3이 아닌, 그림 8-4처럼 구성할 수 있도록 하는 최적화 방식을 '크기별 유니온' 이라고 한다. 2개의 커뮤니티를 통합할 때마다 사람이 적은 커뮤니티를 사람이 많은 커뮤니티로 통합하는 것이다.

현재 테스트 케이스는 A 1 2로 시작한다. 처음에는 두 커뮤니티 모두 한 명씩 밖에 없기 때문에 어느 쪽을 선택해도 된다. 여기서는 커뮤니티 2를 남기는 것으로 하자. 그러면 커뮤니티 2에는 2명이 있다. 한 명은 원래 있던 사람이고, 나머지는 커뮤니티 1에서 통합된 사람이다. 다음으로 A 2 3을 수행하기 위해 크기를 비교해 보면, 커뮤니티 2는 두 명이고, 커뮤니티 3은 한 명이다. 커뮤니티 2가 커뮤니티 3보다 크기 때문에 커뮤니티 2를 남긴다. 그러면 커뮤니티 2에는 3명이 있다. 다음으로 A 3 4를 수행하면 어떨까? 이번 역시 커뮤니티 2에 한 명을 추가하는 것으로 끝난다. 이런 식으로 계속 진행하면 커뮤니티 2로 모든 사람이 통합된다.

크기별 유니온 방식은 확실히 최악의 테스트 케이스가 되는 것을 예방하지만, 노드에서 루트로 이동할 때 약간의 작업이 필요한 테스트 케이스가 여전히 존재한다. 사례 중 하나는 다음과 같다.

9 9
9

```
A 1 2
A 3 4
A 5 6
A 7 8
A 8 9
A 2 4
A 6 8
A 4 8
E 1 5
```

이 테스트 케이스에 대한 크기별 유니온 작업의 결과를 그림 8-5에 나타냈다.

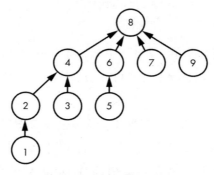

그림 8-5 크기별 유니온의 나쁜 사례

일부 노드는 루트 바로 아래 있지만, 훨씬 멀리 있는 노드도 있다(그 중 최악은 노드 1
이다). 그래도 트리는 상당히 균형이 잡혀 있으며, 크기별 유니온 최적화 이전 상태의 긴
노드 체인보다는 확실히 나은 구조다.

다음으로 크기별 유니온을 사용할 때 총 사람 수가 n이면, 트리의 최대 높이가 $O(\log n)$임을 알 수 있다. 파인드는 트리를 따라 올라가는 것이고, 유니온은 2개의 파인드에 부
모를 바꾸는 것이어서 파인드나 유니온에도 $O(\log n)$ 시간이 소요되기 때문이다.

임의의 노드 x를 선택하고, x와 루트 간의 에지 개수가 몇 개까지 늘어날 수 있는지를
생각해보자. x의 커뮤니티가 다른 커뮤니티를 흡수하는 경우, 해당 커뮤니티의 루트는 이
전과 같으므로, x와 루트 사이의 에지 개수도 변하지 않는다. 그러나 x의 커뮤니티가 다른

커뮤니티로 흡수되면, x와 새로운 루트 사이에 에지 개수가 전보다 하나 더 늘어난다.

따라서 x와 루트 사이의 에지 개수에 제한을 두는 것은 x의 커뮤니티가 다른 커뮤니티에 흡수될 수 있는 최대 횟수를 결정하는 것과 같다.

x가 크기가 4인 커뮤니티에 있다고 가정하자. 이 커뮤니티가 크기가 2인 커뮤니티에 흡수될 수 있을까? 크기별 유니온 방식을 사용하고 있는 한, 그런 일은 없을 것이다. x의 커뮤니티가 다른 커뮤니티에 흡수될 때는 다른 커뮤니티의 크기가 최소한 x의 커뮤니티만큼 큰 경우뿐이다. 이 예제에서는 크기가 4 이상인 커뮤니티여야 한다. 따라서 크기가 4인 커뮤니티에다가 최소한 4보다 큰 커뮤니티를 더하면 $4 + 4 = 4 \times 2 = 8$이 되므로, x의 커뮤니티는 다른 커뮤니티에 흡수될 때 크기가 적어도 2배가 된다.

x는 크기가 1인 커뮤니티로부터 출발한다. 다른 커뮤니티를 흡수하면 최소 크기가 2인 커뮤니티가 된다. 다시 다른 커뮤니티를 흡수하면 최소 크기가 4인 커뮤니티가 되고, 또 흡수하면 최소 크기가 8인 커뮤니티가 된다. 그러나 영원히 두 배가 될 수는 없으며, x의 커뮤니티가 n명의 사람을 모두 포함하면 멈춰야 한다. 그러면 1부터 시작해서 몇 번을 반복해야 n에 도달하게 될까? 바로 그 값이 $\log n$이고, 어떤 노드와 루트 간의 에지 개수가 $\log n$으로 제한되는 이유다.

크기별 유니온을 사용하면 실행 시간을 선형에서 로그형으로 줄일 수 있다. 더 좋은 점은 이 최적화를 구현하는 데는 새로운 코드가 많이 필요치 않다는 것이다. 사실 소셜 네트워크 문제일 때는 이미 커뮤니티 크기를 유지하고 있으므로, 이 크기를 사용해 어느 커뮤니티가 다른 커뮤니티에 흡수되는지 결정하기만 하면 된다. 이 새로운 함수가 코드 8-7이다. 코드 8-6과 비교하면 기존의 기능을 모두 수행하는지 확인할 수 있다.

코드 8-7 크기별 유니온을 사용한 union_communities 함수

```
void union_communities(int person1, int person2, int parent[],
                       int size[], int num_community) {
  int community1, community2, temp;
  community1 = find(person1, parent);
  community2 = find(person2, parent);
  if (community1 != community2 &&
      size[community1] + size[community2] <= num_community) {
```

```
❶ if (size[community1] > size[community2]) {
    temp = community1;
    community1 = community2;
    community2 = temp;
  }
❷ parent[community1] = community2;
  size[community2] = size[community2] + size[community1];
 }
}
```

기본적으로 community1이 community2에 흡수되도록 코드를 작성했다. 그러나 community1의 크기가 community2보다 클 때는❶, community1과 community2를 바꾸는 작업을 먼저 수행한다. 그러면 community2가 더 큰 커뮤니티가 되고, community1을 community2로 흡수하는 기본 코드를 수행한다❷.

최적화 2: 경로 압축

그림 8-5에 해당하는 테스트 케이스를 다시 살펴보자. 이번에는 트리를 생성한 다음, 같은 조사 연산을 반복해서 수행해본다.

```
9 9
13
A 1 2
A 3 4
A 5 6
A 7 8
A 8 9
A 2 4
A 6 8
A 4 8
E 1 5
E 1 5
E 1 5
E 1 5
E 1 5
```

E 1 5 연산은 매번 루트까지 긴 거리를 순회하므로 속도가 느리다. 가령, 사람1의 대표를 찾으려면 노드 1에서 노드 2로, 다시 노드 4로, 거기서 다시 노드 8로 이동한다. 노드 1의 대표가 노드 8이라는 사실을 알았다. 그러나 사람 5에 대해서도 같은 작업을 해야 하는데, 이는 관련 정보를 저장하지 않았기 때문이다. 그러므로, E 1 5 명령이 올 때마다, 사람 1과 사람 5를 찾는 연산을 매번 다시 수행해야 한다.

이 부분이 트리의 구조를 제어해서 효율을 높일 수 있는 지점이다. 트리의 모양이 아닌, 같은 커뮤니티에 있는 사람들은 같은 트리에 있다는 사실이 중요하다. 어떤 사람이 속한 커뮤니티의 루트를 알아냈다면, 그 사람을 루트의 자식으로 이동시키는 것이다. 또한, 그 사람의 조상 노드도 루트의 자식으로 이동시킨다.

그림 8-5를 다시 보자. 여기서 다음 수행할 연산이 E 1 5라고 가정한다. 크기별 유니온 최적화만 사용한다면, 이번 조사 연산은 다른 조사 연산과 마찬가지로 트리의 구조를 바꾸지는 않는다. 그러나 그림 8-6처럼 경로 압축이라는 최적화를 사용하면 어떤 일이 생기는지를 확인해보자.

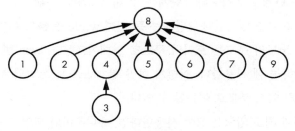

그림 8-6 경로 압축의 예

그림 8-6을 보면 상당히 좋은 구조가 나왔다. 노드 1을 찾으면 노드 1과 노드 2가 루트의 자식이 되고, 노드 5를 찾으면 노드 5가 루트의 자식이 된다.

일반적으로 경로 압축에서는 경로의 모든 노드를 루트 노드의 자식으로 배치한다. 따라서 노드 검색 속도가 상당히 빠르다.

find 함수에서 경로 압축을 구현하려면 트리에 지정된 사람부터 루트까지 경로를 두 번 순회해야 한다. 첫 번째 순회는 트리의 루트를 찾는 것으로 모든 find 함수가 수행하는 탐색 작업이다. 두 번째 순회는 경로를 따라 각 노드가 루트를 부모로 갖도록 지정한다. 새롭게 작성한 코드 8-8과 코드 8-5를 비교해, 두 번째 순회에 어떤 새로운 것이 있는지 확인해보자.

코드 8-8 경로 압축을 구현한 find 함수

```
int find(int person, int parent[]) {
  int community = person, temp;
❶ while (parent[community] !=  community)
    community = parent[community];
❷ while (parent[person] != community) {
    temp = parent[person];
    parent[person] = community;
    person = temp;
  }
  return community;
}
```

코드 8-8은 두 단계로 동작한다. 1단계는 첫 번째 while 문❶으로, community 변수에 커뮤니티의 대표(루트)를 입력한다. 2단계는 두 번째 while 문❷으로 루트까지의 경로를 역추적하면서, 각 노드의 부모를 트리의 루트로 업데이트한다. temp 변수는 현재 노드의 이전 부모를 저장하는 데 사용한다. 이렇게 하면 현재 노드를 트리의 루트로 업데이트한 후에도 현재 노드의 이전 부모로 이동할 수 있다.

크기별 유니온과 경로 압축을 모두 사용한다면, 유니온이나 파인드 연산을 한 번 하는 데 $O(\log n)$ 시간이 걸릴 수도 있다. 모든 유니온과 파인드를 합친다면 기술적으로는 연산별 평균 시간이 일정하지 않을 수 있지만, 결과적으로는 일정하다. 실행 시간 분석은 역애커만Inverse Ackermann 함수를 기반으로 하는데, 이 함수는 진짜로 느리게 증가한다. 여기서 역애커만 함수를 정의하거나 동작 방식을 다루지는 않겠지만, 그 결과가 얼마나 강력한지는 간단히 설명할 수 있다.

증가 속도가 느린 로그 함수로 시작해보자. 매우 큰 수라도 로그 값을 취하면 아주 작은 숫자 값이 나온다. log 1,000,000,000의 결과는 30 정도에 불과하다. 그러나 로그가 상수는 아니므로, 충분히 큰 값의 n을 사용하면 log *n*도 원하는 만큼 크게 만들 수 있다.

역애커만 함수 역시 상수가 아니긴 마찬가지나 log 함수와 달리 실제로는 30이라는 숫자조차도 만들 수 없다. 즉, n을 컴퓨터에서 표현할 수 있는 만큼의 가장 큰 숫자로 만들더라도, 역애커만의 값은 최대 4가 된다. 따라서 크기별 유니온과 경로 압축이 적용된 유니온 파인드는 1개 연산당 평균 4단계만 거친다고 생각하면 된다.

유니온 파인드

유니온 파인드 데이터 구조는 유니온과 파인드를 기본 연산으로 하는 그래프 문제를 획기적으로 해결할 수 있다. 그러나 4장과 5장에서와 같이 노드 간의 거리를 계산해야 하는 문제에는 맞지 않는 데이터 구조다. 유니온 파인드가 적용되면 인접 리스트와 그래프 검색이 상당히 많아지고, 속도도 매우 느려진다.

관계: 세 가지 요구사항

유니온 파인드는 각 객체가 자신의 집합에서 시작하는 객체 모음에서 동작한다. 그리고 같은 집합에 있는 객체는 항상 동등하다. 즉, 소셜 네트워크 문제에서 같은 집합(커뮤니티)의 사람들은 모두 친구 관계라는 점에서 동등하다.

유니온 파인드를 적용하려면 객체의 관계가 세 가지 기준을 충족해야 한다. 첫째, 객체들은 서로 연관성이 있어야 한다. 소셜 네트워크의 친구 관계라면, 각 사람이 자신의 친구라는 것을 의미한다. 이 기준을 충족하는 관계를 반사reflexive 관계라고 한다.

둘째, 친구 관계는 방향성이 없어야 한다. 즉, x와 y가 친구 관계이면서, 동시에 y와 x가 친구가 아닌 관계는 없다는 것이다. 이런 조건을 충족하는 관계를 대칭symmetric 관계라고 한다.

셋째, 친구 관계는 전이적이어야 한다. x가 y의 친구이고, y가 z의 친구일 때, x는 z의 친구여야 한다. 이런 조건을 충족하는 관계를 전이transitive 관계라고 한다.

이러한 기준 중 하나라도 충족되지 않으면, 앞에서 논의한 유니온 연산이 중단된다.

전이성이 없는 친구 관계가 있다고 가정하자. 그러면 x가 y와 친구 관계일지라도, x의 친구가 y의 친구인지 여부를 알 수가 없다. 따라서 x의 커뮤니티와 y의 커뮤니티를 통합할 수가 없다. 실제로 친구가 아닌 사람들을 같은 집합에 포함시킬 수 없기 때문이다.

이렇게 반사와 대칭, 전이를 모두 만족하는 친구 관계를 동치^{equivalence} 관계라고 한다.

유니온 파인드 선택

유니온 파인드를 적용할 수 있는지를 결정하려면 다음과 같은 질문을 해봐야 한다. 객체 간에 유지해야 할 관계는 무엇인가? 반사와 대칭, 전이 관계인가? 만약 그렇다면, 그리고 기본 연산을 파인드와 유니온에 매핑할 수 있다면, 유니온 파인드를 주요한 해법 전략으로 고려해야 한다.

모든 유니온 파인드 문제 속에는 인접 리스트와 그래프 검색을 사용해서 (덜 효율적이지만) 모델링할 수 있는 그래프 문제가 포함돼 있다. 따라서 소셜 네트워크 문제에서와 달리 8장의 나머지 문제에서는 그래프를 사용하지 않을 것이다.

최적화

지금까지 크기별 유니온과 경로 압축이라는 2개의 유니온 파인드 최적화를 소개했다. 2개의 최적화는 잘못된 테스트 케이스에 대한 보호도 제공하고, 일반적으로 테스트 케이스에 관계없이 성능을 향상시킨다. 게다가 몇 줄의 코드만으로도 충분하므로, 가능하면 언제든지 사용하는 것을 추천한다.

단, '가능하면'과 '항상'을 혼동해서는 안 된다. 이들 최적화가 적절하지 않은 유니온 파인드 문제도 있기 때문이다. 경로 압축이 문제가 되는 경우는 아직 보지는 못했지만 통합되는 집합의 순서를 기억해 둬야 할 때는 크기별 유니온에서 트리의 루트를 서로 바꾸면 안 된다. 문제 3에서는 크기별 유니온을 사용할 수 없는 사례를 확인해 볼 것이다.

문제 2: 친구와 적

유니온 파인드에서는 '추가' 연산(예: x와 y는 친구다. x와 y는 같은 학교에 다닌다. x와 y는 같은 도시에 살고 있다 등)만 지원하는 것인지 의문이 생길 것이다. 그러나 추가 연산에는 다른 유형의 '추가' 정보. 즉, x와 y는 친구가 아니다와 같은 것도 지원할 수 있다는 것이 밝혀졌다. 흥미롭게도 x와 y가 같은 집합에 있는 것이 아니라, 같은 집합에 있지 않다는 것을 알려주는 것이다. 유니온 파인드의 동작은 어떨지 계속 알아보자.

문제의 출처는 UVa의 **10158**이다.

문제 설명

전쟁 중인 두 나라가 있다. 당신은 두 나라의 평화 회담 자리에 참가하도록 허가를 받아, 두 나라의 대표의 대화를 들을 수 있다. 회담에는 n명의 사람이 참가했고, 각 사람은 0, 1,..., $n-1$처럼 번호를 부여받았다. 처음에는 누가 친구(같은 국가의 시민)인지, 누가 적(상대 국가의 시민)인지 전혀 알 수 없다. 누가 친구이고 적인지에 대한 정보를 기록하고, 누적된 정보를 바탕으로 질문에 응답하는 것이 당신의 임무다.

이를 위해 다음 4개의 연산을 지원해야 한다.

SetFriends　지정된 두 사람이 친구 관계라고 기록한다.

SetEnemies　지정된 두 사람이 적 관계라고 기록한다.

AreFriends　지정된 두 사람이 친구 관계인지 여부를 보고한다.

AreEnemies　지정된 두 사람이 적 관계인지 여부를 보고한다.

친구 관계는 동치 관계다. 즉, 반사 관계(x는 x의 친구), 대칭 관계(x가 y의 친구라면, y도 x의 친구), 전이 관계(x가 y와 친구이고 y가 z와 친구이면, x와 z는 친구)가 성립한다.

적 관계는 동치 관계가 아니다. 즉, 대칭 관계(x가 y와 적 관계이면, y도 x의 적)는 성립하지만, 반사 관계나 전이 관계는 성립하지 않는다.

친구와 적 관계에 대해 알아야 할 것이 한 가지 더 있다. x와 y가 각각 친구와 적이 몇 명인지 알아야 하며, 이때 x와 y는 적 관계라고 해보자. 이때, x와 y는 적 관계라는 당연한 사실 외에도 알 수 있는 것이 있다. 그것은 x의 적은 y의 집합에 있는 모두와 친구라는 결론을 내릴 수 있다는 사실이다(예를 들어, 앨리스와 밥이 적이고, 데이빗과 이브가 친구인데, 앨리스와 데이비드는 적이라고 가정하자. 그러면, 밥은 데이빗 및 이브와 친구라고 할 수 있다). 마찬 가지로, y의 적은 x의 집합에 있는 모두와 친구라는 결론을 내릴 수 있다. 따라서 한 마디로 '적의 적은 친구다'라고 표현할 수 있다.

입력

입력은 1개의 테스트 케이스이며, 테스트 케이스의 구성은 다음과 같다.

- 회담에 참여한 사람의 총 인원 수를 의미하는 정수 n이 포함된 줄: n은 10,000 미만이다.
- 0 또는 그 이상의 줄: 각 줄에는 1개의 연산이 들어간다.
- 3개의 정수를 포함하는 줄: 첫 번째 정수는 0이다. 이는 테스트 케이스의 끝을 의미한다.

연산이 들어간 줄의 형식은 같다. 연산 코드 뒤에 두 사람(x와 y)이 온다.

- SetFriends 연산은 1 x y 형태다.
- SetEnemies 연산은 2 x y 형태다.
- AreFriends 연산은 3 x y 형태다.
- AreEnemies 연산은 4 x y 형태다.

출력

각 연산의 결과는 한 줄씩 출력된다.

- SetFriends 연산이 성공하면, 출력 값은 없다. 연산이 기존 정보와 충돌하면, -1을 출력하고, 연산은 무시한다.

- SetEnemies 연산이 성공하면, 출력 값은 없다. 연산이 기존 정보와 충돌하면, -1을 출력하고, 연산은 무시한다.
- AreFriends 연산에서 두 사람이 친구라면 1, 그 외에는 0을 출력한다.
- AreEnemies 연산에서 두 사람이 적이라면 1, 그 외에는 0을 출력한다.

문제의 풀이 제한 시간은 3초다.

확장: 적

다뤄야 할 속성이 SetFriends와 AreFriends 연산뿐이라면, 소셜 네트워크 문제를 풀때처럼 유니온 파인드를 직접 적용할 수 있다. 즉, 각 친구 그룹에 하나의 집합을 유지하는 것이다. 소셜 네트워크에서 추가 연산처럼 SetFriends는 유니온으로 구현돼 2개의 친구 집합을 1개의 더 큰 집합으로 만들 수 있다. 소셜 네트워크에서 조사 연산처럼 AreFriends는 파인드로 구현돼 지정된 두 사람이 같은 집합에 속하는지를 확인할 수 있다.

일단 두 작업에 대한 연산 문제부터 해결한다. 필자의 도움이 없어도 당장 이 문제를 풀 수 있겠지만, 풀이에 도움이 될 수 있도록 SetEnemies와 AreEnemies를 통합하는 기법을 다뤄보자.

유니온 파인드 확장

데이터 구조 확장은 새롭거나 더 빠른 연산을 지원하고자 데이터 구조에 추가 정보를 저장하는 것을 말한다. 유니온 파인드 데이터 구조에서 각 집합의 크기 정보를 갖고 있는 것이 확장의 한 예라고 할 수 있다. 물론 이 정보없이 데이터 구조를 구현할 수도 있지만, 정보가 있다면 집합의 크기 반환이나 크기별 유니온 작업을 빠르게 수행할 수 있다.

현재의 데이터 구조가 의도한 작업의 대부분을 수행하는 경우라면 확장을 고려해야 한다. 이때 다른 연산의 속도를 떨어뜨리지 않고 의도한 기능을 추가할 수 있는 적절한 확장 방안을 식별하는 것이 핵심이다.

앞에서 작업을 통해 SetFriends와 AreFriends를 지원하는 유니온 파인드 데이터 구조를 구현했다. 이 구조는 각 노드의 부모뿐 아니라 각 집합의 크기도 갖고 있다. 데이터 구조를 확장해 SetEnemies와 AreEnemies를 지원하도록 하자. 또한, 이 과정에서 SetEnemies와 AreEnemies의 속도가 전혀 떨어지지 않도록 할 것이다.

x와 y가 적 관계라고 가정해보자. 문제 설명에서, x의 집합과 y의 적을 유니온하고, y의 집합과 x의 적을 유니온한다는 것을 알 수 있다. 누가 x, y의 적일까? 표준 유니온 파인드 데이터 구조로는 알 수 없다. 유니온 파인드 데이터 구조의 확장이 필요한 이유가 바로 이것이다.

각 노드의 부모와 각 집합의 크기 외에도 각 집합의 적을 추적할 것이다. 그리고 이 적들을 enemy_of라는 배열에 저장한다. s가 어떤 집합의 대표라고 가정해보자. 그 집합에 적이 없다면, enemy_of[s]에는 특수 값을 넣어서 혼동이 없도록 할 것이다. 집합에 적이 한 명 이상 있다면 enemy_of[s]는 적 중 한 명을 반환한다.

그렇다. 전부가 아니라 그 중 한 명이다. 각 집합의 적을 하나만 알면 충분하다. 한 명으로 적군 집합에 있는 모든 사람의 대표를 찾을 수 있기 때문이다.

두 가지 테스트 케이스를 살펴볼 텐데, 다음에 이어질 구현을 준비하는 테스트 케이스다. 지금부터 살펴볼 다이어그램은 개념적인 것으로 실제 구현과는 정확히 맞지 않을 수도 있으니 주의한다. 특히, 다이어그램에서 크기별 유니온과 경로 압축을 사용하지 않지만, 실제 구현에서는 성능 향상을 위해 최적화 기능을 구현에 적용한다.

테스트 케이스 1

SetFriends의 연산 코드는 1이고, SetEnemies는 2라는 것을 기억하자. 첫 번째 테스트 케이스는 다음과 같다.

```
9
1 0 1
1 1 1
1 3 4
1 5 6
❶ 2 1 7
```

```
❷  2 5 8
❸  1 2 5
   0 0 0
```

처음 네 번은 SetFriends 연산이다. 아직 아무도 적이 없기 때문에, 이들 연산은 소셜 네트워크 문제의 추가 연산과 같다. 그림 8-7은 이들 연산이 끝난 후 데이터 구조의 상태를 보여준다.

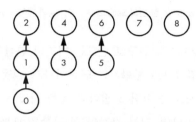

그림 8-7 네 번의 SetFriends 연산 후의 데이터 구조

다음으로 첫 번째 SetEnemies 연산이 나오며, 사람1과 7이 적 관계라는 것을 나타낸다❶. 따라서 1의 집합에 있는 모든 사람은 7의 집합에 있는 모든 사람과 적이다. 이를 데이터 구조에 통합하기 위해 두 집합의 루트 사이에 링크를 추가한다. 즉, 사람 2(1의 집합의 루트)에서 사람 7로 연결되는 링크와 7(7의 집합의 루트)에서 1로 연결되는 링크를 추가하는 것이다(사람 7에서 1로 연결되는 링크 대신 2로 연결되는 링크를 추가해도 된다). 연산의 결과는 그림 8-8과 같다. 그림 중에 점선 화살표는 적 링크를 의미하며, 실제 코드에서는 앞서 언급한 enemy_of 배열로 구현된다.

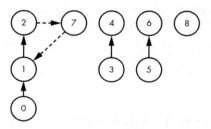

그림 8-8 SetEnemies 연산 후의 데이터 구조

다음은 사람 5와 8 사이의 SetEnemies 연산이다❷. 연산의 결과는 그림 8-9와 같다.

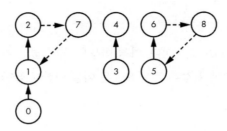

그림 8-9 또 한 번의 SetEnemies 연산 후의 데이터 구조

핵심 중의 핵심은 사람 2와 5를 친구로 만드는 마지막 연산이다❸. 2의 집합과 5의 집합을 통합해서 더 큰 친구 집합으로 통합하는 연산이다. 놀라운 점은 2개의 적 집합도 통합한다는 사실이다. 구체적으로는 사람 2 집합의 적을 사람 5 집합의 적과 통합한다. 결국, 두 사람이 같은 국가에 있다면, 그들 각각의 적 집합은 모두 다른 국가에 함께 있어야 한다. 이들 두 가지 유니온 연산을 수행한 결과는 그림 8-10과 같다.

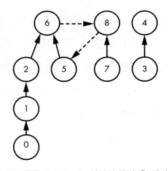

그림 8-10 최종 SetFriends 연산이 끝난 후 데이터 구조

사람 2에서 사람 7까지와 사람 7에서 사람 1까지의 적 링크를 그리지 않았는데, 루트 노드에서만 적 링크를 유지하기 때문이다. 루트 노드가 아닌 노드는 더 이상 적을 찾는 데 사용하지 않는다.

이 테스트 케이스에서는 두 가지 중요한 사실을 알 수 있다. 집합의 적군 한 명의 정보가 해당 집합의 루트에 저장된다는 것과 SetFriends 연산은 하나가 아닌 2개의 유니온이 필요하다는 것이다. 집합에 이미 적이 있고, 그 집합이 SetEnemies 연산에 포함되면 어떻게 해야할까? 이것이 바로 다음 테스트 케이스다.

테스트 케이스 2

두 번째 테스트 케이스는 최종 연산만 첫 번째와 차이가 있다.

```
9
1 0 1
1 1 2
1 3 4
1 5 6
2 1 7
2 5 8
❶ 2 2 5
0 0 0
```

최종 연산 전 데이터 구조는 그림 8-9와 같다. 이번 최종 연산은 SetFriends 연산이 아니라 SetEnemies 연산이다❶. 사람 2의 집합에는 이미 적이 있고, 사람 5의 집합에서 새로운 적이 나타난다. 따라서 사람 2의 적을 사람 5의 집합과 통합해야 한다. 마찬가지로, 사람 5의 집합에 이미 적이 있고, 사람 2의 집합에서 새로운 적이 나타나므로, 사람 5의 적을 사람 2의 집합과 통합해야 한다.

이들 두 유니온의 결과는 그림 8-11과 같다.

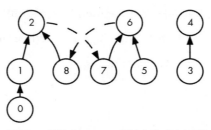

그림 8-11 최종 SetEnemies 연산 후의 데이터 구조

지금까지 배경을 알아봤고 구현에 필요한 준비가 됐다.

main 함수

코드 8-9의 main 함수부터 시작해보자. 이 함수는 입력을 읽은 후 여기서 지원하는 네 가지 연산 각각에 대해 하나의 헬퍼 함수를 호출한다.

코드 8-9 연산을 처리하는 main 함수

```
#define MAX_PEOPLE 9999

int main(void) {
  static int parent[MAX_PEOPLE], size[MAX_PEOPLE];
  static int enemy_of[MAX_PEOPLE];
  int num_people, i;
  int op, person1, person2;
  scanf("%d", &num_people);
  for (i = 0; i < num_people; i++) {
    parent[i] = i;
    size[i] = 1;
❶  enemy_of[i] = -1;
  }
  scanf("%d%d%d", &op, &person1, &person2);

  while (op != 0) {
❷  if (op == 1)
      if (are_enemies(person1, person2, parent, enemy_of))
```

```
            printf("-1\n");
        else
            set_friends(person1, person2, parent, size, enemy_of);

❸ else if (op == 2)
        if (are_friends(person1, person2, parent))
            printf("-1\n");
        else
            set_enemies(person1, person2, parent, size, enemy_of);

❹ else if (op == 3)
        if (are_friends(person1, person2, parent))
            printf("1\n");
        else
            printf("0\n");

❺ else if (op == 4)
        if (are_enemies(person1, person2, parent, enemy_of))
            printf("1\n");
        else
            printf("0\n");

    scanf("%d%d%d", &op, &person1, &person2);
    }
    return 0;
}
```

초기화 과정에서 '적이 없음'의 의미로 enemy_of 값을 -1이라는 특수값으로 설정했다는 점을 주목해야 한다❶.

SetFriends를 구현하려면❷ 두 사람이 이미 적인지를 확인해야 한다. 적이라면 -1을 출력하고, 그렇지 않다면 set_friends 헬퍼 함수를 호출한다. SetEnemies도 같은 패턴을 따라 구현한다❸. AreFriends❹와 AreEnemies❺의 경우, 조건이 참인지 거짓인지 판별을 위해 헬퍼 함수를 호출하며 그 결과에 따라 1 또는 0을 출력한다.

파인드와 유니온

파인드와 유니온 함수를 소개한다. 이 함수는 헬퍼 함수인 `SetFriends`와 `SetEnemies`, `AreFriends`와 `AreEnemies`에서 호출된다. 파인드 함수는 코드 8-10, 유니온 함수는 코드 8-11을 살펴보자. 검색할 때는 경로 압축을 사용하고, 통합을 할 때는 크기별 유니온을 사용한다는 것은 이미 알고 있을 것이다.

코드 8-10 find 함수

```
int find(int person, int parent[]) {
  int set = person, temp;
  while (parent[set] !=  set)
    set = parent[set];
  while (parent[person] != set) {
    temp = parent[person];
    parent[person] = set;
    person = temp;
  }
  return set;
}
```

코드 8-11 union_sets 함수

```
int union_sets(int person1, int person2, int parent[],
               int size[]) {
  int set1, set2, temp;
  set1 = find(person1, parent);
  set2 = find(person2, parent);
  if (set1 != set2) {
    if (size[set1] > size[set2]) {
      temp = set1;
      set1 = set2;
      set2 = temp;
    }
    parent[set1] = set2;
    size[set2] = size[set2] + size[set1];
```

```
        }
❶   return set2;
    }
```

유니온 함수에는 앞의 유니온 코드에 없던 기능이 하나 추가됐다. 그것은 결과 집합의 대표자를 반환하는 기능이다❶. 다음에 SetFriends 연산에서 이 반환 값을 사용하는 것을 알 수 있다.

SetFriends와 SetEnemies

SetFriends 연산은 코드 8-12에 구현돼있다.

코드 8-12 두 사람이 친구 관계임을 기록

```
    void set_friends(int person1, int person2, int parent[],
                     int size[], int enemy_of[]) {
      int set1, set2, bigger_set, other_set;
❶   set1 = find(person1, parent);
❷   set2 = find(person2, parent);
❸   bigger_set = union_sets(person1, person2, parent, size);
❹   if (enemy_of[set1] != -1 && enemy_of[set2] != -1)
❺     union_sets(enemy_of[set1], enemy_of[set2], parent, size);
❻   if (bigger_set == set1)
        other_set = set2;
      else
        other_set = set1;
❼   if (enemy_of[bigger_set] == -1)
        enemy_of[bigger_set] = enemy_of[other_set];
    }
```

두 사람의 대표를 결정한다. set1은 person1의 대표이고❶, set2는 person2의 대표다❷. 두 집합은 서로 모두 친구이므로, 더 큰 집합으로 통합한다❸. union_sets의 반환 값은 bigger_set에 저장한다. 이 값은 곧 사용할 것이다.

이렇게 person1의 집합과 person2의 집합을 통합했지만, 아직 끝나지 않았다. '테스트 케이스 1'에서 다룬 테스트를 떠올리면 일부 적들도 모두 통합해야 할 수도 있기 때문이다. 특히 set1과 set2에도 적이 있다면, 이들을 하나의 더 큰 집합으로 통합해야 한다. 2개의 집합에 모두 적이 있으면❹, 이들 적 집합을 통합❺하는 것이 바로 코드 8-12가 하는 작업이다.

이쯤되면 모든 작업이 완료됐다는 생각이 들 수 있다. 필요한 친구와 적의 통합을 모두 수행했는데, 아직도 남은 작업이 있을까? set1에는 적이 있고, set2에서는 없다고 가정하자. set2의 enemy_of 값은 -1이다. set1이 set2로 합쳐져 더 큰 집합이 된다. 여기서 끝내고, 추가 작업을 하지 않는다면, set2는 적을 찾을 수 없다. set2의 대표에 대한 enemy_of 값은 여전히 -1이고, set2에는 적이 포함돼 있으므로 이는 틀린 값이다.

그러므로 코드에서 다음과 같이 처리해야 한다. 이미 set1과 set2가 통합될 때 어떤 곳으로 통합됐는지를 알려주는 bigger_set이 있다. if-else 문을 사용해서 other_set를 다른 집합으로 설정한다❻. 즉, bigger_set이 set1이면, other_set은 set2로 설정하고, 그 반대의 경우도 마찬가지다. 그런 다음, bigger_set에 적이 없으면❼, other_set에서 적 링크를 복사한다. 그 결과 set1나 set2 중 한 군데나, 두 군데 모두에 적으면 bigger_set에서 확실히 적을 찾을 수 있다.

그러면 SetEnemies를 마무리해보자. 함수는 코드 8-13과 같다.

코드 8-13 두 사람이 적 관계임을 기록

```
void set_enemies(int person1, int person2, int parent[],
                 int size[], int enemy_of[]) {
  int set1, set2, enemy;
  set1 = find(person1, parent);
  set2 = find(person2, parent);
❶ enemy = enemy_of[set1];
  if (enemy == -1)
  ❷ enemy_of[set1] = person2;
  else
  ❸ union_sets(enemy, person2, parent, size);
❹ enemy = enemy_of[set2];
  if (enemy == -1)
    enemy_of[set2] = person1;
```

```
  else
    union_sets(enemy, person1, parent, size);
}
```

다시 각 집합의 대표를 찾아내는 것으로 시작해서, 찾은 결과를 set1과 set2에 각각 저장한다. 그런 다음 set1의 적을 찾는다❶. set1에 적이 없으면, person2를 적으로 설정한다❷. set1에 적이 있으면 '테스트 케이스 2'의 테스트에 해당한다. set1의 적을 person2의 집합과 통합해❸, person2와 person2의 친구들이 모두 person1과 적 관계라는 것을 확실히 한다.

이렇게 해서 set1 작업을 끝냈다. set2에 대해서도 마찬가지로❹, 아직 적이 없다면 person1을 적으로 설정하고, 그렇지 않다면 person1의 집합과 적을 통합한다.

이때 함수가 적 관계의 대칭을 유지한다는 점이 중요하다. 즉, person1에서 적 person2를 찾을 수 있고, person2에서 적 person1을 찾을 수 있다. person1과 person2에 대해 set_enemies 호출을 고려해보자. person1에 적이 없다면 그 적은 person2가 되지만, person1에 적이 있다면, 적 집합은 person2를 포함하도록 커진다. 이와 대칭적으로, person2에 적이 없다면, 적은 person1이 되고, person2에 적이 있다면, 적 집합은 person1를 포함하도록 커진다.

AreFriends와 AreEnemies

AreFriends 연산은 두 사람이 같은 집합에 있는지 또는 같은 대표를 갖는지를 확인하는 것이다. 이는 코드 8-14에서처럼 find 함수를 두 번 호출해 구할 수 있다.

코드 8-14 두 사람이 친구 관계인지 확인

```
int are_friends(int person1, int person2, int parent[]) {
  return find(person1, parent) == find(person2, parent);
}
```

마지막 연산 하나만 남았다. 한 사람이 다른 사람의 적 집합에 있는지를 확인하는

AreEnemies 연산이다. 이 함수는 코드 8-15에 나와있다.

코드 8-15 두 사람이 적 관계인지 확인

```
int are_enemies(int person1, int person2, int parent[],
                int enemy_of[]) {
  int set1, enemy;
  set1 = find(person1, parent);
  enemy = enemy_of[set1];
❶ return (enemy != -1) &&
         (find(enemy, parent) == find(person2, parent));
}
```

person2가 person1의 적이 되려면 두 가지가 참이어야 한다❶. 첫째, person1에게 적이 있어야 한다. 둘째, person2가 적 집합에 속해야 한다.

이때 person1이 person2의 적인지 여부도 확인해야 하지 않을까? 아니다, 적 관계는 대칭이므로 그럴 필요가 없다. person2가 person1의 적이 아니라면, person1이 person2의 적인지 여부는 확인할 필요가 없다.

완료됐다. 친구와 적의 정보를 모두 통합하도록 유니온 파인드 데이터 구조를 성공적으로 확장했다. 최종 코드를 판정 시스템에 제출하면, 모든 테스트 케이스를 통과할 것이다. 제한 시간은 맞출 수 있을까? 크기별 유니온과 경로 압축을 사용했기 때문에 제한 시간 안에 충분히 통과할 것이다.

문제 3: 서랍 정리

소셜 네트워크 및 친구와 적 문제에서는 구현 속도 향상을 위해 크기별 유니온과 경로 압축을 모두 사용했다. 이번 문제에서는 각 집합의 루트에다 더 많은 의미 부여를 할 예정이다. 루트의 선택이 중요하기 때문에, 크기별 유니온을 사용할 수 없다. 문제 설명을 읽으면서 그 이유를 생각해보자.

문제의 출처는 Kattis의 ladice다.

문제 설명

미르코의 방에는 n개의 아이템이 흩어져 있고, 빈 서랍이 d개 있다. 아이템에는 1, 2, ..., n 의 번호가, 서랍에도 1, 2, ..., d의 번호가 붙어있다. 각 서랍에는 최대 1개의 아이템을 담을 수 있다. 미르코의 목표는 각 아이템을 차례로 가능하면 서랍에 담고, 담을 수 없다면 버리는 것이다.

각 아이템을 담을 수 있는 서랍은 두 종류로써 서랍 A와 서랍 B가 있다. 가령, 아이템 3의 경우, 7번의 서랍 A나 5번의 서랍 B에 담을 수 있다.

각 아이템별 분류 작업을 하기 위해 다음 다섯 가지 규칙을 순서대로 적용한다.

1. 서랍 A가 비어 있으면 아이템을 서랍 A에 담고, 멈춘다.
2. 서랍 B가 비어 있으면 아이템을 서랍 B에 담고, 멈춘다.
3. 서랍 A가 찼다면, 서랍 A의 기존 아이템을 다른 서랍으로 옮긴다. 그 서랍도 역시 찼으면, 그 서랍의 아이템을 다른 서랍으로 옮긴다. 이를 반복한다. 작업이 끝나면, 아이템을 서랍 A에 담고, 멈춘다.
4. 서랍 B가 찼으면 서랍B의 기존 아이템을 다른 서랍으로 옮긴다. 그 서랍도 역시 찼으면, 그 서랍의 아이템을 다른 서랍으로 옮긴다. 이를 반복한다. 작업이 끝나면, 아이템을 서랍 B에 담고, 멈춘다.
5. 앞에 네 가지 규칙을 따르고도 아이템을 넣지 못했다면 아이템을 버린다.

규칙 3과 4에 따라 아이템을 배치하다 보면, 기존 서랍에 담긴 아이템의 위치가 바뀔 수도 있다.

입력

입력은 1개의 테스트 케이스이며, 테스트 케이스의 구성은 다음과 같다.

- 아이템의 수를 나타내는 정수 n과 서랍의 수를 나타내는 d가 포함된 줄: n과 d는 1 에서 300,000 사이의 값이다.
- 각 아이템에 대해 한 줄씩 총 n개의 줄: 각 줄은 a와 b라는 2개의 정수로 구성되며,

아이템의 서랍 A는 *a*이고, 서랍 B는 *b*라는 의미다. *a*와 *b*는 같은 정수가 아니다.

출력

각 아이템마다 자체 출력 줄을 갖는다. 각 아이템을 서랍에 넣으면 LADICA를 출력하고, 버리면 SMECE를 출력한다(최초에 출제된 COCI 문제 설명에서 가져온 단어들로, ladica는 크로아티아 단어로 '서랍', smece는 '쓰레기'라는 뜻이다).

문제의 풀이 제한 시간은 1초다.

동등한 서랍

다음과 같은 시나리오를 생각해보자. 새 아이템을 서랍 1에 넣으려는데, 서랍 1에 이미 아이템이 있다고 하자. 아이템의 다음 순서는 서랍 2다. 그래서 기존 서랍 1의 아이템을 서랍 2로 옮겼다. 그런데 서랍 2에도 이미 아이템이 있다. 아이템의 다음 순서는 서랍 6이다. 그래서 기존 서랍 2의 아이템을 서랍 6으로 옮겼다. 그런데 서랍 6에도 아이템이 있다. 서랍 6의 아이템의 다음 순서인 서랍 4로 옮긴다. 다행히 서랍 4는 비어 있어서, 작업을 끝낸다.

최종적으로 서랍 4를 채우는 과정에서 서랍 1에서 2로, 서랍 2에서 6으로, 서랍 6에서 4로 기존의 아이템을 이동했다. 특정 아이템의 이동 내역은 사실 중요하지 않다. 중요한 것은 서랍 4가 채워졌다는 사실이다.

새로운 아이템을 추가하기 전에 서랍 1, 2, 6, 4 중에 하나에 아이템을 넣으면, 결국엔 서랍 4가 채워진다는 사실을 알고 있어야 한다. 즉, 이들 4개의 서랍은 모두 동등한 1개의 서랍이라고 할 수 있다. 가령, 서랍 4에 직접 아이템을 넣으면, 서랍 4가 채워진다. 서랍 6에 아이템을 넣으면 서랍 6의 기존 아이템이 서랍 4로 이동해 서랍 4가 채워진다. 이런 방식은 서랍 2에 아이템을 넣거나 서랍 1에 넣을 때도 마찬가지다. 서랍 4는 서랍의 연결이 끝나는 빈 서랍이고, 유니온 파인드 데이터 구조에 적용해보면 빈 서랍은 해당 집합의 대표라 할 수 있다. 즉, 집합의 대표는 항상 빈 서랍인 것이다.

이 모든 것을 구체적으로 알아보기 위해, 두 가지 테스트 케이스를 살펴보자. 첫 번째 테스트는 모두 LADICA가 출력되는 사례로, 모든 아이템을 서랍에 넣을 수 있는 경우이고, 두 번째 테스트는 일부 아이템은 서랍에 넣지 못해서 SMECE가 출력되는 사례다.

테스트 케이스 1

첫 번째 테스트 케이스는 다음과 같다.

```
6 7
1 2
2 6
6 4
5 3
5 7
2 5
```

문제 정의에 따라 7개의 서랍이 있고, 모두 빈 상태로 시작한다. 이제 각 집합을 줄마다 배치하고, 그 중 대표는 강조를 위해 이탤릭체로 표시한다.

1

2

3

4

5

6

7

문제 설명에서의 규칙을 다시 한 번 생각해보자. 첫 번째 아이템은 서랍 A가 1, 서랍 B가 2다. 서랍 1이 비어 있으므로, 아이템은 (규칙 1에 따라) 서랍 1에 배치한다. 추가로 서랍 1과 서랍 2는 같은 집합이 된다. 새 아이템을 서랍 1이나 서랍 2에 배치하면 같은 서랍인 서랍 2가 채워진다. 배치의 결과는 다음과 같다.

1 2

3

4

5

6

7

새로운 집합에서는 서랍 2가 대표로 지정됐다. 서랍1을 대표로 설정하면, 서랍 1이 비어 있다고 잘못 표시될 수 있기 때문에 적절하지 않다. 크기별 유니온을 사용하지 않는 이유는 이렇게 결과 집합의 대표로 잘못된 루트를 선택할 수 있기 때문이다.

두 번째 아이템인 2 6을 보자. 서랍 2가 비어 있으므로 (규칙 1에 따라) 아이템을 서랍 2에 배치한다. 이제 앞으로 서랍 1, 서랍 2, 서랍 6에 아이템을 배치하면, 서랍 6이 채워지므로, 서랍 1, 2, 6을 하나로 통합할 수 있다.

1 2 6

3

4

5

7

서랍 6은 비어 있으므로, 아이템을 서랍 6에 배치하면 즉시 채워진다. 서랍 2에 아이템을 배치하면 서랍 2에 있는 기존 아이템이 서랍 6으로 이동해 다시 서랍 6을 채운다. 서랍 1에 아이템을 배치하면, 서랍1의 기존 아이템이 서랍 2로 이동하고, 서랍 2에 있던 기존 아이템은 서랍 6으로 이동해 서랍 6을 채운다. 따라서 이들 3개의 서랍을 같은 집합으로 묶고, 서랍 6을 대표로 지정하는 것이 타당하다.

다음 아이템은 6 4이다. 규칙 1에 따라 배치한 결과는 다음과 같다.

1 2 6 4

3

5

7

다음 아이템은 5 3이다. 이 아이템 역시 규칙에 따라 배치한 결과는 다음과 같다.

1 2 6 4

5 3

7

지금까지 처리한 모든 아이템은 규칙 1을 문제없이 사용했다. 그러나 다음 아이템인 5 7은 규칙 1이 적용되지 않는다. 왜냐하면 서랍 5가 이미 찼기 때문이다. 서랍 7이 비어 있으므로 규칙 2가 적용된다. 따라서 이 아이템은 서랍 7에 배치된다. 따라서 통합된 집합의 빈 서랍인 서랍3이 대표로 지정된다.

1 2 6 4

5 7 3

마지막으로 흥미로운 아이템인 2 5가 남았다. 규칙 1을 적용할 수 있을까? 서랍 2가 찼기 때문에 안 된다. 그러면 규칙 2를 적용할 수 있을까? 역시 서랍 5가 찼기 때문에 안 된다. 그럼 규칙 3은 어떨까? 서랍 2의 집합에 빈 서랍(서랍 4)이 있기 때문에 가능하다. 그러면 어떻게 진행해야 할까?

여기서 핵심은 서랍 2의 집합과 서랍 5의 집합이 다음처럼 통합돼야 한다는 것이다.

1 2 6 4 5 7 3

그 이유는 다음과 같이 설명할 수 있다. 아이템 2 5는 결국 서랍 2에 배치된다. 기존 아이템은 서랍 2에서 서랍 6으로 이동하고, 서랍 6에서 서랍 4로 이동한다. 서랍 4가 채워졌으므로 더 이상 집합의 대표가 될 수 없다. 빈 서랍은 서랍 3뿐이므로 서랍 3이 집합의 대표가 될 수 있는지 알아봐야 한다. 서랍 5, 7, 3은 확실히 같은 집합에 있다. 이 중 어디에 아이템을 배치해도 결국에는 서랍 3이 채워진다. 왜냐하면 아이템 2 5를 배치하기 전에는 모두 같은 집합에 있었기 때문이다.

이는 서랍 1, 2, 6, 4도 서랍 3의 집합에 있어야 하는지에 대한 이유가 된다. 서랍 2의 경우에는 문제가 없는데, 이는 서랍 2에 아이템을 배치하면 기존 아이템이 서랍 5로 이동하기 때문이다. 서랍 5는 서랍 3의 집합에 있으므로 결국에는 서랍 3이 채워질 것이다.

서랍 1의 경우에도 문제가 없다. 이는 서랍 1에 아이템을 배치하면 기존 아이템이 서랍 2로 이동하고, 앞의 단락에서 언급했듯이 다시 서랍 3이 채워질 것이기 때문이다. 비슷한 방식이 서랍 6과 4에도 적용된다. 가령, 아이템을 서랍 4에 배치한 후 서랍 2를 채웠을 때 발생한 이동을 '취소'하면, 서랍 4의 기존 아이템은 서랍 6으로 반대로 이동하고 서랍 6의 기존 아이템은 서랍 2로 다시 이동해, 앞 단락의 상황으로 되돌아 가는 것이다.

테스트 케이스의 각 아이템이 서랍에 배치되면, 정상적 출력은 다음과 같다.

```
LADICA
LADICA
LADICA
LADICA
LADICA
LADICA
```

앞의 테스트 케이스로부터 일반 원칙을 도출해보자. 즉, 아이템 x y를 처리하는 중이고, 해당 아이템이 x의 집합에 포함되는 경우라면, x의 집합과 y의 집합을 통합하고, y의 대표를 통합 집합의 대표로 지정하는 것이다.

과연 이 원칙이 맞을까? 구성 요소가 x의 이전 집합과 y의 이전 집합인 통합 집합에 아이템을 배치할 때 어떤 일이 발생하는지 생각해보자. 아직 y의 집합을 섞지 않았기 때문에 아이템을 y의 집합의 어느 서랍에 배치해도, 결국 y의 대표로 지정된 서랍을 채운다. 아이템을 서랍 x에 배치해도 y의 대표로 지정된 서랍을 채운다. x의 기존 아이템을 y로 이동한 다음 다시 y의 집합에 아이템을 배치하는 경우가 되기 때문이다. 남아있는 다른 방법은 x의 집합의 서랍 z(x와 다른 서랍)에 배치하는 것이다. 서랍 z에서 서랍 x까지 서랍들이 연결돼 있고, 연결된 서랍을 따라 아이템이 이동하면서 서랍 x를 채우고, 거기에서 y의 대표로 지정된 서랍을 채운다.

아이템 x y를 처리하는데 아이템이 y의 집합에 포함되면 어떻게 될까? 이때는 두 집합의 역할이 반대가 된다. 특히, x의 집합의 대표가 통합 집합의 대표가 된다.

테스트 케이스 2

지금부터는 SMECE가 발생하는 사례를 살펴본다. 두 번째 테스트 케이스는 다음과 같다.

```
7 7
1 2
2 6
6 4
1 4
2 4
1 7
7 6
```

처음 3개의 아이템은 LADICA이며, 앞에서 이미 다룬 내용이다.

1 2 6 4

3

5

7

아이템 1 4에서 다른 부분이 생긴다. 즉, 처음으로 서랍 A와 서랍 B가 같은 집합에 있는 아이템이 나타난다. 따라서 이 집합에서는 새로운 빈 서랍을 제공하지 않는다. 즉, 규칙 2를 사용하면 서랍 4를 채우지만(그래서 LADICA가 출력되지만), 이는 통합 집합을 제공하지 않는다. 서랍 1, 2, 6, 4는 새로운 상태가 돼, 어느 서랍에도 아이템을 배치할 수가 없다. 그래도 아이템을 배치한다면 아이템은 영원히 순환하게 된다. 가령, 아이템을 서랍 1에 배치해보자. 그러면 서랍 1의 기존 아이템을 서랍 2로 보내고, 서랍 2의 기존 아이템은 서랍 6으로, 서랍 6의 기존 아이템은 서랍 4로, 서랍 4의 기존 아이템은 서랍 1로, 서랍 1의 기존 아이템은 서랍 2로, 서랍 2의 기존 아이템은 서랍 6으로의 과정을 끊임없이 반복한다.

이를 구현할 때는 이 집합에 0을 지정하는 식으로 상태를 표시한다.

1 2 6 4 *0*

3

5

7

SMECE에 상당히 근접했다. 어떤 아이템이든, 그 아이템의 서랍이 모두가 한 집합에 있으면 배치할 방법이 없다. 다음 아이템인 2 4를 보자. 아이템을 서랍 2에 배치할 수 있을까? 서랍이 이미 채워져 있는 상태라 안 된다. 그럼 서랍 4에는 가능할까? 거기도 이미 채워져 있다. 그러면 서랍 2에서부터 연결된 서랍을 따라가면 빈 서랍이 있을까? 그렇지 않다. 그러면 서랍 4에서부터 연결된 서랍을 따라가면 어떨까? 거기도 없다. 네 가지 규칙을 모두 실패했기 때문에 결과는 SMECE다.

계속 아이템 1 7을 보자. 이는 규칙 2를 사용해서 처리할 수 있다. 이는 LADICA이기 때문에 통합을 수행한다. 그러나 주의해야 한다. 이는 빈 서랍이 없는 집합과의 통합이기 때문이다. 결과는 다음과 같다.

1 2 6 4 7 0

3

5

마지막 아이템은 7 6이다. 이때도 서랍 7과 6이 같은 집합이며, 그 집합에는 빈 서랍이 없기 때문에, 네 가지 규칙이 적용되지 않는다. 그러므로 결과는 SMECE다.

이 테스트 케이스의 올바른 출력은 다음과 같다.

LADICA
LADICA
LADICA
LADICA
SMECE
LADICA
SMECE

테스트 케이스에서 살펴보지 않은 유일한 규칙이 바로 규칙 4다. 진도를 계속 나가기 전에 규칙 4를 살펴보기를 권한다. 특히, 규칙 4를 적용할 때마다 통합 집합의 대표가 0이 되는 것을 알 수 있을 것이다.

이제 구현해보자.

main 함수

입력 값을 가져와서 처리하는 main 함수부터 시작해보자. 함수는 코드 8-16과 같다.

코드 8-16 아이템을 처리하는 main 함수

```
#define MAX_DRAWERS 300000

int main(void) {
  static int parent[MAX_DRAWERS + 1];
  int num_items, num_drawers, i;
  int drawer_a, drawer_b;
  scanf("%d%d", &num_items, &num_drawers);
❶ parent[0] = 0;
  for (i = 1; i <= num_drawers; i++)
    parent[i] = i;

  for (i = 1; i <= num_items; i++) {
    scanf("%d%d", &drawer_a, &drawer_b);

  ❷ if (find(drawer_a, parent) == drawer_a)
    ❸ union_sets(drawer_a, drawer_b, parent);

  ❹ else if (find(drawer_b, parent) == drawer_b)
    ❺ union_sets(drawer_b, drawer_a, parent);

  ❻ else if (find(drawer_a, parent) > 0)
    ❼ union_sets(drawer_a, drawer_b, parent);

  ❽ else if (find(drawer_b, parent) > 0)
    ❾ union_sets(drawer_b, drawer_a, parent);

    else
      printf("SMECE\n");
  }
  return 0;
}
```

평소대로 parent 배열은 유니온 파인드 데이터 구조에서 각 노드의 부모를 기록한다.

아이템은 1부터 시작해서 번호가 매겨져 있으므로 새 아이템을 넣을 수 있는 서랍에는 0을 대표 값으로 사용하는 것이 안전하다. 또한 빈 상태로 시작하는 다른 모든 집합처럼 0번 아이템의 대표 값도 0으로 설정한다❶.

이제 이들 다섯 가지 규칙을 살펴보자. 1개의 파인드 호출과 1개의 유니온 호출을 사용해 4개의 LADICA 규칙을 구현한다. 이들 중 어떤 규칙도 적용되지 않으면 SMECE 사례에 해당한다. 각 LADICA 규칙을 차례로 살펴보자.

규칙 1에서는 drawer_a가 비어 있는지 여부를 알아야 한다. '0' 집합을 제외한 서랍의 각 집합에는 정확히 하나의 빈 서랍이 있으며, 빈 서랍이 집합을 대표한다는 점을 기억하자. find 함수는 지정된 집합의 대표를 반환한다. 이들 두 가지 사실을 종합하면, find 함수는 drawer_a가 비어 있을 때 정확히 drawer_a를 반환한다는 것을 알 수 있다❷.

규칙 1에 해당될 때는 drawer_a의 집합과 drawer_b의 집합을 통합한다. 따라서 union_set를 호출한다❸. drawer_a는 채워지고, drawer_a의 집합에는 빈 서랍이 없기 때문에, 통합된 새 집합의 대표는 drawer_b의 대표가 돼야 한다는 점을 주의해야 한다. 이를 위해 크기별 유니온을 사용하지 않는 union_sets를 구현해서 사용한다. 이는 전달된 두 번째 매개변수의 대표(여기서는 drawer_b)가 통합 집합의 대표가 되도록 보장한다. 또한 LADICA 문구를 출력하는 역할도 담당한다.

규칙 2에 해당하면 drawer_b가 비어 있는지 여부를 알아야 한다. 따라서 다시 find로 체크해보고❹, 유니온 연산을 수행해서 규칙을 적용한다❺. 이번에는 반대 순서의 서랍으로 union_sets를 호출해 drawer_a의 대표가 통합 집합의 대표가 되도록 한다.

규칙 3에 해당하면 drawer_a 집합에 빈 서랍이 있는지 여부를 알아야 한다. 집합의 대표가 0이 아니면 이 집합에는 빈 서랍이 있다. find를 사용해서 이 조건을 확인한다❻. 즉, find가 0이 아닌 다른 대표자 값을 반환하면, 이 집합에는 빈 서랍이 있는 것이다. 이 규칙에 해당하면, 예상대로 유니온을 수행한다❼. 다음 절에서는 union_sets가 집합을 적절하게 '0' 집합으로 이동하는 방법을 살펴본다.

마지막으로 규칙 4에 해당하면 drawer_b에 빈 서랍이 있는지 여부 알아야 한다. 구성 논리는 규칙 3의 논리와 같다. find를 사용해서 집합에 빈 서랍이 있는지 확인하고❽, 빈 서랍이 있다면 통합을 수행한다❾.

파인드와 유니온

파인드 함수는 코드 8-17과 같다. 코드 8-17의 함수에서는 경로 압축을 사용한다. 이 기능이 없는 코드를 제출했을 때는 '제한 시간 초과'라는 결과를 받았기 때문에, 경로 압축 기능은 반드시 들어가야 할 것이다.

코드 8-17 find 함수

```
int find(int drawer, int parent[]) {
  int set = drawer, temp;
  while (parent[set] != set)
    set = parent[set];
  while (parent[drawer] != set) {
    temp = parent[drawer];
    parent[drawer] = set;
    drawer = temp;
  }
  return set;
}
```

유니온 함수는 코드 8-18과 같다.

코드 8-18 union_sets 함수

```
void union_sets(int drawer1, int drawer2, int parent[]) {
  int set1, set2;
  set1 = find(drawer1, parent);
  set2 = find(drawer2, parent);
❶ parent[set1] = set2;
❷ if (set1 == set2)
  ❸ parent[set2] = 0;
  printf("LADICA\n");
}
```

약속한 대로 여기에는 크기별 유니온이 없다. 항상 set2 및 새로운 집합으로 drawer2 집합을 사용한다❶.

아이템이 같은 집합에 있는 서랍에 배치될 때는❷ 결과 집합의 대표를 0으로 설정한다❸. 나중에 이 결과 집합의 요소에서 find가 호출될 때마다 0이 반환될 것이고, 이 집합에는 아이템을 배치될 수 없다는 사실을 알려준다.

드디어 이 책에서 가장 어려운 문제 중 하나에 대한 50줄의 유니온 파인드 해법이 나왔다. 이제 코드를 판정 시스템에 제출해보자.

요약

8장에서는 유니온 파인드 데이터 구조를 효율적으로 구현하는 방법을 알아봤다. 이 책의 모든 데이터 구조 중에서 유니온 파인드 데이터 구조가 여러 응용 사례에서 가장 놀라운 알고리듬이다. '이것이 정말 유니온 파인드 문제라고?'하며 놀랄 때도 많았다. 독자도 '친구와 적' 또는 '서랍 정리' 문제를 봤을 때 비슷한 생각을 했을 것이다. 어떤 경우든 앞으로도 여기서 다뤘던 문제와 상당히 다르게 보이지만 결국 유니온 파인드를 적용해야 하는 문제를 접하게 될 것이다.

다행히도 코드의 성능과 적용 가능성을 고려할 때 유니온 파인드를 구현하는 데는 많은 코드가 필요하지 않다. 유니온에 몇 줄, 파인드에 몇 줄만 추가하면 된다. 게다가, 트리의 배열 표현을 배웠다면 코드가 그리 까다롭지도 않다. 크기별 유니온과 경로 압축이라는 최적화 코드도 몇 줄 되지 않는다.

이 책의 마지막을 컴퓨터 과학 분야에 가장 훌륭하게 구현돼 응용되고 있는 데이터 구조 중 하나를 다룬 것은 참으로 적절한 것이라 생각한다.

참고사항

[출처]

- 서랍 정리 문제: 2013년 크로아티아 정보 오픈 대회, 5차전이다.
- 0 대표자 개념: COCI 웹 사이트(http://hsin.hr/coci/archive/2013_2014) 참조

후기

이 책은 데이터 구조와 알고리듬을 생각하고 설계하는 방법을 전하기 위해 썼다. 그 과정에서 컴퓨터 과학 분야의 검증된 다양한 개념을 연구했다. 해시 테이블을 사용하면 비용이 많이 드는 선형 탐색에서 벗어날 수 있다. 트리는 계층 데이터를 구조화한다. 재귀는 반복되는 하위 문제가 있을 때 유용하다.

메모이제이션과 동적 프로그래밍은 하위 문제가 중복되더라도 재귀를 빠르게 수행할 수 있다. 그래프는 트리로 표현할 수 있는 것을 일반화한다. 너비 우선 탐색과 다익스트라 알고리듬은 그래프에서 최단 경로를 찾는다. 그래프는 매우 일반적이어서 '경로'는 많은 것을 의미할 수 있기 때문이다. 이진 검색은 '해결'의 문제를 '확인'의 문제로 바꾼다. 힙을 사용하면 최솟값이나 최댓값을 빨리 찾을 수 있으며, 세그먼트 트리는 다른 종류의 쿼리에 비슷한 기능을 수행한다. 유니온 파인드는 같은 노드 집합을 갖는 그래프 문제의 속도를 높여준다. 꽤 많은 내용을 다뤘는데, 독자 여러분께도 유익한 내용이었길 바란다. 또한 이들 데이터 구조와 알고리듬이 유용한 이유, 동작하는 이유와 설계에서 배울 수 있는 점을 익히는 데 도움이 됐길 바란다.

이 책에서 다룬 프로그래밍 문제가 문제를 풀고 싶다는 흥미와 해결 방법을 배우겠다는 도전을 줬기를 바란다. 문제 자체에 흥미를 느낀 독자도, 컴퓨터 과학자가 문제를 제기하거나, 해결하는 방식에 흥미를 느낀 독자도 있을 것이다. 개인적으로 의미 있는 문제를 해결하고 싶을 수도 있었을 테다. 어떤 경우든, 각자가 중요하다고 생각하는 문제를 풀 수 있도록 기술과 동기를 개발하는 데 도움이 됐기를 바란다.

이 책에서 다룬 내용을 포함해 프로그래밍 문제의 장점은 도전자가 해결책을 찾을 때까지 인내심을 갖고 기다려 준다는 점이다. 문제는 바뀌지 않고, 늘 그대로다. 반면, 도전자는 성장한다. 문제를 풀다가 막히면, 다른 곳에서 새로운 것을 배운 다음, 돌아와서 다시 시도해 볼 수 있다. 물론, 현실 세계의 문제는 정확한 입력 값과 출력 값을 알려주지도 않고 시간이 흐르면 일부 기능이 바뀌기도 한다. 이런 문제의 해결 방식을 알아내는 것도 도전자의 몫이다.

독자 여러분이 이 책에서 많은 것을 얻기를 바란다. 모쪼록 필자를 믿고 시간을 내서 이 책을 끝까지 읽어주신 분께 감사의 말씀을 전한다.

부록
A

알고리듬 실행 시간

이 책에 실린 경진대회 문제는 제한 시간 안에 프로그램이 실행돼야 한다. 프로그램이 제한 시간을 초과하면 '제한 시간 초과'가 표시되며 프로그램이 종료된다. 제한 시간은 테스트 케이스를 통과하기에는 부족한 알고리듬을 거르려는 목적으로 설계됐다. 출제자는 몇 가지 해법을 염두에 두고 문제를 작성했고, 제출된 해법이 출제자가 의도한 개념을 충분히 습득했는지를 점검할 만한 제한 시간을 설정한다. 따라서 해법을 제출할 때는 틀리지도 않아야 하지만, 속도도 빨라야 한다.

제한 시간의 한계

알고리듬 책 대부분은 실행 시간은 보여주지만 문제의 제한 시간은 두지 않는 반면, 이 책에서는 제한 시간과 실행 시간이 자주 등장한다. 이는 시간을 통해 프로그램이 효율적인지를 직관적으로 이해할 수 있기 때문이다. 즉, 프로그램의 실행 시간을 측정하고, 프로그램이 너무 느리다면 문제에서 제시한 제한 시간에 현재 코드를 최적화하거나 아니면 아예 새로 짜야 한다는 점을 알 수 있다. 판정 시스템이 사용하는 컴퓨터의 속도를 알 수 없지만, 독자의 컴퓨터에서 프로그램을 실행해보면 참고 정보를 얻을 수는 있다. 노트북에서 프로그램을 실행해보니, 짧은 테스트 케이스를 실행하는데 30초가 걸렸다고 해보자. 문제의 제한 시간이 3초라면, 최소한 그 프로그램은 너무 느리다는 사실은 알 수 있을 것이다.

제한 시간에만 초점을 맞추는 것은 한계가 있다. 다섯 가지 이유를 설명한다.

(1) 제한 시간은 컴퓨터에 따라 다르다

프로그램 실행 시간은 컴퓨터에서 프로그램이 실행되는 데 걸리는 시간일 뿐이다. 이는 매우 구체적인 정보지만, 다른 컴퓨터에서 실행될 때 걸리는 시간을 알려주지는 않는다. 이 책의 예제를 실행해본 독자라면, 심지어 같은 컴퓨터에서도 실행 시간이 다르다는 점을 알 수 있을 것이다. 어떤 테스트 케이스를 실행하는 데 3초가 걸렸지만, 다시 실행해 보면 2.5초나 3.5가 걸리기도 한다는 것이다. 이는 운영체제가 컴퓨터의 자원을 필요에 따라 관리하면서 이동하기 때문이다. 운영체제의 동작이 프로그램 실행 시간에 영향을 끼치는 것이다.

(2) 제한 시간은 테스트 케이스에 따라 다르다

어떤 테스트 케이스에 대한 프로그램 실행 시간은 오로지 그 테스트 케이스에 대한 시간만 알려준다. 프로그램이 짧은 테스트 케이스를 실행하는 데 3초가 걸린다고 해보자. 이때 짧은 테스트 케이스에 해법이 어느 정도 합리적이면 모두 이 문제를 풀 수 있다는 점을 기억해야 한다. 숫자 몇 개를 정렬하라거나, 약속 몇 건을 최적으로 배치하라는 요청을 받으면, 처음 떠오른 아이디어로도 빨리 코딩할 수 있을 것이다. 문제는 큰 테스트 케이스에 대해서다. 이 경우에는 알고리듬의 독창성이 요구된다. 큰 테스트 케이스에서는 프로그램이 실행되는 데 얼마나 오래 걸릴까? 그것은 알 수 없다. 그 테스트 케이스에 대해 직접 실행해봐야 할 것이다. 실행했을 때 성능을 매우 떨어뜨리는 특정 요소가 테스트 케이스에 있을 수도 있다.

(3) 프로그램은 구현이 필요하다

구현을 하지 않고 시간을 측정할 수는 없다. 어떤 문제를 보고 구현 방법을 떠올렸다고 해보자. 빠를까? 이를 알아내기 위해 코딩을 해볼 수 있겠지만, 그 전에 구현 아이디어가 빠른 속도로 실행될지 여부를 미리 생각해보는 것이 더 좋다. 올바른 해법이 아닌 방법을 굳이 구현하지 않듯이, 프로그램이 너무 느리지는 않을지에 대해 미리 생각해 두는 것이 좋다.

(4) 실행 시간만으로 프로그램이 느린 이유를 알 수는 없다

프로그램이 너무 느리다고 판명되면 그 다음 목표는 더 빠르게 설계하는 것이다. 그러나 프로그램 실행 시간에만 초점을 맞추면 느린 이유에 대한 통찰력을 얻을 수 없다. 프로그램 개선 방안을 생각해냈다면, 실제로 도움이 될지 여부는 직접 구현해봐야 하기 때문이다.

(5) 실행 시간을 기준으로 의사 소통하는 것은 어렵다

지금까지 언급한 다양한 이유로 실행 시간을 기준으로 알고리듬을 논의하는 것은 어렵다. 즉, "작년에 구입한 제 컴퓨터에서, C언어로 작성한 프로그램을 실행하면, 닭 8마리와 달걀 4개를 기준으로 작성된 테스트 케이스를 해결하는데 2초 걸려요. 당신은 어때요?"처럼 의사소통하기가 결코 쉽지 않을 것이다.

다행히도 컴퓨터 과학자들은 적절하지 않은 시간 기준 대신 사용할 수 있는 표기법을 고안했다. 컴퓨터와 무관하며, 테스트 케이스나 특정 구현 방식과도 무관하다. 게다가 왜 프로그램이 느린지도 알려준다. 의사소통도 쉽게 할 수 있는데, 바로 빅오$^{Big\ O}$ 표기법을 통해서다.

빅오 표기법

빅오 표기법을 이용하면 각 알고리듬을 효율성 기준에 따라 표기할 수 있기 때문에 매력적이다. 이 효율성 기준을 이해한다면, 같은 기준에 해당하는 모든 알고리듬도 이해할 수 있다. 여기서는 효율성 기준 중 선형 시간, 상수 시간, 2차 시간의 세 가지를 알아본다.

선형 시간

오름차순으로 배치된 정수 배열이 있고, 그 중 최댓값을 반환해야 한다고 가정해보자. 다음과 같이 배열이 있다고 하자.

```
[1, 3, 8, 10, 21]
```

이 배열에서는 21을 반환해야 한다.

이를 구현하는 방법은 계속해서 최댓값을 추적하는 것이다. 즉, 최댓값보다 더 큰 값을 찾을 때마다 최댓값을 변경하면 된다. 이를 구현하면 코드 A-1과 같다.

코드 A-1 오름차순 정수 배열에서 최댓값 찾기

```
int find_max(int nums[], int n) {
  int i, max;
  max = nums[0];
  for (i = 0; i < n; i++)
    if (nums[i] > max)
    max = nums[i];
  return max;
}
```

코드 A-1을 보면 nums의 인덱스 0번 값에 max를 설정한 다음, 배열을 순환하면서, 더 큰 값을 찾는 것을 알 수 있다. 반복문 첫 단계에서는 max값끼리 비교하지만 작업 속도에 큰 영향이 없으므로 무시하도록 하자.

테스트 케이스의 제한 시간은 고려하지 말고, 함수 알고리듬의 작업량을 알아보자. 배열 요소가 5개라고 하면, 프로그램은 일단 반복문 진입 전에 변수 할당을 1회, 반복문을 5회 수행한 후 결과를 반환한다. 배열 요소가 10개면 반복문을 10회 수행하는 것 외에는 같다. 배열 요소가 100만 개면 100만 번 반복할 것이다. 이때 반복문 앞과 뒤의 변수 할당과 반환은 반복문의 횟수가 증가할수록 상대적으로 작아지는 것을 알 수 있다. 따라서 테스트 케이스가 커질수록 중요한 것은 반복 횟수다.

배열 요소가 n개일 때 반복문이 n회 실행된다. 빅오 표기법에서는 이를 $O(n)$이라고 쓴다. 이를 해석하면, n개 요소가 있는 배열이면 알고리듬 소요 시간은 n에 비례한다는 의미다. $O(n)$ 알고리듬은 문제 크기와 실행 시간이 선형 관계이므로 선형 시간 알고리듬이

라고 한다. 문제 크기를 2배로 늘리면 실행 시간도 2배로 늘어난다. 배열 요소 200만 개를 실행하는 데 1초가 걸리면, 400만 개의 경우는 2초가 걸릴 것으로 예상할 수 있다.

이를 확인하기 위해 굳이 코드를 작성하거나 실행할 필요도 없다. 알고리듬이 $O(n)$이라는 것은 문제 크기와 실행 시간 증가가 기본적인 관계에 있다는 것이다. 이는 어떤 컴퓨터를 사용하든, 어떤 테스트 케이스를 사용하든 기본적으로 적용된다.

상수 시간

가장 큰 수를 찾는 앞의 예제에서 정수 값이 오름차순으로 배치된다는 사실을 무시했다. 이는 최댓값은 항상 배열의 끝에 존재한다는 점이다. 그러므로 배열을 모두 들여다보는 과정을 거치지 않고, 그냥 마지막 값을 반환해도 된다. 코드 A-2를 보자.

코드 A-2 오름차순 정수 배열에서 최댓값 찾기

```
int find_max(int nums[], int n) {
  return nums[n - 1];
}
```

코드 A-2 함수 알고리듬의 작업량은 놀랍게도 배열 크기가 문제가 되지 않는다. 알고리듬은 무조건 배열의 끝 요소인 nums[n-1]을 반환한다. 배열의 원소는 5개일수도, 천 개나 100만 개일수도 있다. 그러나 이 알고리듬에서는 신경쓸 필요가 없다. 빅오 표기법에서는 이를 $O(1)$이라고 쓴다. 이 알고리듬은 문제 크기가 아무리 증가해도, 작업량이 일정(상수)하기 때문에, 상수 시간 알고리듬이라고 한다.

이것이 가장 좋은 종류의 알고리듬이다. 아무리 배열이 커져도, 실행 시간이 같기 때문이다. 또한 문제 크기가 커질수록 느려지는 선형시간 알고리듬보다 확실히 더 낫다. 그렇지만 상수 시간 알고리듬으로 해결할 수 있는 문제들은 많지 않다. 가령, 오름차순 배열이 아니라 임의의 배열이 제공되면 상수 시간 알고리듬은 제외된다. 고정된 배열 요소에서 최댓값을 찾아내는 방법은 없기 때문이다.

추가 예제

코드 A-3의 알고리듬을 보고 대답해보자. 코드는 $O(n)$ 또는 $O(1)$일까? 아니면 다른 걸까? (코드 실행을 막고자 일부러 함수명과 변수 정의를 생략했다).

코드 A-3 어떤 종류의 알고리듬을 가진 코드일까?

```
total = 0;
for (i = 0; i < n; i++)
  total = total + nums[i];
for (i = 0; i < n; i++)
  total = total + nums[i];
```

nums 배열이 n개의 요소를 갖는다고 하면, 첫 번째 for 문에서 n회를 반복하고, 두 번째 for 문에서 또 n회를 반복하므로 총 $2n$회를 반복한다. 그러므로 이 알고리듬은 $O(2n)$이라고 말하는 것이 정확할 것이다. 컴퓨터 과학자들은 보통 2를 생략하고, $O(n)$이라고 쓴다.

이 알고리듬은 코드 A-1보다 2배나 느린데도 둘 다 $O(n)$이라고 하는 것이 조금 이상할 수도 있다. 그러나 이는 표기법에 있어 단순성과 정확성 사이에서 균형을 주려는 의도가 있다. 2를 유지하면 좀 더 정확한 표현일 텐데, 이것은 선형시간 알고리듬이라는 사실을 모호하게 할 수 있다. 즉, n이건, $2n$이나 $3n$이건 간에 이들은 기본적으로 실행시간이 선형으로 증가한다는 사실은 변하지 않는다는 사실이다.

2차 시간

지금까지 매우 빠른 선형시간 알고리듬과 선형시간보다 더 빠른 상수 시간 알고리듬을 살펴봤다. 이번에는 선형시간보다 느린 알고리듬을 알아보자. 코드 A-4의 코드를 보자.

코드 A-4 2차 시간 알고리듬

```
total = 0;
for (i = 0; i < n; i++)
```

```
for (j = 0; j < n; j++)
  total = total + nums[j];
```

코드 A-3과 비교하면 for 문이 순차적이지 않고 중첩된 것을 알 수 있다. 외부 for 문이 반복될 때마다, 내부 for 문이 n번씩 반복된다. 외부 for 문이 n번 반복되므로, 내부 for 문의 총 반복 횟수, 즉 total 값을 업데이트하는 횟수는 n^2이다.

빅오 표기법에서는 이 알고리듬을 $O(n^2)$로 쓴다. 이를 수학식에서는 2의 제곱을 의미하는 용어를 사용해서 2차 시간 알고리듬이라고 한다.

2차 시간 알고리듬이 선형 시간 알고리듬보다 느린 이유를 알아보자. n^2 단계를 거치는 2차시간 알고리듬이 있다고 가정해보자. 문제 크기가 5면, 5^2 = 25 단계를 거치며, 문제 크기가 10이면, 10^2 = 100단계를, 문제 크기가 20이면, 20^2 = 400단계를 거친다. 즉, 문제 크기가 2배가 되면 시간은 4배나 더 걸리는 것이다. 즉, 문제 크기가 2배가 될 때, 시간도 2배 더 걸리는 선형시간 알고리듬보다 성능이 훨씬 나쁘다는 것을 알 수 있다.

알고리듬 중에는 $2n^2$이나 $3n^2$ 단계를 거치는 것들도 있지만, 모두 2차 시간 알고리듬으로 분류된다. 빅오 표기법에는 선형 시간 알고리듬에서 그랬듯이 n 앞에 숫자는 모두 제거한다.

그렇다면 $2n^2 + 6n$ 단계를 걸치는 알고리듬은 어떨까? 이 역시 2차 시간 알고리듬으로 분류한다. 이는 2차 시간인 $2n^2$에 선형시간인 $6n$을 더한 형태일 뿐이기 때문이다.

이 책의 빅오 표기법

빅오 표기법을 자세히 다루면 훨씬 많은 내용이 있다. 이 표기법은 컴퓨터 과학자들이 공식적인 수학적 근거로 알고리듬의 실행 시간을 엄격히 분석하는 데 사용하는 것이다. 앞에서 소개한 세 가지 기준 외에 다른 기준들도 있다. 더 깊이 있는 내용에 관심이 있는 독자들도 있겠지만 이 책에서는 앞에서 다룬 세 가지 정도로 충분하다고 할 수 있다.

이 책에서는 필요할 때만 빅오 표기법을 다룬다. 문제에 대한 초기 해법을 제출하면, 판정 시스템으로부터 받는 응답은 오로지 '제한 시간을 초과했다'라는 오류뿐이다. 이때 제출한 코드가 어디에서 잘못됐는지 알아야 할 것이다. 그리고 이를 분석하는 첫 번째 단계가 바로 문제 크기에 따른 함수의 실행 시간을 알아내는 것이다. 빅오 분석을 통해 코드가 느리다는 사실뿐만 아니라, 코드의 특정 병목지점을 알아낼 수도 있다. 그런 다음 이를 바탕으로 좀 더 효율적인 해법을 설계할 수 있다.

추가 자료

책에서 다룬 문제 중 일부와 관련된 추가 자료를 첨부했다. 부록 B는 선택 사항이며 데이터 구조와 알고리듬의 핵심과는 관련이 없지만 문제를 좀 더 자세히 설명한다.

고유한 눈송이: 암시적 연결 리스트

컴파일 시점에서 프로그램에 얼마나 많은 메모리가 필요한지 모를 때가 종종 있다. "이 배열을 얼마나 크게 만들어야 할까?" 또는 "이 배열이 충분히 클까?"라고 물어본 적이 있는가? 배열 크기를 반드시 정해야 하지만 배열이 채워지기 전까지는 그 크기를 알 수 없는 유연성이 떨어지는 C 배열의 특성을 직접 경험해 봤을 것이다. 이때 대부분 연결 리스트를 사용하면 문제가 깔끔하게 해결된다. 데이터를 저장하기 위해 새로운 메모리가 필요할 때마다 실행 시에 malloc을 호출해 연결 리스트에 노드를 추가하면 된다.

1장의 첫 번째 문제인 '고유한 눈송이'에서 연결 리스트를 사용해 같은 바구니에 있는 눈송이를 서로 연결했다. 읽어온 모든 눈송이에 대해 malloc을 사용해 메모리를 할당했다. 5,000개의 눈송이를 읽는다면 5,000번의 malloc을 호출한다. malloc 호출에 걸리는 시간도 합산된다.

잠깐, 방금 전에는 연결 리스트를 사용하는 것은 얼마나 많은 메모리가 필요한지 모를 때 유용하다고 말했다. 그러나 고유한 눈송이 문제에서는 필요 메모리를 알 수 있다. 또는 적어도 필요한 최댓값은 알 수 있는데, 이 문제에서는 최대 10만 개의 눈송이를 저장할 공간이 필요했다.

그렇다면 몇 가지 의문이 생긴다. 굳이 왜 malloc을 사용하는 걸까? malloc을 사용하지 않는 방법이 없을까? 사실 malloc을 사용하지 않고도 속도를 두 배로 증가시키는 고유한 눈송이 해법이 있다. 그 방법은 무엇일까?

핵심 아이디어는 사용할 수 있는 최대 노드 수(10만 개)의 배열을 미리 할당하는 것이다. 즉, 변수명이 nodes인 배열에 모든 연결 리스트의 노드를 저장한다. nodes의 각 요소는 노드 목록에서 다음 노드의 인덱스를 의미하는 정수다. 예제 nodes 배열을 풀어보면서 이 문제를 해결해보자.

```
[-1,0,-1,1,2,4,5]
```

리스트 중 하나가 인덱스 6에서 시작한다는 것을 알고 있다고 가정하자. 인덱스 6의 값인 5는 리스트의 다음 노드가 인덱스 5라는 것을 알려준다. 마찬가지로 인덱스 5는 인덱스 4가 리스트의 다음 노드라는 것을, 인덱스 4는 인덱스 2가 리스트의 다음 노드라는 것을 알려준다. 인덱스 2처럼 값이 -1일 때는 어떨까? 여기서는 -1을 '다음' 요소가 없다는 NULL 값의 의미로 사용한다. 따라서 6, 5, 4, 2 인덱스의 리스트를 발견했다.

이 배열에는 비어 있지 않은 리스트가 하나 더 있다. 그 리스트가 인덱스 3에서 시작한다는 것을 알고 있다고 가정하자. 인덱스 3은 리스트의 다음 노드가 인덱스 1이라는 점을 알려준다. 인덱스 1은 인덱스 0이 리스트의 다음 노드라는 것도 알려준다. 인덱스 0은 -1이므로 탐색이 종료된다. 3, 1, 0 인덱스 리스트를 발견했다.

이것이 nodes 배열이다. 어떤 인덱스의 값이 -1이면 리스트의 끝이다. 그렇지 않으면 리스트에서 다음 요소의 인덱스를 얻는다.

nodes 배열은 리스트의 시작 위치에 대해 아무것도 알려주지 않는다는 점에 유의하자. 방금도 리스트의 헤드가 인덱스 6과 3에 있다는 것을 알고 있다고 가정해야 했다. 그렇다면 시작 위치를 어떻게 알 수 있을까? 다른 배열인 heads를 사용하면 리스트의 첫 번째 노드의 인덱스를 알 수 있다. heads는 리스트를 시작하지 않는 요소의 값에 -1을 사용한다.

malloc이 없는 해법은 nodes, heads, snowflakes 총 3개의 배열을 사용한다. snowflakes 배열은 실제 눈송이를 저장하며, nodes와 heads 부분의 인덱스에 따라 눈송이를 찾을 수 있다. 다음은 3개의 배열이다.

```
static int snowflakes[SIZE][6];
static int heads[SIZE];
static int nodes[SIZE];
```

연결 리스트를 암시적 리스트implicit list로 바꾸기 위해서는 identify_idential과 main 함수를 조정해야 한다. 이때 조정은 구문을 조정하는 것이며, 내용을 조정하는 것은 아니다. identify_identical은 여전히 리스트의 모든 눈송이 쌍의 비교를 수행하며 main은 여전히 눈송이를 입력 받고 리스트를 만든다.

새로운 identity_identical은 코드 B-1에 있다. 이 함수를 코드 1-12에 있는 이전 버전과 비교해보자.

코드 B-1 암시적 연결 리스트에서 같은 눈송이 식별하기

```
void identify_identical(int snowflakes[][6], int heads[],
                        int nodes[]) {
  int i, node1, node2;
  for (i = 0; i < SIZE; i++) {
    node1 = heads[i];
    while (node1 != -1) {
❶    node2 = nodes[node1];
      while (node2 != -1) {
        if (are_identical(snowflakes[node1], snowflakes[node2])) {
          printf("Twin snowflakes found.\n");
          return;
```

```
      }
❷   node2 = nodes[node2];
    }
❸  node1 = nodes[node1];
  }
}
printf("No two snowflakes are alike.\n");
}
```

for 문에서 현재 리스트의 헤드가 node1로 설정된다. 이 리스트가 비어 있다면 이 노드에 대한 외부 while 문이 전혀 실행되지 않는다. 리스트가 비어 있지 않다면 nodes 배열을 사용해 node2를 node1의 다음 노드로 설정한다❶.

node2 = node2-> next 같은 연결 리스트 코드 대신에 nodes 배열을 다시 사용해 다음 노드를 찾는다❷❸.

새로운 main 함수는 코드 B-2를 참고한다.

코드 B-2 암시적 연결 리스트의 main 함수

```
int main(void) {
  static int snowflakes[SIZE][6];
  static int heads[SIZE];
  static int nodes[SIZE];
  int n;
  int i, j, snowflake_code;
  for (i = 0; i < SIZE; i++) {
    heads[i] = -1;
    nodes[i] = -1;
  }
  scanf("%d", &n);
  for (i = 0; i < n; i++) {
    for (j = 0; j < 6; j++)
      scanf("%d", &snowflakes[i][j]);
    snowflake_code = code(snowflakes[i]);
❶   nodes[i] = heads[snowflake_code];
❷   heads[snowflake_code] = i;
  }
```

```
    identify_identical(snowflakes, heads, nodes);
    return 0;
}
```

방금까지 눈송이를 입력 받고 snowflakes의 i행에 저장했다고 가정하자. 이 눈송이가 리스트의 헤드가 되도록 만들고 싶다. 이를 위해서 nodes 배열의 인덱스 i에 이전 헤드를 저장한 다음❶, 리스트의 헤드를 눈송이 i로 설정한다❷.

이 해법을 연결 리스트 해법과 비교해보자. 어느 쪽을 더 선호하는가? malloc이 없는 해법이 더 이해하기 어려운가 아니면 더 쉬운가? 둘 다 판정 시스템에 제출해보자. 의미 있는 속도 향상이 있는가?

버거 마니아: 해법 재구성

3장에서는 해법의 값을 최소화하거나 최대화하는 세 가지 문제(버거 마니아, 구두쇠, 하키 라이벌)를 풀어봤다. 버거 마니아에서는 호머가 버거를 먹는 시간을 최대화하기 위해 버거 2개를 먹고 맥주를 2분간 마신다는 의미로 '2 2'와 같은 정답을 출력했다. 구두쇠는 사과를 사는 데 필요한 금액을 최소화하는 문제로 'Buy 3 for $3.00' 같은 정답을 출력했다. 하키 라이벌에서는 라이벌전의 골 수를 최대화해 '20'같은 정답을 출력했다.

여기서 하려는 것은 최적해의 값을 구하는 것이지, 최적해 자체를 구하는 것이 아니라는 것임을 기억하자. 어떤 버거를 먹을지, 어떻게 사과를 살 것인지, 어떤 경기가 라이벌전인지를 알아내는 것이 아니다.

프로그래밍 대회의 최적화 문제 대부분은 3장에서 중점적으로 다뤘던 해법의 값을 요구한다. 원한다면 메모이제이션과 동적 프로그래밍을 사용해 최적해 자체를 반환할 수도 있다.

버거 마니아를 예로 들면서 이를 어떻게 수행하는지 살펴보자. 다음과 같은 테스트 케이스가 있다.

4 9 15

다음과 같이 최적해의 값뿐만 아니라 최적해 자체도 출력해보겠다.

```
2 2
Eat a 4-minute burger
Eat a 9-minute burger
```

첫 번째 줄은 앞에서 수행했던 부분이다. 다른 줄들은 최적해 그 자체를 의미하며, 2 2 가 실제로 달성 가능하다는 것을 증명한다.

이렇게 최적해를 산출하는 것을 해법 재구성restructuring 또는 복구recovering라고 한다. 재구성이나 복구라는 단어는 최적해를 만들기 위해 조립할 수 있는 조각들을 이미 갖고 있음을 암시한다. 따라서 해법에 필요한 조작은 바로 memo나 dp 배열에 있다. 여기서는 dp 배열을 사용하지만, memo 배열도 완전히 같은 방식으로 사용할 수 있다.

다음 함수를 작성해보자.

```
void reconstruct(int m, int n, int dp[], int minutes)
```

---

m분과 n분짜리 버거가 있다는 사실을 기억하자. m 및 n 매개변수가 이 버거들을 의미하며, 현재 테스트 케이스에서 가져온 값이다. dp 매개변수는 코드 3-8의 동적 프로그래밍 알고리듬에 의해 생성된 배열이다. 마지막으로 minutes 매개변수는 버거를 먹는 데 걸린 시간(분)이다. 이 함수는 최적해에서 먹어야 하는 버거의 수를 한 줄에 하나씩 출력한다.

호머가 최적해에서 먹어야 하는 마지막 버거는 무엇인가? 이 문제를 처음부터 다시 풀었다면 질문에 답하지 못할 것이다. m분짜리 버거를 마지막으로 선택하면 어떤 일이 일어날지와 n분짜리 버거를 마지막으로 선택하면 어떤 일이 일어날지를 봐야 한다. 사실 3장에서 이 문제를 풀 때 이미 그렇게 했다. 지금은 dp 배열을 마음대로 사용할 수 있다는 점을 기억하자. 이 배열은 두 가지 옵션 중 어떤 것이 더 좋은지 알려줄 것이다.

핵심 아이디어를 알아보기 위해 dp[minutes - m]와 dp[minutes - n]을 살펴보자. dp 배열은 이미 구성됐으므로 두 값을 모두 사용할 수 있다. 그리고 이 값 중 더 큰 값이 마지막 버거로 무엇을 사용해야 하는지 알려준다. 즉, dp[minutes - m]가 크면 m분짜리 버거가 마지막이고 dp[minutes - n]이 크면 n분짜리 버거가 마지막이다. (dp[minutes - m]과 dp[minutes - n]이 같으면 마지막 버거를 m분짜리 버거로 할지 n분짜리 버거로 할지 임의로 선택할 수 있다).

이 추론은 코드 3-8에서 dp 배열을 만들기 위해서 했던 것과 유사하다. 그때는 first와 second 중 최댓값을 선택했지만, 여기서는 동적 프로그래밍 알고리듬이 어떤 선택을 했는지 반대로 분석을 해보자.

일단 마지막 버거를 알아낸 다음 버거를 먹는 데 걸리는 시간을 제거하고 이 과정을 반복한다. 0분이 될 때까지 계속하면, 재구성이 완료된다. 이 함수는 코드 B-3에 있다.

코드 B-3 해법 재구성

```
void reconstruct(int m, int n, int dp[], int minutes) {
  int first, second;
  while (minutes > 0) {
    first = -1;
    second = -1;
    if (minutes >= m)
      first = dp[minutes - m];
    if (minutes >= n)
      second = dp[minutes - n];
    if (first >= second) {
      printf("Eat a %d-minute burger\n", m);
      minutes = minutes - m;
    } else {
      printf("Eat a %d-minute burger\n", n);
      minutes = minutes - n;
    }
  }
}
```

이 함수는 각 printf를 호출한 후 코드 3-8의 두 곳에서 호출돼야 한다. 첫 번째는 다음과 같다.

```
reconstruct(m, n, dp, t);
```

두 번째는 다음과 같다.

```
reconstruct(m, n, dp, i);
```

구두쇠와 하키 라이벌 문제에 대한 최적해를 이와 같은 스타일로 재구성해보자.

나이트 추격: 이동 인코딩

4장의 나이트 추격 문제에서 나이트가 출발점에서 각 칸에 도달하는 데 필요한 움직임의 수를 구하는 BFS 알고리듬을 설계했다. 나이트는 8가지의 이동을 할 수 있었고, 각각의 이동을 코드에 기록했다(코드 4-1 참조). 나이트가 한 칸 위로 이동하고, 두 칸 오른쪽으로 이동하려면 다음과 같이 했다.

```
add_position(from_row, from_col, from_row + 1, from_col + 2,
             num_rows, num_cols, new_positions,
             &num_new_positions, min_moves);
```

한 칸 위로 이동하고, 두 칸 왼쪽으로 이동하고자 한다면 다음과 같이 했다.

```
add_position(from_row, from_col, from_row + 1, from_col - 2,
             num_rows, num_cols, new_positions,
             &num_new_positions, min_moves);
```

이는 더하기가 빼기로 바뀌었을 뿐 나머지 코드는 완전히 중복된다. 실제로, 8가지 동작은 모두 매우 유사한 방식으로 인코딩돼 있다. 단지 더하기, 빼기 그리고 1과 2가 섞여 있을 뿐이다. 따라서 이런 방식은 오류가 발생하기 쉽다.

다행히도 코드 중복을 피할 수 있는 기법이 있다. 이 기법은 행과 열과 같은 다차원의 암시적 그래프를 탐색해야 하는 많은 문제에 적용된다.

다음은 4장에서 이 문제를 소개했을 때 제시했던 나이트가 할 수 있는 8가지 이동이다.

- 위로 1, 오른쪽으로 2
- 위로 1, 왼쪽으로 2
- 아래로 1, 오른쪽으로 2
- 아래로 1, 왼쪽으로 2
- 위로 2, 오른쪽으로 1
- 위로 2, 왼쪽으로 1
- 아래로 2, 오른쪽으로 1
- 아래로 2, 왼쪽으로 1

먼저 행에 초점을 맞추고, 각 이동이 행 번호를 어떻게 바꾸는지 기록해보자. 첫 번째 이동은 두 번째 이동과 마찬가지로 행 번호를 1만큼 늘린다. 반면 세 번째와 네 번째 이동은 행 번호를 1만큼 줄인다. 다섯 번째와 여섯 번째 이동은 행 번호를 2만큼 늘리고, 일곱 번째와 여덟 번째 이동은 행 번호를 2만큼 줄인다. 다음은 이런 값의 배열이다.

```
int row_dif[8] = {1, 1, -1, -1, 2, 2, -2, -2};
```

현재 행과 이동한 행 사이의 행 번호 차이를 나타내기 때문에 변수명이 row_dif다.

열에 대해서도 똑같이 해본다. 첫 번째 이동은 열 번호를 2만큼 늘리고, 두 번째 이동은 열 번호를 2만큼 줄인다. 이를 마지막까지 한 뒤, 열 번호의 차이를 배열로 보면 다음과 같다.

```
int col_dif[8] = {2, -2, 2, -2, 1, -1, 1, -1};
```

두 병렬 배열은 각 이동이 현재 행과 열에 미치는 영향을 특성화한다는 점에서 유용하다. row_dif[0] 및 col_dif[0]의 값은 첫 번째 이동이 행을 1만큼 늘리고, 열을 2만큼 늘린다는 것을, row_dif[1] 및 col_dif[1]의 값은 두 번째 이동이 행을 1만큼 늘리고, 열을 2만큼 줄인다는 것을 나타낸다.

add_position에 거의 같은 호출을 8번 하는 대신, 8까지 반복하는 반복문을 이용해서 add_position을 호출하는 코드를 한 번만 입력하면 된다. 새로운 정수 변수 m을 사용해 이동을 반복하는 방법은 다음과 같다.

```
for (m = 0; m < 8; m++)
  add_position(from_row, from_col,
               from_row + row_dif[m], from_col + col_dif[m],
               num_rows, num_cols, new_positions,
               &num_new_positions, min_moves);
```

훨씬 단순해졌다. 4장의 나이트 추격 코드를 대체하고, 판정 시스템에 제출해보자. 여전히 모든 테스트 케이스를 통과해야 하고, 코드가 눈에 띄게 빨라지거나 느려지지는 않겠지만, 꽤 많은 반복 코드를 제거한 것만으로도 성과라 할 수 있다.

예제에서는 단지 8번의 이동만 했기 때문에, 이런 인코딩 기법을 사용하지 않고도 4장에서의 나이트 추격 문제를 풀 수 있었다. 그러나 이것보다 더 많은 이동을 해야 한다면 단지 add_position 호출을 반복해서 붙여넣은 것은 불가능했을 것이다. 따라서 그런 경우에는 여기서 소개한 방법이 훨씬 유용하다.

다익스트라 알고리듬: 힙 사용

5장에서는 가중치 그래프에서 최단 경로를 찾는 다익스트라 알고리듬을 배웠다. 다익스트라 구현의 실행 시간은 $O(n^2)$이고, 여기서 n은 그래프의 노드 수다. 다익스트라 알고리듬은 최솟값을 찾는데 많은 시간을 소비한다. 각 반복마다 탐색하지 않은 모든 노드 중에서 거리가 최소인 노드를 찾아야 하기 때문이다.

7장에서는 최대 힙과 최소 힙을 배웠다. 여기서 최대 힙은 도움이 되지 않지만 최소 힙은 최솟값을 빠르게 찾는 것이 목적이기 때문에 도움이 된다. 따라서 최소 힙을 사용해 다익스트라 알고리듬 속도를 높일 수 있다.

최소 힙은 탐색된 노드 중 완료되지 않은 모든 노드를 갖는다. 또한 탐색된 노드 중 완료된 노드 일부도 갖는다. 그러나 슈퍼마켓 판촉 행사 문제를 힙으로 해결했을 때처럼(7장의 "해법 2: 힙" 참고), 최소 힙에서 발견되는 완료된 노드는 무시하면 되므로 문제가 되지 않는다.

생쥐 미로: 힙을 사용한 추적

생쥐 미로 문제의 해법을 개선해보자(5장의 '문제 1: 생쥐 미로' 참고). 여기서 사용한 그래프는 다음과 같다(그림 5-1).

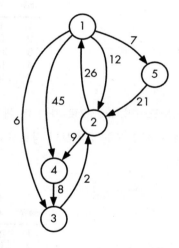

5장 '가중치 그래프의 최단 경로'에서 노드 1에서 시작하는 다익스트라 알고리듬을 사용했다. 이번에는 최소 힙을 사용해서 다시 해보자. 각 힙 요소는 노드 및 해당 노드에 도달하는 데 필요한 시간으로 구성된다. 그리고 힙에 같은 노드가 여러 번 있을 수 있음을 알 수 있다. 그러나 최소 힙이기 때문에 최소 시간만 사용해 각 노드를 처리할 것이다.

다음에 나오는 각 최소 힙 스냅샷은 힙 배열에 행이 저장되는 순서대로 정렬했다.

힙에 있는 시간이 0인 노드 1만 가지고 시작하며, 다른 노드에 대한 시간 정보는 없다. 따라서 다음과 같은 스냅샷이 나온다.

최소 힙	
node	*time*
1	0

현재 상태		
node	*done*	*min_time*
1	false	0
2	false	
3	false	
4	false	
5	false	

최소 힙에서 요소를 추출하면 유일한 요소인 노드 1을 얻을 수 있다. 그런 다음 노드 1을 사용해 노드 2, 3, 4, 5에 대한 최단 경로를 업데이트하고 이 노드들을 최소 힙에 배치한다. 현재 상태는 다음과 같다.

최소 힙	
node	*time*
3	6
2	12
5	7
4	45

현재 상태		
node	*done*	*min_time*
1	true	0
2	false	12
3	false	6
4	false	45
5	false	7

노드 3은 최소 힙의 다음 노드이며, 노드 2로 가는 더 짧은 경로를 제공한다. 따라서 힙에 노드 2를 하나 더 추가하며, 이 노드는 이전보다 경로가 더 짧다. 현재 상태는 다음과 같다.

최소 힙	
node	*time*
5	7
2	8
4	45
2	12

현재 상태		
node	*done*	*min_time*
1	true	0
2	false	8
3	true	6
4	false	45
5	false	7

다음은 노드 5다. 최단 경로를 업데이트하지 않으므로, 힙에 새로 추가되는 것은 없다. 따라서 결과는 다음과 같다.

최소 힙			현재 상태		
node	time		node	done	min_time
2	8		1	true	0
2	12		2	false	8
4	45		3	true	6
			4	false	45
			5	true	7

최소 힙의 다음 노드는 시간이 8인 노드 2다. 이는 노드 4의 최단 경로를 업데이트하고, 결과적으로 최소 힙에 노드 4가 새로 추가된다. 따라서 결과는 다음과 같다.

최소 힙			현재 상태		
node	time		node	done	min_time
2	12		1	true	0
4	45		2	true	8
4	17		3	true	6
			4	false	17
			5	true	7

최소 힙의 다음 노드로 노드 2가 다시 등장한다. 그러나 노드 2는 이미 완료됐으므로, 힙에서 추출하고, 다른 작업을 할 필요는 없다. 남은 결과는 다음과 같다.

최소 힙			현재 상태		
cell	time		node	done	min_time
4	17		1	true	0
4	45		2	true	8
			3	true	6
			4	false	17
			5	true	7

두 번 등장한 노드 4는 차례로 최소 힙에서 추출된다. 첫 번째 노드 4는 다른 모든 노드가 완료됐기 때문에 최단 경로를 업데이트하지 않지만, 노드 4를 완료로 설정한다. 따라서 두 번째 노드 4는 건너뛰게 된다.

대부분의 교과서에서는 힙을 기반으로 구현한 다익스트라 알고리듬을 설명할 때 힙에 있는 노드의 최단 경로 거리를 줄이는 방법이 있다고 가정한다. 이렇게 하면 힙에서 노드를 업데이트할 수 있고, 한 노드가 여러 번 대기할 필요도 없다. 그러나 7장에서 개발한

힙은 이런 '감소' 연산을 지원하지 않는다. 여기서 업데이트 대신 삽입을 사용했던 작업은 최악의 경우라도 시간 복잡도가 같으므로 안심하자. 무엇이 어떻게 된 것일까?

그래프의 노드 수를 n으로, 에지의 수를 m으로 표현해보자. 힙에서 u를 추출할 때 각 에지 $u \rightarrow v$를 최대 한 번만 처리한다. 각 에지는 힙에 최대 한 번만 삽입될 수 있으므로, 최대 m개의 요소를 삽입한다. 그러므로 힙이 얻을 수 있는 최대 크기는 m이다. 삽입된 것만 추출할 수 있기 때문에 최대 m번의 추출이 가능하다. 이는 모두 $2m$번의 힙 연산이며, 각 연산은 최대 $\log m$ 시간이 걸린다. 따라서 $O(m \log m)$ 알고리듬이다.

이것을 5장의 $O(n^2)$ 구현과 비교해보자. 에지의 수가 n^2에 비해 적으면 힙 기반 구현이 확실히 유리하다. 가령, 에지가 n개이면 힙 기반 구현에서는 $O(n \log n)$이며, 이는 5장에서 $O(n^2)$ 실행 시간보다 훨씬 빠르다. 에지의 수가 많으면 어떤 구현을 사용하는지는 중요하지 않다. 에지가 n^2개라면, 힙 기반 구현은 $O(n^2 \log n)$로, $O(n^2)$보다 약간 느리다. 그래프의 에지가 적을지 많을지 미리 알 수 없을 때는 힙을 사용하는 것이 안전하다. 에지가 많은 그래프에서는 $\log n$만큼의 추가 비용이 발생하지만, 에지가 적은 그래프에서는 성능이 훨씬 우수하기 때문이다.

생쥐 미로: 힙을 사용한 구현

힙 요소에서는 다음 구조체 정의를 사용한다.

```
typedef struct heap_element {
  int cell;
  int time;
} heap_element;
```

최소 힙 삽입 코드(코드 7-5) 또는 추출 코드(코드 7-6)를 복제하지 않을 것이다. 유일한 변화는 비용보다는 시간을 비교하는 것이다.

main 함수는 5장(코드 5-1)과 같다. 선형 탐색 대신 최소 힙을 사용하기 위해 find_time(코드 5-2)을 대체하면 된다. 이 함수는 코드 B-4와 같다.

```
int find_time(edge *adj_list[], int num_cells,
              int from_cell, int exit_cell) {
  static int done[MAX_CELLS + 1];
  static int min_times[MAX_CELLS + 1];
❶ static heap_element min_heap[MAX_CELLS * MAX_CELLS + 1];
  int i;
  int min_time, min_time_index, old_time;
  edge *e;
  int num_min_heap = 0;
  for (i = 1; i <= num_cells; i++) {
    done[i] = 0;
    min_times[i] = -1;
  }
  min_times[from_cell] = 0;
  min_heap_insert(min_heap, &num_min_heap, from_cell, 0);

❷ while (num_min_heap > 0) {
    min_time_index = min_heap_extract(min_heap, &num_min_heap).cell;
    if (done[min_time_index])
   ❸ continue;
    min_time = min_times[min_time_index];
    done[min_time_index] = 1;

    e = adj_list[min_time_index];
  ❹ while (e) {
      old_time = min_times[e->to_cell];
      if (old_time == -1 || old_time> min_time + e->length) {
        min_times[e->to_cell] = min_time + e->length;
      ❺ min_heap_insert(min_heap, &num_min_heap,
              e->to_cell, min_time + e->length);
      }
      e = e->next;
    }
  }
  return min_times[exit_cell];
}
```

각 방은 최소 힙에 최대 MAX_CELLS개의 요소를 추가할 수 있으며 최대 MAX_CELLS개가 있다. 0이 아닌 1부터 인덱싱하므로 MAX_CELLS * MAX_CELLS 요소에 1만큼을 더한 공간을 할당하면 최소 힙이 오버플로우되는 것을 방지할 수 있다❶.

while 문은 최소 힙에 무언가가 있는 한 계속된다❷. 최소 힙에서 추출한 노드가 이미 완료된 경우, 해당 반복에서는 아무 작업도 수행하지 않는다❸. 그렇지 않으면 평소대로 나가는 방향의 에지를 처리하면서❹, 더 짧은 경로가 발견되면 노드를 최소 힙에 추가한다❺.

경로 압축을 간단히 표현하기

8장 '최적화 2: 경로 압축'에서는 트리 기반 유니온 파인드 데이터 구조에 대한 최적화인 경로 압축을 공부했다. 이 책에서는 코드 8-8의 소셜 네트워크 문제를 다루면서 코드를 제시했다. 그러나 이렇게 2개의 while 문을 사용하는 코드는 실제로 사용되는 방법은 아니다.

필자는 일반적으로 이해하기 힘든 코드를 작성하는 것을 좋아하지 않고, 책에서도 그런 코드를 다루고 싶지 않지만, 여기서는 예외를 둘 것이다. 왜냐하면 경로 압축을 다음과 같이 딱 한 줄로 구현할 수 있기 때문이다. 구현 내역은 코드 B-5와 같다.

코드 B-5 실제 경로 압축

```
int find(int p, int parent[]) {
  return p == parent[p] ? p : (parent[p] = find(parent[p], parent));
}
```

코드를 한 줄로 만들기 위해 person을 p로 변경했으며 삼항 연산자(? :), 할당 연산자 (=)가 등장한 것 외에 재귀 구조까지 포함된 것을 알 수 있다. 코드 B-5를 세 단계로 분석해보자.

1단계: 삼항 연산자 제거

? : 연산자는 값을 반환하는 if-else의 한 형태다. 개발자는 공간을 절약하고, 한 줄에 전체 if 문을 넣고 싶을 때 이 연산자를 사용한다.

간단한 예시는 다음과 같다.

```
return x >= 10 ? "big" : "small";
```

x가 10보다 크거나 같으면 big이 반환되고, 그렇지 않으면 small이 반환된다.

? : 연산자는 3개의 피연산자가 필요하기 때문에 삼항 연산자라고 한다. 첫 번째 식은 참인지 판단하는 시험하는 조건문이고, 두 번째 식은 첫 번째 식이 참일 때의 결과, 세 번째 식은 첫 번째 식이 거짓일 때의 결과다.

코드 B-5에서 삼항 연산자를 사용하지 않고 표준 if-else문을 사용하도록 다시 작성해보자.

```
int find(int p, int parent[]) {
  if (p == parent[p])
    return p;
  else
    return parent[p] = find(parent[p], parent);
}
```

코드가 좀 나아졌다. 코드에 2개의 경로가 있다는 점을 명확히 알 수 있다. 하나는 p가 이미 루트인 경우이고, 다른 하나는 p가 루트가 아닌 경우다.

2단계: 할당 연산자 정리

다음과 같은 간단한 코드의 역할은 무엇일까?

```
int x;
printf("%d\n", x = 5);
```

정답은 5를 출력하는 것이다. x=5는 x에 5를 할당하지만 값이 5인 표현식이기도 하다. 따라서 =는 값을 할당하지만 변수에 저장한 값도 반환한다. 따라서 다음과 같이 여러 변수에 같은 값을 할당할 수도 있다.

```
a = b = c = 5;
```

경로 압축 코드에는 반환문과 할당문이 같은 줄에 있다. 이 줄은 parent[p]에 값을 할당하고 해당 값을 반환한다. 두 가지 작업을 분리해보자.

```
int find(int p, int parent[]) {
  int community;
  if (p == parent[p])
    return p;
  else {
    community = find(parent[p], parent);
    parent[p] = community;
    return community;
  }
}
```

명시적으로 p의 대표를 찾고, parent[p]를 대표에게 할당한 후 그 대표를 반환한다.

3단계: 재귀 이해

재귀를 별도의 줄로 분리했다.

```
community = find(parent[p], parent);
```

find 함수는 매개변수에서 루트까지 경로 압축을 수행하고 트리의 루트를 반환한다. 따라서 이 재귀 호출은 p의 부모에서 루트까지 경로 압축을 수행하고 트리의 루트를 반환한다. 이렇게 하면 p 자체를 제외한 모든 경로 압축이 처리된다. p의 부모도 트리의 루트로 설정해야 하는데, 이 작업은 다음과 같이 처리한다.

```
parent[p] = community;
```

이상으로 한 줄로 된 경로 압축 코드가 실제로 동작하는지에 대한 분석을 끝냈다.

부록

C

문제 출처

 경진대회를 통해 사람들이 배울 수 있도록 돕는 모든 분의 노력과 전문성에 감사 드린다. 필자는 이 책에서 다룬 문제의 저자와 출처를 알아내고자 노력했다. 혹 시 문제에 대한 추가 정보나 출처가 있다면 제보를 부탁드리며, 수정된 최신 내 용은 이 책의 웹 사이트에 게재할 예정이다.

이 책에서 다룬 문제와 약어들은 다음과 같다.

- CCC: 캐나다 컴퓨팅 경진대회 Canadian Computing Competition
- CCO: 캐나다 컴퓨팅 올림피아드 Canadian Computing Olympiad
- COCI: 크로아티아 오픈 정보 경진대회 Croatian Open Competition in Informatics
- ECNA: ACM 미국 동부/중부/북부 지역 프로그램 경진대회 East Central North America Regional Programming Contest
- IOI: 국제 정보 올림피아드 International Olympiad in Informatics
- POI: 폴란드 정보 올림피아드 Polish Olympiad in Informatics
- SAPO: 남아프리카공화국 프로그래밍 올림피아드 South African Programming Olympiad
- SWERC: ACM 남서 유럽 지역 경진대회 Southwestern Europe Regional Contest
- USACO: 미국 컴퓨팅 올림피아드 Computing Olympiad

장	섹션	원제목	대회/저자
서문	Food Lines	Food Lines	Kevin Wan
1장	Unique Snowflakes	Snowflakes	2007 CCO / Ondrej Lhotak
1장	Compound Words	Compound Words	Gordon V. Cormack
1장	Spelling Check	Spelling Check	Mikhail Mirzayanov, Natalia Bondarenko
2장	Halloween Haul	Trick or Tree'ing	2012 DWITE / Amlesh Jayakumar
2장	Descendant Distance	Countdown	2005 ECNA / John Bonomo, Todd Feil, Sean McCulloch, Robert Roos
3장	Burger Fervor	Homer Simpson	Sadrul Habib Chowdhury
3장	Moneygrubbers	Lowest Price in Town	MAK Yan Kei, Sabur Zaheed
3장	Hockey Rivalry	Geese vs. Hawks	2018 CCO / Try Vasiga, Andy Huang
3장	Ways to Pass	Marks Distribution	Bahlul Haider, Tanveer Ahsan
4장	Knight Chase	A Knightly Pursuit	1999 CCC
4장	Rope Climb	Reach for the Top	2018 Woburn Challenge / Jacob Plachta
4장	Book Translation	Lost in Translation	2016 ECNA / John Bonomo, Tom Wexler, Sean McCulloch, David Poeschl
5장	Mice Maze	Mice and Maze	2001 SWERC
5장	Grandma Planner	Visiting Grandma	2008 SAPO / Harry Wiggins, Keegan Carruthers-Smith
6장	Feeding Ants	Mravi	2014 COCI / Antonio Juric
6장	River Jump	River Hopscotch	2006 USACO / Richard Ho
6장	Living Quality	Quality of Living	2010 IOI / Chris Chen
6장	Cave Doors	Cave	2013 IOI / Amaury Pouly, Arthur Chargueraud (Kurt Mehlhorn)
7장	Supermarket Promotion	Promotion	2000 POI / Tomasz Walen
7장	Building Treaps	Binary Search Heap Construction	2004 Ulm / Walter Guttmann
7장	Two Sum	Maximum Sum	2009 Kurukshetra Online Programming Contest / Swarnaprakash Udayakumar
8장	Social Network	Social Network Community	Prateek Agarwal
8장	Friends and Enemies	War	Petko Minkov
8장	Drawer Chore	Ladice	2013 COCI / Luka Kalinovcic, Gustav Matula

CCC와 CCO의 문제는 워털루대학교의 수학 및 컴퓨팅 교육 센터(Centre for Education in Mathematics and Computing, CEMC)의 소유다.

찾아보기

알고리듬으로 생각하기
국제 프로그래밍 경진대회 문제로 배우는

발　행 | 2024년 2월 29일

옮긴이 | 이 정 표
지은이 | 다니엘 진가로

펴낸이 | 권 성 준
편집장 | 황 영 주
편　집 | 김 진 아
　　　　　임 지 원
디자인 | 윤 서 빈

에이콘출판주식회사
서울특별시 양천구 국회대로 287 (목동)
전화 02-2653-7600, 팩스 02-2653-0433
www.acornpub.co.kr / editor@acornpub.co.kr

한국어판 ⓒ 에이콘출판주식회사, 2024, Printed in Korea.
ISBN 979-11-6175-826-8
http://www.acornpub.co.kr/book/algorithmic-thinking

책값은 뒤표지에 있습니다.